量化投资策略

（第二版）

周佰成　王姝　刘毅男◎著

QUANTITATIVE INVESTMENT
STRATEGIES

清华大学出版社
北京

本书封面贴有清华大学出版社防伪标签，无标签者不得销售。
版权所有，侵权必究。举报：010-62782989，beiqinquan@tup.tsinghua.edu.cn。

图书在版编目（CIP）数据

量化投资策略 / 周佰成，王姝，刘毅男著. -- 2 版. -- 北京：清华大学出版社，2024.8. -- ISBN 978-7-302-67250-0

Ⅰ. F830.59

中国国家版本馆 CIP 数据核字第 2024GE8309 号

责任编辑：陆浥晨
封面设计：李召霞
责任校对：宋玉莲
责任印制：刘　菲

出版发行：清华大学出版社
网　　址：https://www.tup.com.cn，https://www.wqxuetang.com
地　　址：北京清华大学学研大厦 A 座　　邮　编：100084
社 总 机：010-83470000　　邮　购：010-62786544
投稿与读者服务：010-62776969，c-service@tup.tsinghua.edu.cn
质量反馈：010-62772015，zhiliang@tup.tsinghua.edu.cn

印 装 者：三河市人民印务有限公司
经　　销：全国新华书店
开　　本：185mm×260mm　　印　张：17.75　　字　数：401 千字
版　　次：2019 年 2 月第 1 版　　2024 年 9 月第 2 版　　印　次：2024 年 9 月第 1 次印刷
定　　价：59.00 元

产品编号：102764-01

前 言 FOREWORD

量化投资作为证券投资的重要方法之一,充分利用金融科技相关理论,并采用一定的数学模型,深入研究证券市场行为、评估投资风险和收益、践行投资理念,实现投资目标。伴随着现代金融学、数学、计算机理论与技术等学科的深入发展与交叉融合,量化投资策略日臻完善。在国际发达资本市场,量化投资已经独树一帜、举足轻重,近年来,国内量化投资基金也犹如雨后春笋般蓬勃发展。2018年8月,基于对量化投资教学课程的理解和自己的工作实践,出版了《量化投资策略》,受到了业界人士及广大师生的喜爱,感谢大家认可的同时也倍感责任重大。

时隔几年,中国乃至全世界都发生了很多深刻变化,如席卷全球的新冠疫情、地缘政治引发的"俄乌冲突""巴以冲突"、世界格局的巨变与重塑、数字经济的迅速崛起,以及资本市场的剧烈波动与溢出效应等。在此背景下,《量化投资策略》的一些内容已缺乏时效性,部分数据也略显陈旧,基于这些变化及其对量化投资教学的重大影响,我们团队自2022年末开始对《量化投资策略》进行修订、补充与完善,以期对广大读者有所参考和帮助。与第一版相比,本次修订主要补充了时事政治、新兴策略、结构调整等内容,并更新了相关量化数据的时效性,在详尽讲述多种量化投资策略的基础上,丰富了经典价值投资策略。本书修订版保留了第一版的主要特点,致力于将前沿理论探索与现实案例分析相结合,每个章节都对相关的量化投资策略构建示例,并进行深入分析与探讨,内容更丰富,体系更完整。为节约篇幅,我们视同读者已经初步掌握了金融计量学、计算机编程(Python语言)、投资学、金融学等基础知识,书中不再赘述,本书将致力于突出各类量化投资策略的构建和数据案例分析。

全书共分为8章。第1章:走进量化投资,本章对量化投资进行了总体的介绍,帮助读者理解量化投资内涵及其涉猎的领域,为构建量化投资策略打好前期基础。第2章:量化投资策略的构建与注意事项。本章分析量化投资策略的构建方法和需要注意的问题,为读者展示构建量化投资策略的正确方法。第3章:多因子策略。从第3章开始,本书进入构建各类量化投资策略部分。第3章主要分析目前应用最为广泛的量化投资策略——多因子模型,包括构建多因子模型的方法和注意事项,尽可能涵盖构建多因子模型的全部核心内容。第4章:事件驱动策略。本章为读者分析事件驱动策略的构建方法,该类策略在实践中收效显著,应用非常广泛。第5章:择时策略精选。本章对投资策略中的择时策略进行研究,并选择几种经典的量化择时策略进行详细的分析,为投资者构建量化择时策略提供参考。第6章:商品期货CTA量化投资策略。本章介绍目前风靡业界的CTA策略,探讨经典量化CTA策略的构建与应用。第7章：统计套利。主要介绍有着多年历史的统计套利,并利用配对交易作为案例应用于国内股票市场进行展示。第8章：经典价值投资策略。这是本书的最后一个部分,本章结合国际上各种经典的价值投资理念及其实践经验,构建适合中国国情的量化投资策略,对于读者理解和应用经典量化投资策略具有重要意义。

本书能顺利完成,得益于我们拥有一个团结、高效、专业化的科研团队,通过大家持续不断的辛勤努力与精诚合作,保证书稿如期完成。团队成员主要包括（按照姓氏笔画排序）：马克、于子轩、王姝、王晗、王一萌、王子健、王心遥、王思怡、王婧仪、王樱润、云千芮、尹韦琪、宁浩男、冯轩、任强、刘日新、刘其其、阴庆书、李杨、李天野、李佳航、李高远、李嘉玲、肖梓澍、吴香凝、迟雪丹、张清宪、张澜桐、邵华璐、秦玉龙、徐赛千、高赫男、郭菁晶、黄明辉、黄俊华、葛至临、鲍东来、蔡博涵等。在此对他们的辛勤付出一并表示衷心的感谢！

感谢吉林大学经济学院丁一兵院长、花秋玲老师及各位同仁的鼎力支持。同时,还要感谢清华大学出版社对本团队的信任与支持,感谢编审人员的辛勤努力与宝贵意见,感谢中泰证券对本团队的支持以及提出的宝贵意见。此外,本书被列为2022年吉林大学研究生精品教材（2022JPJC05）,并受到2023年国家社会科学基金一般项目"注册制改革对企业投融资的影响及其作用机制"（23BJY064）资助,在此一并表示感谢。

在本书付梓出版之际,感慨颇多。多年以来,笔者虽然在教学、科研方面严于律己、孜孜不倦、持之以恒,但总觉得一个真正有学问的人,应该既有坚实的理论知识,同时又有丰富的社会实践经验,所以殷切希望读者在学习量化投资策略的同时,切莫忘记积极参与投资实践活动,并借用南宋著名诗人陆游的一首诗,以求共勉。

冬夜读书示子聿
〔宋〕陆游
古人学问无遗力,
少壮工夫老始成。
纸上得来终觉浅,
绝知此事要躬行。

学无止境,研究亦无止境。本书作者及其团队虽不断努力,力求止于至善,然资本市场高深莫测,虽上下求索,仍不得始终,缺憾纰漏,在所难免,恳请广大读者批评指正,在此深表感谢！

周佰成、王姝、刘毅男
2023年10月于吉林大学量化金融研究中心

目 录

第1章 走进量化投资 ... 1
- 1.1 量化投资的概念 ... 1
- 1.2 量化投资的历史沿革 ... 2
- 1.3 量化投资的理解误区 ... 5
- 1.4 量化投资的优点 ... 11
- 1.5 量化投资的缺点 ... 13
- 1.6 量化投资在我国的发展 ... 15

第2章 量化投资策略的构建与注意事项 ... 24
- 2.1 量化投资策略开发框架流程 ... 24
- 2.2 量化投资策略的陷阱 ... 33
- 2.3 量化投资策略的评价标准 ... 39
- 2.4 量化投资常用选股模型 ... 45

第3章 多因子策略 ... 51
- 3.1 多因子策略的理论基础 ... 51
- 3.2 多因子模型介绍 ... 54
- 3.3 多因子模型的构建流程 ... 61
- 3.4 多因子模型的实证案例 ... 82
- 附录：BARRA CNE5 的风格因子 ... 82

第4章 事件驱动策略 ... 86
- 4.1 事件驱动策略介绍 ... 86
- 4.2 事件驱动策略的研究框架 ... 88
- 4.3 事件驱动策略的种类 ... 98
- 4.4 事件驱动策略案例 ... 110

第5章 择时策略精选 ... 115
- 5.1 隐马尔可夫模型 ... 115

5.2 趋势择时策略 ··· 125
5.3 市场情绪择时策略 ··· 132
5.4 经典技术指标择时策略 ··· 141
5.5 日内回转策略 ··· 149
5.6 其他择时交易方法 ··· 154
附录：隐马尔可夫模型的相关算法 ································· 166

第 6 章 商品期货 CTA 量化投资策略 ································· 176
6.1 CTA 的介绍 ··· 176
6.2 日内 CTA 策略 ·· 181
6.3 日间 CTA 策略 ·· 186
6.4 海龟交易法则 ··· 188
6.5 网格交易法则 ··· 195

第 7 章 统计套利 ··· 198
7.1 相关理论基础 ··· 199
7.2 统计套利概述 ··· 202
7.3 配对交易 ··· 205
7.4 配对交易案例展示 ··· 217
7.5 融券对冲 ··· 229
7.6 外汇对冲交易 ··· 231

第 8 章 经典价值投资策略 ··· 235
8.1 伯顿·G.马尔基尔的投资漫步原则 ································ 236
8.2 惠特尼·乔治的小型价值股投资法 ································ 238
8.3 查尔斯·布兰德斯价值投资法 ···································· 240
8.4 史蒂夫·路佛价值选股法则 ······································ 242
8.5 詹姆斯·奥肖内西价值投资法 ···································· 243
8.6 三一投资管理公司价值选股法 ··································· 245
8.7 费雪的选股十五原则 ··· 250
8.8 彼得·林奇的选股原则 ·· 257
8.9 格雷厄姆的防御型投资者股票选择策略 ··························· 262
8.10 格雷厄姆的积极型投资者股票选择策略 ·························· 268
8.11 经典价值投资策略总结 ·· 272

参考文献 ··· 274

第1章 走进量化投资

量化投资是一种新兴的投资手段,引入我国金融市场较晚,目前在国内市场的发展还较为初级,可以说,量化投资在国内仍旧披着一层神秘的面纱。从本章开始,本书将带领读者走进量化投资,了解量化投资是什么,都有哪些典型的投资策略等。本章主要介绍量化投资的基础知识,同时也是学习后面章节的重要基础。本章共分六节,具体每节的内容如下。

1.1节:量化投资的概念。介绍量化投资的含义,了解量化投资具体指的是什么。

1.2节:量化投资的历史沿革。讲解量化投资的发展历史,理解量化投资相关的理论发展和历程。

1.3节:量化投资的理解误区。介绍目前对于量化投资理解的集中误区,帮助读者明确量化投资的特性。

1.4节:量化投资的优点。介绍量化投资相比于过去的投资方式所具备的优势,从七个方面阐述了量化投资的长处。

1.5节:量化投资的缺点。介绍量化投资相比于其他投资方式的劣势和缺点,从四个方面帮助读者对量化投资进行更为理性的认识。

1.6节:量化投资在我国的发展。介绍量化投资在我国的发展状况,主要介绍了相关量化基金在我国的发展,以及量化投资在我国的发展前景等内容。

1.1 量化投资的概念

走进量化投资,首先就要对量化投资的概念有一个清晰的了解。何为量化投资?简单来讲,量化投资就是依靠数量化的手段去实现投资逻辑和策略;换言之,量化投资需要采用一定的数理模型对投资策略及投资逻辑进行量化,进而通过计算机技术等现代科技手段来实现的投资过程。

每一个优秀的投资者都有其投资逻辑,并且依照其投资逻辑进行投资活动,同时在投资过程中不断修正其原有的投资逻辑。而量化投资的重要核心也是投资逻辑,"量化"是投资者进行投资所应用的一种手段和方式。一个成功的量化投资策略,首先需要有一个明确的投资思想和逻辑,根据这种思想和逻辑,通过数量化的手段,将投资所遵从的理念以及逻辑关系等量化为各种变量,以及变量之间的规则,进而构建成相关的量化模型。在此之后,通过计算机技术等手段,将模型应用于市场,在过往的市场数据中进行测试,并不断修正和完善,直到能够将其应用于当前真实市场中进行选股、买卖、调仓等的判断,并执行交易。

理解了量化投资这个工具的性质后,容易得知,量化投资首先要有一个合理有效的投资逻辑,这是投资成功的必要条件,进而,还需要工具本身有效,即量化投资的各种量化手段有效,如模型的有效性、数据的准确性等都能够影响到量化投资的效果,除此之外,量化投资中的一些策略对计算机技术的要求也是非常高的,如程序化交易和高频交易。可以说,量化投资是一个系统性的投资过程。因此,一个成功有效的量化投资策略背后均有着一个出色的研发和交易团队,成员各司其职,共同实现策略的研发和实践。

1.2　量化投资的历史沿革

1900 年,路易斯·巴舍里耶(Louis Bachelier)用量化手段描述了布朗运动。在其发表的论文中,他提出,如果股票遵循随机游走的模式,经过某一段固定时期之后,股票价格到达特定价格水平的可能性可以通过正态分布曲线来描述。巴舍利耶随即构建了价格随时间变化而变化的模型,即为当今重要的随机游走模型。该理论形成了最早的金融市场理论框架,并在此后的现代金融学理论研究中产生了重要的意义。量化投资界也普遍将该理论视为量化投资理论研究的开端。

【1-1】　沉睡的理论

路易斯·巴舍利耶,1870 年生于法国勒阿弗尔。巴舍利耶儿时家庭条件优越,较早接触艺术和数学,并对数学有着极高的天赋。中学毕业后,本应前往名牌大学就读的他由于家庭变故,延缓了上学时间。大学期间,巴舍利耶在证券交易所从事兼职工作,并对金融产生了浓厚的兴趣。

1900 年,巴舍利耶写出了论文《投机理论》,但其理论与当时的主流观点背道而驰,并且也被认为不符合数学问题范畴,最终被尘封多年。受论文成绩的影响,巴舍利耶没能成为职业数学家。此后他辗转于各个高校,最终在贝桑松大学拿到了教学职位。直到退休,巴舍利耶都在修正和完善其唯一的论文,没有产生新的成果。

> 1955年，著名经济学家保罗·萨缪尔森发现了该篇论文，并惊讶地发现该篇论文涵盖了近20年间多个前沿学术成果，而论文的作者巴舍利耶却无人知晓。1964年，保罗·库特勒编撰文集《股票市场的随机性》，并将巴舍利耶的论文收录为第一篇论文。可以说，巴舍利耶领先了一个时代，其理论也不幸沉睡了60余年，被埋没了一个时代。

1952年，马科维茨（Markowitz）在《金融杂志》（*Journal of Finance*）中发表了题为《组合选择》（*Portfolio Selection*）的论文，提出了投资组合理论，开创性地引入了均值和方差来定量描述投资者在投资组合上获得的收益和承担的风险。该理论被视为现代金融理论的开端，同时，也被业界普遍认为是对量化投资发展产生重要影响的理论之一，基于此理论，学界开始通过数理方法对微观金融学及投资学领域进行了深入研究。

> 【1-2】 人物介绍——哈里·马科维茨
>
> 哈里·马科维茨（Harry Markowitz），1927年出生于美国伊利诺伊州，于1950年、1952年在芝加哥大学连续获得了经济学硕士、博士学位。
>
> 1952年，马科维茨在《金融杂志》上发表了论文《资产组合选择——投资的有效分散化》，开创性地引入了均值和方差来定量描述投资者在投资组合上获得的收益和承担的风险。
>
> 马科维茨发展了一个概念明确的、可操作的、能在不确定条件下选择投资组合的理论。该理论被视为现代金融学理论的开端，也是业界比较认同的量化投资理论的开端。

20世纪60年代，夏普（Sharpe）等人进一步发展了马科维茨的理论方法，并提出了资本资产定价模型（CAPM model），通过CAPM模型确立能反映风险和预期收益的证券价格。在此之后，包括法玛（Fama）等人提出的有效市场假说，三因子模型，以及罗斯（Ross）提出的套利定价理论都为量化投资打下了坚实的理论基础。直到今天，上述许多理论及其变型仍然广泛应用于投资实务当中，可以说现代金融理论的发展极大地促进了量化投资的发展。

> 【1-3】 人物介绍——威廉·夏普
>
> 威廉·夏普（William Sharpe），1934年出生于美国马萨诸塞州，是资本资产定价模型的奠基者。在20世纪60年代，夏普将马科维茨的分析方法进一步发展为著名的"资本资产定价模型"，用来说明在金融市场上如何确立反映风险和潜在收益的证券价格。
>
> 该模型将马科维茨的资产选择理论中的资产风险进一步分为资产的"系统（市场）风险"和"非系统风险"两部分，并且非系统风险是没有风险补偿的。

由于其在金融经济学方面的卓越贡献,与莫顿·米勒和哈里·马科维茨共同获得了1990年的第十三届诺贝尔经济学奖。

【1-4】 人物介绍——斯蒂芬·罗斯

斯蒂芬·罗斯(Stephen Ross),出生于1944年,1965年获加州理工学院物理学学士学位,1970年获得哈佛大学经济学博士学位。罗斯是当今世界上较有影响力的金融学家之一,因其创立了套利定价理论(arbitrage pricing theory,APT)而举世闻名。2017年3月3日,罗斯先生在康尼狄格州的家中去世,享年73岁。

1976年,罗斯提出了一种新的资产定价模型,即套利定价理论。该理论用套利概念定义了均衡,不需要市场组合的存在性,而且所需的假设比资本资产定价模型更少、更合理。

【1-5】 人物介绍——尤金·法玛

尤金·法玛(Eugene Fama),1939年2月14日出生于美国马萨诸塞州波士顿,1964年获得博士学位,著名经济学家,芝加哥经济学派的代表人物之一,芝加哥大学教授,2013年诺贝尔经济学奖得主。

法玛为现代金融学理论的发展作出了诸多重要的贡献。其最主要的贡献便是提出了"有效市场假说"。假说认为在一个有效的证券市场中,价格完全反映了所有可以获得的信息。1992年,法玛基于套利定价理论,发现股票的市值和账面市值比,可以有效预测未来股票的收益。次年在一篇论文中,法玛将这两个特征构造为两个风险因子,再结合市场因子,构建了著名的"三因子模型"。

20世纪末,金融工程与行为金融学开始兴起。金融工程对于数学等数理方面的应用,提高了金融实践的效率,促进了金融产品和服务的创新,同时也为量化投资开辟了新的思路。目前优秀的量化投资从业人员大部分都有着金融工程的背景或者有着极强的相关理论的功底;20世纪中后期,有效市场假说被广泛接受,成为学术界的主流思想,直到十几年后,研究人员发现股票市场存在着一系列的难以用当前理论解释的问题。这促使了金融研究人员对于市场的有效性、人的理性问题进行了深入反思与研究,并得出了一系列的成果,开辟了行为金融学理论,而这为量化投资提供了更多的理论支撑。

此外,20世纪以来,数学理论、计量经济学理论等相关理论的发展也进一步丰富了量化投资的手段与方式,诸如Copula函数等非线性研究成果均被应用到量化投资领域。许多著名的对冲基金公司也高薪聘请学术界的专家人士参与量化策略的研发过程,有些对冲基金公司的创始人自身便是杰出的数学家或者金融学者。同时,近年来,人工智能、数据挖掘、支持向量机等的发展为量化投资提供了新的思路和方式，近几年量化投资领域研究的热门也是如何将上述理论方法应用到量化交易策略当中，部分方法也取得了良好的效果。

1.3 量化投资的理解误区

1.3.1 量化投资与基本面分析

基本面分析是许多投资者进行投资决策的重要方法。该方法主要通过分析影响和决定证券价格的种种因素，从而得出证券的合理的价值，进而确定投资策略。基本面分析主要包括对宏观经济环境基本面的分析、产业层面的分析、公司的基本面分析等。基本面分析主要是一种定性方法，因此，许多读者会认为基本面分析与量化投资策略关系不大。其实恰恰相反，基本面分析也是量化投资策略构建的一个重要组成部分。一个公司的基本面情况对于投资决策具有重要意义，并且，许多基本面分析用到的要素都可以进行量化，通过量化手段设立多个指标，确定相关模型。其实，量化投资策略的开发正是融合了基本面分析与技术分析等多种手段，进而构建模型进行投资决策的。

1.3.2 量化投资与技术分析

所谓技术分析，是指通过分析证券市场的市场行为，对证券未来的价格变化趋势进行预测的研究行为。其通过对证券市场过去和现在行为的特征，应用数学和逻辑的方法，归纳和总结出证券价格运行的一些典型规律，并据此预测证券市场未来的价格变化趋势。由于技术分析涉及许多数学的内容，以及许多诸如基于K线形态的变化等做出的判断都让人联想到量化投资，因此也有许多人将量化投资和技术分析等同对待，那么量化投资是否与技术分析相同呢？

从严格意义上来讲，量化投资与技术分析是不同的。二者之间的关系和区别主要有以下三个方面。

1. 复杂与简单之分

传统上或狭义上的技术分析主要包括指数平滑移动平均线、均线等技术指标，对于我国股票投资领域而言，传统的技术指标散户使用居多，并且指标开发、选取及修改主要根据各看盘软件提供的指标和平台进行，因而可修改内容有限。与此同时许多非专业投资者对于技术分析研究不够深入，从而导致了在投资领域的一个显而易见的情况便是技术分析普遍较为简单，并且有效性较为一般，故技术分析由于门槛较低，获得超额收益较难。量化投资策略的使用主体为专业机构投资者，这类人员对于数学、计算机及金融学等方面有着深厚的理论功底，依托自身开发的平台，能够实现复杂技术的运用，因而运用的理论和技术相比传统的技术分析和技术指标更加复杂。由于门槛较高，并且业内存在的严重的信息不对称性，会使真正开发出优秀量化策略的团队能够获得较为可观的超额收益。当然，随着技术分析的发展并且与量化策略的融合，简单与复杂并不是绝对的，并且很多的量化策略也是建立在传统的技术分析的基础上进行开发完善的。

2. 量化投资策略包含但不限于技术分析

正如上段所言,目前许多的量化投资策略都能见到技术分析的身影,可以说,传统的技术分析手段是量化投资策略构建的一个重要部分。技术分析主要追踪的是资产的走势,以及通过量价关系等确定投资行为,这与量化投资策略并不矛盾。许多基于趋势的量化投资策略也包含了相关的技术分析内容。比如,当某只股票上穿10日均线时买入,下穿10日均线时卖出,这便是一个简单的技术分析策略,但是这同样也可以应用到量化投资策略当中。当然,实际的策略要比该策略复杂得多。然而,量化投资策略除了应用技术分析指标之外,还有许多其他的手段,如机器学习、传统的财务指标等都可以作为选股或者择时的手段。因此,量化投资策略包括并发展了传统的技术分析手段,但是又要比传统的技术分析手段更加丰富。

3. 传统的技术分析相比于量化投资主观性更强

传统的技术分析的技术指标虽然涉及许多临界值等数据,但是仍有许多判断方法是基于投资者主观决定的。比如,许多技术分析投资者经常根据一个指标图形的形态好坏判定市场的情况或者买卖点位,但是形态的好与坏较为主观,不同的人在进行判断时也会出现一定的偏差。再如著名的艾瑞特波浪理论,"数浪问题"在不同投资者眼中也会得到完全不同的结果。如果技术指标的判断方式没有明确的数量规则,那么主观性就会产生。而量化策略的买入、卖出、调仓等行为均是通过模型构建得出的结果,不包含任何主观因素。在量化投资中如果想要应用技术指标,就要确保指标可以完全量化。

1.3.3 量化投资与事件投资

股票市场尤其是A股市场充斥着许多事件性的投资机会,诸如定向增发、并购事件、公司重要信息披露等都会导致出现较好的投资机会。从表面上来看,事件投资与量化投资应该是完全不同的投资行为,并且量化投资由于其数量化手段的局限性并不能很好地捕捉事件投资机会。其实,许多事件都是可以量化的,许多数据库也提供了事件的内容。例如,定增事件投资便可以被量化。可以说,如果某一个事件能够被量化,那么就可以尝试构建事件驱动型量化策略。关于事件驱动的量化策略的具体内容可参见本书对于事件驱动策略介绍的章节(第4章)。

1.3.4 量化投资策略复杂程度与有效性

由于量化投资策略往往涉及许多数学和计量经济学等复杂理论,因此量化投资总是让外界觉得高端,难以入门,同时量化投资普遍被认为有着复杂难懂的模型。其实,如金融学理论发展所展现的一样,量化投资策略在初期是比较简单的,然而随着相关理论知识的发展,以及过去的模型由于简单易懂而被市场参与者更多地使用,从而导致了超额收益的减少,驱动了量化投资策略的复杂化。虽然量化投资策略日渐复杂,并且结合的知识领域也越发丰富,但是这并不代表复杂的策略就一定有好的效果,获得更高的超额收益。这与技术分析的特点相似,一个技术指标并不在于多复杂,更在于不为人知。因此在量化投资领域,未必策略用了复杂的公式模型就会获得更高的收益,更高的收益在于策略的独特性及其内在的出色的投资逻辑的支撑。

1.3.5 量化交易与对冲基金

在金融学上,对冲(hedge)是一种在降低商业风险的同时仍然能在投资中获利的手法。一般对冲是同时进行两笔行情相关、方向相反、数量相当、盈亏相抵的交易。行情相关是指影响两种商品价格行情的市场供求关系存在同一性,供求关系若发生变化,同时会影响两种商品的价格,且价格变化的方向大体一致。方向相反指两笔交易的买卖方向相反,这样无论价格向什么方向变化,总是一盈一亏。当然要做到盈亏相抵,两笔交易的数量大小须根据各自价格变动的幅度来确定,大体做到数量相当。期货是比较常见的用来对冲的资产之一,通常期货对冲就是对冲者通过持有与其现货头寸相反的期货合约,或将期货合约作为其现货市场未来要进行的交易的替代物,以期对冲价格风险的方式。其实,量化对冲与对冲也是不同的,对冲可以通过量化手段也可以不通过该手段,并且,对冲也仅是众多量化投资方法之一。不过,对冲手段的出现,促进了量化投资的发展,大大地丰富了量化投资策略的种类。

对冲基金(hedge fund)起源于20世纪50年代的美国。当时的操作宗旨在于利用期货、期权等金融衍生产品,以及对相关联的不同股票进行空买空卖、风险对冲等操作技巧,在一定程度上规避和化解投资风险。经过几十年的演变,对冲基金已成为一种新的投资模式的代名词,即基于最新的投资理论和复杂的金融市场操作技巧,充分利用各种金融衍生产品的杠杆效用,承担高风险、追求高收益的投资模式。通常来讲,量化基金未必是对冲基金,但是对冲基金却多为量化基金。目前我国公募基金公司成立的对冲基金仍旧较少,一个主要原因是我国在2010年才正式开始沪深300股指期货的交易,金融期货引入时间短,市场衍生工具数量较少,并且我国股票市场没有做空机制,这样便限制了对冲手段的使用。此外,2016年我国对于股指期货做空的限制也约束了对冲基金的发展。

【1-6】 曾经的世界四大对冲基金

1. 量子基金(Quantum Fund)

量子基金是全球著名的大规模对冲基金,1973年由乔治•索罗斯和吉姆•罗杰斯创立。主要在世界范围内投资于股票、债券、外汇和商品。量子基金没有在美国证券交易委员会登记注册,而是在库拉索离岸注册。它主要采取私募方式筹集资金。量子基金成为国际金融界的焦点,是由于索罗斯凭借该基金在20世纪90年代所发动的几次大规模货币阻击战。这一时期,量子基金以其强大的财力和凶狠的作风,在国际货币市场上兴风作浪,对基础薄弱的货币发起攻击并屡屡得手。2011年7月,量子基金宣布他们将把基金变成一个家族投资集团,并将所有外部资金在2011年底前归还给投资者。该基金现在独家管理索罗斯的家庭资金。

2. 老虎基金（Tiger Fund）

由朱利安·罗伯逊（Julian Robertson）创立于 1980 年的老虎基金是举世闻名的对冲基金，1998 年其资产由创建时的 800 万美元，迅速膨胀到 220 亿美元，并以年均盈利 25% 的业绩，排在全球第二名，但是在之后的几年，受宏观环境及投资决策失误等的影响，老虎基金开始逐渐走向没落。到了 2000 年，老虎基金跌落到只剩 65 亿美元，罗伯逊不得不宣布结束旗下六只对冲基金的全部业务。老虎基金倒闭后对 65 亿美元的资产进行清盘，其中 80% 归还投资者，罗伯逊个人留下 15 亿美元继续投资。至此，曾经在金融市场叱咤风云的老虎管理集团分崩离析，寿终正寝。

3. 长期资本管理公司（Long-Term Capital Management，LTCM）

美国长期资本管理公司成立于 1994 年 2 月，总部设在离纽约市不远的格林威治，是一家主要从事定息债务工具套利活动的对冲基金。公司的交易策略是"市场中性套利"即买入被低估的有价证券，卖出被高估的有价证券。长期资本管理公司是由所罗门兄弟的前副董事长暨债券交易部主管约翰·梅里韦瑟（John Meriwether）于 1994 年成立，董事会成员包括了因制定选择权定价公式而在 1997 年共同获得诺贝尔经济学奖的麦伦·休斯和罗伯特·C. 默顿。长期资本管理公司在成立第一年就获得了年化收益率超过 40% 的巨大成功，然而在 1998 年俄罗斯金融危机后，却在不到四个月的时间里造成了 46 亿美元的巨大亏损，不得不请求美联储的财政介入。不久之后，该基金在 2000 年初倒闭。

4. 欧米伽对冲基金公司（Omega Advisors）

欧米伽由 Leon G. Cooperman 于 1991 年创立，并在美国证券交易委员会注册为投资咨询公司。在这之前，Leon 担任高盛的普通合伙人，高盛资产管理公司的主席兼任 CEO。在高盛工作了 25 年，积累了一定经验之后，Leon 于 1991 年辞职，创建了欧米伽。在高盛公司任职期间 Leon 连续 9 年在《机构投资者》杂志"全美研究团队"调查中被评选为头号投资组合策略师。1999 年，Steve Einhorn 加盟欧米伽担任副主席。Steve 曾经也是高盛的一员，并曾连续 16 年在《机构投资者》杂志"全美研究团队"中榜上有名。截至 2017 年 11 月 30 日，欧米伽所管理的资金约 38 亿美元。

——材料整理自维基百科

1.3.6 量化投资与高频交易

高频交易意味着每次交易从开仓到平仓只有很短的时间间隔，一般从十几分钟到几微秒不等，主要目的是通过市场短暂的价格波动而获利。高频交易的交易执行者通过计算机下单、将策略执行部件放置于距离交易所主机更近的地理位置上、交易订单直通交易所等手段，从时间延迟等层面减少了价格变动带来的交易成本，从而增加套利空间，目前高频交易技术已经进入微秒级别的领域。许多时候，相关人士习惯将高频交易与量化投资混为一谈，其实二者并不完全相同。二者的区别主要有以下三点：第一，高频交易是量化投资的一个分支，量化投资策略中开仓到平仓的时间间隔足够短，都可以称之为高频交易，但是除此之外，量化投资根据交易频率还可以划分为中频交易和低频交易。而本书主要讨论的量化交易策略为中低频交易策略；第二，高频交易与大部分量化投资策略的关注点不同，高频交易相比于中低频的量化交易策略更加注重硬件保障和降低时间延迟等相关问题，因此，量化投资公司和高频交易公司便存在着很大的差异。量化投资公司通常由量化背景强的人创建，而高频交易更多是由传统交易员创办；第三，量化投资一般依赖于复杂的模型，而高频交易更多地依赖于运行高效的代码。值得一提的是，高频交易在我国还属于新兴行业，高频交易公司或者部门仍旧比较少，并且受到政策和技术等多方面的限制。目前我国高频交易主要集中在期货市场，随着期货种类的丰富和股指期权等多种金融工具的进入，我国高频交易将会取得一定程度的发展。

1.3.7 量化投资与程序化交易

程序化交易是指通过既定程序或特定软件，自动生成或执行交易指令的交易行为。随着金融衍生品的不断丰富，程序化交易成为机构投资者的一个重要的交易实现手段、解决了机构迫切需求的批量下单、全市场不间断交易、减少冲击成本等问题。这是种技术手段，用软件下单代替了人工委托。许多时候，量化交易与程序化交易是相同的。但是，如前文所述，量化投资的核心是将投资理念和逻辑数量化，但是并不一定要求自动化买卖下单，尤其是在一个市场还不健全的时候，程序化交易会受到监管部门的限制。但是这对于量化投资发展的影响却是有限的，通过量化交易策略模型获得待选股票，确定买卖点之后的交易行为完全可以通过手动实现。当然，在市场完善的情况下，通过程序化交易能够大幅度提升量化投资的效率，有利于量化投资策略的研发。然而，近几年来，程序化交易不断出现各样的错误操作，这是程序化交易需要严格避免的问题。

> **【1-7】** "光大乌龙指"事件
>
> 2017年10月27日，证监会例行发布会发布讯息，最高人民法院驳回了光大证券内幕交易案当事人之一杨剑波提出的再审申请。因"光大乌龙指"引发的杨剑波诉证监会一案正式落槌，历时4年，历经一审、二审、再审听证，此事轰动中国证券期货市场。
>
> 2013年8月16日11时05分，光大证券在进行ETF申赎套利交易时，因策略交易系统程序的错误，造成以234亿元的巨量资金申购180ETF成分股，实际成交72.7亿元，引发市场剧烈波动，造成恶劣社会影响。事发后，证监会迅速启动调查。经查，光大证券在当日13时开市后至14时22分，在未向社会公告相关情况的情形下，卖出股指期货空头合约IF1309、IF1312共计6240张，合约价值43.8亿元；卖出180ETF共计2.63亿份，价值1.35亿元，卖出50ETF共计6.89亿份，价值12.8亿元。证监会认定"光大证券在进行ETF套利交易时，因程序错误，其所使用的策略交易系统以234亿元的巨量资金申购180ETF成分股，实际成交72.7亿元"为内幕信息，光大证券是内幕信息知情人，在上述内幕信息公开前进行股指期货和ETF交易构成了内幕交易，违法所得金额巨大，情节极其严重。下图为2013年8月16日上证指数的分时走势。

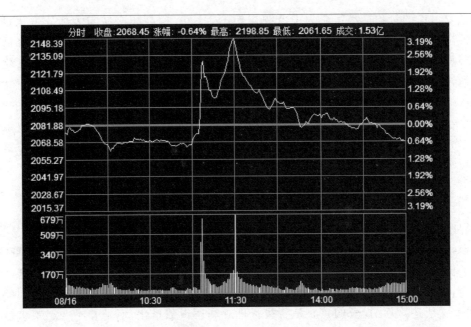

证监会决定给予最严厉的处罚,没收光大证券违法所得,并处以违法所得5倍的罚款,罚款共计523 285 668.48元;对包括杨剑波在内的四名责任人员分别给予警告,处以60万元罚款,并采取终身证券、期货市场禁入措施。证监会对此表示,此案是一例涉及ETF及股指期货的新型内幕交易案件,此前无先例,因具有跨市场、跨品种的特点,案件处理引起广泛关注。

——根据《投资快报》整理

【1-8】 骑士资本的梦魇:乌龙指

美国骑士资本成立于1995年,是华尔街知名的证券公司之一,规模庞大,风格稳健,业务遍布全球。骑士资本的高频交易平台可以把来自不同机构客户和零售客户的交易订单组合起来,形成一个巨大的撮合池,当市场流动性不足的时候,通过投放公司自有资金为市场提供需要的流动性,因此骑士资本也是美国证券市场上较大的流动性提供商之一。由于该平台强大的交易处理能力,不只是买方,一些美国证券市场上重量级的证券公司也是骑士资本的客户,通过上述平台向交易所和其他交易中心发送交易订单,如著名的网上折扣经纪公司 E-Trade、TD Ameritrade 和史考特证券经纪公司。其中,TDA证券是美国最大的网上经纪商公司,客户账户的数量接近600万名,拥有的客户资产达到5000亿美元。骑士资本的这种超级交易平台极大提高了交易效率,但同时也埋下了巨大的运营风险。

2012年7月27日,系统维护人员在系统升级过程中,遗漏了一台服务器,没有升级上面的高频交易系统SMARS。该失误导致公司在8月1日纽交所开市之后,不到一个小时的交易时间里损失了4.6亿美元。

> 根据美国证监会的调查结果,从 9:30 到 10:15 的 45 分钟交易时间里,骑士资本原本只收到由零售客户发出的 212 笔小交易订单,交易系统原本仅应该把 212 笔交易订单发送到纽交所,但出错的交易系统却在不到 45 分钟的时间里发送了几百万笔交易订单。
>
> 事故期间,纽交所在这段时间里成交了超过 400 万笔的交易订单,平均每秒钟的成交超过了 1500 笔,涉及的股票代码达到了 154 个。错误交易导致纽交所启动了熔断机制(circuit breaker),并对部分个股启动临时停牌。当日交易开始 20 分钟之后,纽交所才确定错误订单来自骑士集团。最终纽交所查验了 140 只非正常交易股票,取消了其中 6 只股票的全部交易。交易事故之后的骑士资本陷入经营危机,5 个月之后便被 GETCO 公司兼并。
>
> ——节选自《国外量化投资经典案例介绍与法律分析》(冯永昌等)

1.4 量化投资的优点

1.4.1 客观的历史评估手段

客观的历史评估手段是指当我们构建了一个量化策略时,可以通过回溯测试的方式对策略在历史市场数据的效果进行一个客观的判断。回测过程会提供收益率、最大回撤率及夏普比率等指标,可以通过回测过程对策略的效果得出一个客观有效的策略评估结果,并且通过该过程可以选择出在未来可能会获得较高的超额收益的投资策略。而主观投资者回顾市场和检验策略的方式都容易加入自身的主观判断,由于每个人的性格、经验等不同,这种主观的判断方式势必会导致检验效果的不稳定和不够精确,但量化投资可以在一定程度上规避这样一个缺点。

1.4.2 克服人性弱点

量化投资包含了一个完整的交易过程,交易信号都是通过投资者构建的模型给出的,并且在程序化交易形式下,交易行为也都是通过计算机自动执行,投资者的主要的作用是将个人的投资逻辑数量化。而主观投资一个重要的问题就是如何克服人性的缺点,而这个问题在量化投资中可以得到一定的规避。投资者的情绪和个性对于投资行为有着重要的影响。比如,冲动的情绪很可能导致不理性的投资决策,但量化投资策略将投资过程数量化、自动化,可以帮助减少情绪和个性上的影响。

但是,量化投资也并不能够完全规避人性的弱点。量化投资研发与交易过程中也会受到情绪等主观因素的影响。例如,当应用量化投资策略的基金经理在一段时间遭遇了策略的较大的回撤时,面对着客户及上级的压力,基金经理是否还能够坚持自身的策略或者对于策略做出一个理性的判断,这都会考验基金经理的综合能力。此外,许多中低频的量化投资策略主要通过计算机和数学技术选择股票,确定买卖点位等,但是交易行为是通过交易者手动执行的。因此，交易者在执行自己建立的量化策略之前是否对自己的策略有足够的信心，是否会受到环境因素的影响，都是需要考虑的问题。总结来说，量化投资能够大大降低投资的主观行为，在一定程度上克服人性的弱点，但是并不是可以完全规避。

1.4.3 更高的效率

由于量化投资策略应用了计算机技术，所以相比主观投资方式来讲，能大幅度地提高投资行为的效率。例如，在程序化交易过程中，交易无须人员盯盘，以及手动执行买卖行为。基于该种特点，量化投资的研究人员就能够将更多的时间应用于策略的完善和开发上。此外，随着市场容量的不断扩大，数据量的不断增加，处理数据和监控市场更加需要借助计算机技术的帮助，从而提高投资的效率。

1.4.4 更加出色的风险管理能力

一个完整的量化投资策略的主要组成部分便是风险管理和仓位管理的过程，一个有效稳定的量化投资策略会动态地进行风险管理，调整仓位和杠杆等风险因素，随着市场环境的变化不断进行适应。然而，虽然主观投资也有着风险管理和仓位管理等要求，但是其调整方式不如量化投资策略灵活，对于风险的估计和监控也不如量化投资出色。因此，相比主观投资而言，量化投资有着更加出色的风险管理能力。

1.4.5 可移植性

许多量化策略的内在投资逻辑适用于多个资产或者市场，而由于量化投资策略自动化程度较高，因此对于策略稍加改动便可以较为容易地应用到其他资产或者市场当中，有着较强的被移植能力。例如，一些应用于商品期货市场的趋势型投资策略，假如其使用的因子与股票市场有共通性，那么在商品期货市场试验有效之后，便可以移植到股票市场进行验证。同时，若一个策略在几个市场均有效，那么对于那些进行多市场资产配置的投资者而言，量化投资明显降低了策略的研发成本。

1.4.6 发展完善能力强

如前文所述，量化投资的发展与金融学理论、数学、计量经济学和计算机技术等的发展息息相关，世界有关领域的学者都在不断研究更新的理论与实践内容，这其中的很多研究成果都对量化投资有着重要的借鉴意义。并且，随着这些理论的发展，理论与实践能力俱佳的量化投资团队便会完善相关研究成果，将其转化为可获得利益的投资策略。同时随着计算机技术的发展，许多新的想法都可以通过程序来实现，这便能够大大促进量化投资策略的进一步发展和完善，这也是量化投资策略日渐复杂的一个重要原因。

1.4.7 减少对个别人员的依赖

一个完整的量化策略构建流程需要一个团队共同付出努力，经过不断调试完善才能够获得一个具有良好效果的策略。这个流程的显著特点便是对于个人的依赖性减少，个别人员的离职对于公司的冲击降低。而反观做主观投资的基金经理，一名优秀的基金经理的离职对于原公司的影响是非常大的,直接带来大量的客户损失,旗下基金的收益能力也会大打折扣,而不得不说的是目前我国基金经理的跳槽也十分常见。而量化基金只要策略仍旧属于公司,那么基金经理的离职对公司的冲击将会大大降低。当然,即使如此,企业也应通过更好的激励方式留住优秀人才。

1.5 量化投资的缺点

1.5.1 入门门槛较高

量化投资要求投资者有着深厚的理论功底和熟练的计算机编程技术,因此许多公司和量化团队都乐于招收数学、物理学或者金融工程专业的博士和硕士研究生。但这对于普通投资者来说要求较高,大部分普通投资者并不具备这些理论功底和熟练的技术,因此,相比于量化投资,普通投资者更加青睐于入门门槛稍低的技术分析和基本面分析,故而投资者仍旧以主观投资为主。并且,量化投资需要补充的知识和技术较多,会让投资者花费巨大的学习成本,对于业余投资者来说很难实现,因此量化投资在我国也一直比较神秘,普通投资者也较少涉及。

近些年来随着TradeStation、Quantopian等量化交易平台的出现,大大降低了量化投资的入门门槛,国内目前也出现了诸如优矿、聚宽、米筐等量化交易平台,这些平台为投资者提供了量化策略的研发、回测,以及模拟交易的一体化过程。但是,这些平台仍旧需要使用者具备一定的编程能力和建模能力。并且,许多平台能够实现的功能依旧有限,因此更适合于普通投资者和量化投资爱好者研发策略使用,专业的投资团队一般不使用上述第三方平台,其数据处理、建模、回测平台构建等全部过程都由团队内部完成。这样,不仅能够实现更多的功能,也能够规避许多回测可能出现的陷阱(可见第2章对其详细的介绍)。因此,对于有志于未来以量化投资作为自己发展方向的人应努力学习好编程和建模的知识与技术,增强动手能力。

1.5.2 易复制性

正因量化交易策略的数量化特征,因此,其与许多科技创新相类似,都普遍存在着研发困难,复制简单的特点。仅仅泄露一些策略理念都容易被破解,从而增加了量化交易策略额外的风险,这也是人们在学习量化投资时很难搜集到非常有价值的信息的原因。面对这种情况,量化研究团队将被迫花费一定的成本确保所开发策略的保密性,不被复制。正是基于这一点,许多专业人士并不喜欢在第三方的研发平台进行策略的研究。随着这几年第三方平台的增多,平台也设定了许多的方法用来加强用户策略的保密性。

1.5.3 忽略重要的定性因素

量化投资的一个重要特点就是要把投资逻辑进行数量化,然而,在投资者进行投资决策过程中,时常会面临一些难以量化的因素,并且有一些因素会对投资决策产生重要的影响,这种难以量化的定性的因素通常会在量化投资策略模型构建时舍弃,这就会导致策略丧失了某些重要的盈利因素。目前,随着相关理论和技术的发展,越来越多曾经难以量化的因素都被学者和业界加以解决。比如,近些年来出现的对于投资者情绪的刻画等。而主观投资在这一方面的表现要优于量化投资,从另一个角度也可以说明量化投资目前来讲是无法替代主观投资的,二者各有利弊。

1.5.4 市场出现重大改变时的反应速度

量化投资策略的研发与构建需要大量的数据样本,而数据随时间不断产生,并且回测是判断策略的有效性的重要标准,这样就有一个前提便是"历史会重演"。而当量化交易策略的构造形式没有发生本质改变时,其数量化特征只会随时间逐渐变化,策略所形成的交易变化较慢。在这种情况下一旦市场出现重大转变,量化交易策略将无法适应突变的市场,就会导致策略应变不足,最终带来较大的损失。举一个简单的例子,如果根据过去的几次牛市和熊市的市场走势情况,我们构建的策略的止损条件为"上证指数收盘价低于60日均线时清仓止损",假若在前几次"牛熊切换"时都能够及时止损,那么回测效果也会较好。但是因未来市场具体情况不同,当再次出现"牛熊"转换时,很可能上述止损条件失效,那么量化交易策略因其反应不及时,也就很可能丧失收益或者扩大损失。而一个经验丰富的主观投资者很可能根据自身的经验和直觉在不同情况下做出不同的调整,可控性更强。

【1-9】 人物介绍——詹姆斯·西蒙斯

詹姆斯·西蒙斯(James Simons),1958年毕业于麻省理工学院数学系,1961年获得加州大学伯克利分校数学博士学位。美国著名数学家,投资家和慈善家。作为伟大的对冲基金经理之一,他是量化投资的传奇人物。

1976年,西蒙斯摘得数学界的皇冠——全美维布伦(Veblen)奖,其个人数学事业的成就也就此达到顶峰。之后,西蒙斯转入金融界,于1978年开设了私人投资基金Limroy,1982年,在美国纽约成立了文艺复兴科技公司(Renaissance Technologies LLC),文艺复兴科技公司是世界最成功的利用量化交易的对冲基金管理公司。他们利用强大的计算机和数学能力来开发与执行投资策略。五年后创立文艺复兴科技公司,并推出公司旗舰产品——大奖章Medallion基金。大奖章基金以其出色的业绩闻名投资界。

【1-10】 人物介绍——克里夫·阿斯内斯

克里夫·阿斯内斯(Clifford Asness),1966年出生于美国纽约,大学就读于宾夕法尼亚大学,获得沃顿商学院和应用科学院的两个学士学位,1988年进入芝加哥大学商学院攻读数量金融学博士学位,师从著名金融学家尤金·法玛教授。

> 在其博士论文中,阿斯内斯在三因子模型的基础上加入了动量因子,以四因子模型的形式完成了一系列的实证分析。
>
> 博士毕业后,阿斯内斯加入高盛,帮助高盛旗下的全球阿尔法基金获得出色的业绩。1997年,阿斯内斯从高盛离职,联合高盛同事及芝加哥大学同学创建AQR资本管理公司。该公司目前是全球顶尖的对冲基金之一。

1.6 量化投资在我国的发展

量化投资在我国发展较晚,开始之初距今也只有十多年的历史。2004年8月,我国第一只公募量化基金"光大保德信量化核心证券投资基金"成立。第二年,"上投摩根阿尔法股票型证券投资基金"也随之问世。但是,量化基金上市之初并未引起基金投资者的关注,直到2010年股指期货推出之后,量化投资开始逐渐涌现,并在2015年和2016年快速发展,虽然2016年底市场风格轮转影响了量化基金开仓,但在经历2017年、2018年两年"量化小年"后,2019年量化基金净资产再创新高,并于近几年依托人工智能技术稳步发展。下文将分别阐述我国公募量化基金和私募量化基金的发展情况。

1.6.1 公募量化基金的发展

Wind金融终端数据显示,截至2023年11月13日,市场共有853只量化型基金,基金规模总计达5776.4亿元,其中主动型量化基金规模为2117亿元;指数型基金3519亿元;对冲型基金140亿元。如图1-1所示,在2008年金融危机过后,基于国外量化基金市场的成功经验,我国公募基金开始积极发行量化型基金,并且,随着2010年我国推出股指期货,量化对冲型基金也开始逐渐出现,直到2014年末,我国共发行了公募量化基金46只,其中有主动型基金24只,指数型基金13只,对冲型9只。2015年开始,随着我国股票市场出现的大幅上涨行情,国内投资者投资热情高涨的同时也促进了基金的发行,2015年一年便发行了量化公募基金36只,其中主动型18只,指数型6只,对冲型12只。此后我国为防止发生系统性金融风险,采取了限制股指期货做空的措施,这也导致了量化对冲基金的数量的减少,在2016年,公募量化基金发行数达到了58只,其中主动型为28只,指数型27只,对冲型仅发行了3只。但是量化对冲基金由于其稳健的收益和较小的回撤在市场不稳定时期更加受到投资者的青睐。2023年,我国量化基金的发展势头仍旧较好,截至2023年11月13日,共发行了116只公募量化基金,其中有37只为主动型基金,指数型79只。从图1-1中可以看出,主动型公募量化基金在2016年和2017年都出现了较好的发展势头,也证明了量化投资在我国逐渐被认可。

从收益方面来看,根据Wind金融终端的数据,目前成立超过五年的公募量化基金共有278只,近五年的回报最高的达到了174%,回报最低的为−22%,278只基金近五年平均收益为47.94%,平均最大回撤为44.81%。同期沪深300指数收益为10.78%,上证指数收益为14.47%。以沪深300指数为基准,超额收益为正的基金有247只,平均超

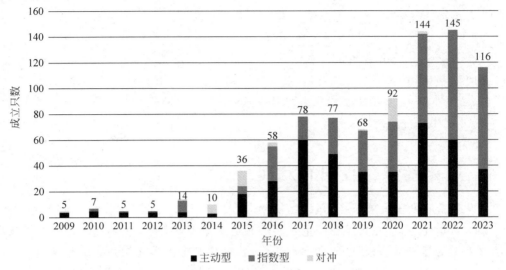

图 1-1 2009 年 1 月 1 日—2023 年 10 月 30 日公募量化基金成立只数

数据来源：Wind 金融终端。

额收益达到了 53.18%。从长期来看，量化基金收益可观，非常有竞争力，并且回撤较小，收益更加稳定。2023 年前三个季度，我国公募量化基金市场收益分化比较严重，853 只基金中，今年获得正收益的有 91 只，平均收益为 4.48%，在此期间的平均最大回撤为 16.67%，收益最高的基金为 26.66%。在此期间，沪深 300 指数收益为 −7.36%，上证指数收益为 −1.63%。结合基准收益（沪深 300 指数）来看，超额收益为正的基金仅有 365 只，如果以上证指数为基准，超额收益为正的基金有 131 只。2023 年我国股市的大盘股表现要明显好于中小盘股，而量化基金普遍更加乐于配置中小盘股，因此也导致了该年量化基金收益的分化。

1.6.2 私募量化基金的发展

Wind 金融终端数据显示，截至 2023 年 11 月 13 日，市场共有 12 867 只量化型私募基金，如图 1-2 所示。2010 年之前我国推出私募量化基金的公司寥寥无几，2011—2013 年开始，不断有私募基金公司推出量化投资类型的基金，三年间共推出了 105 只基金。2014 年开始，我国量化私募基金开始快速发展，2014 年新推出的基金数超过了前一年的三倍。2015 年和 2016 年发展更加迅速，2015 年新推出的私募量化基金数为 655 只，2016 年则是达到了 1095 只。可以说 2015 年和 2016 年是私募量化基金发展的爆发增长期，其主要原因是受到这两年股票市场的影响，如图 1-3 所示，在 2015—2016 年期间，我国股市出现了大幅波动，由于量化投资基金更加完善的风险控制体系、投资的高度分散性和纪律性，在此期间量化投资基金能够带来更多的超额收益，因此也促进了私募量化基金的发展。2018—2022 年，我国量化私募基金进一步加速发展，五年新推出的基金数达到了 10 231 只。到了 2023 年，由于市场风格不断变化与波动等原因，私募量化基金的收益普遍出现了下滑。

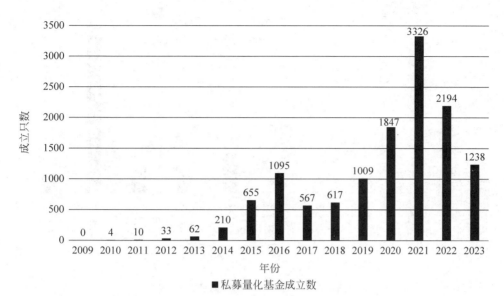

图 1-2　2009—2023 年私募量化基金成立只数

注：数据截至 2023 年 10 月 30 日　　数据来源：Wind 金融终端。

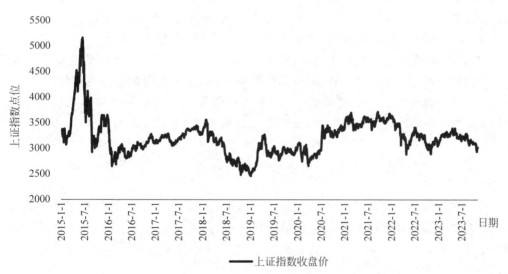

图 1-3　上证综指 2015—2023 年走势

数据来源：Wind 金融终端。

图 1-4 为截至 2023 年 10 月 30 日，不同策略的私募量化基金数量，相比早期仅仅推出股票策略的基金而言，如今的策略丰富度越来越高。但是大部分的私募量化基金策略依旧是股票策略。

从收益方面来看，根据 Wind 金融终端的数据，目前成立超过五年的私募量化基金共有 1957 只，近五年的回报最高的达到了 1678.34%，回报最低的为 -98.56%，1957 只基金近五年平均收益为 65.76%，平均最大回撤为 7.70%。同期沪深 300 指数收益为

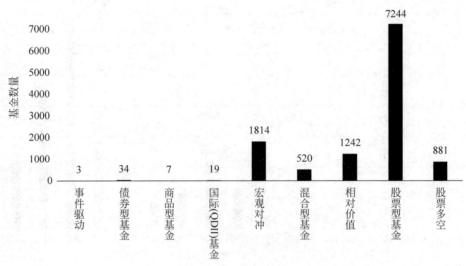

图 1-4　不同策略私募量化基金数量

数据来源：Wind 金融终端。

10.57%，上证指数收益为 15.11%。以沪深 300 指数为基准，超额收益为正的基金有 929 只，平均超额收益达到了 87.51%。从长期来看，私募量化基金收益总体上已超过公募量化基金，收益比较可观，回撤较小。2023 年前三个季度，在可统计的 5790 只私募量化基金中，获得正收益的有 3208 只，平均收益为 1.2522%，在此期间的平均最大回撤为 10.42%，收益最高的基金为 503.86%。在此期间，沪深 300 指数收益为 -7.55%，上证指数收益为 -1.38%。结合基准收益（沪深 300 指数）来看，超额收益为正的基金仅有 4924 只，如果以上证指数为基准，超额收益为正的基金则有 3610 只。2023 年前三个季度虽然我国量化基金收益都存在着一定的分化与下滑，但是私募量化基金的表现要略优于公募基金，其中一个原因是 CTA 策略在私募量化基金中的盛行，并获得了不错的收益。

近一年收益率排在前十位的私募量化基金中，宏观对冲占了四名，股票策略占了三名。近两年收益率排在前十位的私募量化基金中，股票策略占了五名，相对价值和混合型策略各占一名。近三年收益率排在前十位的私募量化基金中，宏观对冲策略占了六名，如表 1-1～表 1-3 所示。

表 1-1　私募量化基金近一年收益前十名

收益排名	证券简称	策略分类	近一年收益/%
1	汇祝量化中性 1 号	相对价值	503.8640
2	一村基石 39 号	相对价值	243.7968
3	笃熙禀泰海涵 1 号	宏观对冲	172.3282
4	错量湛泸 3 号	宏观对冲	159.2396
5	七禾科技传奇进取 2 号	宏观对冲	144.6882
6	逸烽 1 号（逸烽投资）	宏观对冲	136.3306

续表

收益排名	证券简称	策略分类	近一年收益/%
7	万葵聚富湾 FOF 精选家族	股票型基金	135.7866
8	宁聚量化多策略	混合型基金	131.3374
9	恒穗基业常青-激进成长1号	股票型基金	129.8276
10	阜华私募量化对冲9号	股票型基金	129.7638

数据来源：Wind 金融终端。

表 1-2　私募量化基金近两年收益前十名

收益排名	证券简称	策略分类	近两年收益/%
1	汇祝量化中性1号	相对价值	147.5332
2	七禾科技传奇进取2号	宏观对冲	122.9329
3	信鱼CTA尊享2号	股票型基金	98.6316
4	信鱼CTA尊享1号	股票型基金	89.9965
5	善流金沙6号	宏观对冲	84.3501
6	锐耐资本精锐量化1号	股票型基金	78.0121
7	量化趋势1号	股票型基金	69.8509
8	宁聚量化多策略	混合型基金	68.8306
9	笃熙禀泰海涵1号	宏观对冲	67.6489
10	海豚量化	股票型基金	67.3423

数据来源：Wind 金融终端。

表 1-3　私募量化基金近三年收益前十名

收益排名	证券简称	策略分类	近三年收益/%
1	七禾科技传奇进取2号	宏观对冲	191.0525
2	自然而然1号	股票型基金	99.7189
3	汇祝量化中性1号	相对价值	83.1394
4	一村基石2号	相对价值	82.5315
5	海豚量化	股票型基金	63.7627
6	期期铭跃1号	宏观对冲	61.7196
7	博普稳增2号	宏观对冲	57.5723
8	哲石莫仓量化对冲1号	宏观对冲	56.6137
9	具力禾荃1号	宏观对冲	55.4815
10	逸烽1号（逸烽投资）	宏观对冲	53.6358

数据来源：Wind 金融终端。

1.6.3　量化基金的指数发展

1. 巴克莱指数

国外研发量化基金指数的时间较早，其中较为著名的就是巴克莱指数。巴克莱指数全名为巴克莱系统交易员指数,是由巴克莱集团开发的衡量量化交易的指数,对于那些95%的交易都是程序化的CTA,巴克莱集团设定他们为程序化交易员;对于那些至少75%的交易都是通过主观判断的则称之为自主型交易者,从而形成了巴克莱系统交易者指数与巴克莱自主型交易者指数。

从图1-5中可以看出,巴克莱系统交易者指数与巴克莱自主型交易者指数的统计情况,1987—2016年共30年间,巴克莱系统交易者指数收益高于巴克莱自主型交易者指数收益的年数有16年,但二者的差距并不大。其中,在1995—2003年,巴克莱系统交易者指数收益要明显好于巴克莱自主型交易者指数。而2007—2016年,巴克莱自主型交易者指数的收益要好于巴克莱系统交易者指数收益。因此,从巴克莱的CTA统计数据来看,主观交易与量化交易之间的收益差异并不是很大,每种投资方式都在一段时间取得了更好的效果,但是在近几年,量化投资的效果与主观投资相比较差。

图1-5 巴克莱系统交易者指数收益与巴克莱自主型交易者指数收益

2. 央证量化基金指数[①]

央证量化精英指数是由CCTV证券资讯频道金融研究院,与央证资产智库合作,针对中国量化对冲基金领域研究开发的可投资指数。其指数成分备选库包括全市场各类以量化作为基金分析方法或者以程序化作为主要交易方式的可投资优秀私募基金,但不包括封闭式基金和结构化基金产品。

2017年7月28日,CCTV证券资讯频道金融研究院宣布,央证量化精英指数上线汤森路透终端平台(代码为CCTVSEHF),在全球128个国家和地区发布,为上万家海内外金融机构提供下载和研究服务,其筛选条件如表1-4所示。

---

① 摘录自 http://www.cctvresearch.com/。

表 1-4　央证量化基金系列指数筛选条件表

筛选条件	央证量化基金综合指数	央证相对价值策略指数	央证管理期货策略指数
策略类型范围	Alpha策略 复合策略 CTA策略	Alpha策略 复合策略	CTA策略
合规条件	基金产品在中国基金业协会正式备案		
成立日期	成立超过一年		
净值公布次数（考察区间内）	≥40次,且考察期最后30天内至少公布一次净值		
运行天数跨度（考察区间内）	≥270天		
基金类型	非单账户、海外基金、其他类型		
结构化	非结构化产品		
MOM、FOF产品	非MOM、FOF产品		
通道产品	非通道产品		
同投顾筛选	同一投顾选择一个考察区间夏普比率排名最高的产品		

> **【1-11】 我国首个量化基金指数面世**
>
> 　　日前,"北京基金小镇·中国量化基金指数发布会暨中美量化投资人才研讨会"在北京基金小镇北海服务中心召开。此前,北京基金小镇已与清华大学、北京大学、麻省理工学院、哈佛大学四所高校的量化金融协会正式签署战略合作协议,成立中美量化投资人才联合会。作为战略合作的主要成果之一,"北京基金小镇·中国量化基金指数"在本次活动中正式向全球发布。
>
> 　　"北京基金小镇·中国量化基金指数"由北京基金小镇与中美量化投资人才联合会共同编制,是国内首只以量化投资类基金为样本编制而成的标准化指数,涉及国内规模以上量化私募基金样本超500只,含1只综合指数、7只策略指数和3只地区指数。
>
> 　　该量化基金指数的推出填补了国内量化投资行业指数体系的空白,促进了行业的标准化和规范化,有助于监管机构的管理决策,有利于投资者全面把握市场运行状况,也进一步为指数产品的创新和发展提供了基础条件。
>
> （资料来源：中国基金报.2016-11-21.）

　　表1-5展示了国内主要基金的风险收益,可以看到公募基金普遍回报率较低,同时风险较低,而私募和量化私募基金回报率较高,但近两三年最大回撤更高,体现了风险与收益并存的基本原理。最后可以发现,沪深300和上证指数在三年和五年后的回报率有大幅提升,表明了股指长期的可投资性。

表 1-5 主要基金类型收益风险情况

基金类型	2023.1—2023.6		2022—2023		2021—2023		2020—2023		2018—2023	
	回报率	最大回撤	回报率	最大回撤	回报率	最大回撤	回报率	最大回撤	回报率	最大回撤
公募基金										
全部公募基金	4.31%	3.74%	5.97%	5.37%	14.27%	10.22%	34.59%	14.68%	74.43%	14.68%
增强指数型基金	9.47%	7.47%	17.20%	9.15%	28.46%	19.66%	61.38%	28.97%	92.68%	28.97%
股票多空策略	0.84%	2.06%	1.12%	2.58%	0.63%	4.36%	13.95%	4.92%	无	4.92%
普通股票型基金	8.74%	7.30%	12.43%	9.62%	26.81%	20.26%	66.98%	28.09%	122.93%	28.09%
量化基金	4.35%	6.69%	7.28%	7.99%	28.60%	12.21%	62.44%	16.41%	134.45%	16.41%
主动量化基金	3.44%	7.88%	5.60%	9.37%	34.61%	13.85%	67.43%	19.08%	138.35%	19.08%
指数量化基金	7.55%	6.31%	15.82%	7.52%	39.84%	12.23%	73.50%	15.99%	122.74%	15.99%
对冲量化基金	0.59%	2.14%	0.74%	2.87%	0.63%	4.83%	13.95%	5.34%	无	5.34%
私募基金										
全部私募基金	4.92%	6.74%	6.53%	8.82%	8.53%	13.13%	42.47%	19.43%	94.96%	19.43%
股票策略	1.98%	5.29%	3.18%	7.40%	2.08%	9.31%	34.90%	11.22%	75.62%	11.22%
CTA	5.00%	5.57%	11.18%	8.15%	22.08%	9.37%	43.84%	11.52%	107.39%	11.52%
股票市场中性	−0.33%	3.51%	−0.61%	4.28%	4.59%	4.74%	22.04%	5.54%	48.23%	5.54%
事件驱动	−2.97%	6.14%	−1.16%	4.59%	4.91%	4.61%	37.40%	5.36%	无	5.36%
套利策略	−1.14%	3.38%	−0.35%	3.98%	2.55%	4.16%	36.49%	4.69%	113.87%	4.69%
全部量化私募基金	2.28%	4.87%	4.10%	6.83%	5.72%	8.26%	33.88%	10.03%	73.58%	10.03%
量化股票策略	1.98%	5.29%	3.18%	7.40%	2.08%	9.31%	34.90%	11.23%	75.62%	11.23%
量化CTA	5.00%	5.57%	11.18%	8.15%	22.08%	9.37%	43.84%	11.54%	107.39%	11.54%
量化股票市场中性	−0.33%	3.51%	−0.61%	4.28%	4.59%	4.74%	22.04%	7.24%	48.23%	7.24%
量化套利策略	−1.14%	3.38%	−0.35%	3.98%	2.55%	4.16%	36.49%	4.70%	113.87%	4.70%
量化事件驱动策略	−2.97%	6.14%	−1.16%	4.59%	4.91%	4.61%	37.39%	5.36%	无	5.36%
量化多策略	4.42%	4.58%	5.04%	6.19%	6.20%	6.21%	46.88%	6.32%	无	6.32%
沪深300	11.01%	6.07%	17.93%	8.92%	19.78%	28.15%	56.53%	47.57%	67.31%	47.57%
上证指数	3.92%	8.46%	11.46%	8.62%	9.70%	28.40%	41.67%	49.05%	60.53%	49.05%

数据来源：Wind金融终端。

1.6.4 量化投资在我国的发展前景

2000年以来,量化金融在国外尤其是在美国发展迅速,数量化金融技术被广泛地应用于理论创新、衍生品定价、量化投资、对冲交易等,美国的大部分高校院所在依托金融工程专业已经建立了庞大的量化金融分析研究团队,并与国外相关投资银行、对冲基金等公司进行合作。同时,与量化金融相配套的各项教育、社会服务机制也已经比较健全,大部分高校也开设了金融工程硕士、数量化金融博士等学位,培养出了很多量化金融领域的杰出人才。

近年来,我国金融市场高速发展,随着2010年4月沪深300股指期货合约的推出,我国资本市场开始迈向了一个新的阶段,金融衍生品不断涌现,随之而来也将产生更加先进的投资模式与金融理论。日渐复杂的金融市场对于数量化金融及其研究理念的需求也在不断增加。证券公司、基金公司对于量化投资模型的要求也越来越精确,券商和基金普遍设立了专门的量化投资部门。随着量化投资近几年在我国的快速发展,量化基金发行量的逐年递增,业界和学术界对于量化投资的研究热情也逐渐高涨。但是,量化投资在我国的发展仍旧处于起步阶段,国内量化投资实践人群也多为海外留学和工作的归国人才。并且,随着量化投资的日渐火热,基金行业也开始出现一些乱象。各个基金公司为吸引客户都积极推出量化策略基金,并大力宣传,吸引基金投资者争相购买。但是,许多量化基金只是徒有其名,并不是真正的量化基金,有一部分基金仅仅是在做某些决策的时候用到了数量模型,就称之为量化基金。更有甚者,其基金与量化投资毫无关联,为了吸引客户也为基金起量化方面的名称。可以说,相当一部分的量化基金实际上在真正的管理过程中仍旧是主观投资的方式,或者量化投资的方法仅仅是作为辅助作用。但是可以相信随着我国资产市场的不断完善,量化投资作为一种出色的投资手段将会进一步找到真正的定位并且随着人们对于量化投资的理解的深入,其独特的优势将会吸引更多的人群参与其中,如此便会进一步加快量化投资在我国的发展。

第 2 章

量化投资策略的构建与注意事项

了解到什么是量化投资,以及量化投资的发展历程等内容后,对于量化投资可以有了一个较为明确的理解。下面就需要研究量化投资策略的具体构建的方式方法。本章主要介绍量化投资策略具体的构建方法,除此之外,还有在策略的开发和构建等过程中容易出现的各种误区,以及量化投资策略的评价指标等。本章共分四节,具体每节的内容如下。

2.1 节:量化投资策略开发框架流程。本节主要介绍量化投资策略的具体的开发框架和流程,对策略构建的每个步骤都进行了详细介绍。

2.2 节:量化投资策略的陷阱。本节介绍的是量化投资策略开发构建和回测等过程中容易出现的问题和误区,帮助读者规避量化投资策略研发可能遇到的陷阱。

2.3 节:量化投资策略的评价标准。本节介绍了各种量化投资策略的评价指标,对量化投资策略常用的各种风险和收益的衡量指标进行了讲解和分析。

2.4 节:量化投资常用选股模型。本节重在介绍主要的量化投资的选股模型,对各个选股模型的基本概念进行详细的介绍,并列示了部分经典策略。

2.1 量化投资策略开发框架流程

2.1.1 量化交易回测平台介绍

1. TradeStation

TradeStation 是由美国 TradeStation 公司开发推出的服务活跃的交易客户的专业交易平台,该平台能够为客户提供构建模型、回测检验、优化、监控及程序化交易等量化投资服务。TradeStation 已经为美国华尔街的专业交易员提供了超过 30 年的服务，在全球都享有盛名。2014 年，国信联手 TradeStation 公司开发了"国信 TradeStation"，将其引入了中国市场，并在次年上线。国信 TradeStation 可以为客户提供从产品设计、账户管理、交易实现、订单执行到风险管理等一系列的专业服务。（平台地址：https://www.tradestation.com/）

2. Quantpedia

Quantpedia 是一个较为著名的量化英文网站，并且该网站称自己为"量化交易策略的百科全书"，该网站的使命是促进金融学术研究转化为更利于应用的形式，为那些寻求新的量化交易策略的人提供帮助。网站的管理团队大多有着较强的金融、数学背景，以及熟练的 IT 技术等。网站使用世界各地大量金融研究资源，每天都通过这些来源筛选并搜索新的有趣的文章和论文，是一个不错的量化研究网站。（平台地址：https://quantpedia.com/）

3. JoinQuant

JoinQuant 量化交易平台是由北京小龙虾科技有限公司为量化爱好者（宽客）量身打造的云平台，可以为客户提供精准的回测功能、高速实盘交易接口、易用的 API 文档、由易入难的策略库，便于快速实现、使用用户构建的量化交易策略。（平台地址：https://github.com/JoinQuant）

4. Uqer

Uqer 是我国推出较早的量化平台，依托于通联数据，为广大量化从业者提供专业量化装备，提供海量金融数据与高性能的计算能力，安全稳定的策略回测研究环境和实盘模拟交易，解决量化从业者从研究到实盘的一站式需求。（平台地址：https://uqer.datayes.com/）

5. RiceQuant

RiceQuant 量化交易平台由深圳米筐科技有限公司开发，目标是成为每一个宽客（Quant）的私人量化交易平台。所有的灵感可以在这里变成代码，通过安全、极速的平台交易获得运算结果，每一个策略都可以通过该平台实现。在 RiceQuant 平台上，客户无须担心海量的金融数据处理和复杂的量化模型运算，只需要把所有的才能投注于策略的设计与优化。（平台地址：https://github.com/ricequant）

2.1.2 数据的准备与预处理

1. 数据的获取

进行量化投资策略的开发，离不开大量数据的支持，因此数据的获取是量化投资策略开发需要面对的一个首要问题，同时也是一个较为让人棘手的问题。许多数据的获取都需要耗费较高的成本，并且市场上数据的质量参差不齐，这都为策略开发人员带来了一定的困扰。一般来讲，数据的来源主要有以下三个方面。

（1）收费的数据来源。收费的数据是量化投资策略的开发人员主要获取数据的方式。比如,国内的 Wind 金融终端、国外的彭博系统都能够提供较为全面的金融数据。但是收费的数据来源一个主要的缺点就是成本高昂,并不十分适合个人量化投资者。正因如此,量化投资开发人员多集中于机构中,可以依托于金融机构的财力来获取较为全面的数据。

(2) 免费的数据来源。另一个获取数据的方式就是通过免费的软件获取。目前许多金融软件都提供了历史数据的下载,但是免费的数据存在一个显著的问题就是数据质量较差,数据的错误和缺失均是较为常见的现象,因此通过这种来源获取数据进行研究会对策略开发的准确性产生一定的影响。

(3) 量化交易平台来源。随着量化投资的关注热度的不断提高,量化交易平台在国内也开始兴起,从平台上获取数据成为一种新的来源。一般而言,量化交易平台会免费为注册用户提供数据进行研究,这大大降低了量化投资的门槛,使个人投资者可以参与其中。但是,平台的数据可以在其网站中使用,却不能够下载至本地,这也使研发人员必须依赖于平台进行策略的研究,从而产生了一定的局限性。

2. 数据的清洗与修正

从各种来源获取数据后,需要将数据进行清洗。通常我们获得的数据可能来自多个来源,会出现数据格式不统一、数据错误、数据缺失、数据重复等问题。因此首先要将数据进行清洗与修正。此外,不同频率的数据有着不同的用途,因此也需要进行适当的处理。诸如此类问题非常繁杂,因此,一般的量化投资团队都会有专人负责数据的处理,这是一个非常耗时的工作。

3. 数据的预处理

将数据清洗和修正完毕后,还需要根据不同的策略开发要求对数据进行预处理。最常见的预处理有去除极端值、取对数、标准化等。本书后面章节如有需要对数据进行预处理的地方,均会单独介绍。例如,第 3 章多因子模型中对于数据的标准化的介绍等。

2.1.3 量化投资策略的构建

量化投资策略通常起源于一个想法,这个想法可以简单也可以复杂,关键在于将这个想法数量化,进而构建一个模型。这里要确保策略开发者的想法是可以被量化的,想法越能够被精确量化,构建的模型与想法的贴合度就越高。一个完整的策略构成至少要包括三个部分,分别为买入和卖出、风险管理及仓位控制。

1. 买入与卖出

首先,策略要确定买入的资产和卖出的资产,同时还要确定买入卖出的时机,其中又可分为选股过程和择时过程,即选择预期收益为正的资产,并通过各种策略方法判断买入与卖出的时机。在量化投资策略中,买入与卖出的判断基础可以是比较简单的原则,如经典的"上穿 10 日均线买入,下穿 10 日均线卖出",也有更加复杂的原则,其中包括了许多数量模型,当一个或者几个条件同时触发时才释放买卖信号。本质而言,策略原则的简单与复杂并不是策略好坏的判断标准。但是,随着科学技术的发展,越来越多的专业人士开始从更加复杂的理论技术中寻求买卖策略的原则,并且普遍从中能够获得更好的收益。尽管如此,不能忽视的是,模型的条件和原则越复杂,在量化策略编程实现和回测交易的难度就越大,同时也会面临着诸如过拟合等陷阱。

2. 风险管理

学术界普遍将风险定义为"不确定性",这种"不确定性"会对量化投资策略的业绩产生影响,通常用来衡量风险的指标为波动率。而在投资领域,人们更加关注风险作为"不确定性"中的"负的不确定性"的情况,即会对投资策略造成潜在损失的风险。查理·芒格也曾表示过其对于用股票波动来衡量风险的质疑,他认为:风险主要包括两个方面,一方面是永久失去资本的风险,另一方面是所获得的回报不足的风险,典型的风险可分为策略风险和技术风险。

1) 策略风险

策略风险主要是指使用某种量化投资策略或者投资模型的潜在的风险。市场环境瞬息万变,任何策略都有可能在一段时间后失效。比如,量化策略在执行一段时间后,市场条件便不能够满足模型设计时所依赖的假设,这就会导致模型的失效。以我国A股市场为例,过去很长的一段时间,市场都存在着显著的小盘股效应。所以根据过去A股数据所设计出的许多主动量化投资策略的模型都存在将投资重点放在小盘股上面的情况,而2017年,大盘股的涨势要明显超越小盘股,于是便导致了部分量化策略的失效,造成了资产的损失。此后,许多量化策略开始注重市场风格转换的监控。此外,过拟合、前视偏差都会对策略产生重要影响,也是策略风险的重要内容,本书将在量化投资策略注意事项中进行重点介绍。

> 【2-1】 小盘股效应
>
> 小盘股效应又称规模效应、公司效应,是指投资于小市值股票所获收益比大市值股票收益高的金融现象。这种现象发生的主要原因在于市场存在风险溢价、忽略效应、基本面风险等情况。但是在中国股票市场更多的是因为小盘股的股本总值较小,较少的资金就可以让其价格剧烈波动,而投资者可以从中承担高风险获得高收益。因为小盘股效应的独特性,在投资策略考虑时应该对小盘股效应给予充分关注。

2) 技术风险

技术风险主要是指量化策略的开发和实践中所需要的许多基础设施和重要技术的潜在的风险。首先,量化投资面临的一个技术风险就是策略开发和回测与交易技术的问题。在策略开发、回测与执行过程中,对于编程语言的掌握程度会对策略产生重要的影响,语言的使用不当和错误使用会导致开发过程出现策略无法执行、回测效果不准确,或者更为严重的错误交易行为,同时操作的不当也可能会导致巨大的损失。对于许多个人投资者而言,其技术风险主要来源于量化回测过程,许多个人量化投资者不具备独立开发回测系统的能力,因此多依托于第三方策略开发回测平台进行策略的开发与回测。投资者有时会出现回测效果与实盘效果差距很大的问题,很大的可能原因便是回测平台出现了问题,好在随着国内平台数量的增多,各个平台也都不断完善,技术风险出现的可能性也在不断降低。此外,数据的问题也是产生技术风险的重要来源。量化投资策略对于数据的要求非常高,许多免费的数据普遍存在着数据缺失、错误等问题,而依据这些数据设计的策略就十分容易产生风险,这也是为什么即使有偿数据的成本居高不下,但各金融公司仍旧花费大量资金购买的原因。

3. 仓位控制

仓位的控制与选择是投资策略的一个重要问题,仓位过重可能会导致潜在的损失过大,仓位过轻又会导致潜在的盈利过少。过去主观投资者根据经验总结了多种仓位控制和资产配置的方法,并将其视为交易系统中的重要组成部分。而在量化投资策略的开发与构建过程中,对于仓位控制和资产配置的实现通常是通过科学可量化的手段进行的,更多的是借助数学的应用来得以实现。

2.1.4 策略的回溯测试

将投资逻辑及想法通过量化的手段实现并按照相关软件的要求进行编程后,下一步要做的便是回溯测试,即回测。回测过程就是将构建好的量化投资策略模型放入到一段历史数据中进行检验,得出其在这段时间的收益情况和风险情况等指标,从而做出对于该策略的判断。如果回测效果不好,则需要改变策略或者完善策略模型;如果回测效果较好,则可以考虑进行模拟交易或者实盘交易。回测是量化投资中重要的过程,其主要检验策略的以下三个问题。

1. 确保之前步骤构建的量化投资策略模型和编程代码运行正常

回测首先要检验量化投资策略模型的构建,以及将其转化成编程语言这两个过程的准确性。通过回测,可以很清晰地发现策略是否按照开发者的想法进行交易行为,也就是策略是否做其该做的事。在策略的研发过程中,出现策略实际交易行为和开发者的想法不同是初学者常见的错误。比如,以最简单的均线策略为例,如果开发者设计了某股票价格上穿10日均线买入,下穿10日均线卖出的策略,通过回测,可以判断策略是否真正按照规定执行。在量化实践中,通常模型的编程比较复杂,因此编程工作许多时候也比较烦琐,容易出现错误之处。比如,上述策略中将10日均线错误设定成20日、将卖出信号错误设定成买入信号等。即使出现一点小错误,如果没有在实际交易前被发现,那么实盘后这种错误就会对策略收益产生巨大的不利影响。

2. 对于策略的评估

当确定量化投资策略能够按照要求正常运行后,回测关注的第二个问题就是策略的评估。回测的一个目的就是检验策略的效果是否符合设计者对于策略的预期。该过程需对回测的结果综合分析,不仅要分析回测中的具体交易的情况,还要分析风险和收益等情况。一方面,要看该策略是否符合其设定的要求,例如,如果我们设计的策略是一个长期策略,那么就需要通过回测过程观察策略是否符合要求,如果策略交易过于频繁,显然是不符合一个长期策略的要求的。如果设计的策略是一个典型的趋势型策略,在明显具有趋势的回测区间中不能获得良好的收益,也说明该策略不能达到对其的预期。在此需要强调的是,回测区间长度和范围的选择是回测中不可忽视的一个问题。另一方面,对于回测长度而言,通常来讲,回测长度越长越好,也就是说能够用于回测的数据越多越好,因为长度越长,越能够更充分包含价格运动的规律和特点。而对于回测区间的选择,要充分考虑策略的特点,以及样本特点的多样性。比如上文提到的典型的趋势型策略,对于该种策略,回测区间就要选择具有明显趋势的区间,因为只有在此区间才能够发挥该策略的效果。许多时候,策略开发者还会将回测区间分段,对每个区间都进行回测。这样做的一个主要原因就是,存在着一种可能情况,即某个策略在一个较长的回测区间中得到了较好的结果,但是其主要的成功交易只局限于某段时间的几次获得较大盈利的交易,而在大部分时间都是亏损的。对于这种情况,显然进行分段回测效果会更好。

2.1.5 策略的优化

当量化投资策略模型被构建并且已经编程完毕后,可以对策略进行回测,从而得到对策略的初步判断,对于那些效果较好或者有明显可改善空间的量化投资策略予以保留,下一步便是对这些策略的优化过程。我们构建的量化投资策略模型通常都有着许多的参数。比如,一个简单的均线策略,对于多少日平均的选择就是一个典型的参数选择问题。因此,此处提到的策略的优化过程就是一个策略的参数的选择问题,通过对于待选参数的检验,选择出能够获得更好策略效果的参数。对于量化投资策略的最优化问题一直都存在着较大的争议,对于最优化持肯定观点的人认为,策略的最优化可以使策略获得更好的效果;而持否定观点的人则认为,策略的最优化缺点较多,最为明显和严重的就是容易导致过拟合问题。过拟合问题简单来讲就是策略在样本内进行检验和完善,最终获得了良好的效果,但是到了样本外策略效果与样本内相差很大,很多时候,在样本内取得较好收益的策略到了样本外一度亏损,这就是典型的过拟合现象。除了过拟合问题,参数最优化还有一个较为明显的缺点就是潜在的运行成本较高,虽然参数最优化过程是通过计算机完成,但是当待选参数数量较多,以及最优化方法较为复杂时,最优化过程将非常耗时。本书认为,适度的最优化过程是有必要的,但也应该注意规避过拟合等问题的发生。下文将介绍最优化涉及的四个方面。

1. 参数选择问题

最优化问题首先要研究的就是有关参数选择的问题。

首先,要确定量化投资策略模型中有哪些需要进行最优化的参数。许多复杂的模型都有着较多的参数,但并不是所有的参数都需要进行优化。值得关注的是,过拟合问题产生的一个重要原因就是量化投资策略模型的参数过多。因此,在构建量化投资策略模型时,一方面要限制参数的个数,另一方面在优化过程中也要考虑需要进行优化的参数。对于不需要进行最优化的参数而言,可以将其视为控制变量,并且设参数为固定值。而对于需要最优化的参数而言,通常要选择那些对量化投资策略效果有着明显影响的参数进行优化,也就是当参数值出现变化时,会导致策略效果发生显著变化的参数。以表 2-1 为例,现假设某量化投资策略模型有两个参数 α 和 β,现需要判断哪个参数的优化意义更大,从表中可以看出,当控制 β 为 1 而变化 α 的值时,每次 α 变化 1 个单位都会导致策略的年化收益率变化 10%;而当控制 α 为 1 而变化 β 值时,可以发现此时策略的年化收益率的变化非常小。因此,两个参数比较而言,α 对于策略的影响更大,对于其进行优化的必要性也更强。

表 2-1　参数选择示例

参数值	策略年化收益率/%
$\alpha=1,\beta=1$	10
$\alpha=2,\beta=1$	20
$\alpha=3,\beta=1$	30
$\beta=1,\alpha=1$	10
$\beta=2,\alpha=1$	11
$\beta=3,\alpha=1$	9.8

其次,除了待选参数的选择问题以外,参数优化问题还要考虑参数变动范围和变动单位。仍旧以表 2-1 为例,如果策略只有 α 和 β 两个参数,并且选定每个参数可调整的变动范围是 1~3,每次变动一个单位,那么两个参数的取值都可为 1,2,3。则需要检验的参数组合就有 9(3×3)个。如果变动范围是 1~10,每次变动一个单位,那么需要检验的参数组合就达到了 100(10×10)个;如果是三个参数,则待检验的参数组合就达到了 1000(10×10×10)个。正如前文所提到的潜在运行成本的问题,对于参数的取值范围和变动单位的选择非常重要。参数取值范围和变动单位的选择要充分考虑具体量化投资策略的情况和最优化过程的计算量。例如,对于一个关注于长期投资的量化策略,如果用到了均线指标,那么检验小于 30 日的均线就是不合时宜的。而对于一个关注于短期投资的量化策略,如果用到了均线指标,选择的均线范围是 1~24,如果设定变动单位为 8,这也是与策略的思想不符的。

2. 优化测试区间的选择

前文介绍回测过程的部分已经提到了有关样本区间选择问题,一般而言,测试区间越长,对于策略效果的评估就越准确。但是,并不能够肯定地说优化测试的区间越长或者价格信息越多,策略的优化效果就越好。对于优化测试区间选择的一个极为重要的条件就是,测试的区间要尽可能包含市场的各种情形。以美国股市为例,金融危机爆发后,标准普尔 500 指数一路下跌,在 2009 年 3 月达到了最低点,随后整体趋势一路上升。如果以 2009 年 3 月以后的数据作为优化的测试区间,虽然区间较长,但是,整体市场的趋势是向上的。因而此时优化的策略如果发现在该区间内效果较好,其实并不是模型构建或者优化得好,而是市场的整体行情好。而在波动较为剧烈的市场,优化后的策略效果如何却无从得知。因此,一个较为优良的测试区间应该尽可能包括市场的各种情形,至少也应包括了牛市、熊市及盘整期等情况,这样才能综合判断策略的效果。

3. 优化目标的选择

最优化过程需要确定优化要达到的目标,也就是说,参数最终的确定要有一定的标准,这也是策略好坏评估的方法。在最优化领域,通常要设定目标函数,通过目标函数来确定参数的优劣。目标函数的选择是优化过程重要的一个问题,一个好的策略评估方法才能够选择出好的参数和策略。举一个较为极端的例子,如果认定年化收益率越高,则策略效果越好,可以想象到,最终形成的量化投资策略并不会有一个好的效果,因为只考虑收益而不考虑风险等其他因素是一种错误的做法。因此,一个好的量化投资策略应该具备以下五个特点。

1)较为可观的收益

一个策略最重要的就是要有收益,评判每一个量化投资策略的好坏都无法离开对于收益的衡量。在风险程度可接受的情况下,收益率要尽可能高。

2)可接受的风险程度

除了收益以外,量化投资策略的潜在风险也是需要评估的指标,一个策略如果风险程度较高通常是不会被接受的。

3)符合策略要求的交易次数

交易次数也是衡量一个量化投资策略好坏的标准。具体的衡量方法要根据策略的特点而定,但是一般对于一个较长的优化检验区间而言,交易次数不能过少,如果过少,将难以判定交易的成功是否涉及运气等原因。

4)交易情况分布平均

交易情况的分布平均主要有两个方面:一方面是交易行为要能够分布在检验区间的各个阶段,最好不是仅在某个较短的时期内进行交易,而在其他时期基本不进行交易;另一方面是交易的获利也要尽可能分布在区间的各个阶段。例如,如果一个策略大部分盈利的交易都发生在市场行情非常好的时候,而在盘整时期的交易几乎全部难以获得收益,那么也就无法说明该策略是好策略。

5)正向的绩效趋势

绩效的趋势情况也是衡量化投资策略优劣的一个标准。一个好的策略不应该只在前期有着较好的绩效,其趋势应该是显著向上的。

除以上特点之外,还有许多可判定策略优劣的方法,在此不一一列举。一般策略的开发和优化人员会综合考虑各种情况,设定一个有效的目标函数,进而进行参数优化过程。

【2-2】 思考问题

假设某量化投资策略只有一个参数,在最优化过程中,其参数变化所引起的年化收益率变化如下表所示,这是一个稳健的投资策略吗?

参数值	策略年化收益率/%
1	−10
2	−7
3	40
4	10
5	−15
6	20

4. 策略优化方法

最优化问题一直是学术界研究的一个热点问题,随着研究的深入,许多复杂的最优化理论方法也被提出,并且都有着各自的优势和劣势。下面主要介绍几种常见的最优化方法。

1)交叉验证

交叉验证是一种常用的策略优化技术,用于评估模型如何推广到新数据之上,这种策略经常用于预测模型。从根本上讲,交叉验证的目标是最大限度地减少样本数据的误差,从而减少过拟合的问题。下文将介绍两种常用的交叉验证方法。

(1)双重交叉验证。双重交叉验证就是将历史数据集进行拆分(比如资产价格的每日时间序列等),拆分成两个分量,而常见的分割比率通常为 0.5~0.8。比如,当分割比例是 0.8 的情况下,就意味着 80% 的数据用于训练,20% 的数据用于测试。所谓的测试集就是只利用这 20% 的历史数据进行计算来得到模型的具体参数,值得注意的是在计算模型参数时并没有用到训练集的历史数据,而是在得到参数之后再利用 80% 的训练集进行交叉验证,进而减少过拟合现象。

(2)K-折叠交叉验证。K-折叠交叉验证是对双重交叉验证的进一步扩展。在 K-折叠交叉验证中将该集合随机划分为 k 个相同大小的子样本,而不是将集合只划分为训练集和测试集两个部分。对于每次迭代,将 k 个子样本中的一个保留为测试集,而剩余的 $k-1$ 个子样本一起形成训练集。通过 k 次折叠进而减少过拟合问题,使用 K-折叠交叉验证的主要好处是,多次交叉验证更具有效果。

2)网格搜索

到目前为止,虽然双重交叉验证和 K-折叠交叉验证都有助于避免数据的过拟合问题。但是对于优化特定统计模型的超参数问题同样不能忽视。(超参数是指没有通过模型估计过程而直接获知的参数。实质上,超参数正是在初始调用每个统计模型时需要指定的参数)。对于这个问题,最优化常使用网格搜索的方法。其基本思想是采用一系列参数并评估范围内每个参数的性能。我们可以利用 Python 语言对一个对象产生一个 Python 字典列表,并将其输入统计模型从而得到最终结论。

2.1.6 量化投资策略的交易

经过了一系列复杂的策略设计开发、回测、优化等过程,最终策略的开发者会收获一个满意并等待进行交易的策略。一个完整的量化交易过程是程序化的,交易行为通常也由计算机来控制,但是这并不代表量化投资的交易过程完全不需要人的参与和把控。在交易策略的过程中,交易人员应做好以下三项工作。

1. 最后的检验

真正进行交易,通常涉及的资金量较大,一旦策略运行不佳出现亏损,代价较大。因此,本书建议对已经经过重重筛选,准备进行实盘交易的策略进行最后一次检验。主要的方法就是将该策略进行一段时间的实盘模拟交易,或者利用较少的本金,对策略进行实盘交易。通过一段时间的模拟或者小资金实盘交易,来对策略进行评估,进而决定是否加大资金量。当然,模拟交易和小资金的实盘交易都有一定的弊端,无法完全代表真正的实盘交易行为,但是会起到一定的辅助验证作用。

2. 对于策略绩效的评估

当策略进行实盘交易时,交易员要时刻关注该策略的情况,要发现策略在实盘交易中的问题,并找到出现问题的原因。问题的发现主要是从策略业绩评估指标中得知。对于策略收益的观测和评价要结合整个市场的情况来看,如果策略收益差强人意,则要分析是由于市场的原因还是策略自身的原因所导致。正如本书第1章曾经提到的,过去A股市场较少出现如2017年白马股的行情,量化投资策略模型在开发和优化过程中很难捕捉到这种趋势,因此,导致了2017年股票量化基金的收益普遍较低,这种未曾见过的行情也是导致收益不佳的一个重要原因,交易员和策略开发人员要注意这些问题。而在风险方面,交易员要时刻观察策略面临的风险和波动情况,确定在策略的风险或者亏损达到什么程度时,暂停策略的交易。交易员观察策略运行情况、评估绩效的一个重要原因就是要发现实盘交易与过去回测之间的差异,找到这种差异的原因,对策略情况做出客观、正确的判断。具体的评估方法要综合多个指标来看,本书在策略优化过程和业绩评价部分介绍过类似内容,在此不再赘述。

3. 严格的纪律性

严格的纪律性是交易成功与否的一个极为重要的因素。虽然我们说量化投资很大程度上规避了人的主观的作用,但是,即使是程序化交易也离不开人的参与,交易员还是能够决定策略的执行与停止。此外,还有许多量化投资的策略仍旧是采用手动交易,人的参与成分更多。因此,严格的纪律性就变得十分重要。交易员对于策略的细节要有详细的了解,不能被情绪所左右。对于策略的跟踪和评估要谨慎和仔细,特别要能够区分哪些收益是运气使然,哪些是符合策略预期的收益。可以说,严守纪律的交易员也是策略成功与否的关键。

即使策略已经开始进行交易,也不能够停止对于策略的监控与优化。监控的目的是让我们时刻对策略可能面对的风险保持警惕;而持续的优化和完善是为了让策略能够取得更好的效果。

2.2 量化投资策略的陷阱

在量化交易策略的研发过程中,存在许多需要注意的事项和需要躲避的误区陷阱。如果忽视了这些问题,轻则造成量化交易策略优化结果与实际要求存在偏差,重则直接导致量化交易策略没有任何实际用处,甚至造成损失。主要的陷阱有以下几个方面。

2.2.1 幸存者偏差

幸存者偏差(survivorship bias)是量化投资策略回测中常见的一个问题,也是日常生活中常见的问题。主要是指样本数据并不是完全随机的一个统计问题,在进行统计分析时,我们往往关注于那些"幸存者"数据,而未能"幸存"的数据并不在样本内,因此统计的结果更加偏向于幸存者。一个经典的事例便是关于喝葡萄酒是否延年益寿的调查：通过对长寿老人的调查，发现许多老人时常饮用葡萄酒，从而容易得出饮用葡萄酒能够延年益寿的结论。然而，这种调查方式没有把不长寿已离世但却时常饮用葡萄酒的人群放入到样本中，因此得出的结论并不可信。这就是典型的幸存者偏差，那些已经离世的人不能够接受调查，因而幸存者偏差也通常被称为"死人不会说话"。

在投资领域，幸存者偏差是非常典型的现象，通常容易对策略或者基金产生过高的评价。最典型的例子就是对基金行业的评价，以我国为例，基金行业竞争非常激烈，许多业绩不佳的基金都被清盘关闭或者被合并，那么，在统计基金业绩数据的时候就无法得知该类基金的收益情况，因此最后统计基金收益的样本是用那些因为业绩较好而得以"幸存"的基金，从而出现了基金业绩普遍较好的假象。在量化投资策略的回测过程中也容易受到幸存者偏差的影响。例如，我们建立一个简单的策略：选择近一年间股价涨跌幅不超过 20% 的股票，构成股票池，按照股价由小到大排列，选择排在前五名的股票构建投资组合。在该策略中，如果选用的数据库已经剔除了退市的股票的数据，就会存在幸存者偏差，由于该策略投资组合股票的股价足够低，因此在未来有更大的概率上涨，从而使回测效果非常好。但是，策略回测却忽略了那些股价极低并已经退市了的股票，造成高估策略效果的现象。

如何解决幸存者偏差问题是学界和业界研究的一个重要问题，一个最有效的方法就是在回测时运用包括"非幸存者"的完整数据。这在现实中也是可行的，有许多提供有偿数据服务的公司有完整数据，但是普遍售价高昂，会增加量化投资者的成本。另一个方法便是使用更近期的数据，距离当前日期越近，数据剔除"非幸存者"的可能性就越小。

2.2.2 前视偏差

前视偏差是另一个在量化投资中容易出现的错误。在量化投资的回测中，前视偏差就是使用未来的数据来确定当前的交易行为。通俗来讲，就是在量化投资的策略构建过程中，运用了未来的信息在当前时间进行预测，导致了回测效果与现实情况不符。前视偏差通常是在策略的编程设计时出现的错误，并且在回测中会出现高估策略业绩的情况，而这在现实交易中是不存在，因为在真正的交易中，未来的信息无从获得。从一定程度上来讲，幸存者偏差可以视为前视偏差的一种情况，可以理解为：根据未来信息，剔除了已退市的股票，从而增加了高估策略效果的可能性。为了直观地分析前视偏差带来的不足，下面考虑一个错误较为明显的策略：交易某只股票，在当日收盘价高于开盘价时，按照当日最低价买入该只股票。这是一个典型的出现了前视偏差的策略，因为只有在当日收盘时，收盘价、最高价、最低价才能够获知，而在收盘后却无法再进行交易。但是如果在策略回测中编写了这样一段策略，由于策略开发者已经获得全部的历史数据，所以回测时期当天的收盘价等数据是可以获得的，这就导致了回测出的策略结果要明显好于实盘检验结果。

还有一种在策略开发回测过程中常见的前视偏差现象就是设计策略时对公司财务报表数据的运用。上市企业财务报表的发布通常有一定的滞后性，当年的财务报表并不是在当年 12 月 31 日发布，通常要推迟几个月。举例来说，如果某上市公司在 2023 年 3

月发布了其2022年第四季度的财务报表,那么也就意味着它实际上是不能够在2022年结束时得到2022年第四季度的财务数据情况,而在进行回测时则不然,程序可以自动在2022年12月获得当季度的财务数据,因此便引入了未来的信息,很容易导致策略效果被高估。此外,在优化策略的参数时,也容易导致前视偏差的出现。如果策略开发者在进行策略研发和优化时使用了全部的样本数据来计算回归的系数,那么在进行回测时,因为样本数据没有变换,所以使得回测效果非常出色。

前视偏差在量化策略的研发中需要得到足够的重视,并且要通过各种办法进行规避。首先,一个有效的办法就是尽可能获得规避了前视偏差的数据,数据在每个时点仅包含当时真实可获得的信息。在策略参数优化的过程中,选择一部分样本数据进行优化,另一部分作为样本外数据来检验策略效果。此外,如果数据本身的未来信息不宜规避,可以选择将数据信息滞后。比如,在选择涉及收盘价数据时,选择前一日收盘价数据。通常导致前视偏差的一部分原因是因为在编程过程中的一些技术错误,因此策略开发者应小心谨慎,目前许多量化策略开发平台也正通过各种方法规避前视偏差的出现。此外,最直接的处理前视偏差的方法就是将策略进行模拟或者小资金实盘检验,从而可以更直观地看到是否存在前视偏差。

2.2.3 认知偏差

国内量化投资相关资料对于认知偏差的涉及较少,通常而言,认知偏差更容易出现在主观交易中,而量化投资的优点之一便是能够在一定程度上规避认知偏差。但是在回测和实盘交易过程中,认知偏差还是会产生重要的影响。例如,面对某一收益曲线持续波动向上的策略,年化收益率为20%左右,但策略最大回撤率接近30%,当许多策略开发者面对着这样一个策略时是可以选择接受的毕竟收益较高,整体的曲线是明显向上的。但是,在实盘交易中投资者对于该策略的认知就会与回测的认知发生偏差。当在实盘交易中面对接近30%的回撤时,就很容易让投资者产生对策略的质疑,尤其是作为基金,即使事先可能已经知道该策略会有如此大的回撤,但当真的出现30%的回撤时,也十分容易面临基金投资者的赎回压力。可以看出,即使量化投资尽力将许多投资过程做到客观,减少人在认知上的干预,但是仍旧无法完全规避心理因素。

2.2.4 回测与现实的差异

回测过程中虽然模拟了交易的进行,但是这与真正的实盘交易还是存在着一定的差距。因此,回测与现实的差异是量化投资策略的开发者需要注意的一个问题,并且要通过各种办法进行规避。

1. 交易手续费

交易手续费是在进行回测和交易过程中不可忽视的一个问题,虽然该种问题并不难以解决,但是在回测中需要引起重视。通常调仓较频繁的策略受交易手续费的影响比较大,尤其是一些短线交易很可能将交易手续费算入后便从小幅盈利变为亏损。通常,在回测中,策略开发人员会预先设置好交易手续费。比如,对于股票而言,通常常用的手续费设置方法就是根据交易所的规定进行设置:买入时佣金万分之三,卖出时佣金万分之三同时加上千分之一的印花税,每笔交易佣金最低扣5元。

2. 滑价

通常我们在进行回测时,当目标价格出现时,系统就会以该价格成交,但是在真实的交易情况中,当出现目标价格,从而下单后,真实的成交价格与目标价格之间通常会有一定的偏差,投资者很多时候无法完全按照目标价格达成交易,这种偏差就被称为滑价。滑价主要产生的原因就是资产价格的波动,尤其对于那些波动较大且较为频繁的资产,滑点问题出现的频率更大。下面将按照买入资产与卖出资产两个方面讨论滑点问题。

一方面,当以目标价格买入某资产时,目标价格出现后未必就能迅速达成交易,价格可能在目标价格周围波动。现假设目标价格为5元以下买入资产,但是资产很快上涨至5.02元,此后不断上涨,那么便无法达成交易,丢失了潜在的获利机会。而这对于那些交易频率较低,倾向于长期持有资产的投资策略而言更为严重,一次交易没有达成很可能损失其潜在交易利润的一大部分。另一方面,当以目标价格卖出某资产时,目标价格的出现也未必能够达成交易。假设目标价格为5元,当下单卖出时,资产很可能会出现快速下跌到4.98元的情况,此后继续下跌,则无法达成交易,策略的亏损增大。针对这种情况,在量化交易中,通常在程序中设置滑点,常见方式是指定一个价差,当下单指令发出后,成交的价格等于当时的平均价格加上价差的一半;当出现卖出指令时,成交的价格等于当时的平均价格减去价差的一半。

3. 涨跌停板制度

我国股票市场和期货市场都有着涨跌停板制度,涨跌停板制度的设立是为了降低市场的风险,防止资产在短时间内出现大幅度的波动。而在美国等股票市场是不存在涨跌停板制度的,因此在对不同国家的金融市场进行策略建模时,应该考虑到每个国家和地区的交易制度和规则的问题,我国股票市场的涨跌停板制度要求股票单日波动幅度不可超过±10%。

2.2.5 后视偏差

前文已经详细介绍了量化投资策略构建和回测中应该重点规避的问题之一的前视偏差,其主要错误方式就是使用未来的数据来构建策略进行当前的交易。而后视偏差(hindsight bias)则与前视偏差相反,后视偏差主要体现在错误地运用了历史信息对量化投资策略进行构建和完善。后视偏差是量化投资中非常常见的一种错误,主要产生的原因在于策略研究人员在工作中的疏忽,以及对于策略完善手段缺少检验和推敲。

现举一个简单的例子:假设目前策略开发人员在利用2014—2015年A股数据进行量化投资策略构建的研究时发现,其构建的策略在2015年随着"股灾"的发生出现了大幅度的回撤。因此,开发人员思考通过设立止损点来解决回测出现的问题,先假设其设立了当收益回撤超过15%时清仓止损,并写成代码加入到策略中,之后在该样本区间再次进行回测,此时发现策略的收益率出现了大幅度的提高,因为在"股灾"发生时期,该策略进行了清仓止损,保留住了收益。而当策略开发人员将策略放入实盘进行模拟却发现,实盘收益率与回测收益率相距甚远,甚至一度出现亏损。

上例是量化投资初学者非常容易犯的一种错误,甚至对于许多专业人士如有疏忽也容易出现该种情况。上例中,量化投资策略的开发者的错误就是,其对于策略完善的同时也隐含了一个假设,即回测时市场的走势和情形在未来依旧会再现。因此,这种情况下对于实盘效果不佳就比较容易理解了,而到了 2016 年,A 股市场的情况与前两年完全不同,针对"股灾"设立的止损清仓线在 2016 年的市场中并不会起到提高收益率的作用。

当我们构建出一个量化投资策略并进行回测后,会不断优化策略以使回测效果得到提高。但是很多时候,策略开发者想到一个优化方法后,便急于加入到策略之中,得到了回测效果提升的结果后,却没有进行彻底的检验和分析,这就造成了后视偏差。对于后视偏差陷阱,量化投资策略的开发人员应该尽量避免,尤其是在对策略进行优化的时候,当提出一个策略的优化方法后,应该反复多次进行验证,并且通过在不同区间进行观察和检验,从而确定后视偏差不会出现。此外,在构建策略时要学会鉴别策略的某些执行条件的适用性,了解某个优化方法的使用环境和条件,只有当该条件出现时才执行该种策略方法。

2.2.6 过拟合

拟合,表示的是通过构建特定的函数方程或者曲线来表示样本观察值,使构建的函数方程或者曲线能够尽可能地靠近观察值。如图 2-1 所示,拟合一部分观察值的函数或者曲线并不是只有一种,对于同样的一组数据,很容易拟合成图 2-1 中完全三种不同类型的曲线。在量化投资策略模型的构建中,我们通过样本数据进行策略的开发与模型的构建,而拟合的过程就是使所开发的模型的参数更好地适合于样本数据,进而更好地反映市场的情况,从而获得更高的投资收益。

过拟合与欠拟合是在优化量化策略模型中容易出现的误区和陷阱。从统计学角度来讲,过拟合就是对于给定的样本数据,做出了过度精确和接近的分析,却不能够较好地拟合样本外的其他数据。在量化投资策略的构建和完善的过程中,尤其是在对策略进行优化时,为了能够使策略在样本内区间的回测有着更好的效果,而对量化投资策略模型添加了过多的参数,从而使回测的效果得到了大幅度的提升。但是,当进行实盘或者样本外检验时,由于数据集的不同,曾经的参数并不能适应新的数据集,从而导致了实盘收益并不乐观的现象。一般而言,许多量化投资策略开发后的优化过程都容易出现过拟合的问题,程度较轻的过拟合问题比较正常,主要体

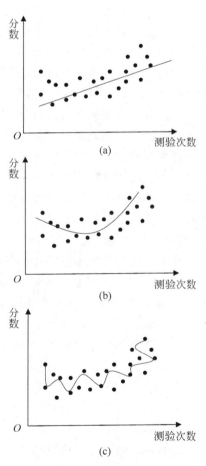

图 2-1 不同拟合类型的曲线
(a) 欠拟合;(b) 较好的拟合;(c) 过拟合

现在实盘收益与回测收益相比要降低一些,但是仍旧符合对于策略的预期;而较为严重的过拟合现象就是实盘收益和回测收益出现了严重的分歧,此时需要着力解决过拟合问题。欠拟合与过拟合相反,其体现为在进行样本数据的分析时,模型的构建过于简单和粗糙,对于历史数据的拟合效果较差,所形成的拟合曲线并不能体现数据的运行趋势。一般欠拟合问题可以通过将模型复杂化,增加模型参数等方式来解决,在策略的优化过程中会得到解决。量化策略构建和优化的主要误区存在于过拟合问题中,因此后文将主要对过拟合问题进行重点介绍。

为了更直观了解什么是过拟合,现考虑一个生活中的例子,一名学生在一次考试中取得了60分的成绩,为了在未来的考试中获得更好的成绩,该名同学不断地总结经验并重复做这张试卷,第一次重做,分数提高到了75分,第二次分数甚至提高到了90分,转眼间下次考试到来,但是本次考试的出题风格和类型与上次考试完全不同,该名同学虽然经过前一段时间的训练,但在这次考试中只得到了55分,这就是一种典型的过拟合的现象。该名同学过多地针对一张试卷的题型进行训练,但是当新的类型题出现时过去的训练并不能解决新出现的问题,因而不能够获得理想的成绩。

过拟合问题通常出现在策略的优化过程中,因此,如何避免过拟合获得一个较好的策略模型呢？首先的一点就是确保模型所捕捉的趋势是数据的非随机趋势。通常而言,量化投资策略出现过拟合问题的一个显著的原因就是,策略模型不仅捕捉到了资产价格数据中的具有一定趋势的部分,同时也捕捉了不具有明显趋势的部分,也称之为噪声部分。换言之,一个资产的历史价格数据有一部分反映了该资产的属性和运行规律,也有一部分是随机的和偶然的,过拟合现象过度的捕捉了数据中随机和偶然的部分,所以导致了在实盘中策略效果的下降。另一个要点就是模型的构建过程要更加先进有效。虽然业界常说模型复杂度的提升未必能够带来策略收益的提高,但是,这并不代表我们在构建模型过程中可以不必重点关注于模型的先进性。近年来,应用数学及计量经济学等学科的发展使许多先进的模型方法都被提出,这些创新对于量化投资策略的开发都是一个有益的尝试。许多年前,投资者可能利用两根均线就可以构建一个行之有效的策略,但是在如今理论技术快速发展的时代,一个过于普遍和简单的模型很难获得超额收益。

针对上文提到的模型构建过程的先进性问题,就会涉及一个典型的误区,就是数据挖掘(data mining)问题。该问题并不局限于量化投资领域,而是在学术领域常见的问题。众所周知,量化投资策略的构建需要历史数据的支撑,通过对历史数据的研究,可以很容易找到该段数据的规律。然而,市场永远都是变化的,并非一成不变。而数据挖掘过度关注于对历史数据的挖掘,通过强大的计算机技术作为支持,很多时候能够发现人们难以察觉的规律和特点,但是该方法一个显著的缺点就是缺少投资逻辑的支撑,因此极易在捕捉真正规律和特点的同时,也捕捉到了大量的噪声。此时,也可以发现本书中反复提到的投资逻辑的重要性。量化投资是一种方法,我们用这种方法来实现和验证自己的投资逻辑,而并不是通过强大的计算机方法获得"潜在的规律",并用各种方式尝试解释这样的"规律"。目前数据挖掘技术在量化投资领域应用越来越广泛,不可否认其对于量化投资发展的重要意义,但是我们在策略构建过程中也应该尽可能规避其可能造成的误区和危险。

2.3 量化投资策略的评价标准

2.3.1 收益率指标

收益率指标是评价一个策略好坏的最基本的指标,通常也是策略的投资者首先观察的指标。在量化投资策略的评价中,主要参考的收益率指标有以下三种。

1. 策略的总收益

策略的总收益是评价策略盈利能力的最基本的指标,其计算方法为

$$R = \frac{(V_t - V_0)}{V_0} \times 100\% \tag{2.1}$$

式中,V_t 表示策略最终的股票和现金的总价值;V_0 表示策略最初的股票和现金的总价值。

2. 策略的年化收益

策略的年化收益也是一个常用的指标,与总收益相比,策略的年化收益能让投资者更加直观地看出策略的表现,其计算公式为

$$R_a = [(1+R)^{\frac{250}{n}} - 1] \times 100\% \tag{2.2}$$

式中,R_a 在这里表示策略的年化收益;R 为策略的总收益;n 为策略的执行天数。

3. 策略的基准收益

在对策略的收益问题进行分析时,通常需要将策略的收益与基准的收益进行对比,从而可直观地看出策略超额收益的情况。策略的基准收益和基准年化收益与上文的公式类似,在此不再赘述。

2.3.2 风险调整后收益指标

评判一个策略的好坏最显著的指标就是收益率,然而,脱离了风险考虑只单纯关注收益并不能对投资策略构成一个有效的评价。举一个简单的例子,如图 2-2 所示。

策略 1 和策略 2 在如图 2-2 所示的时间区间最终收益率都为 -2.42%,如果单纯从收益率方面来看,两个策略难分伯仲。但是从图 2-2 中我们可以看出二者的风险情况存在着明显的差异,因此需要更多的评价指标来综合考量策略的效果。风险调整收益是一类重要的考量办法,它综合考虑了风险与收益的情况,下文将介绍六种重要的风险调整收益的评价指标。

1. 夏普比率(Sharpe ratio,SR)

夏普比率的理论基础为理性的投资者在风险相同的情况下,会选择收益更高的资产;而在收益相同的情况下,会选择风险更小的资产。夏普比率是用资产组合的长期平均超额收益除以该时期的标准差,它测度了对总波动性权衡的回报,又称为收益与变异性比率。

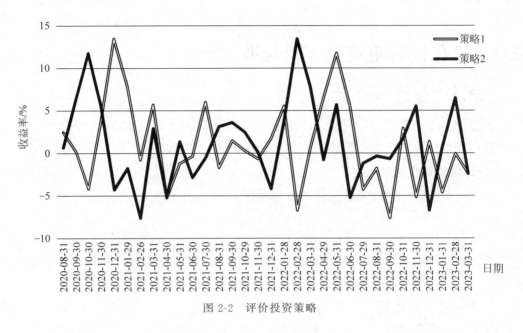

图 2-2 评价投资策略

$$\mathrm{SR} = \frac{r_p - r_f}{\sigma_p} \tag{2.3}$$

式中，SR 为夏普比率；r_p 为策略投资组合的收益率；r_f 为该段时期的无风险收益率；σ_p 为策略投资组合收益率的标准差。

夏普比率可以衡量每增加一单位风险，会增加多少的超额收益，夏普比率越大代表策略的绩效越好。这里用 σ_p 衡量策略投资组合收益率的风险情况，该风险同时包含了系统性风险与非系统性风险。

2. 特雷诺比率（Treynor ratio，TR）

特雷诺比率与夏普比率相类似，都衡量了单位风险下的超额收益情况，但是在风险的衡量问题上，特雷诺比率使用的是系统性风险，而夏普比率使用的是全部的风险。特雷诺比率公式如下。

$$\mathrm{TR} = \frac{r_p - r_f}{\beta_p} \tag{2.4}$$

式中，TR 为特雷诺比率；r_p 为策略投资组合的收益率；r_f 为该段时期的无风险收益率；β_p 为系统性风险。

因此，特雷诺比率衡量的是单位系统性风险下的超额收益。特雷诺比率越大代表策略的绩效越好。该指标存在一个假设前提，即非系统性风险已经通过构建投资组合的方式实现了规避，因此该比率能够反映策略对于市场的调整能力，因此存在策略分散非系统性风险能力较强但是特雷诺比率不大的情况。而夏普比率由于包含了系统性风险和非系统性风险，因此，除了能够反映策略对市场的调整能力以外，还能够反映策略分散非系统性风险的能力。

3. 詹森指数

1968 年，美国经济学家迈克尔·詹森（Michael Jensen）在资本资产定价模型的基础上,提出了一种新的基金业绩衡量指数,该指数可以评估基金业绩优于基准的程度。设投资组合的超额收益为$(r_{pt}-r_f)$,市场组合的超额收益为$(r_{mt}-r_f)$,以前者为被解释变量,后者为解释变量构建回归方程,即

$$r_{pt}-r_f=\hat{\alpha}_p+\hat{\beta}_p r_{mt}-r_f+\varepsilon_{pt} \tag{2.5}$$

式中,r_{pt}为证券组合p在t时期的收益率;r_f为无风险收益率;r_{mt}为t时期的市场组合收益率;$\hat{\beta}_p$为证券组合承担的系统性风险β_p的估计值;$\hat{\alpha}_p$为截距项α_p的估计值;ε_{pt}为误差项。

对式子的两边取期望值,则上式变为

$$\bar{r}_{pt}-r_f=\hat{\alpha}_p+\hat{\beta}_p\bar{r}_{mt}-r_f \tag{2.6}$$

将$\hat{\alpha}_p$移至等式左侧,则有

$$\hat{\alpha}_p=\bar{r}_{pt}-(r_f+\hat{\beta}_p\bar{r}_{mt}-r_f) \tag{2.7}$$

式中,$\hat{\alpha}_p$即为詹森指数。并且当$\hat{\alpha}_p=0$时,有$\bar{r}_{pt}-r_f=\hat{\beta}_p\bar{r}_{mt}-r_f$,即为CAPM模型,此时证券组合的业绩表现与市场的表现类似,当$\hat{\alpha}_p>0$时,该组合的业绩表现要好于市场的表现;当$\hat{\alpha}_p<0$时,该组合的业绩表现要差于市场的表现。因此,当评判策略的詹森指数值时,詹森指数大于0且越大越说明策略越好。

詹森指数在量化投资策略评价中应用非常广泛,其和特雷诺比率都存在一个假设前提,即非系统性风险已经通过构建投资组合的方式实现了规避,因此该比率能够反映策略对于市场的调整能力。而詹森指数与特雷诺比率之间的区别主要是特雷诺比率为相对绩效度量的方法,詹森指数则表示在完全风险水平下,策略对证券价格的判断能力,是绝对绩效的度量方法。

【2-3】 人物介绍——迈克尔·詹森

迈克尔·詹森(Michael Jensen),出生于1939年,是美国著名金融经济学家。早年获麦考利斯特大学学士学位,后获芝加哥大学金融学MBA和经济学、金融学、会计学博士学位。1967年起执教于罗切斯特大学,1984年起获该校金融和商务管理专业LaClare教授荣誉。1985年进入哈佛商学院任教。詹森是最有影响力的《金融经济学期刊》(*Journal of Financial Economics*)的创始人,并在公司控制理论、融资结构理论方面作出了开创性的贡献。詹森是一位具有经济学、金融学和公司财务与治理知识背景,横跨金融经济学和企业管理学的世界级大师。他除了在资本市场理论中确立举足轻重的地位外,还在公司控制理论和资本结构理论方面做了开创性工作,是代理经济学的创始人之一。詹森在理论方面的成就为他赢得了无数荣誉。1990年被《财富》杂志评选为当年"最令人感兴趣的25位经济领域人士"之一。并且,曾当选为美国艺术与科学研究院院士,担任美国金融学会会长等公职。

——整理自百度百科

4. 索提诺比率(Sortino ratio)

索提诺比率与夏普比率等类似,也是用来衡量策略的风险调整收益的一种指标,标准差所衡量的波动包括上行波动和下行波动,索提诺比率主要关注的是下行波动,也即下行标准差。其主要思想是选取一个最小可接受收益率(minimum acceptable return, MAR),选取低于 MAR 的收益率作为风险部分来计算标准差,高于可接受收益率的收益不应被算作风险,因此,索提诺比率的计算公式为

$$\text{Sortino Ratio} = \frac{r_p - \text{MAR}}{\sqrt{\frac{1}{T}\sum_{t=0}^{T}(r_{pt} - \text{MAR})^2}} \tag{2.8}$$

式中,$r_{pt} <$ MAR,从而只关注下行标准差;MAR 通常为无风险利率。

5. K 比率(K-Ratio)

夏普比率是评估策略业绩的重要指标,但是该指标也有其局限性。近年来,业界、学术界都对夏普比率提出了一定的批评。以图 2-3 为例,策略 1 和策略 2 的收益在时点 19 处相同,策略 2 前期倾向于有更高的收益,并随着时间出现了一定的下滑,而策略 1 前期的收益与策略 2 相比较差,但是随着时间的增加,策略收益总体上也保持着较好的上升态势。这两种策略如果利用夏普比率衡量,容易出现指标相同的情况,但是,从曲线中可以看到,通常来讲,策略 1 的上涨趋势要明显好于策略 2,这是夏普比率无法准确衡量的。针对该种问题,Lars Kestner 在 1996 年提出了 K 比率。

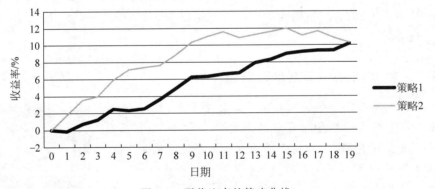

图 2-3 夏普比率的策略曲线

图表来源:根据 *Quantitative Trading Strategies* 整理。

K 比率也是一种绩效评估的方式。该指标重点关注于收益随时间的持续性,主要根据资金曲线的稳定性来计算业绩。资金曲线是指随时间变动的累计收益曲线。需要注意的是,资金曲线需随时间线性增加,通常我们在计算回测的收益时,投入的资产数目是固定的,从而可以在各期将收益累加,便得到了资金曲线。然而,有些投资者选择将收益继续投入到市场当中用来赚取更多利润,因此,该种情况的资金曲线与上述情况不同,由于复利的影响,该种曲线是呈指数增长的。该种情况需要对曲线进行调整,调整方法为对这种指数增长的资金曲线取自然对数,得到一个调整后的资金曲线。

计算 K 比率的首要步骤是构建被解释变量为资金曲线、解释变量为时间趋势变量的

线性回归，回归方程如下所示。
$$\text{Equity Curve}_i = b_0 + b_1 \text{trend}_i \tag{2.9}$$
式中，Equity Curve$_i$ 表示资金曲线；trend$_i$ 是时间趋势变量；b_0 为截距项；b_1 为斜率。

通常来讲，b_1 越大说明利润水平越高。构建回归方程后，计算 b_1 的标准误差用来表示风险程度，并且通过标准误差值的大小可以得到资金曲线的持续性，标准误差越小，说明持续性越强；反之，则持续性越差。则 K 比率的计算方法如下所示。
$$\text{K-Ratio} = \frac{b_1}{\sigma_{b_1} \text{Obs}} \tag{2.10}$$
式中，σ_{b_1} 是 b_1 的标准误差；Obs 是观察值数量或为策略回测的日期数。

K 比率也是一种有效的策略业绩评价方法，可以将其与夏普比率一起使用综合来判别策略效果，通常来讲，一个好的策略其 K 比率应该大于 0.5。

6. 信息比率

信息比率（information ratio, IR）主要分为先验信息比率和后验信息比率，先验信息比率主要是面向未来，是预测未来的信息比率，表示的是对未来投资机会的度量。而后验信息比率是通过某段历史时期的数据构建的指标，用来衡量以往的业绩。本章主要介绍后验信息比率。信息比率是（年化）残差收益与（年化）残差风险的比值。现假设 r_{Pt} 是投资组合在时期 $t=1,2,\cdots,T$ 上的收益。r_{Bt} 是基准组合在时期 $t=1,2,\cdots,T$ 上的收益，易得超额收益为 ER$_t$。
$$\text{ER}_t = r_{Pt} - r_{Bt} \tag{2.11}$$
同时，设 $\overline{\text{ER}}$ 为超额收益 ER$_t$ 的算术平均，$\hat{\sigma}_{\text{ER}}$ 是超额收益 ER$_t$ 的标准差，则以历史数据为基础的后验信息比率为
$$\text{IR} = \frac{\overline{\text{ER}}}{\hat{\sigma}_{\text{ER}}} \tag{2.12}$$
由上式可以看出，信息比率就是单位超额收益波动的平均超额收益。为了更加深入了解信息比率，现构建如下模型，即
$$r_{pt} - r_{ft} = \alpha + \beta(r_{Bt} - r_{ft}) + \varepsilon_t \tag{2.13}$$
式中，r_{ft} 为无风险收益，同时假设 $\text{var}(\varepsilon_t) = \omega^2$。

通常主动投资者为了维持相同的系统性风险水平，从而使 $\beta=1$，此时则有
$$r_{pt} - r_{ft} = \alpha + (r_{Bt} - r_{ft}) + \varepsilon_t \tag{2.14}$$
$$r_{pt} - r_{ft} - (r_{Bt} - r_{ft}) = \alpha + \varepsilon_t \tag{2.15}$$
而已知
$$\text{ER}_t = r_{pt} - r_{Bt} \tag{2.16}$$
所以有
$$\text{ER}_t = \alpha + \varepsilon_t \tag{2.17}$$
又因 $E(\varepsilon_t) = 0$，所以信息比率又可表示为
$$\text{IR} = \frac{\alpha}{\omega} \tag{2.18}$$

由式(2.18)可知,信息比率又被称为"α－ω 比率"。

2.3.3 风险指标

1. 回撤

最大回撤(max drawdown)是评估量化交易策略风险的一个较为常用的指标,描述的是在一定的时间周期内,策略可能达到的最坏的情况。其定义为在一段时间内,策略的净值达到最低点时,其策略净值下降幅度的最大值。计算方法为

$$\text{Max Drawdown} = \text{Max}(1 - 策略当日净值 / 当日之前策略最大净值) \qquad (2.19)$$

需要注意的是,最大回撤的大小与选取的时间段有着很大的关系。所选取的时间段即样本区间越长,最大回撤可能越大,如图 2-4 所示。

图 2-4　华泰柏瑞量化 A 净值曲线(2018-4-27—2023-02-28)

数据来源:Wind 金融终端。

图 2-4 为华泰柏瑞量化 A(000172)在 2018 年 4 月 27 日—2023 年 4 月 7 日的净值曲线,如果选择样本区间为 2017 年 4 月 7 日—2023 年 4 月 7 日,那么由图 2-4 易知,最大回撤的最高点和最低点应为 2020 年 3 月 22 日对应的位置,如果扩大样本区间,起始时间为 2018 年 4 月 27 日,那么此时最大回撤的最高点和最低点应为 2020 年 12 月 31 日对应的位置。如果继续扩大样本区间,起始时间设为 2016 年 8 月 2 日,那么最大回撤的最高点最低点仍为 2020 年 12 月 31 日对应的位置。可以看出,扩大样本区间,最大回撤可能扩大,但也不是必然。

最大回撤是评判量化策略优劣的一个常用指标,表示了策略在某段时间内所承受的最大的风险水平,其优点在于容易理解,比较直观地体现了风险的大小。但是也存在随样本区间增大,最大回撤可能变大的问题。当用最大回撤对量化策略进行评价时应注意上述问题。

2. 最长回撤期

最长回撤期是指策略净值恢复到亏损前水平所需要的最长的时间,如图 2-5 所示。

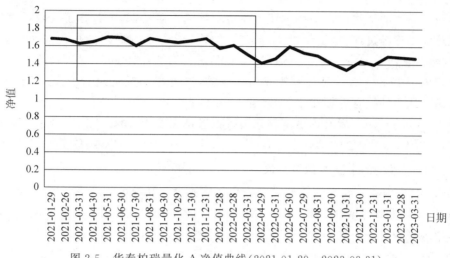

图 2-5　华泰柏瑞量化 A 净值曲线(2021-01-29—2023-03-31)

图 2-5 为华泰柏瑞量化 A 在 2019 年 1 月 29 日—2023 年 3 月 31 日的净值曲线走势,在该区间,由图 2-5 可知该量化基金的最长回撤期为图 2-5 中黑色方框中的时间段。最长回撤期和最大回撤类似,都比较容易理解,策略的研发者也致力于不断降低最大回撤和缩短最长回撤期。

3. 贝塔值

贝塔值主要表示的是策略的系统性风险情况。反映了策略相对于基准变化的敏感性。例如,如果一个策略的贝塔值等于 0.5,说明基准上涨 1% 时,策略只能够上涨 0.5%;而基准下跌 1% 时,策略则下跌 0.5%。贝塔的计算方法为

$$\beta = \frac{\sigma_{pB}}{\sigma_B^2} \tag{2.20}$$

式中,σ_{pB} 表示策略收益和基准收益之间的协方差;σ_B^2 表示基准收益的方差。当 $\beta>0$ 时,说明策略收益和基准收益同向变动;当 $\beta<0$ 时,说明策略收益和基准收益反向变动。

2.4　量化投资常用选股模型

2.4.1　多因子模型

1. 多因子模型概念及理论基础

多因子模型是量化投资领域的重要的策略模型,是许多投资机构的主要应用的模型。在我国公募基金市场,许多的量化投资基金都是基于多因子模型设立的,在实践中有着非常广泛的应用。简单来讲,多因子模型就是对风险和收益关系进行量化表达。通

过寻找影响股票涨跌的共性(如市场的走势),寻找市场运行的规律,利用数量化的方法,挖掘能够对股票价格变动做出解释和预测的因子,进而构建模型,并将其应用到选择股票和管理风险中。

多因子模型的构建过程是一个较为完整的系统性体系,其中包括了对收益率的量化和对风险的量化等过程,是量化投资领域应用较广泛也是较成熟的量化选股模型之一,建立在投资组合、资本资产定价(CAPM)、套利定价理论(APT)等现代金融投资理论基础上。多因子模型假设市场是无效或弱有效的,通过主动投资组合管理来获取超额收益。多因子选股的核心思想在于,市场影响因素是多重的并且是动态的,但是总会有一些因子在一定的时期内能发挥稳定的作用。在量化实践中,由于不同市场参与者或分析师对于市场的动态、因子的理解存在较大差异,因此构建出各种不同的多因子模型。

2. 多因子模型的主要类型及发展

1981年,大卫·布斯和雷克斯·桑奎菲尔德成立了维度投资顾问公司,买入小市值、低估值的股票,获得了高额回报。1992年,Fama和French对美国股票市场决定不同股票回报率差异的因素的研究发现,股票的市场的Beta值不能解释不同股票回报率的差异,而上市公司的市值、账面市值比、市盈率可以解释股票回报率的差异,因此提出了著名的三因子模型。随着市场交易实践和研究的不断深入,研究者又发现市场中的动量现象无法用三因子模型解释。1997年,卡哈特(Carhart)认为研究股票收益应在Fama和French的三因子模型基础上加入动量效应,构建四因子模型。动量是物理学名词,是与物体的质量和速度相关的物理量,一般而言,一个物体的动量指的是这个物体在它运动方向上保持运动的趋势。而股市中的动量投资策略依据的就是动量效应,又称为"惯性效应",即某个时段跌得最惨或涨得最凶的股票往往会沿着原来的方向继续运动。虽然四因子模型将股票收益与价格本身联系起来,但与公司价值关系不大。从直觉上理解,在其他条件一定的情况下,财务质量高的上市公司应该带来更高的投资回报,因此有必要引入刻画公司资产质量的因子。2013年,Fama的学生阿斯内斯(Asness)对公司"质量"进行量化,并提出了五因子模型。

3. 多因子模型的构建及策略

多因子量化选股的原理不难理解,即认为股票收益率是由一系列因素(因子)决定的,首先根据经济金融理论或市场经验寻找这些因子,其次通过对历史数据的拟合和统计分析进行验证和筛选,最后以这些因子的组合作为选股标准,买入满足这些因子的股票。在实践中,多因子量化选股已经是一个相对成熟且大致框架较为固定的策略,具体可分为五个步骤,分别为因子选取、因子有效性检验、因子筛选、综合评分模型,以及模型的评价和改进。

2.4.2 风格轮动模型

1. 风格轮动模型的概念

市场上的投资者是有偏好的,有时候偏好价值股,有时候偏好成长股,有时候偏好大盘股,有时候偏好小盘股。由于投资者的这种不同的交易行为,形成了市场风格,因此在投资中,利用市场风格的变化,进行轮动投资会比一直持有的效果好很多。

投资风格是针对股票市场而言的,是指投资于某类具有共同收益特征或共同价格行为的股票,即某类投资风格很受欢迎,并且在某一个时间段内具有持续性和连续性(譬如,价值投资和成长型投资两种风格,或者大盘股和小盘股这两种风格总是轮流受到市场追捧的)。

由于投资风格的存在,从而产生一种叫作风格动量的效应,即在过去较短时期内收益率较高的股票,未来的中短期收益也较高;相反,在过去较短时期内收益率较低的股票,在未来的中短期也将会持续其不好的表现。

2. 风格分类方法

该模型存在多种风格分类方法,最常见的有价值法、晨星风格箱法等,本书以前者为例。

价值法将股票分为价值型(value)、成长型(growth)和混合型(core),价值型股票的特征是低 P/B 和 P/E,成长型拥有高于均值的预期销售收入和预期净利润,混合型介于价值型和成长型之间。

例如,罗素投资集团制定了一些风格指数,制定了基于两个价值归类变量:第一个变量是 P/B 值;第二个变量是 I/B/E/S(institutional brokers estimate system)中期预测的成长估计值(两年),该机构有来自世界 850 个投资机构的盈利相关变量的数据,如每股销售收入的历史增长率和预测增长率。这些变量被组合成了一个加权总分,基于加权总分 30% 的股票被分类为价值型或者是成长型。

另外一种传统的风格分类方法是市值法。Russell 按照以下方法排列了 4000 个美国公司股票:Russell 1000 指数包括市值最高的 1000 只股票,中市值指数包括 Russell 1000 中的 800 个市值小的股票。Russell 2000 小市值指数为市值排名 1000~3000 的股票。同时还有 Russell 200 超高市值指数(市值最大的 200 只股票)和微小市值指数(市值排名 3000~4000)。

研究认为资产配置比个股选择和市场择时更加重要,例如 Beebower 等的研究表明,93.6% 的股票收益率都是由于资产组合。

综合上面两个分类方法,可以构建一个风格分类的矩阵,如表 2-2 所示。

表 2-2 风格分类矩阵示例

风格	价值	混合	成长
大盘	大盘价值	大盘混合	大盘成长
中盘	中盘价值	中盘混合	中盘成长
小盘	小盘价值	小盘混合	小盘成长

2.4.3 行业轮动模型

1. 行业轮动模型基本概念

类似于风格轮动模型,行业轮动是利用市场趋势获利的一种主动交易策略。在不同市场背景下,市场资金会集中涌向不同的行业,因此投资的焦点就会不断地发生变更。从本质上讲,长期来看股票价格会随着股票内在价值而波动,而股票市场上的板块轮动也会随着板块不同的盈利周期和经济大环境的周期性变化而产生规律性的轮动。

2. 行业轮动原因

首先是行业周期。行业的成长周期可以分为初创期、成长期、成熟期和衰退期,初创期风险高,收益小,因为正处于刚刚起步阶段。成长期风险高、收益高,而成熟期风险则较成长期相对降低,收益渐渐稳定,是整个周期中相对较高的阶段。衰退期的企业则风险低且收益低。不同的行业会处在不同的周期,在某一投资阶段需要认真辨别不同行业的发展状况,并做出投资选择。

其次是国家政策。国家政策势必对我国的资本市场产生重大影响。例如,货币投放量和财政政策的扩张与收紧,这些政策传导到利率等指标,将对市场上的股票价格产生非常重大的影响。

最后是重大事件的影响,如金融危机、新冠疫情等这种全球性的重大事件势必会对不同行业和我国的金融市场造成冲击,并且在全球一体化进程加快的背景下,其他国家的资本市场变化同样影响着我国的资本市场及市场上的股票价格。

行业轮动策略就是要采用一种方法识别出每一阶段的优势行业,然后轮换配置这些行业,无论是什么原因使得某行业变得强势,其强势的最终结果都会体现在股票价格上。

2.4.4 资金流模型

1. 资金流模型基本概念

资金流模型使用资金流流向来判断股票在未来一段时间的涨跌情况,如果是资金流入的股票,则股价在未来一段时间将可能会上涨;如果是资金流出的股票,则股价在未来一段时间有可能下跌,那么,根据资金流向就可以构建相应的投资策略。

其中,资金流的定义至关重要,当证券价格在选定的时间区间内处于上升状态时产生的成交额是推动价格上涨的力量,这部分成交额被定义为资金流入;反之,在选定的时间区间内下跌时的成交额则是推动价格下跌的力量,这部分成交额被定义为资金流出。若在选定的时间段前后,证券价格没有发生变化,则这段时间内的成交额不计入资金流量。

2. 逆向选择理论

在非强势有效的 A 股市场,普遍存在信息不对称的问题。机构投资者与散户投资者在对同一信息的评估能力上存在差异。在大部分情况下,散户投资者缺乏专业的投资能力和精力,那么根据"搭便车"理论,希望借助机构投资者对股价的判断进行投资,一旦机构投资者率先对潜在市场信息做出反应,"羊群效应"的散户投资者则追涨杀跌,往往导致在很多情况下市场对潜在信息反应过度。这样根据逆向选择理论,能够准确评估信息价值的投资者便会对反应过度的股价做出交易,买入低估的、卖出高估的股票,从而纠正这种信息反应过度行为。

根据市场对潜在信息反应过度的结论及市场投资者的行为特征,可以采取逆向选择模型理论来构建选股模型,即卖出前期资金流入、价格上涨的股票,买入前期资金流出、价格下跌的股票。按照这个思路,对一些指标参数进行回测分析,可以得到稳定的选股模型。

2.4.5 动量反转模型

动量效应是指在一定时期内,如果某股票或者某股票组合在前一段时期表现较好,那么,下一段时期该股票或者股票投资组合仍将有良好表现。而反转效应则是指在一定时期内表现较差的股票在接下来的一段时期内有回复均值的需要,所以表现会较好。

与上文的风格轮动模型相比较,除了分析标的是更加具体的个股之外,对于在下跌趋势中的个股的反弹机会更加关注。

A股市场存在显著的动量及反转效应。长期来看动量和反转策略相对于沪深300都可以取得超额收益,但是动量反转策略在不同的市场阶段表现不同,动量策略在熊市阶段表现优异,而反转策略则在牛市阶段可以取得出色的表现。因此在A股市场应用动量或者反转效应选择股票时,应根据市场环境在动量和反转策略间进行选择,牛市选择反转,熊市则选择动量。

2.4.6 一致预期模型

一致预期模型是指市场上的投资者对于某些特定的事情产生了一致的看法。比如,大多数的分析师对于某只股票非常看好,那么在未来一段时间这只股票可能就会上涨。一致预期模型就是根据这种情况来进行买入卖出的选择。

在一般情况下,超一致的预期能够为我们带来超额的收益。也就是说,如果当年报表明净利润大幅超预期,那么就可以在年报公布之后买入并持有以获得超额收益。如果我们能够在年报公布之前就预测到净利润的大幅超预期,那么我们也可以获得年报公布当日之前的正超额收益。在一致预期模型中我们还要提到两个概念:一是预期情绪面因子;二是预期基本面因子。

1) 预期情绪面因子

一致预期净利润变化率及最近一期预期净利润被调低或者被调高的幅度都是常见的预期情绪面因子。此外,投资者还可以利用最近一期的涨跌幅来构建预期净利润变化率的衍生指标,也就是预期净利润回报。

2) 预期基本面因子

预期成长因子和估值因子是预期基本面因子的两大重要组成部分。其中,预期估值因子中的预期市盈率因子一般情况下来说是长期有效的,并且在测试时间区间内,它的年胜率大概是100%,月胜率大概在59%左右。但是同样,它的波动比较大,回撤也会相对较大。

2.4.7 趋势追踪模型

1. 趋势追踪模型基本概念

市场一般会表现出以下三种形态:趋势、无明显趋势、波动。没有哪种策略可以在这三种情况下都表现良好,一个好的策略是在某一种市场环境下运作良好,而在其他情况下尽量减少损失。

在趋势市场环境下我们可以建立趋势跟踪策略。在建立这种策略的时候一定遵循"二八原则",即在20%的交易中获得80%的利润。这种策略的主要获利在较大幅度的趋势变动中。因此一个好的趋势跟踪策略从不错过大的趋势变动,一旦错过一次资金可能就无法弥补其他情况下的亏损。当市场方向变化过快时,投资者需要做的就是终止进入,避免进入陷阱。当市场出现其他模式时,即无方向或者剧烈波动,策略不再适用,投资者需要最小化这些损失。

在无明显趋势的市场环境中,可以构建反趋势策略,识别那些不显著的小趋势,实现低吸高抛获利。而在波动市场中,则一般构建策略在向上或向下突破时交易。

2. 有效的趋势跟踪策略

趋势跟踪策略是源于技术分析中对价量及市场形态的分析,在该策略中不需要对未来价格进行预测,而是需要利用一些技术指标勘破趋势进入市场获利、然后在趋势消失或变化时及时退出。

趋势跟踪策略是一种非常系统化的策略,它有着非常明确的准则——在进入信号出现时买入,在退出信号出现时卖出。在趋势跟踪策略中价格是最重要的因素,同时资产管理和风险控制也是非常重要的组成部分。因此一个完整的趋势跟踪策略包括进入和退出的规则、资产管理及风险控制方案。

另外需要注意的是,趋势跟踪策略一般回测较大,因此需要保证以较小风险交易品种的多样性。

根据上面的讨论,在一个有趋势的市场中可以设计一个完整的趋势跟踪系统,该系统的设计必须满足以下四个特征:不会错过大的趋势变动;有终止指令使之退出;在市场处于反趋势时尽量控制损失;利润来源于比例非常低的大趋势变动中。

第 3 章

多因子策略

市场上的投资者，不论是价值投资者还是投机者，或者短线交易者，都会根据某些因子来判断股票的涨跌。所谓的因子，就是可以描述股票某个方面特征的因素。市净率市盈率可以代表股票收益和资产方面的特征。因子的暴露度就是股票在因子所代表的特征上的取值。基于某一因子进行投资，所得到的回报称为因子收益率。在市场中，存在各式各样的因子，因子有着不同的暴露度和收益率。通过对因子进行组合、分析，以此来指导投资的策略称为多因子策略。多因子策略的构建过程是一个较为完整的系统性体系，其中包括了对收益率的量化和对风险的量化等过程。策略构建应用了大量的计量经济学和数学等理论方法，涉及的过程较多，有许多可深入研究和创新的地方，本章主要对多因子模型构建和应用的完整流程进行介绍。

3.1 多因子策略的理论基础[1]

3.1.1 多因子策略的概念

多因子策略是一种应用十分广泛的选股策略，其基本思想就是找到某些和收益率最相关的指标，并根据该指标，建一个股票组合，期望该组合在未来的一段时间跑赢或者跑输指数。如果跑赢，则可以做多该组合，同时做空期指，如果是跑输，则可以做多期指，融券做空该正向阿尔法收益组合，赚取反向阿尔法收益。多因子模型的关键是找到因子与收益率之间的关联性。

---

[1] 有关理论部分的具体展开和证明可参考：周佰成.投资学[M].北京：清华大学出版社，2012.

多因子策略是量化投资领域的重要的策略,是许多投资机构的主要应用的模型。在我国公募基金市场,许多的量化投资基金都是基于多因子策略设立的,在实践中有着非常广泛的应用。简单来讲,多因子策略就是对风险和收益关系进行量化表达。通过寻找影响股票涨跌的共性(如市场的走势),寻找市场运行的规律,利用数量化的方法,挖掘能够对股票价格变动做出解释和预测的因子,进而构建模型,将其应用到选择股票和管理风险中。

3.1.2 多因子的种类

理论上说,任何与股票有关的数据指标或衍生指标都可以被称为是因子,但是,显然并不是所有因子都是对实际投资有正面贡献的,一般我们用得上的因子,都是所谓"定价因子",也就是与股票价格之间有显著的相关性,对股价的变化有较强的解释力度,并且通过测试发现长期有效的那些数据指标。一般我们会将定价因子分为阿尔法因子和风险因子两种。阿尔法因子可以显著区分股票收益,可以用来选股以获得稳定的超额收益,风险因子是在统计上对股票收益有较强的解释能力,但是用于选股没有明显的超额收益。

哪些因子可能成为选择股票的依据?这主要依赖于金融经济逻辑和市场经验。总的来说,因子的来源有三方面:①公司层面因子;②外部环境因子;③市场表现因子。

1. 公司层面因子

公司层面因子来自公司的微观结构,与公司的生产经营息息相关,一般来自公司的财务指标,反映了公司的盈利、运营、债务和成长状况。这类因子主要有:价值类因子、成长类因子、规模类因子及质量类因子。

(1) 价值类因子。相比估值较高的股票,那些估值较低的股票有着更高的预期收益率。关于价值因子,Stattman(1980)是较早的相关研究之一,它发现账面市值比(book-to-market ratio,BM)较高的公司,股票预期收益也显著更高。除 BM 之外,其他一些估值指标也被拿来研究和股票预期收益率之间的关系。Basu(1983)指出盈利市值比(earnings-to-price ratio,EP)有助于解释股票收益,而 Jaffe 等(1989)基于 1951—1986 年间的长期数据进一步研究确认 EP 对股票未来收益有显著的正面影响。Bhandari(1988)则发现杠杆率较高的企业有着显著的超额收益。而作为集大成者,Fama 和 French(1992)的结论稍有不同,他们基于排序法和 Fama-MacBeth 回归的研究指出,单独来看 BM 和 EP 都有显著为正的风险溢价,但当同时控制它们和规模后 EP 不再显著,表明 EP 的风险溢价可能只是其同规模和 BM 的相关性带来的虚假效应。Fama 和 French(1995)提供了支持 BM 同股票未来收益相关的进一步证据,发现较高的 BM 预示着持续较差的盈利表现,而较低的 BM 则预示着持续较好的未来盈利。Fama 和 French(1992)基于可比性等原则剔除了金融企业,但 Barber 和 Lyon(1997)的研究发现同样的关系对金融企业也成立。

(2) 成长类因子。在投资回报方面,长期来看,超过 ROE 的增长较难持续,ROE 是增长之源,也是长期增长中枢。因此,虽然我们视 ROIC 和 ROE 为反映企业盈利能力指标,但其本质反映了企业的内生成长性。在企业扩张方面,主要有三类与扩张程度相关的因子,即资产增长率、负债增长率及权益增长率。有研究发现负债增长因子的表现优于另外两个因子。此外,企业可以通过提高利润率或者加快资产周转率来提升自身的经营效率,从而提高投资回报率。利润率衡量了企业将销售额转化为利润的能力,周转率反映企业资产变现为销售额的能力。我们可以从利润率变动值和周转率变动值刻画企业经营效率的变化。综上所述,成长因子主要有股全部投资回报率 ROE、投入资本回报率 ROIC、资产增长率、负债增长率、净利润率变动、总资产周转率变动等。

(3) 规模类因子。在国内外不管是成熟市场还是我国的不成熟市场,小市值效应一直存在,并且小市值的逻辑也很清晰,市值越小被操纵的可能性就越来越大,推动股价上涨的资金需求就越小。衡量规模的指标主要有总市值、流通市值、自由流通市值等。

(4) 质量类因子。在 MSCI、富时罗素、标普等公司发行的质量因子指数中,常用的衡量质量的指标主要涵盖盈利能力(总资产收益率 ROA、净资产收益率 ROE、投资资本收益率 ROIC)、盈利稳定性(每股盈利增长波动率、每股盈利波动率)、资本结构(债务权益比、债务现金流比)、盈利成长性(每股盈利增长、每股分红增长)、会计质量(应计比率)与投资能力(总资产增长率)等维度。

2. 外部环境因子

政治法律、宏观经济、社会习俗和技术发展等外部环境对一个行业和企业来说都是非常重要的。比较重要并且容易量化的外部环境因子主要有宏观环境因子和行业环境因子。

(1) 宏观环境因子。宏观环境因子主要可以分为四类:增长因子、通胀因子、信用因子、货币因子。增长因子的代理指标采用固定资产投资、工业产品产量、房地产开发销售等;通胀因子的代理指标采用国内外商品资产价格;信用因子的代理指标采用社会融资规模、贷款余额、货币供应等;货币因子的代理指标采用货币市场利率和债券市场利率等。

(2) 行业环境因子。它主要可以选择行业集中度等指标。

3. 市场表现因子

市场表现因子主要体现的是股票在交易过程中的价格和交易量。这些因子主要有动量和反转类因子、资金流向和各种技术类指标等。

3.1.3 多因子的优势

因子是指与个别资产收益相关的变量或特征。多因子模型被用于投资组合构建、投资组合管理、风险管理等。与基于市场风险因子的单因子模型相比,多因子模型提供了更强的解释力和灵活性。多因子模型的优势主要有以下六个方面。

(1) 以期望的方式复制或修改特定索引特征的投资组合。

(2) 投资组合中,建立对一或多个风险因子的预期敞口,包括那些具体宏观预期,如通胀或经济增长的看法。

(3) 对积极管理的投资组合执行详细的风险和回报归因。

(4) 了解股票、固定收益和其他资产类别回报的相对风险敞口。

(5) 确定与基准相关的活动决策,并度量这些决策的规模。
(6) 确保投资者的投资组合达到与投资费用相称的主动风险和回报目标。

3.2 多因子模型介绍[①]

3.2.1 单因子模型

因子模型是一种假设证券的回报率只与不同的因子波动(相对数)或者指标的运动有关的经济模型。其用公式可以表示为

$$\tilde{r}_i = a_i + b_{i1}\tilde{F}_i + b_{i2}\tilde{F}_2 + \cdots + b_{ik}\tilde{F}_k + e_i \tag{3.1}$$

因子模型是 APT 的基础,其目的是找出这些因素并确认证券收益率对这些因素变动的敏感度。一般来讲,因子模型比市场模型或指数模型更能有效解释证券收益率的变化情况。

依据因子的数量,可以分为单因子模型和多因子模型。

这一节我们首先介绍单因子模型的情况。单因子模型最早由威廉·夏普提出。单因子模型的基本思路是:证券收益只受一个因素影响。市场模型便是这种模型的典型例子。如果我们观察证券市场,就会发现,当市场股价指数上涨时,大部分股票价格也同时上涨;反之亦然。这说明,各种证券对一个因子,即市场股价指数的变化具有联动的反应。

单因子模型的公式可以表示为

$$R_i = \alpha_i + \beta_i F + \varepsilon_i \tag{3.2}$$

式中,F 是共同因子的预测值;β_i 为证券 i 对因子的灵敏度。如果因子预测值为零,证券收益等于 $\alpha_i + \varepsilon_i$。ε_i 是一个随机误差项,其预期值为零,标准差为 σ_{ε_i}。

单因子模型建立在两个重要的假设之上。

(1) 随机误差项和因子项互不相关,也就是因子对随机误差项的结果没有任何影响,它们之间的协方差 $\text{Cov}(\varepsilon_i, F) = 0$。

(2) 任何两种证券的随机误差项互不相关,也就是一种证券的随机误差项的结果对其他任何一种证券的随机误差项的结果没有任何影响,它们之间的协方差 $\text{Cov}(\varepsilon_i, F) = 0$ 意味着各种证券有规则地同步运动仅仅是因为它们对共同因子所作的反应。

如果上述两个假设中的任何一个不成立的话,那么这种单因子模型只是一个近似模型;从理论上讲,其他类型的模型(也可能是一种多因子模型)也许能够更准确地描述证券收益创造过程。

根据单因子模型,证券 i 的预期收益可表示为

$$E(R_i) = \alpha_i + \beta_i E(F) \tag{3.3}$$

而证券 i 的收益率的方差 σ_i 等于

[①] 有关理论部分的具体展开和证明可参考:周佰成.投资学[M].北京:清华大学出版社,2012.

$$\sigma_i^2 = \beta_i^2 \sigma_F^2 + \sigma_{\varepsilon_i}^2 \tag{3.4}$$

式中,σ_F^2 是共同因子 F 的方差;$\sigma_{\varepsilon_i}^2$ 是随机误差项 ε_i 的方差。由证券收益率的方差等式可知,任何一种证券的风险可分为两个部分:无法分散掉的因子风险 $\beta_i^2 \sigma_F^2$ 和通过分散化投资可以被消除的非因子风险 $\sigma_{\varepsilon_i}^2$。

又根据单因子模型,任何两种证券之间的协方差可以表示为

$$\sigma_{ij}^2 = \beta_i \beta_j \sigma_F^2 \tag{3.5}$$

如果一种证券的单因子模型成立,那么由几种证券组成的证券组合的预期收益可表示为

$$E(R_P) = \sum_{i=1}^{n} \alpha_i X_i + \sum \beta_i X_i E(R_F) \tag{3.6}$$

式中,$E(R_P)$ 表示证券组合的预期收益;X_i 为证券组合中 i 种证券的权重。而证券组合的方差 σ_P^2

$$\sigma_P^2 = \sum_{i=1}^{2} \beta_i^2 \sigma_F^2 X_i^2 + \sum_{i=1}^{n} \sigma_{\varepsilon_i}^2 X_i^2 \tag{3.7}$$

由上述两个等式可知,只要估算出每种证券的 α_i、β_i 和 $\sigma_{\varepsilon_i}^2$ 值,以及共同因子预期收益 $E(F)$ 及其方差 σ_F^2,我们就能计算出证券组合的预期收益和方差。因此,估算出几种证券组成的证券组合所需要的估测值数目为 $3n+2$,较利用马科维茨方法选择最佳证券大大简化了。

较为经典的单因子模型就是我们的资本资产定价模型。

资本资产定价模型(the capital asset pricing model,CAPM)是现代金融学理论的重要基石,该模型是在马科维茨的投资组合理论的基础上发展和提出的。马科维茨第一次给出了风险和收益的精确定义,并且从数学上明确地定义了投资者偏好。通过把收益和风险用均值和方差衡量,马科维茨将强有力的数理统计方法引入了资产组合选择的研究当中,并阐述了如何通过有效分散化来选择最优的投资组合。不过这一理论偏重于规范化研究,缺乏实证分析。20 世纪 60 年代开始,经济和金融学家们开始研究马科维茨模型如何影响资产的市场定价,从而促使了资本资产定价模型的产生。资本资产定价模型分别由夏普(1964)、林特纳(1965)、莫森(1966)独立导出。资本资产定价模型刻画了均衡状态下资产的期望收益率和相对市场风险之间的关系,为投资实践提供了理论基础。

1) 资本资产定价模型的假设

由于实际的经济金融环境过于复杂,而为了能够有效建立一个模型,就需要设定一系列的假设条件进行简化,资本资产定价模型的假设主要有以下七点。

(1) 投资者以资产组合在某段时期内的预期收益率和标准差进行资产组合评价。

(2) 投资者都是风险厌恶的,按照均值-方差原则进行投资选择。也就是说,在风险一定的情况下,选择收益最大化,而在收益一定的情况下,选择风险最小化。

(3) 所有资产持有者处于同一单一投资期,市场上的投资者可以按照同样的无风险利率进行无限制的借入或者贷出。

(4) 资本市场是一个完全市场,不存在信息流阻碍,无税收和无交易成本。

（5）资产无限可分，投资者可以按照任何比例分配其投资。

（6）投资者具有相同预期，即均质期望，对预期收益率、标准差、资产之间的协方差均有相同的理解。

（7）投资者的投资期限相同，无风险利率相同。

根据以上假设，可以得出以下结论。

（1）所有投资者的效率边界和最佳风险证券组合相同。

（2）每一种风险证券在最佳风险组合的构成中都占有非零的比例。

处于均衡状态的市场具有如下特征：首先，所有的风险证券都包含在最佳风险资产组合中；其次，每种风险证券供求平衡且价格都处于均衡水平；最后，无风险利率的水平正好使得借入资金的总量等于贷出资金的总量。结果在最佳风险资产组合中，投资于每一种证券的比重都等于该资产的相对市值，也就是该风险证券的总市值占所有风险证券市值总和的比例。

通常，我们把最佳风险资产组合称为市场组合。

2）资本市场线

资本市场线（CML）是从无风险利率出发通过市场投资组合的延伸线，如图3-1所示，其函数表达式为

$$E(r_p) = r_f + \frac{E(r_m) - r_f}{\sigma_m} \sigma_p \quad (3.8)$$

式中，$E(r_p)$ 是任意有效投资组合的期望收益率；$E(r_m)$ 是市场组合的期望收益率；σ_m 为市场组合收益率的标准差；σ_p 为有效投资组合收益率的标准差。

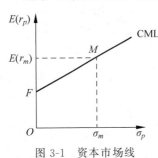

图 3-1 资本市场线

资本市场线的特征可以由两个关键的数字来刻画：一个是资本市场线的截距，也就是无风险利率，称为时间价格；另一个是资本市场线的斜率，称为单位风险的价格，表示有效组合收益率的标准差每增加一单位，期望收益率应该增加的数量。

资本市场线上的组合都是有效投资组合，非有效投资组合都在资本市场线下方。

3）证券市场线

资本市场线代表有效组合预期回报率和标准差之间的关系，它说明了有效投资组合风险和回报率之间的关系及衡量其风险的适当方法，但没有指出对于非有效投资组合及单个风险证券的相应情况。为了更进一步探究均衡条件下非有效投资组合及单个风险证券的风险和回报关系，需要进行更深入的分析。

我们首先来考察单个风险证券对市场组合的风险贡献度。市场组合 M 的收益率的方差可以表示为

$$\sigma_m^2 = \sum_{i=1}^n \sum_{j=1}^n \omega_{im} \omega_{jm} \sigma_{ij} \quad (3.9)$$

式中，ω_{im} 和 ω_{jm} 分别表示风险证券 i 和 j 在市场组合中所占的比例；σ_{ij} 为风险证券 i 和 j 的协方差。

式（3.9）可以变为

$$\sigma_m^2 = \omega_{1m}\sum_{j=1}^n \omega_{jm}\sigma_{1j} + \omega_{2m}\sum_{j=1}^n \omega_{jm}\sigma_{2j} + \cdots + \omega_{nm}\sum_{j=1}^n \omega_{jm}\sigma_{nj} \tag{3.10}$$

根据协方差的性质：证券 i 与市场组合的协方差 σ_{im} 可以表示为它与组中每个证券协方差的加权平均，即

$$\sigma_{im} = \sum_{j=1}^n \omega_{jm}\sigma_{ij} \tag{3.11}$$

则式子进而可以变为

$$\sigma_m^2 = \omega_{1m}\sigma_{1m} + \omega_{2m}\sigma_{2m} + \cdots + \omega_{nm}\sigma_{nm} \tag{3.12}$$

式中，σ_{1m} 是风险证券 1 与市场组合的协方差；σ_{2m} 是风险证券 2 与市场组合的协方差；依此类推。

从上述等式我们可以得出，市场组合收益率的方差等于市场组合中所有风险资产与组合的协方差的加权平均数，权重是各个风险证券在组合中所占的比重，单个证券与组合的协方差代表这个证券对整个组合风险的贡献度。

在这种情况下，当市场达到均衡状态时，必然要求组合中风险证券的期望收益率与其风险贡献率成比例，也就是说市场为风险贡献度高的证券提供较高的期望收益率。如果某一证券在给市场组合带来风险的同时没有提供相应的收益率，就意味着如果将该风险证券从组合中去除，将会导致市场组合的期望收益率相对于其风险上升；同理，如果某一风险证券给市场带来风险的同时提供了更高的收益率，那么如果增加该证券在组合中的比重，也会使市场组合的期望收益率相对于其风险上升。这样，原有的市场组合将不再是有效的投资组合。因此，当市场达到均衡状态时，单个风险证券的期望收益率与它对市场风险的贡献度应该具有如下的均衡关系。

$$\frac{E(r_i) - r_f}{\sigma_{im}} = \frac{E(r_m) - r_f}{\sigma_m^2} \tag{3.13}$$

式(3.13)即为证券市场线，将其进行调整可以得到

$$E(r_i) = r_f + \beta_{im}[E(r_m) - r_f] \tag{3.14}$$

最基本的资本资产定价模型即为式(3.14)。

式中，$\beta_{im} = \frac{\sigma_{im}}{\sigma_m^2}$，$\beta_{im}$ 即为我们常说的 β 系数，它衡量了资产的市场风险，即系统性风险。

资产的期望收益率等于无风险利率和风险报酬之和，风险报酬又可以分解为两部分，即市场组合的风险报酬和特定证券的风险 β 系数。这样，风险报酬就等于市场风险报酬 $[E(r_m) - r_f]$ 乘以这种资产的 β 系数。对于所有的资产来说，$[E(r_m) - r_f]$ 都是相同的，因此 β 系数是决定资产的必要风险报酬大小的唯一因素。同时，该理论也表明，并非风险资产承担的所有风险市场都会予以补偿，给予补偿的只是系统风险，这是因为非系统风险是可以通过建立投资组合分散掉的，而系统风险无法分散，所以对于投资者承担的系统风险市场会提供相应的补偿。

不同类型的资产对应着不同的 β 系数。对于无风险资产来说，β 系数为零。当 $\beta=1$ 时，说明这种资产与市场组合的风险相同，其价格与市场同等变动。若 $\beta<1$，说明这种资产是防御性资产，其期望收益将小于市场组合收益率，如基础设施类等股票；若 $\beta>1$，说

明此资产是激进型资产,其期望收益率将大于市场组合收益率,如科技类等股票。

现在我们已经清楚如何衡量单个风险证券风险和回报率之间的关系,在此基础上我们也能容易地得到证券组合的衡量方式。β 系数的一个重要特征是线性可加性,即一个证券组合的 β 值等于该组合中各个证券 β 值的加权平均数,权重为各个证券在该组合中所占的比重。

$$\beta_{pm} = \sum_{i=1}^{n} \omega_i \beta_{im} \tag{3.15}$$

投资组合的期望收益率表达式为

$$E(r_p) = r_f + \beta_p [E(r_m) - r_f] \tag{3.16}$$

4) 对于资本资产定价模型的进一步解释

如果我们已知资产组合的超额收益率 r_p,市场组合的超额收益率 r_m,则可以通过如下线性回归方程估计 β,即

$$r_{pt} = \alpha_p + \beta_p r_{mt} + \varepsilon_{pt}, \quad t = 1, 2, \cdots, T \tag{3.17}$$

式(3.17)资产组合的超额收益率可以分为两个部分,一个是市场收益率,另一个是残差收益率,可以表示为

$$r_p = \beta_p r_m + \varepsilon_p \tag{3.18}$$

由于残差收益率和市场收益率不相关,则资产组合的方差可以表示为

$$\sigma_p^2 = \beta_p^2 \sigma_m^2 + \theta_p^2 \tag{3.19}$$

式中,θ_p^2 为残差收益率 ε_p 的方差。

我们重新考虑资本资产定价模型的公式,该公式意味着残差收益率的期望值为 0,也就是说,任何投资组合或者资产的预期的残差收益率均为 0。因此,组合的预期超额收益率只与预期的市场超额收益率及组合的 β 值有关。然而,当一个投资者并没有持有市场组合时,那么其残差收益率则不为 0,如果该投资者的残差收益率为正,根据资本资产定价模型,则必定有其他投资者的残差收益率为负。所以,根据资本资产定价模型,投资者最好的投资方式就是持有市场组合,也就是被动投资。

3.2.2 多因子模型

多因子模型(multifactor model)是资产定价的一种类型,该模型认为资产价格并不仅仅取决于风险,还取决于其他因素,如预期股息率收入、投资者行为、市场情绪等要素。多因子模型最大的优点之一在于大大降低了大规模资产组合的风险度量和预测难度,方便投资经理对资产组合风险进行分解,从因素角度解析资产组合的风险和收益来源(包括潜在和实现的),从而进行建模进行评价、调整组合业绩。可见,利用多因子模型的意义不仅在于追求相对可靠的投资收益,而且在于可以在有效控制风险的基础上追求超额收益。

多因子模型的公式可以表示为

$$R_{it} = \alpha_i + \beta_{i1} F_{1t} + \beta_{i2} F_{2t} + \cdots + \beta_{ik} F_{kt} + \varepsilon_{it} \tag{3.20}$$

式中,F_{kt} 是共同因子的预测值;β_{ik} 为证券 i 对因子的灵敏度;ε_{it} 是一个随机误差项,其预期值为零,标准差为 $\sigma_{\varepsilon_{it}}$。

最为经典的单因子模型就是我们的套利定价模型（APT）。

资本资产定价模型刻画了均衡状态下资产的期望收益率和相对市场风险测量 β 之间的关系，不同资产的 β 值决定了它们不同的期望收益率。但是，资本资产定价模型是建立在大量假设基础之上的，且进入 20 世纪 70 年代，资本资产定价模型面临重大挑战，越来越多的学者认为投资组合理论不符合现实，无法解释资本资产定价，罗尔也称真实的市场组合永不可考察，资本资产定价模型永不可检验，因此它不应被视为资产定价的完美模型，这就激发了人们寻找其他资产定价模型的兴趣。1976 年，罗斯（Ross）提出了套利定价理论（arbitrage pricing theory，APT），这一理论比资本资产定价模型所要求的假设要少得多，逻辑上也更加简单。该模型以收益率生成的因素模型为基础，用套利的概念来定义均衡。套利定价模型在实践中占据着重要的地位，多因子模型就是根据该模型所发展出来的。

1. 套利机会与套利行为

套利是利用同一种资产的不同价格来赚取无风险利润的行为。如果市场上同一种资产或可以复制的两种资产的价格不同，即违反一价定律时，套利机会就会出现。套利作为一种广泛使用的投资策略，最具代表性的做法是以较高的价格出售资产并同时以较低的价格购进相同的资产（或功能上等价的资产）。

利用同一资产违反一价定律进行的套利，其特征是很清楚的。但是，套利机会并不经常表现为相同资产的不同价格，套利机会也可能包含"相似"的证券或组合，例如受共同因素影响而使价格同步变化的证券或组合。

2. 套利定价理论的基本假设与基本思想

1) 基本假设

套利定价理论的基本假设包括以下五个方面。

（1）市场是完全竞争的，无摩擦的。

（2）多因子模型能够描述证券收益为

$$r_i = E(r_i) + \beta_{i1} F_1 + \beta_{i2} F_2 + \cdots + \beta_{ik} F_k + e_i \tag{3.21}$$

式中，r_i 为证券 i 的收益率；β_{ij} 是证券 i 对第 j 个因子的敏感度或者暴露度，通常也被称为因子载荷，$j=1,2,\cdots,k$；F_j 是第 j 个因素的非预期变化对资产收益率的影响，$E(F_j)=0$，这里 $j=1,2,\cdots,k$；e_i 为证券 i 的随机误差项，是证券 i 的特异收益率（specific return），表示了收益率中不能被因子所解释的部分。对于每一个证券，$\mathrm{Cov}(e_i, F_j)=0$，$\mathrm{Cov}(e_i, e_j)=0, i \neq j$，也就是每个证券的随机误差项与因子不相关，任意两个证券的随机误差项不相关。

（3）市场上有足够多的证券来分散非系统风险，证券的个数远远大于因素的个数。

（4）市场上不存在套利机会。

（5）投资者是不满足的：当投资者发现套利机会时，他们就会构造套利组合来增加自己的财富。

2) 基本思想

根据因子模型，具有相同因子敏感度的证券或组合，如果忽略非系统风险，它们的变化将是相同的。而充分的分散化可以将非系统风险降到最低,因此,具有相同的因子敏感度的证券或组合必然要求相同的期望收益率,否则就会出现"准套利"机会。如果投资者可以找到这样一个投资组合,其初始净投资为零而又能赚到一定的正收益,那么所有的投资者都将会去投资这类具有吸引力的证券,即进行套利行为。结果是这种投资组合的价格将发生变化,直到正的收益率降至为零,套利机会在市场上消失为止。实际上,当投资者失去套利机会时,市场即达到均衡状态,我们就能得到一种与资本资产定价模型非常类似的风险-收益关系。

较为经典的多因子模型还有 Fama-French 的三因子模型。

3.2.3 三因子模型

威廉夏普在 1964 年提出了资本资产定价模型(CAPM),认为资产组合充分分散化后,系统性风险是影响股票收益的主要因素。这一模型是资本资产定价领域的一个里程碑。然而,之后的研究人员发现,股票收益与市场风险相关性较低。一系列文献表明某些被忽视的指标对股票收益有较好的解释力。Banz(1981)发现在市场因子基础上添加公司规模,可提高模型定价水平。Basu(1983)和 Bhandari(1988)分别发现公司市盈率和杠杆率对股票收益率有显著影响。因此,寻找有效的定价因子已成为资本资产定价的主要研究内容。在前人的基础上,Fama 和 French(1993)进一步指出,CAPM 无法解释不同股票收益率的差异,除了 Beta 风险外,公司规模和账面市值比也是资本资产定价的重要因素,据此提出了三因子模型,形式如下:

$$r_{it} - r_{ft} = \alpha_i + b_i(r_{mt} - r_{ft}) + s_i \text{SMB}_t + h_i \text{HML}_t + \varepsilon_{it} \tag{3.22}$$

式中,r_{it} 即为预期收益率;r_{ft} 为无风险收益率,通常用短期国债收益率填充该值;r_{mt} 为市场组合的收益率,这两者的差值就是第一个因子。

SMB 被称为公司规模变量,是 small minus big 的缩写,这里的大和小是指市值,具体的意思就是指由市值小的公司组成的投资组合回报与市值大的公司组成的投资组合回报之差。

HML 被称为市净率溢价,是 high minus low 的缩写,这里的高和低指的是公司账面价值,通常用资产净值,也就是会计报告上的总资产减去总负债,熟悉会计公式的朋友,也都知道这个值在一般情况下,等于所有者权益。HML 指账面价值比较高的公司组成的投资组合回报与比值较低的公司投资组合回报之差。

实证结果表明,该模型对股票收益有良好的定价能力。这一模型是这一领域的另一里程碑,引致后续很多的相关研究,同时在业界也有广泛的应用。

3.2.4 五因子模型

如果说三因子模型中的市场因子、市值因子和账面市值比因子这三个因子能够完全解释资产的超常收益的话,那么三因子模型中的截距 a 应当趋向于 0。然而,从学者们对三因子进行的实证中,我们发现,有些股票中 a 显著不为零。这就说明三因子是存在缺陷的。事实上,价值策略的超额收益挑战着三因子模型的有效性。价值投资策略注重对财务报表和盈利能力的分析以及企业经营状况和管理能力分析,其在投资实践中长期获得超额回报使其在全球备受推崇。根据 Fama 和 French(2015)论文,在三因子模型的基础上,增加了盈利因子 RMW 和投资因子 CMA,提出了五因子模型,并通过美国 50 余年的市场数据证实了五因子模型的有效性。五因子模型如下。

$$r_{it}-r_{ft}=\alpha_i+b_i(r_{mt}-r_{ft})+s_i\text{SMB}_t+h_i\text{HML}_t+r_i\text{RMW}_t+c_i\text{CMA}_t+\varepsilon_{it}$$
(3.23)

式中,RMW 盈利因子衡量的是上市公司盈利水平不同导致的收益率差异;CMA 投资引资衡量的是由于上市公司投资再生产能力不同导致的收益率差异;r_i 为盈利风险暴露,表示投资组合对不同盈利水平公司股票的敞口;c_i 为投资风险暴露,表示投资组合对不同投资水平公司股票的敞口。

股票市场的实证推动资产定价理论体系不断丰富和完善,从最初的 CAPM 单因子模型不断发展成多因子模型。Fama-French 五因子模型在三因子模型的基础上,涵盖了公司的盈利能力因子和投资水平因子。它综合考虑了系统风险、账面市值比、市值规模因子、盈利因子和投资因子对基金业绩的影响,能够更为全面地评价基金业绩,并且更为有效地衡量基金通过主动投资管理取得超额收益的能力。

3.3 多因子模型的构建流程[①]

多因子模型的构建流程是一个较为复杂的过程,本书将模型的构建流程分为了六个部分,分别为:①数据准备工作;②单因子测试;③收益模型的构建;④风险模型的构建;⑤投资组合的优化;⑥业绩归因。

3.3.1 数据准备工作

数据的准备工作是量化投资过程中重要的过程之一,通常也被视为整个策略开发流程中最为复杂的一个部分。在多因子模型的构建中,数据的准备工作主要可以分为以下三个方面。

1. 数据的获取

量化投资要求的数据量较大,对数据质量的要求较高,因此一个有效的数据来源是十分重要的,投资者主要的数据获取来源有以下三个方面。

(1) 专业的数据软件。国外著名的彭博系统及国内的 Wind 等金融终端均能够提供大量的数据,但是这些数据来源的主要问题在于售价较高,普通投资者一般较难负担,一般机构投资者用其作为数据来源。目前国内许多高校也为经管类的学生购买了 Wind 数据源。

(2) 各大量化交易平台。目前国内的各大量化交易平台均提供了较为丰富的数据,量化投资者在各大平台进行策略研发的时候可以免费调用平台提供的数据。但是,此类平台的数据无法下载,只能在平台网站中使用,有着较大的局限性。目前,个别量化交易

[①] 有关理论部分的具体展开和证明可参考:周佰成.投资学[M].北京:清华大学出版社,2012.

平台提供了本地金融数据的试用,可以使投资者在本地调用数据,并且不受量化交易平台的限制,有着更高的自由度。

(3) 其他数据来源。除了上述两种数据来源以外,量化投资者可以从互联网获取数据,当各大金融终端数据售价较高时,可以通过购物网站获取数据,这样可以以一个较低的成本得到数据,但是这样也存在着数据质量较差的问题。此外,当寻找阿尔法因子时,许多量化投资人员通过计算机手段,如爬虫等方式爬取网站的相关数据,这也是一种数据获得的方法。

2. 数据清洗

数据清洗是一个非常烦琐的过程。尤其是当从多个数据来源获取数据时,就需要将数据进行合并,并且要删除重复的信息,查找和处理缺失值和无效值等。具体可见第2章量化投资策略构建流程的介绍。

3. 数据的预处理

在进行多因子模型构建之前,需要将数据进行一定的预处理,尤其是在单因子测试之前,就要对使用的数据进行一定的调整,数据的预处理主要包括以下两个方面。

1) 极端数据的处理

在进行单因子测试和模型的构建过程中,如果样本数据中存在少数的观测值距离大多数观察值很远,则会对策略研究产生严重的干扰,这些数据也被称为极端值。因此在进行构建多因子模型的具体步骤之前,要对数据的极端值进行处理。极端值的处理方法主要有以下三种。

(1) 中位数去极值法。

当 $X_i > X_M + n \times X_{MAD}$ 时,$\widetilde{X}_i = X_M + n \times X_{MAD}$;

当 $X_i < X_M - n \times X_{MAD}$ 时,$\widetilde{X}_i = X_M - n \times X_{MAD}$;

当 X_i 不属于上述两种情况时,$\widetilde{X}_i = X_i$。

其中,X_i 表示序列 X_i 的第 i 个观察值;X_M 表示序列 X_i 的中位数;X_{MAD} 为序列 $|X_i - X_M|$ 的中位数;$\widetilde{X}_i$ 为经过中位数去极值法修正后的 X_i。对于 n 值的选取不同研究人员的选择有所不同,一般而言,通常将 n 设定为 5。

(2) 三倍标准差去极值法。三倍标准差去极值法又被称为 3σ 去极值法,其去极值的处理办法为

当 $X_i > \mu + 3\sigma$ 时,$\widetilde{X}_i = \mu + 3\sigma$;

当 $X_i < \mu + 3\sigma$ 时,$\widetilde{X}_i = \mu - 3\sigma$;

当 X_i 不属于上述两种情况时,$\widetilde{X}_i = X_i$。

其中,μ 为序列 X_i 的均值;σ 为序列 X_i 的标准差。

(3) Winsorize 方法。Winsorize 方法也是在金融领域较为常见的方法。主要的方式就是根据分位数,将分位数之外的值用相应分位数的值来代替。例如,对于 5% 的极端值应用 Winsorize 方法处理就是对那些大于 95% 分位数的值,将其替换为 95% 分位数的

值;对于那些小于5%分位数的值,将其替换为5%分位数的值。

2)数据的标准化处理

在多因子模型的研究过程中,对于因子值本身的大小并不是研究关注的重点,研究更关注的是在截面上每种资产的因子值的相对大小,而每个因子数据的量纲存在着不同,所以就要将数据进行标准化。此外,许多模型如经典的线性回归模型都需要满足正态性的假设,这也是需要将数据进行标准化的原因。常用的数据标准化的处理方式主要有以下两种。

(1) z-score 标准化。z-score 标准化的方法是最为常用的数据标准化方式,具体的计算公式为

$$\widetilde{X}_i^{\text{norm}} = \frac{\widetilde{X}_i - \mu}{\sigma} \tag{3.24}$$

式中,μ 为序列 $\widetilde{X}_i$ 的均值;σ 为序列 $\widetilde{X}_i$ 的标准差;$\widetilde{X}_i^{\text{norm}}$ 是经过标准化处理后的序列。

(2) Box-Cox 变换。Box-Cox 是由英国统计学家 Box 和 Cox 在 1964 年共同提出的,通过 Box-Cox 转换的方法,可以使线性回归模型满足正态性的同时又不丢失信息。考虑解释变量 X 的函数为

$$f(x) = \begin{cases} \dfrac{X^\lambda - 1}{\lambda}, & \lambda \neq 0 \\ \log(x), & \lambda = 0 \end{cases} \tag{3.25}$$

当 $\lambda = 1$ 时,模型为线性模型;当 $\lambda = 0$ 时,模型为对数线性或者半对数线性模型;当 $\lambda = -1$ 时,模型为双曲函数模型。因此,根据 λ 的取值的不同,可以产生多种不同的函数形式。对于 λ 的估计方法可以用极大似然估计法和贝叶斯法,具体操作方法读者可以根据数据处理软件的设定和教程要求进行具体学习应用。

除了以上两种方法,数据的标准化方法还有许多,在多因子模型的研究中,每种标准化方法的优劣并不是绝对的,因为金融市场的数据较为繁杂,所以要根据具体的数据特性,选择不同的标准化的方法,目前最常用的也是最为简单的方法就是 z-score 方法。

3.3.2 单因子测试

1. 因子的分类

在对因子进行测试之前,量化投资策略的开发人员首先要有自己的因子池,开发人员可以从因子池中选择因子进行测试,对于效果较好的因子予以保留,对于效果较差的因子剔除因子池。一般而言,大型的资产管理机构都会有自己的因子池,因子池中的因子数量甚至会达到几十万个。机构的研究人员通过不断的研究,对因子池中的因子进行筛选,最终会保留几百个因子用来解释收益率。

在构建因子池的过程中,需要对因子进行选择,在选择因子的时候,开发人员需要注意的一点就是,每个被选中的因子,都要有其内在的投资逻辑。当投资逻辑不存在时,该因子就要被剔除。许多时候,研究人员为了寻找因子,采取了多种手段,忽视了投资逻辑

或者经济逻辑的要求,这种方式寻找出的因子一般并不能获得良好的效果。

从广义上来讲,任何与股票数据有关的指标都可以被称为因子,因此随着计算机理论技术的发展,开发人员开始通过各种方式去寻找因子,寻找到的因子可以对其进行分类,每种分类对应着一种投资的逻辑。对于因子分类的方式有许多种,每个机构的划分也有所不同,本文也根据不同的投资逻辑对因子进行了初步的选择并进行了分类,如表 3-1~表 3-8 所示。

表 3-1 估值因子

序号	因子名称	详细说明
1	市盈率(PE)	市盈率=市值/归属母公司股东净利润
2	市净率(PB)	市净率=市值/归属母公司的股东权益
3	市销率(PS)	市销率=市值/营业收入
4	自由现金流价格比	自由现金流价格比=(营业现金流-过去12个月的资本支出)/总市值
5	EV/EBITDA	EV(企业价值)=总市值+总债务-现金和现金等价物; EBITDA(税息折旧及摊销前利润)=EBIT(息税前利润)+折旧费用+摊销费用
6	EV/S	EV/S=企业价值/营业收入
7	P/RE	P 表示市值,RE 表示剔除非经常损益后的净利润

表 3-2 规模因子

序号	因子名称	详细说明
1	总市值	总市值=某特定时间内总股本数×当时股价得出的股票总价值
2	流通市值	流通市值=在某特定时间内当时可交易的流通股股数×当时股价得出的流通股票总价值
3	雇员人数	企业的员工数

表 3-3 盈利因子

序号	因子名称	详细说明
1	净资产收益率(ROE)	净资产收益率(ROE)=归属于母公司股东的净利润×2/(期初归属于母公司股东的净资产+期末归属于母公司股东的净资产)
2	资产收益率(ROA)	资产收益率(ROA)=(利润总额+利息支出)/总资产总额
3	毛利率	毛利率=(主营业务收入-主营业务成本)/主营业务收入×100%
4	投入资本回报率(ROIC)	投入资本回报率(ROIC)=息税前利润(EBIT)×(1-税率)/投入资本
5	已利用资本回报率(ROCE)	已利用资本回报率(ROCE)=息税前利润(EBIT)/(总资产-流动负债)
6	EBITDA减资本支出和投入资本之比	EBITDA减资本支出和投入支出之比=(EBITDA-资本支出)/投入资本

表 3-4 杠杆因子

序号	因子名称	详细说明
1	产权比率	产权比率＝负债总额/股东权益
2	资产负债率	资产负债率＝负债总额/资产总额
3	流动比率	流动比率＝流动资产/流动负债
4	速动比率	速动比率＝(流动资产－存货)/流动负债＝(现金＋短期投资＋应收账款)/流动负债
5	现金比率	现金比率＝(现金＋短期投资)/流动负债
6	经营活动现金流量比率	经营活动现金流量比率＝经营活动产生的现金流量/流动负债
7	自由现金流与长期债务的比值	自由现金流与长期债务的比值＝自由现金流/长期债务
8	CAPEX/PP&E	CAPEX 表示资本支出 CAPEX＝战略性投资＋滚动性投资 PP&E 表示固定资产
9	OCF/CAPEX	OCF 表示经营性现金流 CAPEX 表示资本支出

表 3-5 成长因子

序号	因子名称	详细说明
1	净资产增长率	净资产增长率＝(期末净资产－期初净资产)/期初净资产×100％
2	营业收入增长率	营业收入同比增长率＝(当期营业收入－上期营业收入)/上期营业收入×100％
3	营业利润增长率	营业利润增长率＝(当期营业利润－上期营业利润)/上期营业利润总额×100％
4	净利润增长率	净利润增长率＝(当期净利润－上期净利润)/上期净利润×100％
5	扣非净利润增长率	扣非净利润增长率＝(当期扣非净利润－上期扣非净利润)/上期扣非净利润×100％
6	EPS	即为每股盈余

表 3-6 动量因子

序号	因子名称	详细说明
1	1M 动量	最近 1 个月收益率
2	3M 动量	最近 3 个月收益率
3	6M 动量	最近 6 个月收益率
4	12M 动量	最近 12 个月收益率
5	24M 动量	最近 24 个月收益率
6	36M 动量	最近 36 个月收益率
7	MAX1M	过去 1 个月的日收益率的最大值

表 3-7 流动性因子

序号	因子名称	详细说明
1	换手率	换手率＝交易金额（股数）/流通市值（流通股数）
2	买卖循环率	买卖循环率＝日交易额/日流通市值
3	Amihud 比率	Amihud 比率＝证券在一段时间的收益率的绝对值/交易金额

表 3-8 一致预期因子

序号	因子名称	详细说明
1	EPS 预测	EPS 预测＝各个机构对证券未来某一年的每股收益的预测值的算术平均
2	净利润预测	净利润预测＝各个机构对证券未来某一年的净利润的预测值的算术平均
3	评级	评级＝Wind 平均评级
4	关注度	关注度＝每只股票的卖方报告覆盖数量

这八张表格是一种简单的因子的分类，我们将因子划分为了八个大类，分别为：估值因子、规模因子、盈利因子、杠杆因子、成长因子、动量因子、流动性因子和一致预期因子。除此之外，还可以进行各种不同的分类，本书所提供的分类仅为一种简单的参考。但是即使作为一个简单的例子，我们也选取了 49 个因子，并且每个因子都有其投资逻辑。比如，估值因子里面主要考虑的就是股票的价值；成长因子的选择根据的就是股票的成长性；而一致预期的因子则考虑的是分析师对于股票的预期是否会影响到收益率或者解释收益率。每位投资者都可以建立自己的因子池。

2. 单因子测试

在构建了一个因子池后，我们并不能保证每个因子都是有效的，因此需要对每个因子进行测试，表现好的因子保留，表现不好的因子剔除。那些好的因子，我们通常称其为定价因子。作为定价因子必须要么在过去有着较好的表现，要么对于股票的收益率有着较强的解释力度。单因子测试主要有三种方法，分别为回归法、IC 法和排序法。

1）回归法

回归法是一种测试单个因子的常用方法。可以用于检验因子对收益率的解释能力。用 t 期的因子暴露对股票的 $t+1$ 期收益率做截面回归，检验 t 期的因子暴露对 $t+1$ 期的收益率的解释力度。那么最基本的回归模型为

$$r_i = \alpha + f\widetilde{X}_i^{\text{norm}} + \varepsilon_i \tag{3.26}$$

式中，r_i 是资产 i 在 $t+1$ 期的收益率，这是读者特别需要注意的一点；f 为因子的收益率；$\widetilde{X}_i^{\text{norm}}$ 为 t 期经过极端值处理和标准化后的因子暴露。每一期都进行上述式子的回归，从而得到关于 f 的时间序列 f_t，并且我们需要在每一期都通过 T 检验的方式检验因子收益率的显著性，T 检验统计量为

$$t = \frac{\bar{x} - \mu}{\sigma_x / \sqrt{n-1}} \tag{3.27}$$

式中，$\bar{x}$ 表示样本的平均值；μ 表示总体的平均值；σ_x 表示样本的标准差。t 值用来判断

因子收益率 f 是否显著不等于 0。

值得一提的是，我们进行 T 检验得到的 t 统计量也为一个时间序列，此时我们对于因子有效性的判定方法主要有以下五种。

(1) 对 T 检验值取绝对值，然后计算其平均值，如果 T 检验值绝对值的平均值大于 2，则可以说明结果较为理想。

(2) 对 T 检验值取绝对值，观察绝对值序列大于 2 的个数，在绝对值序列中，大于 2 的值的占比越大，说明因子效果越好。

(3) 观察 T 检验值的序列，是否有很大的一部分为负值或者为正值，如果是，说明该因子较为稳定。

(4) 计算因子在样本期间的累计收益率，如果收益率呈现出一种确定性的趋势（如持续向上或者持续向下），则可以说明该因子的效果较好。

(5) 计算年化因子收益率的波动率，可以得到收益率贡献的波动程度。

2) IC 法

IC 法也是单因子测试的一种常见的方法，主要通过 IC 值来进行判定。IC 值就是因子在第 t 期的暴露度与 $t+1$ 期的资产的收益率之间的相关系数，使用的是截面数据，即

$$\text{IC} = \text{corr}(r_i, \widetilde{X}_i^{\text{norm}}) \tag{3.28}$$

式中，r 是资产 i 在 $t+1$ 期的收益率；$\widetilde{X}_i^{\text{norm}}$ 为 t 期经过极端值处理和标准化后的因子暴露。IC 法用来检验因子对于收益预测能力的强弱。对于 IC 值的判定方法主要有以下七种。

(1) IC 值的绝对值的均值越高，说明因子对于收益的预测能力越强。

(2) 当 IC 值为正时，说明因子与收益呈现正相关的关系。

(3) 当 IC 值为负时，说明因子与收益呈现负相关的关系。

(4) 观察 IC 值的时间序列，对 IC 值进行 T 检验，通过显著性来判断因子预测能力的持久性。

(5) 观察 IC 值的时间序列，计算其标准差，可以判断因子预测能力的稳定性。

(6) 观察 IC 值的时间序列，计算 IC 值大于 0 或者小于 0 的占比，可以判断因子预测能力的一致性。

(7) 计算 IC 序列的 IR 值，计算方法为

$$\text{IR} = \frac{\mu_{\text{IC}}}{\sigma_{\text{IC}}} \tag{3.29}$$

式中，μ_{IC} 为 IC 序列的均值；σ_{IC} 为 IC 序列的标准差；IR 值越大，说明因子的效果越好。

在通过 IC 法对单因子进行检验时，对于相关系数的选择也是研究人员需要考虑的一个问题，通常来讲，主要有两种相关系数可以选择，分别为 Pearson 相关系数和 Spearman 相关系数。

(1) Pearson 相关系数。Pearson 相关系数就是我们所接触的最多的相关系数，其计算方法为

$$\rho_p = \frac{\text{cov}(X,Y)}{\sigma_X \sigma_Y} \tag{3.30}$$

式中，cov(X,Y)表示X和Y的协方差；σ_X和σ_Y分别表示X和Y的标准差。实际上，两个连续随机变量的Pearson相关系数就是两个变量的协方差与两个变量的标准差之积的比值。Pearson相关系数的取值范围为0～1，当相关系数等于0时说明两个随机变量之间不相关；当相关系数为负值时说明两个随机变量负相关；当相关系数为正时，说明两个随机变量正相关；当相关系数等于1和−1时分别代表两个随机变量之间完全正相关或完全负相关。

(2) Spearman相关系数。Spearman相关系数通常也被称为Spearman秩相关系数。通常被认为是经过排列之后的变量之间的Pearson相关系数。设X和Y均为随机变量，并且每个随机变量均有N个观察值，X_i和Y_i为随机变量的第i个观察值，其中$0 \leqslant i \leqslant N$。对$X$和$Y$进行排序，得到两个序列$x$与$y$，设$x_i$为$X_i$在$X$中的排行；$y_i$为$Y_i$在$Y$中的排行，则可以称$x_i$和$y_i$为原始序列的秩次。则$d_i = x_i - y_i$为两个秩次的差。则Spearman相关系数的计算方法为

$$\rho_S = 1 - \frac{6 \sum d_i^2}{N(N^2 - 1)} \tag{3.31}$$

在对IC值的计算过程中，Pearson相关系数计算出的IC值对于异常值较为敏感，如果有异常值出现，所计算出的相关系数并不准确，并且其对于数据的正态分布的要求也比较高。而Spearman相关系数在计算IC值时，即使出现了数据异常值，因为异常值的秩次并不会有明显的变化，所以其对IC值的影响也较小，并且Spearman计算IC值在数据呈现非正态分布时也能够有着更好的统计稳健性。因此，本文建议读者在计算IC值时，可以考虑利用Spearman相关系数而非Pearson相关系数。

3) 分层回测法

分层回测法是用来检验因子的选股能力的一种常用的方法，该方法操作起来较为简单，也是学术界对于单因子的研究中较为常见的使用方法。其主要的思想就是：在t期，按照因子值将所有的资产（股票）进行排序，可分为五档（也可分为三档或者十档，视具体情况而定），本文举例使用五档，根据五档构建五个投资组合，计算五个组合在$t+1$期的收益率；之后在$t+1$期再次按照因子值将所有的资产（股票）进行排序，分为五档，根据五档构建五个投资组合，计算五个投资组合在$t+2$期的收益率，以此类推。一般可以按月进行调仓。可以根据各个投资组合收益率的差异对因子的效果进行判断。

此外，构建投资组合时还可以构建多空组合对因子进行判断，基本方法就是做多因子值最大（或最小）的投资组合，同时做空因子值最小（或最大）的投资组合，这里对于最大和最小的选择需要根据因子的特点而定。例如，小市值股票通常能够提供较高的超额收益，那么在对市值因子利用分层回测法进行检验的时候，构建多空组合就需要做多因子值最小的投资组合，同时做空因子值最大的投资组合。分层回测法具体的判断方法有以下两种。

(1) 观察五个档位的收益率情况，如果五个投资组合的收益率递减或者递增的规律非常强，那么说明该因子效果较好。

(2) 观察多空组合的净值，如果有一个较好的趋势，那么说明该因子的效果较好。

4) 行业中性化

上文提到的三种方法的具体流程并没有将行业因素考虑在内,但是行业的影响在因子测试中是不可忽视的一个因素,许多因子都具有很强的行业偏向性。例如,本章在前面提到的那些成长性因子,通过成长性因子进行筛选而得到股票就会倾向于筛选出部分成长性的行业;而利用估值因子进行筛选则会更加偏向于周期性行业。这就会对单因子检验的结果造成一定的干扰,如果不剔除行业的干扰,则会导致选择出的股票集中于部分行业。目前研究人员在进行单因子检验的时候通常会进行行业中性化的处理,剔除掉行业因素的暴露。行业中性化的方法按照前文的三种单因子检验方法归类可以划分为三种。

(1) 回归法中的行业中性化。在回归法中,我们对式(3.27)进行处理,变为

$$r_i = \sum_j f_j X_j + f_d \tilde{X}_i^{norm} + \mu_i \qquad (3.32)$$

式中,r_i 是资产 i 在 $t+1$ 期的收益率,这是读者特别需要注意的一点;f_d 为待检验的因子的收益率;$\tilde{X}_i^{norm}$ 为 t 期经过极端值处理和标准化后的待检验因子的暴露;f_j 为第 t 期第 j 个行业因子的收益率;X_j 为第 t 期第 j 个行业因子的暴露程度,如果股票 i 属于行业 j,则 $X_j=1$,否则 $X_j=0$;μ_i 表示残差收益率。通过构建该方程,可以剔除行业因子的暴露,实现行业中性化。

(2) IC 法中的行业中性化。在 IC 法中,可采用的行业中性化方法为:以因子值为因变量、行业因子为自变量构建线性回归方程,即

$$\tilde{X}_i^{norm} = \sum_j X_j + \varepsilon_i \qquad (3.33)$$

式中,$\tilde{X}_i^{norm}$ 为 t 期经过极端值处理和标准化后的待检验因子的暴露;X_j 为第 t 期第 j 个行业因子的暴露程度,如果股票 i 属于行业 j,则 $X_j=1$,否则 $X_j=0$;ε_i 为残差。构建上述方程后,取残差项 ε_i 作为新的因子值,这样就剔除了行业的影响。IC 法中所提到的构建截面回归方程取残差作为新的因子值的方法是实践中较为常用的方法,这种方法较为方便简单,适用性较强。

(3) 分层回测法的行业中性化。在分层回测法中,我们将前文提到的过程进行一定的优化和调整:首先选择一个基准组合(如上证指数或者沪深 300 指数),将所有的股票在每个行业内部根据因子值分为五个档次,从而在每个行业中都构建五个投资组合,将每个行业的五个组合按照相同的档次结合在一起,得到分为五个档次的五个投资组合,每个组合内的行业间的权重按照选择的基准组合进行配比,这样就实现了行业的中性化。

上述内容仅介绍了行业中性化的方法,但是除了行业中性化以外,许多时候研究人员还需要根据情况进行其他风格因子的中性化。比如,当选择流动性因子进行检验时,通常需要进行市值的中性化,具体中性化的方法与上文提到的行业中性化的方法类似,读者可按照行业中性化的步骤进行适当的修改。一般而言,经过中性化后的因子的检验结果所体现的预测能力或者相关性可能存在着一定程度的下降,但是因子的稳定性会得到明显的提升。

3.3.3 收益模型的构建

1. 多重共线性的问题

经过单因子检验所筛选出的因子构成了新的因子池,但是因子池中的许多因子都有着较强的相关性,如果直接用因子池的因子构建多因子模型就会出现多重共线性的问题。多重共线性简单来讲就是在回归模型中,其变量之间的相关性非常高,从而导致了模型难以被准确估计。对于多因子模型而言,当模型中的因子存在着多重共线性时,除了模型的估计问题之外,还会导致模型在对因子相关性不知情的情况下,在某一大类因子中投入了过多的权重,从而降低了策略的效果。因此,在对因子池进行筛选与剔除之后,需要检查因子之间的相关性,并解决多重共线性的问题。具体的方法如下。

1) 因子间相关性的检验

(1) 计算每一期的每个因子的暴露度之间的相关系数,根据相关系数的绝对值、标准差、中位数及 T 检验等方式进行综合判断,挑选出相关性较高的因子,并进行一定的处理以消除多重共线性的影响。

(2) 还可以根据因子方差膨胀系数 VIF 值(variance inflation factor)判断因子共线性问题。VIF 值通过将待检验因子与其他因子构建回归方程,根据方程的 R^2 来计算。

$$\text{VIF}_k = \frac{1}{1-R_k^2} \tag{3.34}$$

式中,VIF_k 表示因子 k 的 VIF 值,R_k^2 表示因子 k 与其他因子所构建的回归方程的 R^2。

VIF 值越大,说明该因子与其他因子的共线性程度越高。一般而言,当 VIF 值大于 3 时,说明检验的因子共线性程度较高。VIF 值背后的思想很好解释,如果待检验的因子能够很好地被其他因子所解释,那么回归方程的 R^2 就会比较高。

2) 多重共线性的解决办法

对于经过检验挑选出的相关性较高的因子,主要可以通过以下三种方法解决多重共线性的问题。

(1) 直接剔除。该种方法主要根据单因子检验时得到的结果进行选择,对于因子检验效果更好的因子予以保留,对于检验效果相对较差的因子予以剔除。这种方法虽然简单直接,但是将因子直接剔除可能会丢失重要的因子信息,尤其是当具有较强的相关性的两个因子并不属于同一个大类的因子时。

(2) 因子合成。为了尽可能保留有效的因子信息,可以将相关性较高的因子进行合成。该种方法尤其适合于相关性较高的因子同处于同一大类因子的情况下。主要的合成方法可以分为以下四种。

第一种:等权重合成法。等权重合成法是最为简单直接的因子合成方法。其方法就是将相关性较高的因子以因子暴露度按照等权重的方式重新进行合成,得到一个新的因子暴露度,之后对新的因子暴露度进行标准化处理。例如,当 A 和 B 两个因子同属于成长因子,其因子暴露分别为 a 和 b,则可以将两个因子合成,合成后的因子设为 C,因子暴露度变为了 $c = \frac{1}{2}a + \frac{1}{2}b$,之后对 c 进行标准化处理。

第二种：收益率加权合成法。该种方法就是根据每个因子的历史收益率的大小对因子暴露进行加权，得到一个新的因子暴露度，之后对新的因子暴露度进行标准化处理。例如，假设三个相关性较高的因子的历史收益率分别为 5%、10% 和 20%，则各自因子暴露的权重就是 $\frac{1}{7}$、$\frac{2}{7}$ 和 $\frac{4}{7}$。

第三种：IC 加权合成法。该种方法就是根据每个因子的历史的 IC 值对因子的暴露度进行加权合成。

第四种：主成分分析合成法[1]。主成分分析法（principal components analysis，PCA）就是采用降维的思想，即将模型中的较多的变量用少数几个变量反映，在低维的空间内将信息分解成为互不相关的几个部分，这样可以解决多重共线性的问题。主成分分析法的主要缺陷在于该方法更加偏重于技术分析，通过该方法合成的因子可能并不具有经济学意义，读者在使用时应该酌情考虑。

(3) 截面回归的方法。截面回归的方法简单来讲就是前文 IC 法中提到的行业中性方法的变型。如果两个因子存在着多重共线性，那么可以将两个因子的值构建线性回归方程，取方程的残差作为新的因子值。具体而言：假设因子池中有 N 个因子，首先在因子池中挑选出表现最为出色的因子，设其为因子 1。对于剩下的 $N-1$ 个因子每个都与因子 1 构建线性回归方程，取残差项作为新的因子值，并与因子 1 结合构建多因子模型。观察之后模型的调整的 R^2 是否出现提升，选择对于 R^2 提升效果最好的因子进入多因子模型中。之后继续对剩余的 $N-2$ 个因子进行上述过程，直到调整的 R^2 无法出现提升，则结束筛选，留下的因子即为最终要构建多因子模型的因子。通常经过该方法筛选后，可以构建多因子模型的因子并不多。

2. 多因子收益模型的构建

经过前文所述的因子筛选过程后，可以将留下的因子构建多元线性回归方程，即

$$r_i = \sum_{k=1}^{K} f_k \widetilde{X}_{i,k}^{\text{norm}} + \mu_i \qquad (3.35)$$

式中，r_i 为股票 i 在 t 期的收益率；$\widetilde{X}_{i,k}^{\text{norm}}$ 为 t 期股票 i 在因子 k 上的暴露；f_k 为因子 k 在 t 期的收益率；μ_i 为股票 i 的残差收益率。

如果单因子测试中并没有剔除行业的影响，则可以将多因子模型进行行业中性化，因此式(3.35)变为

$$r_i = \sum_j f_j X_j + \sum_{k=1}^{K} f_k \widetilde{X}_{i,k}^{\text{norm}} + \mu_i \qquad (3.36)$$

式中，f_j 表示行业 j 在 t 期的收益率；X_j 表示股票 i 在 t 期行业因子 j 上的暴露。通过对每一期的截面回归，可以得到因子的历史收益率序列。

3. 因子预期收益率的估计

上一个步骤我们构建了多因子模型，并且能够得到每个因子的历史收益率的序列，

---

[1] 关于主成分分析法的具体使用可以参考高铁梅，王金明，陈飞，刘玉红. 计量经济分析方法与建模：EViews 应用及实例(第 3 版). 北京：清华大学出版社，2016.

根据历史收益率的序列可以对 $t+1$ 期的因子的预期收益率进行估计。设因子 k 在 t 期的收益率为 $f_{k,t}$，且有 $t=1,2,\cdots,T$。因子预期收益率的估计方法主要有以下三种。

（1）均值法。该方法是最为简单的预期收益率的估计方法，具体的方式就是通过计算前 N 期的历史收益率作为 $T+1$ 期的因子的预期收益率，公式为

$$f_{k,T+1}=\frac{\sum_{t=T-N+1}^{T}f_{k,t}}{N} \qquad (3.37)$$

式中，$f_{k,T+1}$ 为因子 k 在 $T+1$ 期的预期收益率；N 的取值并不固定，可以根据策略开发者的经验进行判断，一般通常设 N 为 36 或者 60，每一期代表一个月。均值法虽然简单，但却是投资实践中最为常用的方法。

（2）指数加权移动平均法。由于不同时间的数据对于预测值的影响程度存在着明显的不同，因此在计算因子在 $T+1$ 期的预期收益率时，可以对不同时间的数据赋予不同的权重，越是近期的数据赋予的权重就越大；越是远期的数据赋予的权重就越小。具体的计算方法为

$$f_{k,T+1}=\text{EWMA}(t)=\lambda f_{k,t}+(1-\lambda)\text{EWMA}(t-1),\quad t=1,2,3,\cdots,T \qquad (3.38)$$

式中，$\text{EWMA}(t)$ 表示的是 t 时刻的修正估计量；λ 表示权重因子，且有 $0<\lambda<1$，λ 越小，则当前值的权重越小，估计值更加平稳，而 λ 越大则当前值的权重就越大。

（3）其他预测方法。近年来，随着计量经济学及计算机算法的快速发展，对于因子收益率的预测方法也在不断推陈出新。例如，计量经济学中的 GARCH 族模型、遗传算法或者神经网络都能够对因子的预期收益率进行预测，读者有兴趣可以深入学习各种先进的方法，并尝试应用到多因子模型的实践当中。

4. 估计股票的预期收益率

通过上面所列举的方法估计出 $t+1$ 期的因子收益率之后，计算出 $t+1$ 期股票在各因子上的暴露度，通过多因子模型可以对股票的预期收益率进行预测，公式为

$$r_i=\sum_{k=1}^{K}f_k\widetilde{X}_{i,k}^{\text{norm}} \qquad (3.39)$$

式中，r_i 为股票 i 在 $t+1$ 期的预期收益率；$\widetilde{X}_{i,k}^{\text{norm}}$ 表示 $t+1$ 期股票 i 在因子 k 上的暴露；f_k 表示因子 k 在 $t+1$ 期的预期收益率。

5. 多因子模型的选股方法

完成构建流程的前三个步骤，即数据准备工作、单因子测试和收益模型的构建之后，我们就可以利用多因子模型进行股票的选取。主要的方法分为回归法和打分法。

（1）回归法。上文提到的对于收益模型的构建并预测股票的收益率的过程就是回归法的核心步骤。通过收益模型的构建可以得到每只股票的收益率的预测值，我们可以将收益率的预测值按照从高到低排列，选取一定比例的股票构建投资组合，并且选取适当的权重（具体权重会在投资组合的优化中介绍），进而进行投资。

（2）打分法。打分法是更为简单直接的方法。当确定了用打分法来选股的因子后，根据股票的每个因子值在所有股票因子值分布中的相对位置为股票打分，之后根据一定

的权重将所有的因子得分相加就得到了每只股票的最终得分,最终选择高分的股票投资。

打分法主要的优点是不容易受到极端值的影响,但是对于每个因子的权重是主观设定的,因此对于权重的选择是打分法的一个主要难点和需要深入研究的地方。与打分法相比,回归法的因子权重的选择是通过模型计算出来的,更为客观。

3.3.4 风险模型的构建

风险模型是多因子模型中的一个难点问题,风险模型就是把风险因子找出来,通过风险模型观察投资组合在各个风险因子上的风险暴露,从而研究对策来解决风险的暴露问题,更好地应对投资的风险。BARRA 的多因子风险模型是世界上最为著名的风险模型。与收益模型类似,风险模型通过历史的数据来估计预期的风险协方差矩阵。

1. 结构化的多因子风险模型

多因子风险模型的主要思想就是将股票的收益率分解为一组共同因子(common factor)和一组只与该股票有关的特异因子(specific factor,idiosyncratic factor)来解释。共同因子表示的是能够影响一组股票的因子。多因子风险模型通过对共同因子的建模,从而实现了降维。举例来说,A 股市场目前有着 3000 多只股票,如果计算这些股票的方差和协方差,需要的数据将超过几百万个,这对于数据量的要求非常高,并且计算量也非常大。而如果通过多因子风险模型将 3000 多只股票的问题转化为 20 多个因子的问题,那么计算量和所需的数据量将会大大减少。结构化多因子风险模型可以表述为

$$r_i = \sum_{k=1}^{K} f_k X_{i,k} + u_i \tag{3.40}$$

式中,r_i 表示股票 i 在 $t+1$ 时的超额收益率;$X_{i,k}$ 表示 t 时刻股票 i 在因子 k 上的暴露程度,跟前文所介绍的暴露度相似,都需要将其进行标准化,因此该因子值仍然是经过标准化之后的值;f_k 为因子 k 在 $t+1$ 时的收益率;u_i 为股票 i 在 $t+1$ 时期的特异收益率,也就是上一段我们所说的只与股票 i 有关的收益率。因此,股票 i 的超额收益率就可以被分解为两个部分——$\sum_{k=1}^{K} f_k X_{i,k}$ 和 u_i。读者在理解模型的时候应该注意每个变量的时期。

上述公式介绍的是单个股票(资产)的收益率的风险模型,将该公式进行拓展,变为资产组合的风险模型,则可以表述为

$$r_p = \sum_{k=1}^{K} f_k X_{p,k} + \sum_{i=1}^{N} h_{p,i} u_i \tag{3.41}$$

式中,r_p 表示的是资产组合 p 在 $t+1$ 时期的超额收益率;$X_{p,k}$ 表示 t 时刻资产组合 p 在因子 k 上的暴露程度,并且有 $X_{p,k} = \sum_{i=1}^{N} h_{p,i} X_{i,k}$;$f_k$ 表示因子 k 在 $t+1$ 时的收益率;$h_{p,i}$ 为资产组合中资产 i 所占的权重。

现假设风险模型中的共同因子的收益率与资产的特异收益率不相关,并且不同资产的特异收益率也不相关,我们首先把公式写成如下形式。

$$\begin{bmatrix} r_1 \\ r_2 \\ \vdots \\ r_i \end{bmatrix} = \begin{bmatrix} X_{1,1} & X_{1,2} & \cdots & X_{1,k} \\ X_{2,1} & X_{2,2} & \cdots & X_{2,k} \\ \vdots & \vdots & \vdots & \vdots \\ X_{i,1} & X_{i,2} & \cdots & X_{i,k} \end{bmatrix} \begin{bmatrix} f_1 \\ f_2 \\ \vdots \\ f_k \end{bmatrix} + \begin{bmatrix} u_1 \\ u_2 \\ \vdots \\ u_k \end{bmatrix} \tag{3.42}$$

即

$$\boldsymbol{r} = \boldsymbol{Xf} + \boldsymbol{u} \tag{3.43}$$

此时,我们依旧用方差作为衡量风险的方式,则 r_i 的方差即为股票 i 的风险情况,即

$$\boldsymbol{V} = \mathrm{Var}(\boldsymbol{r}) \tag{3.44}$$

进一步分解

$$\boldsymbol{V} = \mathrm{Var}(\boldsymbol{Xf} + \boldsymbol{u}) \tag{3.45}$$

$$\boldsymbol{V} = \mathrm{Var}(\boldsymbol{Xf}) + \mathrm{Var}(\boldsymbol{u}) \tag{3.46}$$

可以把风险方程写成如下的形式,即

$$\boldsymbol{V} = \boldsymbol{XFX}^\mathrm{T} + \Delta \tag{3.47}$$

$\boldsymbol{X}$ 表示股票 i 对于因子 k 的风险暴露,即

$$\begin{bmatrix} X_{1,1} & X_{1,2} & \cdots & X_{1,k} \\ X_{2,1} & X_{2,2} & \cdots & X_{2,k} \\ \vdots & \vdots & & \vdots \\ X_{i,1} & X_{i,2} & \cdots & X_{i,k} \end{bmatrix} \tag{3.48}$$

$\boldsymbol{F}$ 表示因子收益率的方差协方差矩阵,即

$$\begin{bmatrix} \mathrm{Var}(f_1) & \mathrm{Cov}(f_1, f_2) & \cdots & \mathrm{Cov}(f_1, f_k) \\ \mathrm{Cov}(f_2, f_1) & \mathrm{Var}(f_2) & \cdots & \mathrm{Cov}(f_2, f_k) \\ \vdots & \vdots & \vdots & \vdots \\ \mathrm{Cov}(f_k, f_1) & \mathrm{Cov}(f_k, f_2) & \cdots & \mathrm{Var}(f_k) \end{bmatrix} \tag{3.49}$$

$\boldsymbol{X}^\mathrm{T}$ 为矩阵 $\boldsymbol{X}$ 的转置;Δ 为特异风险的对角矩阵。

根据上述的几个公式,我们可以得到投资组合的标准差,即

$$\sigma_p = \sqrt{\boldsymbol{h}_p (\boldsymbol{XFX}^\mathrm{T} + \Delta) \boldsymbol{h}_p^\mathrm{T}} \tag{3.50}$$

式中,$\boldsymbol{h}_p$ 为投资组合 p 的持仓权重向量,$\boldsymbol{h}_p = (h_1, h_2, \cdots, h_i)^\mathrm{T}$。

2. 风险模型的类型

根据 Qian(2007),多因子风险模型可以分为三种,分别为:宏观经济因子模型、基本面因子模型和统计因子模型。划分的主要依据就是对因子类型选择的不同。

1) 宏观经济因子模型

宏观经济变量与股票的收益率普遍存在着一定的关联,因此可以选取宏观经济因子来构建风险模型。例如,利率的变化就能够显著影响股票的价格,从而影响股票的收益率,当利率降低的时候,对于股票收益率通常有着正向的影响,尤其是对于那些杠杆比率较高的(如房地产行业)企业股票。常见的宏观经济变量因子包括:利率、GDP、CPI、PMI、汇率、油价等。宏观因子虽然解释力较强,但是却有着三个较为严重的缺点。

（1）宏观经济因子的变量对于每个股票都是相同的，而衡量变量对于股票收益率的影响的系数需要单独进行估计。以 A 股市场为例，市场中 3000 多只股票就需要构建 3000 多个回归方程（或其他方法）对系数进行估计。容易导致变量误差问题。

（2）在对系数进行估计时，我们通常使用过去一段时间的数据进行拟合，所得到的系数是静态的，但是股票对于当前宏观经济因子的暴露可能存在一定的调整，这也就导致了静态的系数估计值无法准确地描述当前的情况。

（3）宏观经济数据通常都是通过政府有关部门，如国家统计局发布后才能够获取，数据的获取存在着一定的滞后性，并且许多数据都是按年度或者按季度发布，频率较低，因此会造成模型的结果不够准确。

【3-1】 RAM 模型

RAM 模型（risk attribution model）是由所罗门兄弟于 1986 年推出的，目的是用来考察美国股票对于宏观经济变量的敏感性，进而筛选和甄别股票。模型中主要包括的宏观经济因子有：经济增速、经济周期、长期利率、短期利率、通货膨胀风险和美元指数。具体的计算方法如下所示。

RAM 模型的宏观因子

宏观因子	代理变量
经济增速	与同时期股票收益相对的工业生产的月度变化
商业周期	20 年期投资级公司债与 20 年期国债收益利差
长期利率	10 年期国库券收益率的变动
短期利率	30 日国库券收益率的变动
通胀风险	实际通胀与预期通胀水平的差
美元	15 国基于贸易权重的货币篮子的变化

数据来源：联合证券研究报告《宏观经济多因素模型与行业配置》

2）基本面因子模型

基本面因子模型是我们最为常见的模型，因子的选取类似于前文给出的因子举例，如估值类因子和成长类因子等。通过前文可以发现，我们所寻找的能够获得超额收益的阿尔法因子同时也可以是风险因子。因此，我们不仅可以用基本面因子来解释股票的收益率，还可以用其来预测风险。BARRA 多因子风险模型认为基本面因子是较为有效的因子类型，并将基本面因子分为了两个大类，分别为行业因子（industry factor）和风格因子（style factor）。[①]

（1）行业因子。行业因子就是将股票按行业进行划分，国内各大金融机构已经提供了许多行业划分的方法。与前文行业中性化部分相同，行业因子一般为一个哑变量，当股票属于该行业时，因子暴露为 1，当股票不属于该行业时，因子暴露为 0。针对部分

---

① 在一些书籍中，风格因子也被称为风险指数因子（risk index factor）。

公司属于多行业的情况,部分模型中对行业因子进行了完善,从而能够较好地解决该问题。

(2) 风格因子。BARRA 风险模型将风格因子也作为了共同因子的另一个重要组成部分,通过诸如波动率、流动性等共同因子来作为股票风险的来源。每个股票对于因子的暴露度均为已知,通过横截面回归估计出因子的收益率,进而预测股票的收益率和风险。

3) 统计因子模型

第三种多因子风险模型是统计因子模型,前两种多因子风险模型更加关注于经济逻辑,而该模型主要关注于历史收益率数据,通常采取主成分分析法来估计因子收益和风险暴露。统计因子模型的好处主要在于它能更好地挖掘价格所反映的信息,从而更好地解释收益和风险。但是主要的问题在于对投资逻辑的关注较少,较容易出现过拟合的现象。在本书的开篇部分提到了投资逻辑的重要性,因此,统计因子模型并不是本章讨论的重点。

【3-2】 巴尔·罗森伯格与 BARRA

巴尔·罗森伯格(Barr Rosnbeg),是美国量化投资领域的重要人物,1978 年《机构投资者》杂志称他为"现代投资组合理论"的一代宗师。巴尔·罗森伯格 1963 年从加利福尼亚大学伯克利分校毕业并获得学士学位,专业方向是为社会学研究建立数学模型。1965 年获得伦敦经济学院自然科学硕士;1968 年从哈佛大学获得博士学位,主要研究风险模式和人在面临风险时的决策行为。在投身于量化投资实践之前,巴尔·罗森伯格一直在加州大学伯克利分校任教,主要教授金融学、计量经济学等课程。

1969 年,罗森伯格和妻子由于在改装住所的时候需要一大笔钱,因此才开始了自己的投资生涯。1974 年,罗森伯格成立了巴尔·罗森伯格联合公司(Barr Rosenberg Associates),他利用电脑分析大量的数据与资料,创建了投资组合业绩和风险管理模型,就是现在著名的 BARRA。

1985 年,罗森伯格和三位合作伙伴创立了 Rosenberg Institutional Equity Management(RIEM)公司,也就是后来著名的 AXA 罗森伯格,主要业务是管理各种股票投资组合。凭借自身强大的号召力,1990 年,AXA 罗森伯格的资产管理规模突破 100 亿美元。在这期间,罗森伯格继续开发了多种量化模型,其中最著名就是综合阿尔法,由"评估阿尔法"——投资组合所获得超越市场收益率——和"市场人气阿尔法"——通过扫描经纪人推荐、分析家预测的各种市场人气指标来测度某只股票在市场上的可能热度,充分利用"羊群效应"赚钱,以及"收益阿尔法"共同组成,"综合阿尔法"最大的那些股票就成为可买进的备选股。这一模型带来了令人瞩目的业绩,1997 年 11 月之前的 5 年间,他的"市场中立"类投资组合年收益增长率超越同类标准近 12%。

> 罗森伯格所创建的BARRA公司目前是投资组合风险分析工具的供应商,量化投资的先驱。MSCI于2004年6月收购了BARRA,使之成为其附属公司之一。因此,BARRA公司准确的叫法应该是MSCI BARRA。BARRA风险模型是全球知名的投资组合业绩分析系统,国内外多数基金公司都有过使用BARRA分析基金组合业绩的经历。由于BARRA公司的风险模型的出色表现,其定价超出了许多资产管理者的能力,因此许多量化投资的专业机构都根据BARRA公司的公开资料复制模仿风险模型,从而进行投资组合的风险评估。2012年,MSCI于7月16日在北京发布了新一代中国股票模型——BARRA第三代中国模型(CNE5)。由于开发过程经过了不断的客户征询,新一代模型能够真实地捕获中国股票市场的最新状况,通过丰富的因子结构把握市场特征,并提供相比上一代模型更强的模型解释力。
>
> ——根据凤凰网资料整理

3. 多因子风险模型的估计过程

1) 数据的获取与预处理

该步骤与收益模型的步骤相同,都是需要获取数据,并且对数据进行初步的处理与清洗,如单因子暴露数据的标准化和去除极端值等,在此不再赘述。

2) 因子的选取与检验

构建多因子风险模型首先需要选取适当的风险因子,并且对因子进行检验,具体的方法与收益模型过程类似。在本节的附录中给出了BARRA CNE5模型的风格因子,读者可以根据中国市场的具体情况,参考附录的因子来构建风险模型。

3) 多因子风险模型的构建

对于单因子进行了选取和检验后,就需要选取合适的因子放入到多因子模型中,这个过程与前文提到的截面回归去共线性的方法类似,依旧是一个循环的过程,首先选取效果最好(或者检验最为显著)的因子放入到模型中;之后对剩下的因子进行循环,将剩余因子循环放入模型中,观察模型的解释能力(调整的R^2)是否得到明显提升,选取对模型解释力度提升能力最强的因子放入模型;之后继续进行循环,直到模型的解释能力无法出现提升,则结束筛选,保留的因子就是进行构建风险模型的因子,筛选完成后的风险模型中的共同因子包括两部分,一是行业因子,二是筛选后的风格因子。

4) 因子收益的估计

在期初得到了风险模型中股票对于每个因子的暴露度之后,可以通过截面回归估计出每个因子的超额收益,这里需要注意的一点就是估计因子收益率采用的是广义最小二乘回归(generalized least square,GLS)。

5) 因子收益率协方差矩阵的预测

最简单的估计因子收益率协方差矩阵的方法就是根据每个因子的因子收益率序列计算因子之间的协方差矩阵,将得到的历史协方差矩阵作为预测方法。该种方法的潜在假设就是因子收益率的波动是稳定的,但是这会导致预测出现较大的误差。因此,BARRA在构建风险模型中对于协方差矩阵的预测进行了改进,首先选择要计算日频率的因子收益率的协方差矩阵，并对最近的观察值赋予更大的权重，这种方法也被称为指数加权法（exponential weighting）。

具体而言，该方法的主要思想在于首先设定一个半衰期（half-life），假设为 30 天，设当前时间为 T。t 为过去的任一时点，即 $t=1,2,3,\cdots,T-1,T$。设 $\lambda=0.5^{\frac{1}{30}}$，即 30 天前的观察值应该被赋予 0.5 的权重。设 λ^{T-t} 为 t 时刻观察值的权重，则当 $T-t=30$ 时，权重为 0.5；当 $T-t=60$ 时，则权重为 0.25，即 60 天前的观察值的权重为 0.25。可以发现，权重是呈现一个指数衰减的趋势。因此规范来讲，设

$$\lambda=0.5^{\frac{1}{\text{half-life}}} \tag{3.51}$$

则权重为

$$w(t)=\lambda^{T-t} \tag{3.52}$$

式中，T 为当前时点；t 为过去的任一时点，$t=1,2,3,\cdots,T-1,T$。具体的半衰期的选择要根据不同市场的情况而定。

针对异方差性，也即波动的集聚性特征，BARRA 对协方差矩阵的估计进行了进一步的延伸，应用了 GARCH 模型等方法，更多的协方差矩阵预测方法和细节读者可以参考 BARRA 提供的相关指南。

6）特异风险的估计[①]

为了构建股票的协方差矩阵，除了估计出因子的协方差矩阵 F 以外，还要估计出特异风险的对角矩阵 Δ。在收益模型中，我们并没有关注特异收益率的问题，但是在预测资产的风险时，需要对特异风险保持关注。首先，对特异收益率的方差 u_i^2 建模，有

$$u_i^2(t)=S(t)[1+v_i(t)] \tag{3.53}$$

其中

$$\left(\frac{1}{i}\right)\cdot\sum_{i=1}^{I}u_i^2(t)=S(t) \tag{3.54}$$

且有

$$\left(\frac{1}{i}\right)\cdot\sum_{i=1}^{I}v_i(t)=0 \tag{3.55}$$

可见，$S(t)$ 表示的是 i 只股票的特异收益率的方差的平均水平；v_i 捕捉的是方差在横截面上的起伏情况。预测特异风险需要对 $S(t)$ 构建时间序列模型，对 $v_i(t)$ 构建多因子模型。$v_i(t)$ 模型的时间依赖性可随时间变化的暴露度捕捉。可以通过剔除极端值的混合回归来估计模型的系数。

4. 多因子风险模型的用途

在多因子模型的研究中，许多人主要关注于利用多因子进行选股，更加关注收益模型，对于风险模型的涉猎较少。其实，多因子风险模型在投资实践过程中占据着重要的地位，在多因子模型的研究中也是一个重点和难点。多因子风险模型的用途主要有三种。

[①] 对于特异风险的估计问题主要参考《主动投资组合管理》，读者如对详细推导过程感兴趣，可阅读此书。

1）投资组合的风险分析

多因子风险模型一方面能够衡量投资组合整体的风险水平，另一方面，还能够将组合的风险进行分解，从而发现投资组合的风险来源，主动投资管理者只接受为获得主动收益率所暴露的风险，即主动风险[①]。风险模型可以告诉投资者其投资组合所承担的主动风险的情况，从而为投资者对策略的风险调整提供基础。

2）投资组合的业绩归因

多因子风险模型的一个重要的功能就是对投资组合的业绩归因。简单来讲，模型中的因子暴露乘以因子收益率就能够得到每个因子所带来的收益，投资者可以将投资组合的收益来源进行分解，从而得到具体每个因子对于组合收益的贡献的情况，而多因子风险模型中的特异收益率则衡量了策略的选股能力，具体的业绩归因的介绍可以参考 3.3.6 小节。

3）投资组合的优化

多因子风险模型的第三个重要的功能就是对投资组合的优化。风险情况是构建投资组合所需要考虑的重要指标，以多因子风险模型为基础，可以构建不同类型特点的投资组合。在最优化过程中，对于目标函数的选取和约束条件的设定都离不开风险模型，风险模型所计算的协方差矩阵在权重优化的过程中具有重要的意义，具体可以见后文对投资组合优化的介绍。

3.3.5 投资组合的优化

构建了多因子收益模型和风险模型后，多因子模型的下一个主要的研究方向就是投资组合的优化。通过对于投资组合权重的优化可以增强策略收益的稳健性，是多因子模型的重要步骤。

1. 传统的权重分配方式

当通过收益模型选择出股票构建投资组合后，需要对每只股票赋予相应的权重，目前常见的权重选择的方式有以下三种。

1）完全等权配置

完全等权配置是最为简单的投资组合的权重选择方式，方法就是对投资组合中的每只股票都进行等权的配置。该种权重分配的方法主要特点是潜在收益较高，与此同时风险也较大，并且通常更加偏向于小盘股。

2）市值加权配置

市值加权配置也是一种常用的投资组合的权重选择方式，方法就是对投资组合中股票按照市值的大小进行加权配置，这种方法相比于完全等权配置而言，能够在一定程度上降低投资组合在小盘股上的风险暴露，降低由此引发的投资风险。

3）行业中性等权配置

行业中性等权配置方法首先要选择一个业绩基准，如沪深 300 指数或者中证 500 指

[①] 主动风险表示投资组合相对于基准组合的风险，又称之为跟踪误差。

数,然后将投资组合中股票在各个行业中的权重调整成与基准的行业权重相同,在每个行业内的股票的权重配置可以通过完全等权配置或者市值加权配置进行选择。这种方法能够规避行业风险暴露。

2. 均值-方差最优化方法

均值-方差最优化方法(mean-variance optimization)是目前较为常用的权重优化方法,该方法通过组合的优化程序来确定投资组合内部每只股票的权重配比。经过本章前面的步骤,构建了风险模型和收益模型,从而将投资组合的收益和风险量化,这样就可以更加精确地控制投资目标,以及对于特定风险的暴露。该种组合权重的优化方法主要包括两个方面,一方面是权重优化的目标函数,另一方面是权重优化的约束条件。

1) 权重优化的目标函数

在第 2 章我们已经介绍过,最优化过程首先就是需要目标函数,常用的目标函数主要有以下三种。

(1) 最小化投资组合的预期风险。前文已经介绍了组合的风险的计算方法,为 $\sigma_p = \sqrt{h_p(XFX^T+\Delta)h_p^T}$,所以最小化组合的风险可以表示为

$$\text{Min } h_p(XFX^T+\Delta)h_p^T \tag{3.56}$$

(2) 最大化投资组合的风险调整后收益。该目标函数考虑的是风险调整后的收益,而非单纯的收益水平,前文已经介绍了组合的收益的计算方法,即 $r_p = \sum_{k=1}^{K} f_k X_{p,k} + \sum_{i=1}^{N} h_{p,i} u_i$,则最大化风险调整后收益的目标函数为

$$\text{Max } r_p - \lambda \sigma_p^2 - \text{TC}(h_p) \tag{3.57}$$

式中,λ 表示的是风险厌恶系数;$\text{TC}(h_p)$ 表示根据权重的投资组合的换仓成本。

(3) 最大化投资组合的信息比率。信息比率在评价多因子模型中的重要性,因此可以采用最大化投资组合的信息比率作为目标函数,则目标函数可以表述为

$$\text{Max } \frac{r_p - \text{TC}(h_p)}{\sigma_p} \tag{3.58}$$

2) 权重优化的约束条件

在进行投资组合优化过程时,除了构建目标函数以外,还需要设定一系列的约束条件,常见的约束条件主要有以下四种。

(1) 风格因子中性。风格因子中性的约束条件就是让投资组合相对于基准指数在风格因子上的暴露为 0,可以表述为

$$\forall k' (h_p^T - h_b^T) X_{k'} = 0 \tag{3.59}$$

式中,k' 表示需要规避风险暴露的风格因子;h_b 表示基准组合的权重。

(2) 行业中性。行业中性在本章多次提到过,可见其普遍程度,行业中性的约束条件就是让投资组合的行业配置与基准组合的行业配置相同,从而剔除行业因子的风险暴露。具体可以表述为

$$h_p^T H = w_b^T \tag{3.60}$$

式中，H 表示投资组合中行业因子的哑变量矩阵；w_b 表示基准组合的行业权重。

（3）个股权重限制。个股权重的限制也是常用的约束条件，由于我国市场对于做空的限制，因此个股权重一般大于等于 0，并且还要小于所设定的持仓限额。具体设定方式可以根据策略开发者的判断设定，在此不进行展开研究。

（4）跟踪误差的限制。在多因子模型的实践中，许多策略开发者根据对跟踪误差控制从而进行投资组合权重的优化，如较为常见的

$$\text{TE}_P \leq \frac{\text{TE}}{\sqrt{12}} \tag{3.61}$$

式中，TE_P 表示投资组合的跟踪误差；TE 为给定的跟踪误差的上限。可见，对跟踪误差的控制就是对投资组合相对于基准的超额收益的波动率的限制。

上文已经介绍了常见的目标函数和约束条件，不同的投资者对于风险和收益的偏好是不同的，因此投资者对于目标函数和约束条件的选择也不同，读者如进行投资组合的权重优化需要根据自己的偏好进行调整。

3.3.6 业绩归因

业绩归因是帮助投资者事后对于策略的业绩进行评估，通过多因子模型可以帮助投资者了解策略的收益和风险的具体来源。本文将从收益和风险归因两个方面对业绩归因进行简要的介绍。

1. 收益归因

首先，我们回忆前面介绍的多因子风险模型，即

$$r_p = \sum_{k=1}^{K} f_k X_{p,k} + \sum_{i=1}^{N} h_{p,i} u_i \tag{3.62}$$

在上述模型中，投资组合的预期收益率可以被分解为行业因子、风格因子和特异残差因子三个部分，通过多因子模型，可以将策略的收益率分解为每个因子的收益率及特异收益率，因子的收益率就是当期每个因子的风险暴露乘以该因子的收益率，表示了每个因子对于收益的贡献，而不能被共同因子所表示的收益率即为特异收益率，也被称为特异资产选择收益率（specific asset selection），其表示了策略的选股能力。通过收益的归因，可以让投资者更好地了解策略具体的收益来源，更好地了解衡量策略的选股效果等。

2. 风险归因

利用多因子模型进行风险归因的流程与收益归因过程相似，回忆下列模型：

$$\sigma_p = \sqrt{\boldsymbol{h}_p (\boldsymbol{XFX}^\mathrm{T} + \Delta) \boldsymbol{h}_p^\mathrm{T}} \tag{3.63}$$

多因子模型可以将风险进行分解，风险的来源变成了因子风险和特异风险两个部分，因子部分还可以进一步划分。例如，可以划分为市场风险、行业风险和风格风险等。通过模型可以得到每个因子对于投资组合风险的贡献度，以及对于每种风险类型的暴露情况，通过风险归因可以帮助投资者控制投资组合的风险暴露情况，根据具体的倾向，来控制策略的风险。

3.4 多因子模型的实证案例

本案例选取 2010 年 1 月 4 日—2023 年 3 月 31 日作为样本期,选股方面包含了 A 股所有股票(剔除了所有 ST 的股票),业绩基准为上证指数。

在因子选择方面,使用了市值规模(size)、残差波动率(residual volatility)和 VROC12(12 日量变动速率指标)作为三因子模型中的因子。在获取因子数据后,对其进行了标准化及去尾处理。

这一三因子策略核心思想为:通过将三个因子市值规模、残差波动率和 VROC12(12 日量变动速率指标)的数值等权重平均计算 Z-Score,在每个月的第一个交易日前,通过 Z-Score 值挑选出市值、前一日残差动量、VROC12 最低的 50 值股票,平均建立多头头寸。

通过聚宽软件验证该策略,回测结果如图 3-2 所示。

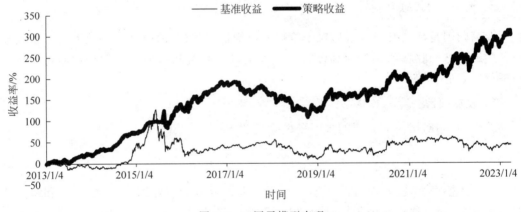

图 3-2 三因子模型表现

通过观察回测结果可以发现,该策略的年化收益为 14.62%,超额收益为 480.12%,日均超额收益 0.06%,信息比率为 1.024。大约有 60.18% 的月份跑赢了上证指数。总体而言,策略表现良好。

附录:BARRA CNE5 的风格因子[①]

1. 规模因子(size)

(1) 因子简写:LNCAP。

(2) 因子说明:公司总市值的自然对数。

---

① 读者如果想更加深入地了解 BARRA 的风格因子,可以参考 *The Barra China Equity Model*(CNE5)。

2. 贝塔因子（Beta）

(1) 因子简写：BETA。

(2) 因子说明：估计下面方程中的斜率系数为

$$r_t - r_{ft} = \alpha + \beta R_t + e_t \tag{3.64}$$

式中，$r_t - r_{ft}$ 为股票的超额收益；R_t 为市场的超额收益；收益率序列的选取长度为 252 个交易日；股票收益率序列和市场收益率序列均以半衰期加权，半衰期为 63 个交易日。

3. 动量因子（momentum）

(1) 因子简写：RSTR。

(2) 因子说明：根据 RSTR 的公式进行计算，得

$$\text{RSTR} = \sum_{t=L}^{T+L} w_t [\ln(1+r_t) - \ln(1+r_{ft})] \tag{3.65}$$

式中，T 表示 504 个交易日；L 表示滞后期为 21 个交易日；r_t 表示 t 时刻的股票收益；r_{ft} 表示 t 时刻的无风险收益；w_t 表示半衰期为 126 个交易日的指数加权。

4. 残差波动因子

(1) 定义：$0.74 \times \text{DASTD} + 0.16 \times \text{CMRA} + 0.10 \times \text{HSIGMA}$。

(2) 因子说明如下。

① DASTD。表示每日标准差，通过过去的 252 个交易日的日超额收益的波动来计算，半衰期设为 42 个交易日。

② CMRA。表示累计波动范围。该因子能够将过去 12 个月经历较大波动的股票和波动范围较小的股票进行区分。设 $Z(T)$ 为过去 T 个月的累计对数超额收益，则有

$$Z(T) = \sum_{\tau=1}^{T} [\ln(1+r_\tau) - \ln(1+r_{f\tau})] \tag{3.66}$$

式中，r_τ 为 τ 月的股票收益；$r_{f\tau}$ 为无风险收益；则 CMRA 的计算方法为

$$\text{CMRA} = \ln(1+Z_{\max}) - \ln(1+Z_{\min}) \tag{3.67}$$

式中，$Z_{\max} = \max\{Z(T)\}$，$Z_{\min} = \min\{Z(T)\}$，$T=1,2,\cdots,12$。

③ HSIGMA。表示历史 σ。就是计算方程中残差的标准差。通过定义所计算出的残差波动因子需要进行进一步的正交化，以残差波动因子为因变量，将规模因子和贝塔因子作为自变量构建线性回归方程，取其残差作为新的残差波动因子值，从而降低多重共线性。

5. 非线性规模因子（non-linear size）

(1) 因子简写：NLSIZE。

(2) 因子说明：将规模因子值取立方，并进行正交化，再与规行线性回归，取残差作为新的 NLSIZE 因子值，之后对因子进行去极值和标准化等处理。

6. 账面市值比因子（book-to-price）

(1) 因子简写：BTOP。

(2) 因子说明：上个报告期的普通股股权价值除以公司当前的市值。

7. 流动性因子(liquidity)

(1) 因子定义:$0.35\times STOM+0.35\times STOQ+0.30\times STOA$。

(2) 因子说明如下。

① STOM:表示月换手率。计算方法为过去一个月(21天)的每日换手率之和并取对数,即

$$STOM = \ln\left(\sum_{t=1}^{21} \frac{V_t}{S_t}\right) \tag{3.68}$$

式中,V_t 为 t 日的成交量;S_t 表示 t 日的流通股本。

② STOQ:表示季度的平均换手率。设 $STOM_\tau$ 为月份 τ(每月21天)的换手率,则季度的换手率为

$$STOQ = \ln\left[\frac{1}{T}\sum_{t=1}^{T} \exp(STOM_\tau)\right] \tag{3.69}$$

式中,$T=3$。

③ STOA:表示年的换手率。其计算方法与季度换手率类似,设 $STOM_\tau$ 为月份 τ(每月21天)的换手率,则年的换手率为

$$STOA = \ln\left[\frac{1}{T}\sum_{t=1}^{T} \exp(STOM_\tau)\right] \tag{3.70}$$

式中,$T=12$。

流动性因子需要进一步进行正交化,以流动性因子为因变量,以规模因子为自变量构建线性回归方程,取残差作为新的流动性因子值,从而降低共线性。

8. 盈利预期因子(earnings yield)

(1) 因子定义:$0.68\times EPFWD+0.21\times CETOP+0.11\times ETOP$。

(2) 因子说明如下。

① EPFWD:表示预期的盈利市值比。用12个月的预期的盈利除以当前的市值。预期的盈利是利用当前和下一个会计年度分析师预测的盈利的加权平均值。

② CETOP:表示滚动现金盈利市值比。用过去12个月的滚动每股现金盈利除以股票价格。

③ ETOP:表示滚动盈利市值比。用过去12个月的滚动盈利除以当前的市值,相当于滚动市盈率(TTM)的倒数。

9. 成长因子(growth)

(1) 因子定义:$0.18\times EGRLF+0.11\times EGRSF+0.24\times EGRO+0.47\times SGRO$。

(2) 因子说明如下。

① EGRLF:表示长期预测盈利增长率,即分析师预测的3~5年的盈利增长率。

② EGRSF:表示短期预测盈利增长率,即分析师预测的1年的盈利增长率。

③ EGRO:表示过去5年的盈利增长率。计算方法是使用过去5年的每股收益对时间 $T(T=1,2,3,4,5)$ 做回归,得到的系数除以平均每股收益。

④ SGRO:表示过去5年的营业收入增长率。计算方法是使用过去5年的每股营业

收入对时间 $T(T=1,2,3,4,5)$ 做回归,得到的系数除以平均每股营业收入。

10. 杠杆因子(leverage)

(1) 因子定义：$0.38\times\text{MLEV}+0.35\times\text{DTOA}+0.27\times\text{BLEV}$。

(2) 因子说明如下。

① MLEV：表示市场的杠杆。计算方法为

$$\text{MLEV}=\frac{\text{ME}+\text{PE}+\text{LD}}{\text{ME}} \tag{3.71}$$

式中,ME 表示上一个交易日的普通股市值；PE 表示最近一期的优先股的账面价值；LD 表示最近一期的长期负债的账面价值。

② DTOA：表示资产负债比,计算方法为

$$\text{DTPA}=\frac{\text{TD}}{\text{TA}} \tag{3.72}$$

式中,TD 表示总负债；TA 表示总资产。

③ BLEV：表示账面杠杆,计算方法为

$$\text{BLEV}=\frac{\text{BE}+\text{PE}+\text{LD}}{\text{BE}} \tag{3.73}$$

式中,BE 表示最近一期的普通股账面价值；PE 表示最近一期的优先股的账面价值；LD 表示最近一期的长期负债的账面价值。

第4章

事件驱动策略

量化投资作为一种重要的手段，不仅可以通过复杂的数理模型研究市场的规律，还可以对市场上发生的各种各样的事件进行研究，从而寻找投资机会。事件驱动策略作为量化投资策略的重要类型，一直是业界投资策略的重要组成部分，本章将对事件驱动策略进行详细的介绍。

4.1节：事件驱动策略介绍。对事件驱动策略的概念进行较为详细的介绍，并阐述事件驱动策略的优点和劣势。

4.2节：事件驱动策略的研究框架。对如何进行事件驱动策略的研究进行了详细的介绍，从事件的研究到对事件股票的预测和事件驱动策略的构建均进行了说明，为投资者构建策略提供了指南。

4.3节：事件驱动策略的种类。介绍了五种当前较为经典的事件驱动策略，对策略进行了较为详细的讲解，并且为如何构建事件驱动策略提供了建议。方便读者根据4.2节的方法来构建策略。

4.4节：事件驱动策略案例。提供一种事件驱动策略的案例，通过定增破发事件，让读者直观感受事件驱动策略的回测情况。

4.1 事件驱动策略介绍

4.1.1 事件驱动策略的含义

事件驱动策略就是通过研究对于股票价格走势可能产生影响的事件，探究当事件发生时，股票价格的变化是否存在着一定的规律，并从这种规律中寻找投资机会从而获取超额收益的策略。对于事件驱动策略的研究一个最为基本的问题就是,所研究的事件是否会对股票价格产生持续性的正向或者负向的影响。换言之,受目标事件所影响的股票,是否会普遍持续性地出现股票价格上涨或者下跌的现象,并且这种价格变动现象是否由目标事件所引起。

事件驱动策略是量化投资中的一种非常常见的选股策略,在国外对冲基金市场上已经应用多年,并且取得了较好的业绩。随着我国金融市场的快速发展,主题投资在我国日渐流行,因而事件驱动策略在我国市场上的应用也变得十分广泛。许多证券公司的研究部门都会进行事件驱动策略的研究,与此同时,越来越多的基金公司也相继推出了基于事件驱动策略的基金产品。

事件驱动策略所依据的基础在于市场并不是有效的,由于存在着一定程度上的无效性,一些事件的发生便会对股票价格产生显著的影响。同时市场中的投资者并不是完全理性的,当一个事件发生时,投资者很可能会出现对事件的过度反应或者反应不足,而这种非理性情况会逐渐转为理性,有一个回复的过程。在这种情况下,事件发生后,投资者的预期在不断调整,最终体现在市场上就会导致股票价格波动加大。因此,当事件发生时,对于事件产生的效果能够进行准确的预判,这样才能够通过事件驱动策略找到投资机会并获得超额收益。

在量化投资策略的开发中,对于事件驱动策略的开发是一个系统的过程,这与主观投资所构建的事件驱动策略有所不同。目前市场上许多个人投资者也在使用事件驱动策略。但是相比于量化投资的事件驱动策略而言,主观上的事件驱动策略对于事件的研究普遍存在着不够充分、主观判断情况较为严重、不能够通过客观的分析与研究寻找投资机会的弊端。当然对于那些对事件所造成的市场变动判断较为准确的人而言,主观的事件驱动策略也不失为一种持续有效的办法。

4.1.2 事件驱动策略的优点

1. 股票持有期一般较短,收益较高

在我国的股票市场中,主题投资大都关注于短期的投资机会,同样,事件驱动策略所关注的许多事件从买入进场到卖出离场的时间并不会太长。并且,在较短的时间内,事件驱动策略一般会收获较高的收益。例如,在国内外都比较关注的并购事件的策略,如果策略成功,那么一般实现的收益会非常高。

2. 较为适合我国股票市场

我国股票市场成立较晚,因此市场在很大程度上并不是有效的。此外,与发达国家的股票市场不同,我国股票市场个人投资者所占比重非常高。正因如此,投资者很容易对部分事件产生不理性的反应与预期。因此,事件驱动策略可以较好地适合我国的股票市场。

3. 可复制性强

当对事件进行了深入的研究并发现了事件的投资机会之后,就可以实现对于事件的不断跟踪与识别,当事件发生的时候,按照过去研究所确定的策略要求进行投资即可。

此外，虽然事件的种类有所不同，但是对于事件驱动策略的研究和开发的流程均是相同的，可以直接按照同样的方法对不同事件进行研究，可复制性强。

4.1.3 事件驱动策略的劣势

1. 信息整理难度大

事件驱动策略的成功与否在很大程度上依赖于策略开发者的信息优势。许多时候，对于事件信息的收集是一个烦琐和困难的过程。并且，许多事件驱动策略在研究和开发过程中还需要对交易制度进行深入的了解。因此，将目标事件有关的大量信息进行整理难度较大，尤其是对于主观投资者来说，广泛地研究某个事件对于各只股票的影响是难度非常大的。当然，这也是量化事件驱动策略相对于主观事件驱动策略的一个优势。但即使如此，通过量化手段对事件的信息进行整理也有一定的难度，如果数据获取的充分性不能得到保证，那么会严重限制策略开发者研究事件的数量和研究的深度。

2. 事件机会的消失

一个事件所带来的投资机会的有效性很大程度上是由于信息的不对称，正因信息的不对称才促使了套利空间的出现。但是事件投资的研究过程可能会耗费一定的时间，对于有效事件的识别也存在一定的难度，在这种情况下可能无法精准把握机会，并且即使一旦确定某个事件能够持续出现投资机会后，因为事件所构建的投资策略并不复杂，可复制性较强。所以，极有可能出现大量对事件影响产生相同预期的投资者，那么策略的收益就会大大减少。这也就要求事件驱动策略的开发者要不断地寻找有效的事件，不断去寻找新的能够产生持续的超额收益的机会。

4.2 事件驱动策略的研究框架

为了确保事件驱动策略的严谨性与有效性，在量化投资中，策略的研究都要有着一个明确的框架。事件驱动策略的开发框架整体上与第 2 章我们介绍的量化投资策略构建的流程相类似，其类似的步骤（如数据整理步骤）本部分将不再介绍。

4.2.1 事件的研究过程

1. 对于事件的准确定义

对于事件的准确定义是事件研究过程的第一步，我们对于事件要有一个严格的定义，而不是一个模棱两可的解释说法。举例而言，对于定增破发的股票，通常存在投资机会，那么我们对于这样的事件可以有两种定义。第一种是进行定向增发股票的公司的股价出现了很大程度的下跌，已经跌破了发行价，预期未来会出现一定程度的反弹；第二种是进行定向增发股票的公司的股价在股票禁售期之前跌破发行价超过 5%，预计未来在限售股解禁之后股价会上升到发行价以上。从以上两种对于定增破发事件的定义中就可以看出区别，一个模糊，另一个精准。而在量化事件驱动策略的构建过程中，我们需要将事件进行量化，给予事件一个明确的定义。

2. 明确事件的投资逻辑

在前几章我们反复强调,在构建量化投资策略时应重视投资逻辑,根据投资逻辑构建量化投资策略。在事件驱动策略的构建中,投资逻辑同样扮演着极其重要的角色。我们选择一个事件进行研究,认为其存在着投资机会,那么一定是因为该种事件对股价的影响的背后存在着其逻辑。举一个较为简单的例子,大股东的增持和减持事件是事件驱动策略中较为常见的类型,为什么大股东增减持事件的发生会对股票价格产生正面和负面的影响?这个现象的存在如果不是偶然的,那么事件的背后必有其内在的逻辑。其投资逻辑在于,大股东的增持行为意味着其对公司未来发展前景的看好;大股东的减持行为意味着其对公司未来发展前景或者公司业绩并不看好。根据这种逻辑,我们才可以构建相关的投资策略。

4.2.2 相关信息的统计与分析

对于事件投资的有效性的研究首先需要对事件的各种相关信息进行统计与了解。需要统计和了解的信息包括但是不限于以下四个方面。

1. 事件发生的时间与频率

了解事件具体在什么时间发生,并且每年发生的频率如何。许多事件发生的时间和频率基本固定,如一些重要会议的召开或者业绩预告等事件。与此同时,也有一些事件发生的时间与频率较难把握,如定向增发或者高管持股等事件,具体事件发生的时间和频率都是投资者无法提前预知的。

一些事件的发生会持续较长时间,并且有多个重要的时间点,这时也需要对每个时间点的情况进行深入的了解,对事件发生的整个流程要有全面的把握。特别是对于关键时间点的情况要分别进行统计和研究,寻找能够产生最好的投资机会的时间点。

2. 相关规定准则的了解

除了对事件发生的时间和频率的了解以外,对于一些事件,还需要对其相关规定准则进行了解,并且时刻关注相关规定准则的最新变动。一个非常典型的例子就是关于境内企业境外发行证券的事件,2023年2月,中国证券监督管理委员会发布了《境内企业境外发行证券和上市管理试行办法》。在这种大背景下,过去对于境内企业境外发行证券事件所构建的策略,就会因为新规定的出现而被迫做出改动。

3. 事件的发展情况

对于事件近几年的发展情况的了解能够帮助投资者更好地研究策略的有效性,如一些事件发生的原因或者目的一旦出现变化,那么其背后的投资机会和投资逻辑也可能会出现变动。此外,通过对事件发展状况的了解,还能够对策略的优化形成有益的参考。

4. 事件标的股票的特点

除了对于事件本身进行全面的了解以外,还需要对事件标的股票进行多方面的了解和统计。比较典型的统计信息包括标的股票所属的行业板块、标的股票市值分布情况等,通过对事件标的股票的特点的了解,可以帮助策略开发者完善策略、调整风险水平等。其中一个重要的作用就是为策略开发者选择股票提供重要的参考。

总而言之,在对事件进行研究的时候,必须对事件的各项信息都有全面且准确的了解,这样才能够为下一步对事件有效性的分析打下良好的基础。

4.2.3 事件投资的有效性研究

在对事件进行了严格的定义,并且明确了事件背后存在的投资逻辑后,我们对于事件和事件标的股票的各种信息都进行了统计与了解,下一个流程就需要对事件的投资有效性进行全方位的研究。

1. 基准收益的选择

在对事件投资的有效性进行研究之前,为了确定事件投资的效果,首先就要确定策略所要对比的基准收益。对于事件驱动策略来讲,我们对其绝对收益并不是特别的关注,我们所要关注的是策略所能够带来的超额收益。一个事件驱动策略如果能够持续地带来绝对收益,并不能说明该事件投资是有效的,因为绝对收益的增加很有可能是由市场等其他因素的影响所导致的。因此,选取一个合适的基准来计算超额收益是至关重要的。如果基准没有选好,则会导致对于事件驱动策略的有效性的分析结果失真。

表4-1为一个事件驱动策略的超额收益率的表格,该策略选择了三种不同的基准计算了策略的超额收益率,从表中可以很直观地发现不同基准选择下的超额收益所出现的巨大的差异。造成这种情况的原因很好理解,因为三种指数的成分股不同,因此所代表的风格也有着差异。比如,沪深300指数和中证500指数常被用来分别代表大盘股指数和小盘股指数。如果该事件驱动策略通过事件所筛选出的股票普遍市值较大,但是却以中证500指数作为基准,则这种选择方式会对策略的效果产生错误的判断。

表4-1 不同基准选择下的超额收益对比

基准指数	上证指数	沪深300指数	中证500指数
超额收益/%	59.00	43.79	71.76

2. 特异收益率

上文提到的业绩基准的主要选择范围在于各种股票价格指数,选择超额收益率也只能观察到策略超过业绩基准的收益情况。因此,这时候利用特异收益率作为策略效果的评判标准更为合理和严谨。

在本书第3章多因子模型中,对于特异收益率已经做了较为详细的介绍,并且在第3章中介绍了著名的BARRA多因子风险模型。在事件驱动策略的有效性研究中,我们依然可以通过风险模型的帮助来得到更为满意的结果。类似于BARRA的风险模型,我们构建如下的模型,即

$$r_n = f_m X_{m,n} + \sum_{i=1}^{I} f_i X_{i,n} + \sum_{s=1}^{S} f_s X_{s,n} + u_n \tag{4.1}$$

式中,r_n表示股票n的收益率;f_m为市场因子收益率;$X_{m,n}$为股票n对于市场因子的暴露度;f_i为行业因子i的收益率,其中$i=1,2,\cdots,I$;$X_{i,n}$表示股票n对于行业i的

风险暴露度;f_s 为风格因子 s 的收益率,其中 $s=1,2,\cdots,S$;$X_{s,n}$ 为股票 n 对于风格因子 s 的暴露度;u_n 表示股票 n 的特异收益率。

根据该公式,我们可以将股票的收益率 r 进行分解,即为

$$r = r_m + r_i + r_s + \text{AR} \tag{4.2}$$

如式(4.2)所示,股票的收益率被分解为了市场收益率 r_m、各行业收益率 r_i、风格收益率 r_s 及特异收益率 AR 的和。我们在评判一个事件的有效性的时候,更好的办法就是观察其特异收益率,通过构建风险模型,剔除了影响股票收益率的市场因素、行业因素以及风格因素,检验事件是否有显著的特异收益率。

3. 事件窗研究

我们对于事件是否有效,能够构建事件驱动策略的一个检验的方式就是要观察事件发生的前后,股票是否能够产生明显的超额收益或者特异收益率。在这部分研究中,主要采取"事件窗"的方式进行研究。这里的研究主要有以下五个步骤。

(1) 确定事件的关键时间点。首先,需要确定事件的关键时点,此过程已经在前面的步骤中完成。值得注意的在于,一些事件的关键时点并不是唯一的,为了更好地对事件进行研究,需要开发者对每个重要时点都进行分析。

(2) 确定事件期。确定了事件的关键点之后,需要确定事件期。此时,设这个事件的关键点为 $t=0$。之后设定事件期,事件期的长短根据策略开发者的研究需要酌情决定,许多事件都以事件关键时点前后的 20 天作为研究时间。

(3) 事件期股票收益率的计算。确定了事件期之后,计算事件期的每个时间点的该事件的对应的所有股票的收益率情况。

(4) 超额收益率/特异收益率的计算。得到了发生该事件的所有的股票的收益率之后,需要计算所研究的 41 天(前后 20 天)每天的所有发生该事件的个股的超额收益率或者特异收益率的平均值,观察事件发生期是否有着明显的超额收益率或者特异收益率,超额收益率根据基准指数进行计算;特异收益率根据设定的风险模型进行计算,本书推荐利用特异收益率进行研究。除了计算特异收益率的均值外,还需要计算事件期每天的累计特异收益率,从而方便更加直观地进行比较。设股票 i 在时间 t 内的平均特异收益率为 AAR_{it},则在事件的区间 $[t_1,t_2]$ 的累计平均特异收益率的计算方法为

$$\text{CAAR}_{(t_1,t_2)} = \sum_{t_1}^{t_2} \text{AAR}_{it} \tag{4.3}$$

(5) 对超额收益率或特异收益率进行 T 检验。本章主要论述特异收益率,对于特异收益率而言,除了计算特异收益率的均值和累计特异收益率外,还需要对其进行统计检验,检验其显著性。原假设为 $\text{AAR}=0$,则备择假设为 $\text{AAR}\neq0$。

如图 4-1 所示,该图是本部分所做的一个演示,图中体现的是某个事件关键时点前后 20 个交易日的特异收益率和累计特异收益率的情况,通过计算事件期的特异收益率和累计特异收益率就可以直观地看出事件的发生对于股票价格的影响,从中发现事件的发生是否能够提供明显的特异收益率。然后通过表 4-2 可以发现对应的统计检验结果。

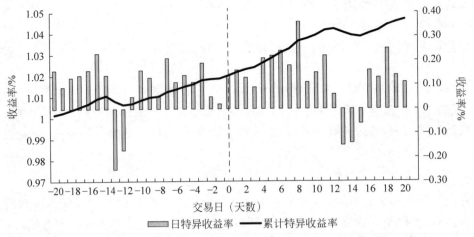

图 4-1 某事件关键时点前后 20 个交易日的特异收益率和累计特异收益率

表 4-2 关键时点前后 20 个交易日的累计异常收益及其 T 检验值

关键时点前 20 日的累计特异收益率	关键时点前 20 日的特异收益率的 T 检验值	关键时点后 20 日的累计特异收益率	关键时点后 20 日的特异收益率的 T 检验值
0.18%	6.23	0.28%	3.21

4. 事件特征的确定

当我们通过事件窗方式观察到事件发生的前后,股票的特异收益率和累计特异收益率的变化后,下一个工作就是根据不同的结果,来确定所研究事件的特征,进而根据不同的特征,设定不同的投资方式和选择。根据特异收益率的不同的分布情况,可以将事件的特征分为不同的种类。

(1) 短期事件。短期事件表示的是事件对于股票价格的影响时间较短。短期事件的主要特点就是在关键时点后很短的几天出现特异收益率的大幅度的提高或者下降,之后特异收益率的波动幅度变小。

(2) 持续性事件。持续性事件表示的是事件对于股票价格的影响时间较长。持续性事件的主要特点在于关键时点以后特异收益率会出现较长时间的大幅变动。一般通常会至少持续几十个交易日。

(3) 阿尔法事件。这里的阿尔法与第 3 章多因子模型对于阿尔法因子的定义类似。阿尔法事件表示的是事件的发生能够带来明显的特异收益。主要表现是关键时点后股票的特异收益率出现明显的上升。

(4) 风险事件。风险事件就是指容易造成股票价格出现明显下跌的事件。它主要表现于关键时点后股票的特异收益率出现明显的下跌。

为了方便读者理解事件特征的分类,现给出以下几个例子。首先观察图 4-2,在关键时间之前的五天,特异收益率一直处在较低的水平,但是在事件发生后,特异收益率出现了明显的提高,并且一直持续了二十几天,从累计特异收益曲线也可以看出明显的趋势。

像这种关键时间事件发生后能够带来较长持续时间的、明显的特异收益率提高的事件就可以称之为持续性阿尔法事件。

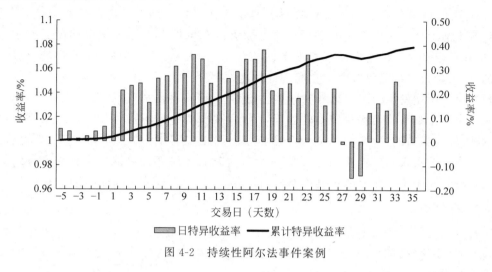

图 4-2 持续性阿尔法事件案例

继续观察图 4-3,可以明显地发现,在事件发生前特异收益率较小,当事件发生后,有三个交易日的特异收益率出现了较大的负值。累计特异收益率更是跌破了 1,在此之后特异收益率波动范围开始变小,累计特异收益曲线出现缓慢的上升趋势。像这种关键事件发生后短期出现了较大的负的特异收益率,并在随后负值变小趋于平稳的事件,我们可以称之为短期风险事件。

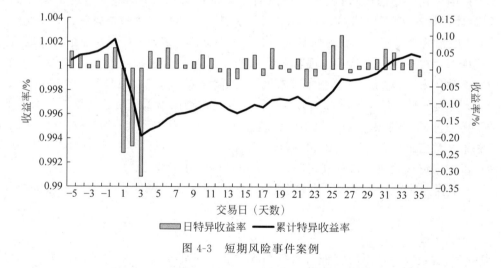

图 4-3 短期风险事件案例

除以上两种事件特征类型之外,还有诸如短期阿尔法事件及持续性风险事件等类型,在此不再赘述。除了典型的阿尔法事件和风险事件以外,还有许多事件并没有清晰的收益特征或者风险特征,对于这种事件的把握相对来讲更加困难,策略开发者可酌情决定是否对此类事件构建事件驱动策略。

4.2.4 对事前进入事件的预测：事件股票的预测

许多时候,事件所引起的特异收益率的变动并不是在事件发生后才出现的,而是在事件发生前就会显现出明显的变动。这是因为许多事件在真正发生前就已经形成了预期,因此投资者在事件发生前就根据自己的预期进行了股票的交易,从而推动了股票价格的变化,导致了特异收益率的变动。针对这种事件,尤其是对于阿尔法事件,投资者可以预先对于可能发生阿尔法事件的股票进行筛选,当事件形成了预期,或者事件发生后,该事件驱动型策略将会获得较高的特异收益。许多事件都需要对于事件股票进行提前的预测,较为典型的,如 ST(退市风险警示)股票的摘牌事件,如果预期 ST 股票摘牌,那么就需要提前买入那些可能摘牌的 ST 股票,这就需要对那些可能发生摘牌事件的股票进行预测。对于事件股票的预测主要有两种方法,分别为打分法和回归法。

1. 打分法

打分法是选股策略中非常常用的方法,该种方法操作较为简单,并且效果也相对较好,受到许多投资者的喜爱。在预测事件股票的过程中,打分法的主要预测方式分为以下四个步骤。

(1)筛选影响事件发生的因子。打分法的第一个步骤就是要选择出那些能显著影响事件发生的因子。我们以 ST 摘帽事件为例,为了预测出潜在的摘帽股票,我们就需要关注许多财务指标因子。当投资者选择影响事件的因子时应该选择那些经得起推敲、区分度较高,并且能够显著代表所研究事件股票的特征的因子。对于不同事件来说,影响事件发生的因子并不相同,在对因子选择的时候要重视市场的逻辑,按照逻辑进行选取。此外,许多时候对于因子的选取要根据事件相关的规定及投资逻辑进行筛选。

(2)股票的初步筛选。在对每只股票进行打分之前,要预先对股票池进行筛选,这与多因子模型存在着一定的差异。进行股票的初步筛选是为了剔除显然不能够发生事件的股票。举例来说,对于 ST 摘帽事件来说,首先就需要把非 ST 的股票预先剔除。

(3)对因子赋予相应的分数档并且进行打分。在筛选出因子后就要根据每个因子大小的不同,对因子赋予相应的分数档。在进行计分之前,首先要将因子值进行标准化,具体方法第 3 章已经介绍。在此不再赘述。之后构建打分模型,对每只股票进行打分,这样便可以根据每只股票的得分确定股票发生事件的潜在可能性。

(4)根据分数选股。对每只股票进行打分后,就可以根据股票得分的高低实现股票的选择。

2. 回归法

回归法也是较为常用的一种对事件股票进行预测的方法。主要采用的方法是极大似然地逐步向后 Logit 回归,Logit 回归方法是事件驱动策略的常用的预测方法。许多时候,事件驱动策略构建过程中需要预先对可能发生事件的股票进行预测,最为典型的例子就是"高送转"事件,在构建事件驱动策略时,需要预测可能发生"高送转"事件的股票,并提前进行交易,从而获得超额收益。

1) Logit 回归模型的基本原理

Logit 回归模型是一种常见的离散选择模型,在很多行业都有着广泛的应用。如第 3 章多因子模型所介绍的那样,当因变量是一个定量的变量时,通常可以用多元线性回归模型对因变量进行回归。然而,当因变量并不是定量的变量,而是一个定性的离散变量时,便无法通过简单的多元线性回归模型对因变量进行回归,最为典型的例子就是当因变量为一个等于 0 或 1 的二分量时,就无法通过多元线性回归进行处理。此时,一种较好的回归方法就是 Logit 模型,该模型方法主要用于研究发生某个事件的概率,而这正是事件驱动策略对于可能发生事件股票的预测的重要部分。

Logit 模型的基本思路是:并不对因变量直接进行回归,而是先设定一个概率函数 p,设因变量为 y,自变量为 x_n。当 $y=1$ 时,概率 p 为

$$p = P(y=1 \mid x_1, x_2, \cdots, x_n) \tag{4.4}$$

由于直接对 p 进行回归,将无法符合 $0 \leq p \leq 1$ 的条件,因此可以进行如下的变换。

$$\frac{p}{1-p} = \frac{P(y=1)}{P(y=0)} \tag{4.5}$$

此时则有 $0 \leq \frac{p}{1-p} \leq +\infty$,令

$$p = P(y=1 \mid x_1, x_2, \cdots, x_n) = \frac{\exp(\beta_0 + \sum_{i=1}^{n} \beta_i x_i)}{1 + \exp(\beta_0 + \sum_{i=1}^{n} \beta_i x_i)} \tag{4.6}$$

则可以确定 Logit 回归模型为

$$\ln\left(\frac{p}{1-p}\right) = \beta_0 + \sum_{i=1}^{n} \beta_i x_i \tag{4.7}$$

因此,如式(4.7),对 $\ln\left(\frac{p}{1-p}\right)$ 进行多元线性回归,通过该模型,得到了事件发生的概率 p。此外,模型的估计方法采用极大似然估计法。值得一提的是,目前许多软件都提供了 Logit 回归模型的函数,策略开发者可以直接调用,简单方便。

2) 回归法预测模型的构建方法

(1) 样本数据的选择。该步骤需要确定模型的样本区间和样本数据。

(2) 对于事件进行量化。设定事件为一个哑变量,取值为 0 或者 1。

(3) 选择相关的影响因素。选择影响事件发生的各种因素,并确定因子值,确定为自变量,设为 $x_1, x_2, \cdots, x_n$。

(4) 构建 Logit 回归模型。根据式(4.7),可将模型设定为

$$\ln\left(\frac{p_i}{1-p_i}\right) = \beta_0 + \beta_1 x_{1i} + \beta_2 x_{2i} + \cdots + \beta_n x_{ni} + \varepsilon_i \tag{4.8}$$

式中,p_i 代表第 i 个样本事件发生的概率;β_0 为方程截距项;$\beta_1, \beta_2, \cdots, \beta_n$ 为回归系数;ε_i 为样本 i 的扰动项。

(5) 利用极大似然估计方法对式(4.8)进行估计,得到估计结果。

(6) 筛选出预测概率大于一定阈值的股票,作为预测结果。

以上六个步骤即为回归法进行事件前股票预测的方式,具体的实行过程读者还可以参考【4-1】所提供的"高送转"预测模型的构建案例。

【4-1】"高送转"预测模型

假设在每年 10 月底,对年度是否实施"高送转"进行预测,模型的构建的主要步骤如下。

第一步,选择样本数据。样本时间区间是 2013 年 1 月至 2022 年 10 月,样本数据包括公司基本信息、分红数据、业绩预告、财务指标、平均股价和总股本等。另外,为了提高模型的估计效果,样本数据有两个筛选条件:一是中期没有实施过"高送转";二是公司总股本小于 40 亿股。

第二步,对"高送转"行为进行量化,变量名为 D,具体规则为:如果公司实施了"高送转",$D=1$;否则,$D=0$。

第三步,计算相关的影响因素。选取了八个因素,具体见下表。其中,x_7 和 x_8 的取值规则为:如果公司年度净利润预增,则 $x_7=1$,否则 $x_7=0$;如果公司属于次新股,则 $x_8=1$,否则 $x_8=0$。

变量名	含义	影响方向
x_1	每股资本公积金(元)	+
x_2	每股留存收益(元)	+
x_3	归属母公司股东净利润同比增长率(%)	+
x_4	平均股价(元)	+
x_5	总股本(亿股)	−
x_6	平均上市时间(年)	+
x_7	是否业绩预增	+
x_8	是否为次新股	−

第四步,确定模型结构,具体如下。

$$\ln\left(\frac{p_i}{1-p_i}\right)=\beta_0+\beta_1 x_{1i}+\beta_2 x_{2i}+\cdots+\beta_8 x_{8i}+\varepsilon_i$$

对于上述模型一般采用最大似然法进行估计,得到估计结果,估计结果在此略去,读者感兴趣可以自行计算。除了估计结果,本策略还计算了预测的正确率,模型预测实施"高送转"的正确率达到了 57%,预测不实施"高送转"的正确率达到 92%,总体正确率为 77%。

——整理自兴业证券研究报告《基于 Logistic 回归的"高送转"预测模型》

4.2.5 对于事后进入事件的策略构建

4.2.4 小节对于事件股票的预测所介绍的内容是针对一些在事件发生前,需要对事件股票进行预测的事件的情况,而还有许多事件并不能预先进行预测,典型的例子,如定向增发、高管增持等,这些事件发生在哪些上市公司身上并不容易预测。因此,对于这类事件主要采取的投资方式为事后进入。对于这种类型的事件,在策略构建过程中主要需要考虑以下两个方面的问题。

1. 对于交易时间点的选择

对于事后进入的策略类型来说,事件一般会有几个关键时间点,在不同的时间点入场交易,所能够获得的收益也明显是不同的。策略的开发者需要通过详细的研究和回测,找出能够获得最高收益水平的时间点。在这里需要说明的一点在于,一些事件随着相关法律规定的变化,关键时间点所带来的收益水平差异也可能会发生变化,投资者在构建事件驱动策略时需要注意这些方面。

2. 收益影响因子的确定

寻找到能够获得更高收益水平的关键时间点之后,还需要寻找能够显著提高策略收益的因子,可以在原有的事件驱动策略的基础上,研究部分因子对于策略收益的影响,对于能够显著提高策略收益的因子予以保留。这些因子可以是定量的因子也可以是定性的因子。例如,上市公司的企业性质通常是在事件驱动策略中的一个较为常见的因子。

4.2.6 其他策略构建问题

事件驱动策略经过了确定交易时点和交易股票的过程后,还需对每只股票的权重、调仓的频率和仓位的问题进行进一步的设定。

1. 权重的确定

事件驱动策略所选出的股票投资组合的权重的确定方式主要有以下三种。

(1) 等权重组合。等权重组合是最为简单且基本的权重确定方式,应用该种方法就是让投资组合内各只股票的权重相等。

(2) 市值加权组合。市值加权组合也是较为常见的权重确定方式,就是按照股票的市值进行加权,从而确定组合中各只股票的权重。

(3) 打分法与回归法确定权重。上文介绍的打分法和回归法虽然方法不同,但是实际上都对股票设定了等级。打分法为股票设定了不同的分数,而回归法在对事件股票进行预测时,可以获得相应的概率,因此可以根据股票的得分高低或者概率的高低赋予相应的权重,得分或者概率更高的股票权重更大。

2. 调仓的频率

事件驱动策略由于事件发生时间与频率都不稳定,并且事件影响的持续时间也有着较大的变化,因此对于策略的调仓频率的选择是策略开发者需要考虑的一个问题。目前主要的调仓方法可以分为两类:定期调仓和不定期调仓。

(1) 定期调仓。定期调仓是本书在许多策略的构建中都采用的调仓的方式。例如,多因子模型一般可以选择在每个月或者每个季度进行一次调仓。但是,很显然这种定期调仓的方式很难适用于突发性较强、持续性较不确定的事件驱动策略。因此,对于定期调仓的方式来说,一般更加适合于持续性的阿尔法事件,但对于大部分的事件来说,定期调仓并不是一个较好的方式。

（2）不定期调仓。不定期调仓对于事件驱动策略来说是一个更为普遍的方式。这种方法时效性更强，能够较好的适应事件驱动策略其收益持续时间较短的特点。但是不定期调仓有一个主要的问题在于，当发生了调仓行为时，发生变动的股票和现有的股票的仓位处理要更为复杂。

3. 仓位的问题

正如上一段所述，不定期调仓的问题就在于仓位的处理更加复杂。这是事件驱动策略的开发者需要研究的一个问题。目前主要的仓位处理的办法有两种，分别为：重新分配和资金通道。

（1）重新分配。该种仓位处理方法就是将目前组合的权重调整为新组合的权重。该种方式的一个显著的优点在于保证每次调仓后都能够维持目标的权重分配。举例来说，如果原投资组合有 10 只股票，每只股票占组合的权重为 10%，当调仓后，投资组合变为了 20 只股票，则新的每只股票占组合的权重变成了 5%，因此需要卖出原先 10 只股票的 5% 的仓位。从例子中可以发现，这种仓位处理方式的一个显著的缺点就是需要进行频繁的买卖交易，增加了交易成本。

（2）资金通道。资金通道的方法就是预先将资金分为 n 个资金通道，这样策略最多可以持有 n 只股票，每只股票仅占用一个资金通道，当不持有时，资金通道则为空仓状态。这种方法比较容易理解，其主要的优点在于在设定了资金通道后，买入新加入组合的股票无须对现有的股票仓位进行调整，很大程度上降低了策略的交易成本。但是，由于不持有股票的时候部分资金通道为空仓状态，因此当投资组合中股票较少时，策略的资金利用率并不高，存在仓位过低的现象。此外，每个资金通道的股票的价格经过一段时间的波动以后，会使当前的资金分配比例偏离初始设定资金通道时所需要的资金分配比例。

4.3 事件驱动策略的种类

事件驱动策略按照事件的不同进行划分，可以分成许多种。每个量化投资团队在构建事件驱动策略时，所关注的事件都是不同的，一般而言，研究人员都会形成自己的事件体系，并根据事件体系对事件进行分类，然后按照类似于前文的研究方式，探寻能够产生投资机会的事件。本部分将挑选著名的事件进行介绍。

4.3.1 "高送转"事件

1. "高送转"事件的概念

"高送转"就是以较大的比例送红股或者以较大的比例的资本公积金转增股本，一般而言，10 送转 5 以上才会被称为"高送转"。"高送转"事件一直都是 A 股市场的特点事件，每当年末时，投资者都会寻找有着"高送转"预期的股票，近几年，"炒作高送转"已经成为我国股票市场的常态。甚至有的公司推出了 10 送转 30 的方案，可见"高送转"事件在我国 A 股市场的热度。

"高送转"对于上市公司的现金流并不产生影响，送股是将公司的未分配利润以股利的形式送股,而转增股是用资本公积金转成股份。

2. "高送转"事件的投资逻辑

当上市公司推出"高送转"方案时,通常意味着公司对于自己未来的前景有着一个良好的预期,认为公司的业绩会保持持续的增长。此外,一些公司由于股价较高,影响到了股票的流动性,也会采取"高送转"来降低其股票价格,从而提高其股票的流动性。因此,在我国市场,投资者普遍将"高送转"视为重要的利好消息,当"高送转"事件出现时,投资者会不断买入相应的股票,从而造成股价的上升。除此之外,当"高送转"事件发生后,公司的股票价格会出现大幅度的降低,而投资者普遍对于低价股更为青睐,认为低价股更为"便宜",因此增加了对其的投资,从而促进了股价的上涨。因此,如果能够提前买入将会推出"高送转"的公司的股票,那么就更容易获得可观的超额收益。

3. "高送转"新规

为了规范我国股票市场上市公司高比例送转股份("高送转")的信息披露行为,保护投资者的合法权益,根据相关的法律法规,上海证券交易所和深圳证券交易所相继发布了《上海证券交易所上市公司高送转信息披露指引》和《深圳证券交易所上市公司高送转信息披露指引》,上海证券交易所和深圳证券交易所两家交易所发布的文件总结起来共有以下五个方面的内容。

(1) 对于"高送转"的界定。两个文件对"高送转"股票进行了明确的界定,但是不同板块的具体要求有所不同。主板上市公司送红股或以盈余公积金、资本公积金转增股份,合计比例达到每 10 股送转 5 股以上;中小板上市公司送红股或以盈余公积金、资本公积金转增股份,合计比例达到每 10 股送转 8 股以上;创业板上市公司送红股或以盈余公积金、资本公积金转增股份,合计比例达到每 10 股送转 10 股以上。

(2) 将"高送转"与业绩挂钩。两个文件对于上市公司披露"高送转"方案都做出了明确的规定。

① 上市公司披露"高送转"方案的,其最近两年同期净利润应当持续增长,且每股送转比例不得高于上市公司最近两年同期净利润的复合增长率。

② 上市公司最近两年净利润持续增长且最近 3 年每股收益均不低于 1 元,上市公司认为确有必要提出"高送转"方案的,每股送转比例可以不受前两款规定的限制,但应当充分披露"高送转"方案的主要考虑及其合理性,向投资者揭示风险,且其送转后每股收益不得低于 0.5 元。

③ 上市公司送转股方案提出的最近一个报告期净利润或预计净利润为负值、净利润同比下降 50% 以上,或者送转后每股收益低于 0.2 元的,不得披露"高送转"方案。

(3) 将"高送转"的披露时间与限售股解禁相挂钩。为了防止公司利用"高送转"抬高股价从而规避限售股解禁的市场冲击,两个文件将其披露时间与限售股解禁相挂钩。提出了:上市公司存在限售股的,在相关股东所持限售股解禁期届满前后 3 个月内,不得披露"高送转"方案。

(4) 将"高送转"的披露时间与重要的股东减持相挂钩。两个文件规定上市公司不得利用"高送转"方案配合股东减持。公司提议股东和控股股东及其一致行动人、董事、监事及高级管理人员在前三个月存在减持情形或者后三个月存在减持计划的,公司不得披露"高送转"方案。

(5)对"高送转"披露的时间进行了限制。上市公司预披露"高送转"方案的时间未披露本期业绩预告或业绩快报的,应当同时披露业绩预告或业绩快报。该规定是为了防止一些公司在披露业绩预告或者业绩报告之前就披露"高送转",从而使投资者对上市公司的业绩做出误判。

在前文中,本书已经提到了在事件驱动策略中,阅读相关法律法规的重要性,因此这里为读者总结了"高送转"最新的规定。从规定中,我们可以看出,对过去许多涉及"高送转"的并不规范的地方都进行了规范,这样可以在更大程度上保证广大投资者的利益,但是这也会导致"高送转"事件热度的转变。因此,如果不去了解法律法规的变化,而盲目地根据过去的情况构建事件驱动策略,则效果可能并不理想。

4. "高送转"事件的重要时间点

"高送转"事件一般要经过四个重要的时间点,分别为:预案公告日、股东大会公告日、股权登记日及除权除息日。一般的上市公司通常在年报和中报的分红预案中公布"高送转"的预案。但是前几年投资者对于"高送转"股票的过度追捧,使许多公司在未披露业绩预告时就发布了预披露"高送转"的方案,这也导致了股价提前进行反应。但是正如前文的新规所言,这种情况在今后会被制止。因此,事件驱动策略的开发者可以关注在这四个重要时点发生时特异收益率的变化情况,特别是预案公告日。

5. 对于"高送转"事件的策略构建建议

当投资者利用"高送转"事件构建事件驱动策略时,可以参考4.2节所提供的事件研究方法,首先对"高送转"事件进行深入的研究,分析事件的发生对于股票特异收益率或者超额收益的影响情况。此外,要研读好最新的有关"高送转"的相关规定,当相关规定发生改变后,过去事件能够带来的特异收益未必在未来依旧有效。对于"高送转"事件的量化投资策略构建的一个核心问题就是对于"高送转"股票的预测,策略开发者可以首先研究影响"高送转"事件发生的因子,然后根据前文提到的打分法和回归法进行相关预测,计算预测成功的概率,并不断对策略进行优化,直到它应用到实际投资当中。

4.3.2 定向增发事件

1. 定向增发事件的概念

定向增发就是上市公司向符合条件的少数特定投资者非公开发行股份的行为。定向增发也是非常常见的用来构建事件驱动策略的事件。许多投资者都将定增相关的策略作为其重要的策略组成部分。

2. 定向增发事件的投资逻辑

一般公司进行定向增发募集的资金均有重要用途,一般增发后都是伴随着并购、重组、开发新项目等重要进程,所以对于公司未来发展和业绩的增长有着一个较好的预期和想象空间。

3. 定向增发的主要流程

定向增发作为再融资手段的重要组成，从筹备到发行是一个较为漫长的过程。总体而言，可以大致分为以下几个过程。

（1）筹备阶段。确定定向增发的意向，研究可行方案，对于定向增发进行具体的评估，与中国证监会初步进行沟通等。

（2）定向增发预案的公告。拟进行定向增发的公司召开董事会和股东大会，通过相关决议，公告定向增发预案。

（3）证监会审核。将正式的定向增发申报材料报送中国证监会审核，并且经过证监会发审委员会审核后发布公告。

（4）审议具体增发内容。拟进行定向增发的公司召开董事会，审议定向增发的具体内容，并公告。

（5）定向增发的执行。根据审议通过的具体内容，执行定向增发方案。

4. 定向增发事件的重要时间点

定向增发流程较为漫长，但是有5个重要的时间点是投资者需要特别注意、需要深入研究的。第一个重要时点是董事会定向增发预案的公告日；第二个重要时点是股东大会审核后的公告日；第三个重要时点是证监会批准公告日；第四个重要时点是增发股份上市日；第五个重要时点是增发股份解禁日。表4-3给出了五个重要时间点之间间隔的大致时间长度。

表 4-3 定向增发事件重要时点之间的时间间隔

重要时点	时间间隔
增发预案公告日至股东大会审核公告日	间隔约为 80 天
股东大会审核公告日至证监会批准公告日	间隔约为 160 天
证监会批准公告日至增发股份上市日	间隔约为 60 天
增发股份上市日至增发股份解禁日	一般为 1 年或者 3 年解禁

当定向增发预案公告后，市场对于定向增发的公司会产生较好的预期，容易出现股票价格的上扬。而当增发股份上市后，经过了漫长的禁售期，当临近增发股份解禁日的时候，投资者认为上市公司为了对冲限售股解禁卖出所导致的股价下跌压力，会促使股票价格抬高，是较好的投资机会。因此，将定向增发事件的预案公告日和限售股解禁日作为关键时点进行研究是目前较为常见的情况。

5. 对于定增事件的策略的构建建议

首先，事件驱动策略的开发者应该根据类似于本文提供的研究方法，选择定增时间的关键时间点进行研究，选择出能够对于特异收益率的提高有着明显影响的事件时间点。其次，定增事件与前文提到的"高送转"事件不同，定增事件是无法进行预测的，投资者无法提前得知哪些上市公司会决定进行定向增发；而"高送转"事件是可以通过打分法和回归法等方式对预期"高送转"的股票进行预测的。针对这种情况，开发者只能够在定增事件发生后买入相关股票，而这时需要寻找有效的影响因子，当策略的模型引入了这些因子后,需要具有能够明显提高策略的收益率。对于因子的选择是需要根据投资逻辑和经验得到的,只有能够显著影响策略的收益率的因子才应该得到保留。构建完事件驱动策略后,可以根据策略在回测中的效果中的不足之处进行进一步的优化,直到用于真正的投资实践中。

这里需要进一步强调事件相关法律法规关注的重要性。在【4-2】已经给出了限售股减持新规,投资者如果进行定增策略的投资,尤其当关键时点被选择为增发股票解禁日时,更要严格关注限售股减持的新规。新规的推出容易改变原有的投资逻辑,过去认为当限售股票将要到期时存在着抬高股价的动机,但是新规的推出限制了到期日的减持行为,因此,对于限售股票将要到期时抬高股价的动机将会减小。此时,策略开发者依旧利用新规发行之前的数据进行回测,其结果未必准确。

【4-2】 限售股减持新规

限售股减持新规可概括为"减持十条",具体包括以下内容。

第一,鼓励和倡导投资者形成长期投资、价值投资的理念,进一步强调上市公司股东应当严格遵守相关股份锁定期的要求,并切实履行其就限制股份减持所作出的相关承诺。

第二,完善大宗交易制度,防范"过桥减持"。明确有关股东在通过大宗交易减持股份时,出让方、受让方的减持数量和持股期限要求。

第三,引导持有上市公司非公开发行股份的股东在股份锁定期届满后规范、理性、有序的减持。明确持有非公开发行股份的股东,在锁定期届满后12个月内通过集中竞价交易减持,应当符合证券交易所规定的比例限制。

第四,进一步规范持有首次公开发行前发行的股份和上市公司非公开发行的股份的股东的减持行为,要求其每3个月通过证券交易所集中竞价交易减持的该部分股份总数,不得超过公司股份总数的1%。

第五,健全减持计划的信息披露制度。明确减持的信息披露要求,进一步健全和完善上市公司大股东、董监高转让股份的事前、事中和事后报告、备案、披露制度,防范和避免故意利用信息披露进行"精准式"减持。

第六,强化上市公司董监高的诚信义务,防范其通过辞职规避减持规则。

第七,落实《国务院关于促进创业投资持续健康发展的若干意见》要求,对专注于长期投资和价值投资的创业投资基金在市场化退出方面给予必要的政策支持。

第八,明确大股东与其一致行动人减持股份的,其持股应当合并计算,防止大股东通过他人持有的方式变相减持。

第九,切实加强证券交易所一线监管职责,对于违反证券交易所规则的减持行为,证券交易所采取相应的纪律处分和监管措施。

第十,严厉打击违法违规减持行为,对于利用减持进行操纵市场、内幕交易等违法行为的,加强稽查执法,加大行政处罚力度,严格追究违法违规主体的法律责任。

——整理自《第一财经日报》

4.3.3 业绩预告事件

1. 业绩预告事件的概念

业绩预告事件是事件驱动策略常选取的事件。业绩预告是上市公司在交易所发布的,对定期财务报告以预告的形式进行披露的报告,预告的内容包括对本期财务状况的预测,同比的变动情况,有的还会说明变动的原因。业绩预告、业绩快报和定期财务报告为上市公司披露业绩的主要方式,而业绩预告是三者之中披露时间最早的,许多投资者将根据业绩预告构建各种各样的事件驱动策略。

上市公司发布的业绩预告本质上属于具有预测性质的财务信息,因此,业绩预告事件与实际财务报告发布时间越接近,业绩预告也就越准确。早期相关部门规定的业绩预告范围主要针对预计亏损的公司,之后经过十几年的发展,变为了符合条件的盈余和亏损均进行业绩预告的规定。

近些年来,业绩预告的周期正在不断变短,2002年以前,我国上市公司的业绩预告只针对年报,而发展到现在变成了季度预告。但值得关注的是,上海证券交易所和深圳证券交易所对于业绩预告的规定也有一定的不同。

2. 业绩预告分类

业绩预告可以分为以下十种类型。

(1) 扭亏:上年同期亏损,预告期盈利。
(2) 预亏:上年同期盈利,预告期亏损。
(3) 预盈:上年同期盈利,预告期盈利(增加或减少不定,幅度不定)。
(4) 续亏:上年同期亏损,预告期亏损。
(5) 大幅上升:上年同期盈利,预告期盈利增幅大于50%或明确表示业绩将有"大幅增长"。
(6) 大幅下降:上年同期盈利,预告期盈利降幅大于50%或明确表示业绩将有"大幅下降"。
(7) 预增:上年同期盈利,预告期盈利增幅小于50%或使用"较大幅度增长""一定幅度增长"等描述语言。
(8) 预减:上年同期盈利,预告期盈利降幅小于50%或使用"较大幅度下降""一定幅度下降"等描述语言。
(9) 减亏:上年同期亏损,预告期盈利较上期上升。
(10) 增亏:上年同期亏损,预告期盈利较上期下降。

3. 业绩预告的投资逻辑

在进行关于业绩预告的事件驱动策略构建之前,需要了解到上市公司进行业绩预告的动机。许多时候,上市公司进行业绩预告是强制性的,达到一定要求后必须要进行业绩预告,可参考【4-3】业绩预告的相关规定。除了被强制要求的公司以外,其他进行业绩披露的公司的动机主要有两个方面。一方面是上市公司为了影响市场对于其股票的预期,当上市公司的管理层认为市场对于其股票的预期与实际存在着明显差距时,可以通过业绩预告调整预期。另一方面是如果当上市公司出现了"坏消息"时,可以通过业绩预告提前让市场消化"坏消息",从而减小业绩公告日的股价波动。

针对业绩预告的事件,构建量化投资策略主要考虑的是在业绩出现增长时出现的投资机会。业绩预告显示未来业绩的增长说明了股票的基本面较好,能够带动相应股票价格的上升。一般而言,业绩预告的当天通常股票价格的波动较大,市场对于业绩预告的反应较为迅速。此外,正如前文所言,当上市公司发布业绩预增的业绩预告时,市场提前对业绩变动进行反应,这样在一定程度上抵消了未来报告正式发布所带来的股价变化,减少了超额收益。因此在业绩预告发布时进行投资在理论上会更好。

4. 业绩预告的重要时间点

在对业绩预告的有效性进行全面的研究时,需要考虑的范围较广。重要的时间点主要就是业绩预告的发布日,由于目前的业绩预告包括了季报、半年报和年报的预告,因此本书建议读者在进行研究时,最好对于每个周期的业绩预告发布日都进行研究,从而寻找能够产生更高特异收益的关键时间点。

5. 对于业绩预告的策略的构建建议

当通过业绩预告事件构建事件驱动策略时,策略的开发者需要对该事件进行全面详尽的研究,本书认为在构建策略时,策略开发者需要研究清晰至少以下四个问题。

(1) 上文提到的事件的关键时间点,从历史上来看,事件在哪个时间点能够获得更好并且更加持续的特异收益或者超额收益。

(2) 上文将业绩预告分为了几种不同的类型,哪种类型的业绩预告通常能够获得更高并且更加持续的特异收益或者超额收益。

(3) 对于那些业绩预增的上市公司,其利润来源的不同是否能够产生不同程度的收益水平,该问题希望投资者将利润的来源作为因子应用到选股模型中,预告中那些说明业绩大幅增长,但是业绩并非来源于主营业务收入的企业,其业绩预告是否也能够带来特异收益或者超额收益。

(4) 在上市公司发布了业绩预告之前,市场是否已经提前将预期反映在股票价格上。

对于业绩预告的事件驱动策略的构建至少应该研究好上述四个问题,业绩预告事件并非简单地预告业绩大幅增长,也不意味着股票价格未来就必然会上涨。为了获得更高的收益水平,策略开发者需要考虑更多的情况和因子,而这也是量化投资的优势所在。

【4-3】 业绩预告的相关规定

上海证券交易所对于业绩预告进行了如下的规定。

(1) 上市公司预计年度经营业绩将出现下列情形之一的,应当在会计年度结束后一个月内进行业绩预告,预计中期和第三季度业绩将出现下列情形之一的,可以进行业绩预告。

① 净利润为负值;

② 净利润与上年同期相比上升或者下降 50% 以上;

③ 实现扭亏为盈。

(2) 上市公司出现第(1)中的第②项情形,且以每股收益作为比较基数较小的,经本所同意可以豁免进行业绩预告。

① 上一年年度报告每股收益绝对值低于或等于0.05元;
② 上一期中期报告每股收益绝对值低于或等于0.03元;
③ 上一期年初至第三季度报告期末每股收益绝对值低于或等于0.04元。

深圳证券交易所对于主板和中小板股票的业绩预告进行了如下的规定。

(1) 上市公司预计全年度、半年度、前三季度经营业绩将出现下列情形之一的,应当及时进行业绩预告。

① 净利润为负值;
② 净利润与上年同期相比上升或者下降50%以上;
③ 实现扭亏为盈。

(2) 以下比较基数较小的上市公司出现本规则第(1)条第②项情形的,经本所同意可以豁免进行业绩预告。

① 上一年年度每股收益绝对值低于或者等于0.05元;
② 上一年半年度每股收益绝对值低于或者等于0.03元;
③ 上一年前三季度每股收益绝对值低于或者等于0.04元。

深圳证券交易所对于创业板股票的业绩预告进行了如下的规定。

(1) 上市公司预计全年度、半年度、前三季度经营业绩或者财务状况将出现下列情形之一的,应当及时进行业绩预告。

① 净利润为负;
② 净利润与上年同期相比上升或者下降50%以上;
③ 与上年同期或者最近一期定期报告业绩相比,出现盈亏性质的变化;
④ 期末净资产为负。

(2) 以下比较基数较小的上市公司出现本规则第(1)条第②项情形的,经本所同意可以豁免进行业绩预告。

① 上一年年度每股收益绝对值低于或者等于0.05元;
② 上一年半年度每股收益绝对值低于或者等于0.03元;
③ 上一年前三季度每股收益绝对值低于或者等于0.04元。

(3) 上市公司连续两年亏损或者因追溯调整导致最近连续两年以上亏损的,应当于其后披露的首个半年度报告和三季度报告中分别对前三季度和全年盈亏情况进行预告。

——根据《上海证券交易所股票上市规则》《深圳证券交易所股票上市规则》《深圳证券交易所创业板股票上市规则》整理。

4.3.4 高管增持事件

1. 高管增持的概念

高管增持是指上市公司的董事、监事及高级管理人员利用自有资金在二级市场增持本公司的股份的行为。股东的增持行为对于上市公司是利好事件,而相比于普通的股东增持,研究公司的高管增持更有意义。

2. 高管增持事件的投资逻辑

当上市公司高管利用自有资金在二级市场增持本公司股票时,一方面说明公司的高管对于公司的业绩非常有信心;另一方面也说明当前股票价格相对于其价值来讲被低估,因此高管增持事件能够很好地反映管理层对于公司股票价格和未来发展的态度。

由于高管增持事件被普遍认为是一个典型的利好事件,因此,当高管增持事件发生时,可以投资于发生高管增持事件的股票获得潜在的收益。

3. 高管增持事件的重要时间点

高管增持事件的重要事件点较为确定,就是增持的公告日,事件驱动策略的开发者可以利用事件窗,研究公告日前后特异收益的变化情况。

4. 高管增持事件的相关法律规定

许多时候,高管增持事件会受到相关法律规定的影响,当市场行情不好时,有关部门会鼓励高管增持事件的发生。并且,通过对于高管增持相关的法律规定的研读,可以对于高管增持事件的有效性有一个直观的判断。交易所对于高管增持公司股份的问题进行了详细的规定①,各项规定较为全面复杂,本书在此不进行展开表述。由于监管部门对于高管增持行为的规定较为完善,因此高管增持事件从直观上来讲作为利好消息对于股票价格正向的影响是可持续且稳健的,这也巩固了前文所述的投资逻辑。

5. 高管增持事件的策略的构建建议

根据高管增持行为构建事件驱动策略可以参照本章介绍的事件驱动策略的研究方法,并且注意阅读有关高管增持的最新文件,此外,投资者在构建相关的事件驱动策略时,至少应该考虑清楚以下四个问题。

(1) 高管增持事件的发生是否能够带来明显的特异收益。

(2) 高管增持事件所带来的股价上涨是否具有持续性。

(3) 当市场行情较好和市场行情较差时,公司高管的增持行为对于股票价格的影响有什么不同。

(4) 是否还有其他的条件和因子能够影响到高管增持后股票价格的波动。

量化投资作为一种方式手段,能够帮助提高研究上述问题的效率和深度,根据高管增持行为来构建事件驱动策略并不是十分复杂的,但是若想获得客观的超额收益,就需要策略的开发者对于策略进行不断优化,不断寻找出其他能够影响到该策略收益的因子,最后将其应用于投资实践当中。

---

① 投资者可以研读《上市公司日常信息披露工作备忘录》《上市公司董事、监事和高级管理人员所持本公司股份及变动管理原则》《中华人民共和国证券法》等法律法规文件。

4.3.5 指数样本股调整事件

1. 指数样本股调整事件的概念

负责编制指数的单位或者部门通常每年都会根据指数的编制规则,对其编制的部分指数的样本股进行调整,会出现部分股票被调出样本股、部分股票被调入到样本股的行为,这种行为就是指数样本股调整事件。在我国,调整指数样本股的主要是交易所和中证指数有限公司。指数样本股目前也是各大投资机构和研究机构关注的重点事件,各大券商的研究部门每年都会对重点指数的样本股的调整变化进行预测。

2. 指数样本股调整的投资逻辑

指数样本股调整事件的投资逻辑比较明确,目前市场上存在着大量的指数基金,这些指数基金通过跟踪各类指数,从而进行被动投资。当交易所和中证指数有限公司调入和调出样本股时,追踪相应指数的基金也需要对自己的投资组合进行一定的调整,各只指数基金的调整时间都有着明确的规定,因此会在短期内有大规模的资金进行相关股票的交易,这就为投资者带来了较好的投资机会。

【4-4】 中证指数有限公司

中证指数有限公司(China Securities Index Co. LTD)是由上海证券交易所和深圳证券交易所共同出资成立,是一家从事指数编制、运营和服务的专业性公司。公司设立董事会,由7名董事和2名监事组成。中证指数有限公司秉承"专业、勤奋"的精神,坚持"服务资本市场、推动金融创新"的理念,依托沪深证券交易所的信息和技术资源优势,管理和发展中证系列指数、交易所系列指数以及客户定制类指数,正逐步成为国内规模最大、产品最多、服务最全、最具市场影响力的专业指数服务公司。

【4-5】 指数编制案例:中证500指数的编制方案

1. 样本空间

(1) 上市时间超过一个季度,除非该股票自上市以来的日均A股总市值在全部沪深A股中排在前30位。

(2) 非ST、*ST股票、非暂停上市股票。

2. 选样方法

按照以下步骤进行中证500指数的样本股选择:

(1) 在样本空间中剔除沪深300指数样本股,以及最近一年日均总市值排名前300名的股票。

(2) 将剩余股票按照最近一年(新股为上市以来)的日均成交金额由高到低排名,剔除排名后20%的股票。

> （3）将剩余股票按照最近一年日均总市值由高到低进行排名，选取排名在前 500 名的股票组成中证 500 指数样本股。
>
> **3．调整方法**
>
> 1）定期调整
>
> 中证 500 指数每半年调整一次样本股，样本股调整实施时间分别为每年 6 月和 12 月的第二个星期五的下一交易日。每次调整的样本比例一般不超过 10%，样本调整设置缓冲区，日均成交金额排名在样本空间的剩余股票（剔除沪深 300 指数样本股及最近一年日均总市值排名前 300 名的股票后）前 90% 的老样本可参与下一步日均总市值排名；日均总市值排名在 400 名内的新样本优先进入，排名在 600 名之前的老样本优先保留。定期调整时，根据样本空间内股票的综合得分设置备选名单，备选名单中股票数量一般为指数样本数量的 5%。
>
> 2）临时调整
>
> 特殊情况下将对中证 500 指数样本进行临时调整。发生临时调整时，由最近一次指数定期调整时备选名单中排名最高的股票替代被剔除的股票。当样本股暂停上市或退市时，将其从指数样本中剔除。样本股公司发生收购、合并、分拆、停牌等情形的处理，参照计算与维护细则处理。
>
> ——根据《中证 200 指数、中证 500 指数、中证 700 指数和中证 800 指数编制方案》整理

3．指数样本股调整的重要时间点

根据沪深两市交易所和中证指数有限公司的规定，当进行指数样本股的调整时，通常会提前两周发布公告对将要调整的样本股进行披露，并确定调整实施日。因此，被动指数基金会有两周左右的时间进行调仓，从而减小基金的跟踪误差。此外，被动指数基金一般会在指数样本股调整之前的一个月左右，对预计调入和调出的股票进行预测，并且研究相应的股票的调整对于股价的影响，从而决定指数基金是在公告之前调整还是在公告之后进行调整。

可见，指数样本股调整的重要时间点是调整公告日和调整实施日。策略开发者可以对这两个关键时点进行深入的研究，分析事件发生前后一段时间股票特异收益的变化，观察事件的发生是否能够产生显著的特异收益。

4．冲击成本

冲击成本是指数样本股调整的事件需要考虑股票流动性方面的问题。对于那些流动性较好的股票来说，调入或者调出股票对于其股价的冲击相对较小，因此投资者并不能通过买入或者卖出这些流动性较好的调整样本股获利。对于指数基金经理来说，当存在着一些调入或者调出的股票其历史成交量较小时，如果基金经理需要在短期大量买入或者卖出这些股票，那么就会产生较强的冲击成本，短期内产生较大的交易量，推动股价的变动。因此，投资者如果想通过指数样本股调整来获利，就需要选择那些对于指数基金冲击成本较高的调仓股票进行投资。换言之，调仓股票所需的调仓时间越长，就越容易受到指数样本股调整事件的影响，因而投资者应选择那些调仓耗时较长的股票进行投资。

为了寻找更好的投资机会,事件驱动策略的开发者需要预先对调入的股票[①]估计其可能的调仓时间,寻找那些调仓所需时间较长的股票。调仓时间的估算目前学术界和投资界都给出了许多的估计方法,本部分提供一种计算方法以供策略开发者进行参考。在此方法中,调仓天数的计算主要可分为以下几个步骤。

(1) 选取待研究的指数,分析指数样本股进行调整时,调入股票的权重。

(2) 选择距离调整日最近的报告期并获取基金净值和基金份额的数据,估计跟踪相应指数的指数基金的基金规模。

(3) 根据基金规模和权重,估计待研究的指数中调入股票所需的交易额。

(4) 计算每只调入股票最近一个月的日均交易额,获取以往调入股票的流动性情况。

(5) 计算(3)中的交易额和(4)中日均交易额的比值,从而可以得到大致的调仓天数。

5. 指数样本股调整的预测

如果各指数基金经理在所跟踪的指数的样本股调整公告发布之前对预计调整的股票进行了预测,那么就可能会提前进行交易从而规避较大的冲击成本,对于策略的开发者来说,也可以通过对指数样本股调整的预测,提前寻找待调入的股票,在调整公告日之前买入,则可能获得较为可观的收益。

对于指数样本股调整的预测离不开交易所和中证指数公司所确定的指数编制方案,根据相关方案构建预测模型,具体的编制方案需要读者在交易所网站和中证指数公司网站中进行查询。在我国设立一个新的指数时,都会公布该指数的编制方案。例如,【4-5】是中证500指数的编制方案,策略开发者只有按照标准的编制方案进行预测,才能够保证预测的准确率。

6. 指数样本股调整事件的策略的构建建议

指数样本股调整事件的投资逻辑非常清晰,并不难懂,因此也成为较为流行的事件驱动策略。与其他事件驱动策略相同,策略开发者需要对指数样本股调整的事件进行深入的研究,在策略的构建过程中,策略开发者至少要研究清晰以下几个问题。

(1) 市场上主要的指数都有哪些,哪些指数样本股的调整更为适合构建事件驱动策略。

(2) 对于指数样本股调整事件的关键时间点,哪个关键时间点发生后会出现更高更持续的特异收益。

(3) 在进行事件有效性的研究时,事前和事后的时间段应该选取多长更为合适。

(4) 对于指数样本股调整事件来说,在事件发生前对调整股票进行预测并提前进行投资和在事件发生后根据所确定的调整股票名单进行投资,这两种方式哪种更好。

(5) 对于指数样本股调整的预测来说,如何提高预测的成功率。

(6) 对于事件发生后投资调整股票的方式来说,应持有股票多长时间。

量化投资策略的构建是一个完整的过程。策略的开发者至少应弄清楚以上六个问

---

① 从投资逻辑上来讲,调出股票对于股票应为利空的,而我国股票市场是单边交易,做空较难,在此不进行考虑,如果部分调出股票可以通过融券交易卖出,读者可自行测试卖空的效果。

题,才能构建出一个效果相对较好的事件投资策略。

4.4 事件驱动策略案例

本书为读者提供了一个关于事件驱动策略的案例,所研究的事件为定增破发事件,相比于实际投资,本部分提供的案例对于事件驱动策略的构建步骤进行了一定程度的精简,目的在于为读者提供一个简单的事件驱动策略演示,并不是提供一个一定能够获得可观的超额收益的策略。读者可以根据本案例进一步理解事件驱动策略的过程,并通过自己的研究,寻找能够获得较好收益的事件,构建有效的事件驱动策略。

4.4.1 定增破发事件的概念

定增破发事件的概念较为简单,就是进行了定向增发的股票,在定增股票的禁售期内,当前的股票价格低于定向增发的发行价,这种现象就是定增破发事件。定增破发事件是较为常见的事件驱动策略,可以结合基本面的分析方法构建出较为有效的投资策略。

4.4.2 定增破发事件的投资逻辑

在本章的4.3节已经对定增事件进行了一系列的介绍,定增事件一般对于公司来说是一个典型的利好事件,表示了公司未来较好的预期,并且,定向增发的实行也说明公司将采取一些方式来促进公司的发展,因此才进行增发融资。而定增破发事件的主要逻辑在于,当在定增股票解禁之前,如果股价跌破了定增的发行价,那么上市公司有动力去提高公司的股价,并且机构投资者和大股东也会通过各种方式来提振股价。因此,投资者可以在定增破发事件发生时,买入相关股票,等待股票价格回升获利。

4.4.3 量化投资策略的构建

1. 策略的构建

根据上一段所提出的定增破发事件的投资逻辑,可以对事件驱动策略进行构建。策略的具体情况如下。

(1) 选取进行了定向增发但是增发股票还未解禁的公司的股票构成股票池。
(2) 在股票池中选取当前股价跌破了定增发行价的股票作为投资组合。
(3) 持有跌破定增发行价股票直至股价回升至发行价。
(4) 对于组合中盈利超过30%的股票卖出止盈。
(5) 基准指数:沪深300指数。
(6) 初始资金:1000万元。
(7) 回测区间:2018年11月30日—2021年11月30日。

2. 回测结果

首先,图4-5为定增破发策略的回测收益率的走势图,从图4-5中可以明显看出,与基准收益相比,策略明显能够获得更为可观的收益。2018年年底—2019年年中,策略并没有较好的表现,但是随着时间的推移,从 2019 年底开始,策略收益的走势开始逐渐上扬。到了 2020 年行情较好的时候,策略收益也有着较快的增长,直到 2021 年年初达到了顶峰。但是随着 2021 年上半年市场行情的急转直下,策略收益也经历了非常大的回撤,从接近 140% 的收益下跌到了接近 60% 的收益,这段时间收益的损失较为严重。而到了 2021 年年中策略收益率走势又开始小幅上扬,并在随后的半年里不断震荡。总体来说,策略能够在长期获得高于基准收益的收益率,如图 4-4 所示,至少需要坚持策略一年才可能获得较高的收益水平。

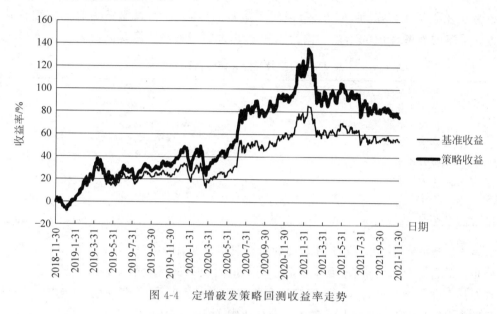

图 4-4 定增破发策略回测收益率走势

图 4-5 为定增破发策略回测分季度的收益率,从该图中可以很明显发现,策略收益主要集中在 2019 年一季度,以及 2020 年二季度至四季度这四个时段。尤其是 2020 年,有

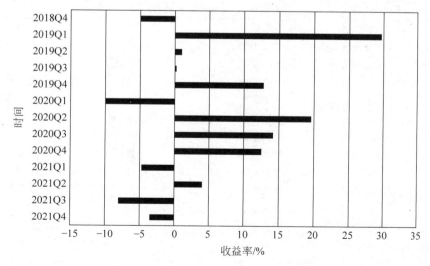

图 4-5 定增破发策略回测分季度收益率

三个季度的策略收益较好,这说明了随着市场行情的转好,策略也能够取得较好的成绩。而 2018 年四季度,2020 年一季度,2021 年一季度、三季度和四季度策略的收益率均为负值,在这几个时段策略的表现较差,亏损接近了 10%。

表 4-4 是定增破发策略回测效果的主要评价指标的结果。首先,在回测的 3 年间,策略的收益率达到了 75.22%,策略的年化收益率也达到了 20.59%,超出同期沪深 300 指数的收益率约 21.22%。但是正如前面我们所提到的,策略收益率虽然较高,但是收益的时段主要集中在市场行情好的时候,这几年的收益带动了整体收益的上涨。策略的夏普比率为 0.807,最大回撤为 25.70%,说明了策略的风险较大,这是策略日后需要优化的地方。策略的胜率为 0.667,盈亏比为 1.354,也说明了策略还需要进行完善。

表 4-4　回测效果主要评价指标一览

指标	数值
策略收益率	75.22%
策略年化收益率	20.59%
沪深 300 指数收益率	54.00%
超额收益率	21.22%
夏普比率	0.807
最大回撤	25.70%
胜率	0.667
盈亏比	1.354

表 4-5 是策略在 2021 年 7 月 1 日的持仓股票情况,图 4-6 展示了策略持仓股票的行业分布。从行业分布上来看,属于食品饮料和电力设备的行业最多,其次是基础化工、电子和石油石化行业。结合表 4-6 策略持仓收益的前十名来看,策略在电气、电力相关行业持仓较多,并且主要的收益来源在这几个行业中占比也较高。

表 4-5　策略持仓股票情况(2021 年 7 月 1 日)

序号	股票代码	股票名称	最高仓位占比/%	所属行业
1	000858.SZ	五粮液	11.91	食品饮料
2	601888.SH	中国中免	6.03	商贸零售
3	000333.SZ	美的集团	5.31	家用电器
4	601012.SH	隆基绿能	4.74	电力设备
5	300015.SZ	爱尔眼科	3.96	医药生物
6	601919.SH	中远海控	3.80	交通运输
7	000568.SZ	泸州老窖	3.56	食品饮料
8	600309.SH	万华化学	3.46	基础化工
9	002475.SZ	立讯精密	3.31	电子
10	000651.SZ	格力电器	3.21	家用电器
11	603501.SH	韦尔股份	2.91	电子
12	600887.SH	伊利股份	2.32	食品饮料
13	600585.SH	海螺水泥	2.27	建筑材料
14	300124.SZ	汇川技术	2.14	机械设备
15	600346.SH	恒力石化	1.90	石油石化

续表

序号	股票代码	股票名称	最高仓位占比/%	所属行业
16	002493.SZ	荣盛石化	1.79	石油石化
17	300274.SZ	阳光电源	1.62	电力设备
18	000338.SZ	潍柴动力	1.56	汽车
19	002027.SZ	分众传媒	1.39	传媒
20	002607.SZ	中公教育	1.29	社会服务
21	000895.SZ	双汇发展	1.16	食品饮料
22	002709.SZ	天赐材料	1.00	电力设备
23	601865.SH	福莱特	0.89	电力设备
24	600845.SH	宝信软件	0.85	计算机
25	603260.SH	合盛硅业	0.83	基础化工

注：行业划分主要参考申万一级行业分类。

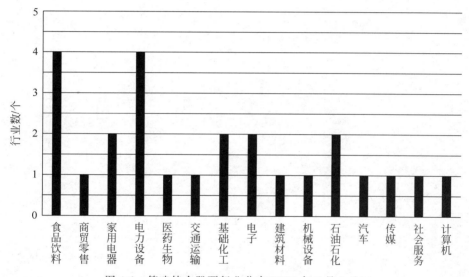

图 4-6　策略持仓股票行业分布（2021 年 7 月 1 日）

表 4-6　策略持仓收益前十大股票

序号	股票代码	股票名称	盈利情况	所属行业
1	000858.SZ	五粮液	292 857.78	食品饮料
2	002271.SZ	东方雨虹	246 742.50	建筑材料
3	002459.SZ	晶澳科技	101 199.51	电力设备
4	002601.SZ	龙佰集团	83 313.19	基础化工
5	000963.SZ	华东医药	81 508.74	医药生物
6	000333.SZ	美的集团	71 125.66	家用电器
7	002311.SZ	海大集团	51 194.55	农林牧渔
8	600031.SH	三一重工	38 806.53	机械设备
9	002475.SZ	立讯精密	34 691.30	电子
10	603501.SH	韦尔股份	25 618.65	电子

注：行业划分主要参考申万一级行业分类。

综上所述,本部分构建的定增破发的事件驱动策略能够获得较为可观的收益,但是策略的风险程度较高,并且短期内并不能获得较好的效果,在市场行情较差的时候,策略的收益也较差。造成这种情况的原因可能是当市场行情不好的时候,定向增发的股票出现了破发现象更加剧了对于市场的悲观情绪,从而容易进一步加剧股价的下跌。而在市场行情较好的时候,破发的股票相对价格较低,因此更有吸引力。

本策略只是一个较为简单的初级版本,还有许多可进行优化的空间。投资者可以根据前文 4.2.5 节介绍的策略构建方法,寻找一些能够影响到定增破发策略收益的因素,如对于增发目的的筛选等。除此之外,本部分在构建策略时并没有设置止损机制,这也是策略回撤较大的一个原因,投资者在策略构建时应该注意止损机制的确定。通过不断的研究与实验,最终可以将一个完整的策略放入到市场中进行检验。

第5章

择时策略精选

一般而言,选股和择时是投资过程中最为重要的两个方面,通过前面几章的介绍,读者已经了解了几种不同类型的选股策略,本章将介绍量化投资策略的另外一个大的类别:量化择时策略。择时的核心就是利用某种方法判断股票或整个市场的大体走势,并根据走势采取相对应的买入或卖出策略。本章选择了几种较为常见的量化择时策略进行介绍,力求让读者对择时策略有一个较为全面的了解。

5.1 节:隐马尔可夫模型。本部分介绍著名的择时模型隐马尔可夫模型,对该模型进行详细的介绍,使读者对该经典择时模型能有全面的了解。

5.2 节:趋势择时策略。

5.3 节:市场情绪择时策略。本部分介绍的是基于投资者情绪的量化择时策略,主要对目前实践研究和学术研究的较新的成果进行介绍。

5.4 节:经典技术指标择时策略。本部分介绍三种经典的技术指标所构建的量化择时策略,三种技术指标分别为 MACD、LLT 和 RSRS。

5.5 节:日内回转策略。

5.6 节:其他择时交易方法。

附录:隐马尔可夫模型的相关算法。介绍了基于隐马尔可夫模型的三种经典问题所需的相关算法。

5.1 隐马尔可夫模型

5.1.1 隐马尔可夫模型的研究背景

隐马尔可夫模型(hidden Markov model,HMM)是一种著名的统计模型,通常被用来描述一个含有隐含未知参数的马尔可夫过程,是根据马尔可夫过程所衍生出的一种概率图模型。HMM 模型最早由 Baum 和 Egon 提出,目前该模型的应用十分广泛,尤其是在语言识别、生物信息、基因工程测序、量化投资中都有着重要的应用。

在第 1 章的知识拓展中,本书已经对著名的投资大师西蒙斯和其公司文艺复兴科技公司进行了介绍,一直以来,由于文艺复兴公司的出色的投资业绩,人们都期望着了解该公司的投资理念,了解西蒙斯的投资方法。而隐马尔可夫模型目前被普遍看作文艺复兴公司的重要模型之一。

西蒙斯不仅是著名的投资大师,还是一名杰出的数学家。并且除了西蒙斯以外,文艺复兴公司的另外几名创始人也均为著名的数学家。作为文艺复兴公司的重要人物之一,Leonard Baum 提出了 BW 算法(Baum-Welsh),BW 算法是 HMM 模型的重要算法。除此之外,在 20 世纪末,文艺复兴公司还高薪聘请了著名的 HMM 模型专家 Nick Patterson 博士到公司任职。因此这也是外界普遍猜测文艺复兴公司可能应用 HMM 模型的重要原因。

5.1.2 马尔可夫过程

马尔可夫过程(Markov process)最早是由俄国数学家马尔可夫(Markov)在 20 世纪初提出。当一个随机过程在未来任一时刻的状态只与上一时刻的状态有关,与过去其他的状态无关时,那么就可以将这种特征称为马尔可夫性,而具有马尔可夫性的随机过程就被称为马尔可夫过程。马尔可夫过程是研究离散事件动态系统的状态空间的重要方法。在马尔可夫过程中,若每个状态的转移只依赖于之前的 n 个状态,则该过程可以被称为一个 n 阶模型,n 为影响转移状态的数目。最为简单的马尔可夫过程即为一阶马尔可夫过程,此时,任一时刻的状态的转移都依赖于前一个时刻的状态。

设 $I=(i_1,i_2,\cdots,i_T)$ 为长度为 T 的状态序列,其取值范围为状态集合 $Q=\{q_1,q_2,q_3,\cdots,q_N\}$。假设 i_t 等于特定值 q_j 的概率仅仅被 i_{t-1} 所决定,即

$$P\{i_t=q_j \mid i_{t-1}=q_i, i_{t-2}=q_k,\cdots,q_N\}=P\{i_t=q_j \mid i_{t-1}=q_i\}=a_{ij} \quad (5.1)$$

式中,a_{ij} 代表从状态 i 转换到状态 j 的概率,称之为转换概率。则该过程可以由转换概率为 a_{ij} 的 N 个状态的马尔可夫链来描述。并且易知

$$a_{i1}+a_{i2}+\cdots+a_{in}=1 \quad (5.2)$$

集合所有转换概率可以构成一个 $N\times N$ 的转换矩阵,即

$$\begin{bmatrix} a_{11} & \cdots & a_{1N} \\ \vdots & \ddots & \vdots \\ a_{N1} & \cdots & a_{NN} \end{bmatrix} \quad (5.3)$$

我们可以发现,不同状态之间的转移是不确定的,并不是一个确定性的过程,而是存在着一定的概率。举例而言,交通信号灯共有三个颜色,分别为红、黄、绿。三种颜色的循环顺序为红、绿、黄、红、绿、黄。每一个颜色即为一种状态,交通信号灯处在哪种状态或者颜色只取决于其前一种状态,这是完全确定的。例如,绿色状态之后一定是黄色状态。这是一个完全确定的系统,每个状态的转移是可知的,这种情况并不符合马尔可夫过程。而对于马尔可夫过程最常见的举例就是天气。现假设长春市只存在三种天气,分

别为晴天、雨天和大风天;长春市某一天的天气情况只与前一天的天气有关,与过去其他日期的天气无关,则长春市天气的变化的随机过程就是一个马尔可夫过程,此时该系统并不是确定的。今天是大风天,明天还有很高的概率是大风天,同时也有一定的概率是晴天或者雨天。

上段所提到的天气的马尔可夫过程就可以由转换概率为 a_{ij} 的三个状态的马尔可夫链来描述,其中 $1 \leqslant i,j \leqslant 3$。并且可以得到一个 3×3 的转换矩阵。

$$\begin{bmatrix} a_{11} & a_{12} & a_{13} \\ a_{21} & a_{22} & a_{23} \\ a_{31} & a_{32} & a_{33} \end{bmatrix} = \begin{bmatrix} 0.20 & 0.10 & 0.70 \\ 0.30 & 0.05 & 0.65 \\ 0.10 & 0.15 & 0.75 \end{bmatrix} \quad (5.4)$$

式中,a_{ij} 表示由状态 i 转换成状态 j 的概率,并且状态 1 为晴天,状态 2 为雨天,状态 3 为大风天。从转换矩阵中容易看出,今天是大风天则明天有 75% 的可能仍旧是大风天,只有 10% 的可能性为晴天。设定初始向量 (0,0,1),意味着在时间为 0 时,每种状态的概率,在该初始化向量中,初始化的大风天状态的概率为 1,晴天和雨天的概率为 0。因此,通过长春市天气的例子可以发现这个一阶的马尔可夫过程主要包括三个部分:第一个部分为状态,即晴天、雨天和大风天;第二个部分为初始向量,定义的是系统在时间为 0 的时候各状态的概率,该系统的初始向量已经给出;第三个部分就是状态转换矩阵,表示的是不同状态之间的转换概率,该系统的转换矩阵也在前文中给出。可以被如上所描述的系统就被称为马尔可夫过程。

5.1.3 隐马尔可夫模型

继续 5.1.2 节中有关长春市天气的例子,假设长春市某高校有一个常年不离开寝室的学生甲,并且该寝室由于窗户过高,无法通过看窗外得知当日的天气。那么在这种情况下,就不能够直观地得到每天的天气情况。然而,隔壁寝室的同学乙每天的活动在某种概率上与当日的天气是相关的。在这种情况下,甲可以通过乙每天的活动来推测长春市当天的天气情况。此时,该例子中存在着两个不同的状态序列,一个是长春市天气的状态序列,这个序列是甲同学无法直接观测到的;另一个是乙同学的活动的状态序列,这个序列是可以被甲同学观测到的。具体来说,乙同学有四种活动状态,分别为学习、打篮球、玩游戏和打羽毛球。不同的天气下,乙同学有相应的概率进行不同的行为。此时,甲需要做的就是寻找一种合适的算法,从而能够根据乙同学每天的活动推测天气情况。实际上就是根据一个能够观测到的状态序列去推测一个不可观测的隐藏的马尔可夫过程的状态序列。而这便是隐马尔可夫模型的基本思想。

经过上一段例子的介绍后,可以给出隐马尔可夫模型的定义。隐马尔可夫模型实际上就是根据马尔可夫过程所衍生出的概率图模型。该模型假设一组观测序列是由一些隐藏的状态生成的,并且隐藏的状态的转移过程是一个马尔可夫过程,此外,每一个隐藏的状态对应一个或者多个可观测的变量。隐藏状态的转移概率矩阵未知,观测的序列由哪个隐藏的状态序列所生成也未知,因而需要将观测值的序列作为隐马尔可夫模型的输入变量进行推测。

继续回到长春市天气的例子,根据这个例子,可以画出一个三个状态的隐马尔可夫模型的状态转移图,如图 5-1 所示。图中上方的三个圆圈为隐藏的状态,为一阶马尔可夫过程,分别设其为 q_1、q_2、q_3;下方四个圆圈为可观测到的状态,分别设其为 v_1、v_2、v_3、v_4;图中上方隐藏状态之间的箭头表示状态之间的转换概率;每个隐藏状态至各可观测状态之间的箭头表示输出概率。

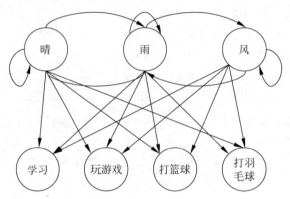

图 5-1　隐马尔可夫模型

因此,隐马尔可夫模型可以由五个元素所决定,分别如下。

1. 隐含状态 Q

即为隐马尔可夫模型中所隐藏的状态信息,并且状态为一阶马尔可夫链,通常无法通过直接观察得到。如图 5-1 所示的 q_1、q_2、q_3。

2. 可观测状态 V

设所有可能的观测的集合为 $V = \{v_1, v_2, \cdots, v_M\}$,$O$ 为长度为 T 的观测序列 $O = (o_1, o_2, \cdots, o_M)$,可观测状态与隐含状态 Q 存在着概率相关。如图 5.1 中的 v_1、v_2、v_3、v_4。

3. 初始状态概率矩阵 π

隐藏状态在初始时的概率矩阵,也就是初始时刻时,隐藏状态 Q_i 出现的概率 π_i 所组成,即

$$\boldsymbol{\pi} = (\pi_1, \pi_2, \cdots, \pi_N) \tag{5.5}$$

式中,$\pi_i = P(q_i)$;$1 \leqslant i \leqslant N$。

4. 隐藏状态转移概率矩阵 A

由一个状态转换为另一个状态的转移概率所构成的矩阵。即

$$\boldsymbol{A} = [a_{ij}]_{N \times N} \tag{5.6}$$

式中,$a_{ij} = P(q_j | q_i)$,$1 \leqslant i,j \leqslant N$,表示在 t 时刻,隐藏状态为 q_i 时,$t+1$ 时刻隐藏状态为 q_j 的概率。隐藏状态转移概率即为图 5-1 中的上方圆圈之间的箭头。

5. 观测概率矩阵 B

即为在每个隐藏状态下,每个观测状态的发生的概率所构成的矩阵。即

$$\boldsymbol{B} = [b_{ij}]_{N \times M} \tag{5.7}$$

式中，$b_{ij}=P(v_j|q_i)$，$1\leqslant i\leqslant N$，$1\leqslant j\leqslant M$；N 为隐藏状态的个数；M 为观测状态的个数；则 b_{ij} 表示的是在状态 q_i 下，可观测状态为 v_j 的概率，在这里，并不需要 $M=N$，也就是说隐藏状态的数目可以和可观测状态的数目不同。

隐马尔可夫模型有着以下两个假设。

1. 马尔可夫假设

马尔可夫假设即当前的状态只与前一个时刻的状态有关，与其他时刻的状态无关，各状态之间构成了一阶马尔可夫链，即

$$P(q_t|q_{t-1},q_{t-2},\cdots,q_1)=P(q_t|q_{t-1}) \tag{5.8}$$

2. 观测独立性假设

观测独立性假设即任意时刻的观测到的变量的分布只依赖该时刻的隐藏状态，与其他时刻的隐藏状态及观测值均无关，即

$$P(o_1,o_2,\cdots,o_t|i_1,i_2,\cdots,i_t)=\prod P(o_t|i_t) \tag{5.9}$$

从以上内容中可以看出，隐马尔可夫模型可以通过参数 λ 的形式来表示，即

$$\lambda=(\boldsymbol{A},\boldsymbol{B},\boldsymbol{\pi}) \tag{5.10}$$

5.1.4 隐马尔可夫模型的三个典型问题

隐马尔可夫模型在各领域都有着广泛的应用，无论在哪个领域，对于隐马尔可夫模型的研究与应用都要解决三个典型的问题。

1. 计算的问题

第一个问题就是对于给定模型的参数 $\lambda=(\boldsymbol{A},\boldsymbol{B},\boldsymbol{\pi})$，以及可观测序列 $\boldsymbol{O}$，计算某一给定的可观测状态序列的概率。这个问题实际上就是计算 $P(\boldsymbol{O}|\lambda)$，评估给定的模型与观测序列之间的匹配度。

用长春市天气的例子来讲，目前已知隐马尔可夫模型，甲同学通过观察乙同学的活动发现，近四天乙同学的活动分别为学习、打羽毛球、打篮球和玩游戏。则需要根据这些信息，计算出乙同学进行这些活动的概率。

2. 解码问题

第二个问题为解码问题，又称为预测问题。对于给定模型的参数 $\lambda=(\boldsymbol{A},\boldsymbol{B},\boldsymbol{\pi})$，以及可观测序列 $\boldsymbol{O}$，如何找到在一定程度上最优的隐藏序列 $\boldsymbol{I}$。在大部分时候，我们都更加关注不能够被观测到的隐藏状态序列，实际上解码问题就是根据可观测的状态的序列来寻找最为可能的隐藏的状态序列的过程。

用长春市天气的例子来讲，目前已知隐马尔可夫模型，甲同学通过观察乙同学的活动发现，近四天乙同学的活动分别为学习、打羽毛球、打篮球和玩游戏。

甲需要根据这些信息，对天气进行猜测，也就是猜测这四天会是什么样的天气促使乙同学进行了上述四个活动。

3. 学习问题

第三个问题为学习问题，对于给定的可观测序列 $\boldsymbol{O}$，如何找到更好的参数 λ，能够使 $P(\boldsymbol{O}|\lambda)$ 最大，实际上这是一个参数优化的问题，需要对参数进行估计。

用长春市天气的例子来讲,目前甲同学只通过观察乙同学的活动发现,近四天乙同学的活动分别为学习、打羽毛球、打篮球和玩游戏。则需要根据这些信息,对参数进行估计,即:长春市三个天气状态之间的转换概率、第一天长春市三个天气的概率分布,以及在每种天气下,乙同学进行每一个活动的概率。

针对以上三个问题,都有着相应不同的算法来进行解决。概率计算问题主要应用的算法为前向算法和后向算法;解码问题主要采用的是近似算法和 Viterbi 算法;学习问题则主要采用的是 Baum-Welch 算法。本章附录的部分对这几种算法进行了较为详细的介绍,读者可以根据附录内容研究具体的计算过程,从而加深对于隐马尔可夫模型的理解。

5.1.5 隐马尔可夫模型在择时中的优势与劣势

近些年来,对于隐马尔可夫模型应用于股票市场或者期货市场的研究不断增多,与过去的普遍使用的简单的择时指标相比,隐马尔可夫模型有着其自身的优势,主要为以下几点。

1. 隐马尔可夫模型对于状态的区分能够解释市场的走势

隐马尔可夫模型的隐藏状态序列虽然是不可观测的,并且对于状态序列也并不是从经济学或者金融学的逻辑进行区分的,但即使如此,通过模型的结果我们仍然可以尝试对不同的状态进行解释。例如,当隐藏状态数为 3 时,可以根据具体情况将状态分为上涨状态、下跌状态及震荡状态三种情况。

隐状态的个数越多,模型在构建计算过程中所依赖的样本数就越少,这也会造成模型不够稳定的情况的出现。但是由于将状态区分得较多,就会考虑市场更多的情形,这样也能够倾向于获得更加准确的择时判断,使极端风险降低。而当隐状态个数较少的时候,那么隐马尔可夫模型在计算过程中每个状态所依赖的样本数就会增加,这样模型的稳定性就能够得到保证,但是,由于状态数更少,当市场遇到极端事件时,模型的识别能力较差,容易造成择时的误判。

2. 隐马尔可夫模型的参数较少

正如前文对于隐马尔可夫模型的介绍中所体现的那样,该模型的参数较少,在进行择时研究中,策略开发者经常需要做的主要工作在于确定隐藏状态的个数。同时,由于参数较少,则在更大程度上避免了过拟合问题的出现。过拟合的问题本书在第 2 章中已经进行了详细的介绍,许多时候,我们在策略模型中加入过多的参数虽然在样本内大大提高了策略模型的效果,但是到了实盘交易过程中,策略的效果将会大打折扣。而隐马尔可夫模型的参数较少的优点则能够帮助提高模型的稳定性。

3. 对于实际情况的解释程度更强

在用隐马尔可夫模型研究金融问题时,该模型特有的对于状态的区分,能够将市场或者股票的走势分为几种不同的情况,并在每种不同的情形中,分别进行研究和解释。与其他的模型相比,该模型更能够同时考虑长期和短期的特征,以及市场可能存在着的结构性变化的问题,这样对于市场的解释能力更强,因此,当使用隐马尔可夫模型进行研究时,通常能够获得更加准确的结果。

虽然隐马尔可夫模型有着诸多的优点,但是其模型的特点也导致了它有着一定的弊端和缺陷,该模型的缺点主要有以下两个方面。

1. 隐状态的结果无法确定

虽然隐马尔可夫模型通过隐状态能够将市场区分为不同种情况,但是模型隐状态的结果并不是策略开发者所预先能够确定的,在对隐状态个数进行确定时,也是根据策略开发者自身对于市场理解的逻辑进行的,因为隐马尔可夫模型所得到的状态结果是随机的。这就为择时策略的构建增加了难度。但是该问题是可以在一定程度上得到解决的,解决的主要方式就是根据每个状态来计算各自的收益率的情况,通过观察收益率的情况来对状态进行区分。例如,当收益率的情况呈现出三条走势完全不同的曲线,一条为上升趋势、一条为下降趋势,还有一条为较为平缓的波动,基于此,策略开发者就可以将三种状态分为上涨趋势、下跌趋势和震荡趋势这三种情况。具体的解决办法会在 5.1.6 节中详细进行介绍。

2. 模型假设所导致的问题

前文中已经介绍了隐马尔可夫模型所存在着的基本假设,然而,在利用隐马尔可夫模型进行择时策略的构建过程中,基本假设是否适用于真实的市场环境仍然有待于商榷。例如,模型的第一个假设,一阶马尔可夫假设,即当前的状态只与前一个时刻的状态有关。但是各个状态之间是否还有着其他的关系,这是需要研究人员进一步考虑的地方。本书对于隐马尔可夫模型的介绍是较为基本的知识,更为复杂的情况和模型需要投资者去深入研究,参考学术界最新的研究成果,通过实证分析,寻找预测市场能力更强的模型。

5.1.6 隐马尔可夫模型在择时中的应用

通过前文对于隐马尔可夫模型的介绍,读者可以大致了解模型的基本思想,在这里,根据长春市天气的例子,此时我们不考虑天气的状态,而去考虑市场的状态。在进行择时的研究时,我们可以认为市场所处的状态是一个马尔可夫过程,即当前市场的状态只与前一期市场的状态有关,而市场的状态是不可观测的,此时便需要通过一些可观测的序列对市场的状态进行推测,因此可以通过隐马尔可夫模型对当前市场的状态进行上述行为。

1. 可观测序列的选择

可观测序列是隐马尔可夫模型所必不可少的已知条件,对于可观测序列的选择是一个较为系统的问题,可以作为可观测序列的指标有许多,股票价格、成交量、各种基本面和技术指标,以及各指标的组合和变换都可以成为可观测序列。但是策略的开发者需要在众多可观测的序列中,寻找到效果最好的序列,只有合适的可观测序列,才能够更加有效地反映出市场所处的状态的变化。

作为例子,本部分简单选取了一组指标作为可观测序列,主要为以下三项。

(1) 每日的对数收盘价差:计算方法为资产每天的对数收盘价减去前一日的该资产的对数收盘价。

(2) 每日的对数高低价差:计算方法为资产每天的对数最高价减去每天的对数最低价。

(3) 每日的对数成交量差:计算方法为资产每天的对数成交量减去前一日的该资产的对数成交量。

选取了这三个指标后,对其数据进行标准化,标准化的方法在第 3 章中已经进行了介绍,在此不再赘述。

研究的时间区间为 2017 年 4 月 1 日—2023 年 3 月 31 日,共 1459 个交易日,数据选取的是沪深 300 指数的日价格及成交量等数据。

2. 隐状态个数的确定

在构建隐马尔可夫模型时,对于隐状态个数选取的不同,所得到的结果也存在着一定的不同。根据以上三个指标,现构建隐马尔可夫模型,并分为隐状态个数为 3 和隐状态个数为 6 的两种情况进行分析。图 5-2 和图 5-3 分别为隐状态个数为 3 和隐状态个数为 6 的数据的标注图。从这两个图中可以非常直观地看到不同状态对应的散点图。从两个图中可以发现,沪深 300 指数在不同的走势情况下,隐状态也存在着不同。

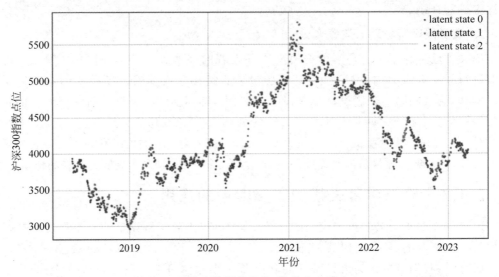

图 5-2　隐状态数据的标注(隐状态个数为 3)

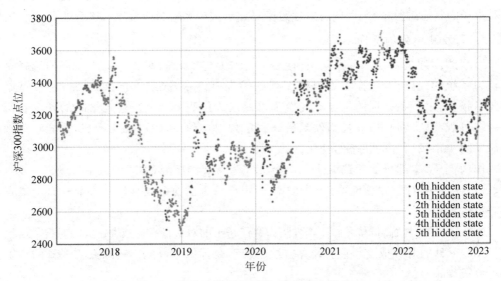

图 5-3　隐状态数据的标注(隐状态个数为 6)

为了能够识别出每个状态所代表的市场情况,现假设可以直接购买指数,我们在出现每个隐状态的第二天买入沪深 300 指数,通过构建这种多头策略,可以识别每个状态所带来的效果。针对隐状态数为 3 和 6 的两种情况,策略的净值图为图 5-4 和图 5-5。首先,从图 5-4 中可以很明显看出,状态 1 有着明显的上升的趋势,状态 0 下降的趋势较为明显,而状态 2 的曲线与另外两个曲线相比则没有明显的趋势。因此,便可以据此将市场的状态分为三种,状态 1 代表"上涨"、状态 0 代表"下跌",而状态 2 则代表"震荡"。

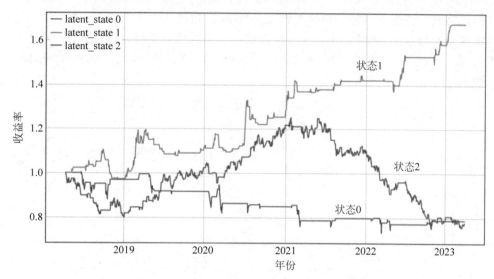

图 5-4　隐状态收益曲线(隐状态个数为 3)

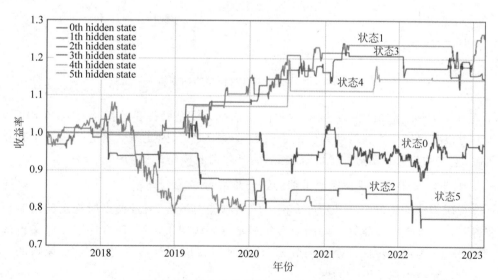

图 5-5　隐状态收益曲线(隐状态个数为 6)

进一步选择隐状态个数为 6 的情况,从图 5-5 中可以看出,6 个状态的收益走势有着明显的不同,其中,状态 1、状态 3、状态 4 有较为明显的上升趋势,代表"上涨",状态 2、状态 5 有较为明显的下降趋势,代表"下降",状态 0 无明显趋势,代表震荡。

3. 回测结果分析

通过将状态进行分类,将不同的状态视为不同的交易信号,从而可以实现择时的目的。为了简便方便举例,我们只根据 6 种状态的隐马尔可夫模型构建策略,如图 5-5 所示,我们发现状态 1、状态 3 和状态 4 有着明显的上升趋势,而状态 2 和状态 5 有着明显的下降的趋势。因此,我们可以据此构建择时策略。

为了方便展示,我们选择沪深 300 指数 ETF 及沪深 300 股指期货作为交易对象,在此我们忽略交易成本等问题。那么当出现隐状态 1、隐状态 3 和隐状态 4 时,第二天执行买入沪深 300 指数 ETF 的操作;当出现隐状态 2 和隐状态 5 时,执行卖出沪深 300 股指期货的操作。回测区间为 2018 年 4 月 1 日—2023 年 3 月 31 日。回测结果如图 5-6 所示。

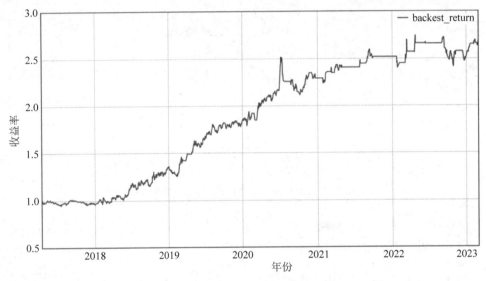

图 5-6　隐马尔可夫择时模型的回测结果

从图 5-6 的收益曲线可以看出,通过隐马尔可夫模型所构建的择时策略,在沪深 300 指数上可以获得较好的收益效果。由于引入了股指期货,因此整个收益曲线并没有较大的回撤,整体的趋势是明显向上的。因此,隐马尔可夫模型的预测效果较好。

4. 对于隐马尔可夫模型择时策略的进一步思考

上文所构建的简单的隐马尔可夫模型的预测能力较强,通过模型所构建的策略也能够获得一定程度上的收益,但是,该策略并不能直接应用于市场,还有许多需要考虑的问题,本书认为,为进一步提升模型的效果,让模型可以应用到实际交易当中,策略的开发者应至少还要考虑以下五个问题。

(1) 上述回测过程与实际情况相差较远。例如,交易成本没有被考虑其中。因此策略开发者需要设定更多的条件,让其更符合实际情况。

(2) 模型构建所选取的观测序列是否有更好的选择还有待商榷。本例指标类型的选取较为单一,同时也并不复杂,因此,策略开发者应该不断地研究以选择效果更好的指标并将其作为观测序列。

（3）在构建隐马尔可夫模型时，本文并没有对模型的算法进行设定，然而不同的算法所得到的结果存在着一定的差异，因此，策略开发者需要研究哪种算法更为合适。

（4）在构建隐马尔可夫模型时，对于参数的设置问题本书也没有进行过多考虑，但是这并不代表这个问题可以忽略。对于参数的估计问题是隐马尔可夫模型的一个较为复杂的问题，因此，策略开发者需要针对隐马尔可夫3个经典的问题，思考每种问题的更好解决方式，从而达到提升隐马尔可夫模型对于股市的预测效果的目的。

（5）为了方便，我们虽然设定了隐状态数目为6个，但是并没有对这6个状态做出过多的区分，只是根据收益曲线的明显的走势分为了买入的信号和卖空的信号。策略的投资者可以对不同隐状态的区分方式做出更多的研究，寻找一种更合乎逻辑，也更为准确的区分方式。此外，隐状态数的确定也是策略开发者需要考虑的问题。

5.2 趋势择时策略

5.2.1 传统趋势指标

1. 移动平均线

移动平均线（moving average，MA）由 Joseph E. Granville 于 20 世纪中期提出，是投资者用来判断走势的重要技术指标，多年来对其有效性的争论仍旧无法平息。MA 的含义较为简单，就是连续若干天的收盘价的算术平均数。其中，天数就是 MA 的参数。其计算方法、应用及特点如下。

1）MA 的计算方式

$$N\text{日移动平均线} = N\text{日收盘价之和}/N$$

使用该方法计算出的移动平均线也称为简单移动平均线（simple moving average，SMA）。5 日移动平均线可表示为 MA(5) 或 MA5，任何其他周期的移动平均线都可以使用该方式进行表示。根据 N 的取值，可将移动平均线划分为短期、中期和长期三种。常用的短期移动平均线主要包括 MA5 和 MA10 等；中期移动平均线主要包括 MA20 和 MA60 等；长期则包括 MA120 和 MA250 等。投资者可以单独使用一条移动平均线，也可以同时使用多条。一般情况下，均线的时间周期越短，波动性越大，稳定性越弱。从图 5-7 中可以看出在 2023 年 1 月 3 日—2023 年 3 月 1 日上证指数 K 线图中，MA5 的波动性明显大于 MA120。

2）MA 的运用

（1）黄金交叉与死亡交叉。如图 5-8 所示，当短期移动平均线向上突破中期或长期均线时，即为黄金交叉，代表股价将进入上涨趋势，为买入信号；当短期移动平均线向下突破中期或长期均线时，即为死亡交叉，代表股价将进入下跌趋势，为卖出信号。

（2）多头排列与空头排列。当多条移动平均线按照周期由短至长、从上而下的顺序排列，并向右上方移动时，即为多头排列，预示股价将上涨；当多条移动平均线按照周期

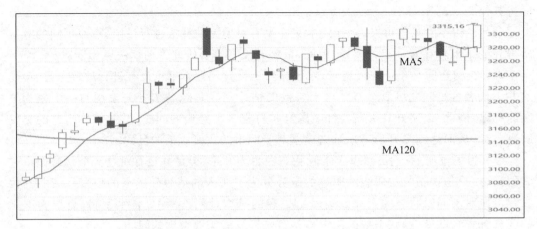

图 5-7　上证指数 MA5 与 MA120 走势（2023 年 1 月 3 日—2023 年 3 月 1 日）

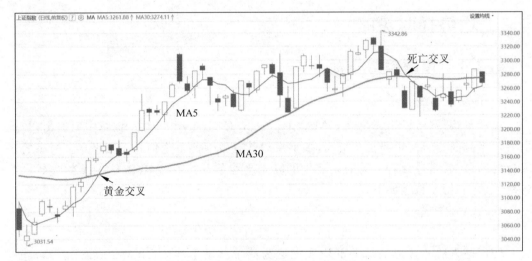

图 5-8　黄金交叉与死亡交叉示例

由短至长、从下而上的顺序排列,并向右下方移动时,即为空头排列,预示股价将下跌。

(3) 支撑与阻力。在上涨行情中,当股价位于移动平均线的上方,且移动平均线呈多头排列时,这些移动平均线就构成了对股价的支撑。在股价回落到移动平均线附近时,各条均线将对股价起到支撑作用并推动股价上涨;在下跌行情中,当股价位于移动平均线的下方,且移动平均线呈空头排列时,这些移动平均线就形成了阻力。在股价回弹至移动平均线附近时,将会受到移动平均线的阻力,从而推动股价下跌。

(4) 反转信号。移动平均线由上升转为下降或由下降转为上升均为反转信号,预示股价将由涨转跌或由跌转涨。

3) MA 的优点

(1) 反映股票价格的总体趋势。股票价格的异常波动可能会影响投资者的判断,而 MA 反映的是过去一段时间股价变动的总体趋势,可以一定程度上减少投资者在决策时受到股价异常的干扰。

(2) 稳定性较高。MA 可以将某个交易日股票价格的大幅变动平均分摊至若干个交易日,一定程度上稀释了股价波动的影响。周期越长的 MA 越难受到股票价格偶尔大幅变动的影响,稳定性越高。

(3) 简明易懂。MA 的计算方式较为简单,其发出的信号也易于观察和判断,便于投资者理解与应用。

4) MA 的缺陷

(1) 滞后性。MA 是过去交易日收盘价的算术平均,具有跟踪趋势的特性,总体趋势发生改变之后,MA 才会发出反转信号,有一定的滞后性,可能导致投资者错过最佳的交易时机。

(2) 不适用于震荡行情。当股市处于震荡行情时,MA 可能会频繁发出反转信号,使投资者难以做出准确的判断。

(3) 敏感性较低。周期较长的 MA 变动十分缓慢,对股价变动的敏感性较低,无法反映股票价格的短期趋势。

(4) 对近期数据的重视程度不足。在股市中,距离当前时间点较近的股票价格往往包含着更多的信息,也更具有参考价值,而移动平均线赋予了每个交易日收盘价相等的权重,即 $1/N$,因此,较长周期的 MA 反映的市场走势相比真实情况可能存在较大的偏差。

2. 平均线差指标

平均线差指标(different of moving average,DMA),也称为平行线差指标,属于趋向类指标,DMA 主要通过计算两条基准周期不同的移动平均线的差值,来判断当前买入卖出的能量的大小和未来价格走势的趋势,其计算方法和应用如下。

1) DMA 的计算方式

DMA 等于周期较短的移动平均线与周期较长的移动平均线的差值,其公式为

$$\text{DMA} = \text{MA}(N_1) - \text{MA}(N_2) \tag{5.11}$$

式中,N 为天数,且 $N_1 < N_2$。

2) DMA 的运用

DMA 通常与 DMA 的移动平均线(AMA)搭配使用。

(1) 当 DMA 与 AMA 均大于 0 且向上运动时,为买入信号,经过一段时间的上涨行情后,如果两条曲线同时从高位开始向下运动,则为卖出信号;当 DMA 与 AMA 均小于 0 且向下运动时,为卖出信号,经过一段时间的下跌行情后,如果两条曲线同时从低位开始向上运动,则为买入信号。

(2) 当 DMA 自下而上穿越 AMA 时,为买入信号,在上升过程中,经过一段时间的盘整行情后,DMA 再次向上突破 AMA,表明股价有可能再次上涨,为买入信号;当 DMA 自上而下穿越 AMA 时,为卖出信号,在下跌过程中,若股价始终无法突破各均线的阻力,当 DMA 向下突破 AMA 时,预示股价可能继续下跌,为卖出信号。

(3) 当 DMA 与 AMA 数值均小于 0,且 DMA 与股价曲线从低位同步上升时,预示股价可能在短期内会停止下跌,若 DMA 继续向上突破零轴,与股价曲线同时向上攀升,则为买入信号;当 DMA 与 AMA 数值均大于 0,且 DMA 与股价曲线均呈下跌趋势时,

预示股价可能会继续下跌,为卖出信号;当 DMA 与 AMA 位于高位,数值远超过 0 时,若经过盘整后再次向上,但未超过过去的最高点,且 DMA 与股价曲线同时开始向下运动时,预示股价可能停止上涨,将出现下跌行情,为卖出信号。

(4) DMA 的背离。DMA 指标的背离是指 DMA 曲线的走势和 K 线图的走势相反的情况。DMA 指标的背离分为顶背离和底背离。当股价 K 线图呈上升趋势,不断形成新的最高点时,若 DMA 曲线的峰值逐渐降低,则称为顶背离,预示股价将从高位下跌,为卖出信号;当股价 K 线图呈下降趋势,峰值逐渐降低时,若 DMA 曲线的最低点持续升高,则称为底背离,预示股价将开始上涨,为买入信号。需要注意的是,在底背离多次出现时,投资者才可确认行情的反转。

3. 三重指数平滑移动平均指标

在前文中我们提到了 MA 存在无法充分考虑近期信息的缺陷,在解决该问题的方法之一是使用指数移动平均值。

指数平滑线(exponential moving average,EXPMA 或 EMA)也是一种趋向类指标,EMA 对收盘价进行加权算术平均,赋予了近期数据更高的权重。EMA 的计算采用递推的方法,其公式为

$$EMA(T) = a \times P(T) + (1-a) \times EMA(T-1) \tag{5.12}$$

式中,$a = 2/(T+1)$,是计算平滑线的参数;T 为天数;$P(T)$ 为当日的收盘价。

a 的选择的不同可以得到不同速度的 EMA,下面以常用的参数 12 和 26 为例:

如果取 $a = 2/(12+1)$,就可以得到快速指数平滑线 EMA(12)的计算公式。

如果取 $a = 2/(26+1)$,就可以得到慢速指数平滑线 EMA(26)的计算公式。

三重指数平滑移动平均指标(triple exponentially smoothed average,TRIX)对股票价格进行了三次指数平滑处理。投资者可以使用 TRIX 分析股价中长期的变动趋势,以过滤短期波动的影响,从而避免因频繁操作带来的损失,进行长线投资。

TRIX 就是在 EMA 的基础上再进行两次指数平滑处理。为便于区分,我们将式(5.12)求出的 EMA(T)曲线命名为 $X_1(T)$,并计算 N 天的 $X_1(T)$ 的指数平滑线 $X_2(T)$。

$$X_2(T) = a \times X_1(T) + (1-a) \times X_2(T-1) \tag{5.13}$$

接下来计算 N 天的 $X_2(T)$ 指数平滑线,即为 TRIX。

$$TRIX(T) = a \times X_2(T) + (1-a) \times TRIX(T-1) \tag{5.14}$$

TRIX 通常与其 m 日移动平均线,TRMA 搭配使用。

(1) 当 TRIX 线自下而上突破 TRMA 线时,预示股价可能开始上涨,为买入信号,若此后 TRIX 线和 TRMA 线同时向上运动,则预示股价将会继续上涨,投资者应继续持有股票,而在股价已经有较大涨幅后,若 TRIX 线在高位走平或开始向下运动,则可能预示股价即将由上涨转为下跌,此时投资者应密切关注股价走势,在股价开始大幅下跌时及时卖出股票。

(2) 当 TRIX 线在高位自上而下突破 TRMA 线时,预示股价可能开始下跌,为卖出信号,若此后 TRIX 线和 TRMA 线同时向下运动,则预示股价将会继续下跌,投资者应持币观望,而在股价已经有较大跌幅后,若 TRIX 线在低位走平或开始向上运动,则可能预示股价即将由下跌转为上涨,此时投资者应密切关注股价走势,在股价开始向上攀升

时可以考虑买入股票。

（3）通常，在一个完整的上涨或下跌行情中，会出现两次或以上的黄金交叉和死亡交叉。当股价经过一段上升过程中的盘整行情后，TRIX 线再次自下而上突破 TRMA 线形成黄金交叉后，预示股价可能再次上涨，为买入信号；当股价经过一段时间的下跌后，若股价始终无法突破均线的阻力，且 TRIX 线再次自上而下突破 TRMA 线形成死亡交叉，预示股价可能继续下跌，为卖出信号。

投资者也可以通过 TRIX 曲线的形态及股价走势做出买入或卖出决策。

（1）当 TRIX 曲线在低位形成 W 形底或三重底等低位反转形态时，若股价也出现类似的走势，则预示股价将开始上涨，为买入信号；当 TRIX 曲线在高位形成 M 头或三重顶等高位反转形态时，若股价也出现类似的走势，则预示股价将开始下跌，为卖出信号。TRIX 曲线顶部反转形态对行情判断的准确性要高于底部形态。

（2）TRIX 的背离。与上文提到的 DMA 指标的背离相同，TRIX 也存在背离现象。当股价 K 线图呈上升趋势，不断形成新的最高点时，若 TRIX 曲线的峰值逐渐降低，则称为顶背离，预示股价将从高位下跌，为卖出信号。图 5-9 为上证指数出现顶背离后的走势。在 TRIX 曲线走势与指数走势形成顶背离后，指数开始下跌。当股价 K 线图呈下降趋势，峰值逐渐降低时，若 TRIX 曲线的最低点持续升高，则称为底背离，预示股价将开始上涨，为买入信号。与 DMA 指标相同，在底背离多次出现时，投资者才可确认行情的反转。

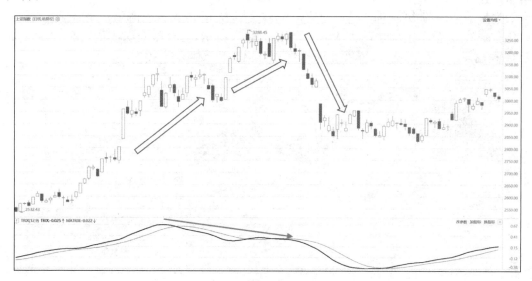

图 5-9　TRIX 的顶背离示例

最后，需要注意的是，当市场处于盘整行情时，TRIX 指标并不适用。

5.2.2　自适应均线

1. 自适应均线的原理

均线对于投资者研究股价未来走势具有的重要参考价值，但其也存在着一定的缺陷。短期均线在上涨行情和下跌行情可以发挥较好的效果，但会受到噪声的影响，在震荡的行情中可能会释放错误的信号误导投资者；长期均线虽然可以较好地规避噪音的影响，但其对股价变动的敏感度较低，具有较大的滞后性，在上涨行情或下跌行情出现时，可能无法及时发出信号，导致投资者错过最佳的入场或出场机会。由此可见，短期均线和长期均线都存在一定的局限性，当股价走势发生变化时，原先使用的均线可能不再发挥作用，而许多投资者可能没有条件持续跟踪市场行情，频繁调整参数。因此，投资者需要一种操作较为简便，并且可以在各种行情中都能够发挥一定作用的指标。自适应均线（adaptive moving average，AMA）则能够较好地满足投资者的这一需求，该指标由 Perry J. Kaufman 在其著作 *Smarter Trading* 中提出，所以也称为考夫曼自适应移动平均线（Kaufman adaptive moving average，KAMA）。

传统的移动平均线，包括简单移动平均线和指数平滑线等，存在难以适应频繁变动的股票市场的缺陷，自适应均线在传统移动平均线的基础上，增添了调节移动平均线参数，即天数 N 的功能。调节参数主要参考的指标是股价的变动速率，当股价变动速率较快时，选择较短的周期，股价变动速率较慢则选择较长的周期。

投资者在使用自适应均线时，需要首先确定自己选用的最短和最长周期的均线的天数，假设某投资者设定所选用的简单移动平均线的最短周期为 2，最长周期为 30，AMA 将根据价格的变动速率，在其设定的周期范围内选用合适的均线。一般来说，股价的变动速率在 0 和 1 之间，当股价变动速率为 1 时，表明股价正在上涨或下跌，此时 AMA 将会选择最短周期的均线，即 MA2，当股价变动速率为 0 时，表明当前正处于震荡行情，此时将会选择最长周期的均线，即 MA30。如图 5-10 所示，当价格上涨或下跌时，AMA 走势早于 MA30 发生变化，当价格进行盘整时，AMA 比 MA2 更加稳定。

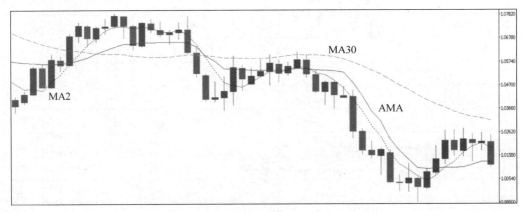

图 5-10　自适应均线与简单移动平均线示例

2. 自适应均线的计算方法

在计算 AMA 之前，首先要引入两个概念：效率比（efficiency ratio，ER）和平滑常数（smoothing constant，SC）。

效率比衡量的是整个时间段 n 内价格的净变化占市场噪声在时间段 n 内的总数量的比率，前者等于 T 日的收盘价与 $T-n$ 日收盘价的差值的绝对值，后者等于从 $T-n$

日到 T 日这段时间内,当日收盘价减去前一日收盘价的绝对值的累加。ER 的公式为

$$\mathrm{ER} = \frac{|P(T) - P(T-n)|}{\sum_{t=T-n}^{T} |[P(t) - P(t-1)]|} \quad (5.15)$$

式中,$P(T)$ 为 T 日的收盘价;n 为效率比的期数。ER 的取值范围为 $[0,1]$,T 日的收盘价越接近 $T-n$ 日的收盘价,ER 值越小,说明股市处于震荡行情的可能性越大。特别是,当 $P(T) = P(T-n)$ 时,ER=0;当股价持续上涨或下跌时,ER 值接近于 1,特别是,若在时间段 n 内,每个交易日的收盘价都高于前一个交易日,则 ER=1。从式(5.15)可以看出,影响 ER 的因素主要包括时间段 n 和收盘价 $P(T)$,投资者无法影响股票的收盘价,但可以自行选择和调整 n 的取值,n 取值不宜过大或者过小,否则可能导致 AMA 对价格趋势的跟踪效果下降,其常用的取值为 10。

在计算出 ER 后,就可以计算 SC,SC 的计算过程为

$$\mathrm{Smooth} = \mathrm{ER} \times (a_1 - a_2) + a_2 \quad (5.16)$$

$$\mathrm{SC} = \mathrm{Smooth} \times \mathrm{Smooth} \quad (5.17)$$

式中,$a = 2/(N+1)$;a_1 为快速指数平滑线的参数;a_2 为慢速指数平滑线的参数。在计算出 SC 后,就可以计算 AMA,AMA 的公式为

$$\mathrm{AMA}(T) = \mathrm{AMA}(T-1) + \mathrm{SC} \times [P(T) \times \mathrm{AMA}(T-1)] \quad (5.18)$$

由上述计算过程可知,投资者在使用 AMA 的过程中,总共需要设定三个参数,分别为时间段 n、快速指数平滑线系数 a_1 和慢速指数平滑线系数 a_2,因此,可将自适应均线表示为 $\mathrm{AMA}(n, a_1, a_2)$。

3. 自适应均线的应用

根据考夫曼的观点,当 AMA 向上运动时,即为买入信号,当 AMA 向下运动时,即为卖出信号。然而,该信号准确度较低,使用此交易策略将承担较大的风险。因此,考夫曼又提出了一个指标,为利用 AMA 进行量化交易的投资者提供较为可靠的参考,并将该指标命名为过滤器。过滤器 k 的计算方式为

$$k = \alpha \times \mathrm{std}[\mathrm{AMA}(T) - \mathrm{AMA}(T-1), m] \quad (5.19)$$

式中,α 代表一个百分数,其取值由投资者自行设定,一般来说,从事外汇与期货交易的投资者可以设定一个较小的 α 值,如 10%,从事股票交易的投资者可以设定一个较大的 α 值,如 100%;式(5.19)中的 $\mathrm{std}[\mathrm{AMA}(T) - \mathrm{AMA}(T-1), m]$ 表示前 m 日内每日 AMA 相比前一日变化的标准差,m 一般取值为 20。

过滤器设定完成后,即可构建投资策略。取 AMA 曲线过去 20 个交易日内的最小值 $\min(\mathrm{AMA}, 20)$,当 $\mathrm{AMA} - \min(\mathrm{AMA}, 20) > k$ 时,表示价格将要上涨,为买入信号;取 AMA 曲线过去 20 个交易日内的最大值 $\max(\mathrm{AMA}, 20)$,当 $\max(\mathrm{AMA}, 20) < k$ 时,表示价格将要下跌,为卖出信号。

此外,投资者也可以根据两条参数不同的自适应均线的趋势变化进行决策。例如,某投资者利用 $\mathrm{AMA}(10, 2, 30)$ 与 $\mathrm{AMA}(10, 5, 30)$ 进行量化交易。当快速指数平滑线系数较小的 AMA,即 $\mathrm{AMA}(10, 2, 30)$ 自下而上突破快速指数平滑线系数较大的 AMA,即 $\mathrm{AMA}(10, 5, 30)$ 时,预示股价可能上涨,为买入信号;当 $\mathrm{AMA}(10, 2, 30)$ 自上而下突破

AMA(10,5,30)时,预示股价可能下跌,为卖出信号。

4. 自适应均线的回测

自适应均线既可以进行股票的交易也可以进行期货的交易,我们以期货交易为例,通过回测展示策略的效果。

1) 交易的各项规则和事项设定

(1) 交易的期货品种:橡胶,PTA,聚丙烯,铜,银,聚乙烯,螺纹钢,铁矿石,焦炭。

(2) 回测区间:2018年4月1日—2023年3月31日。

(3) 初始资金:100万元。

(4) 基准指数:沪深300指数。

(5) 交易手续费设定:买入时佣金万分之一,卖出时佣金万分之一加千分之一印花税,每笔交易佣金最低扣5元。

2) 回测结果

图 5-11 为自适应均线策略回测收益率走势图,从图 5-11 中可以看出,与基准收益相比,策略能够获得一定的超额收益。该策略在 2019 年 4 月—2020 年 7 月表现不佳,由于新冠疫情等因素的影响,该策略在 2020 年 2 月—2020 年 4 月损失较为严重。随着经济的恢复,策略收益也逐渐上升,从 2020 年 8 月开始的大部分时间收益率都明显高于沪深 300。总体来说,该策略本质上是对指数的跟踪,属于较为稳健的策略,能够在长期较为稳定地获得收益,更适合风险厌恶程度较高的投资者进行长线的投资。

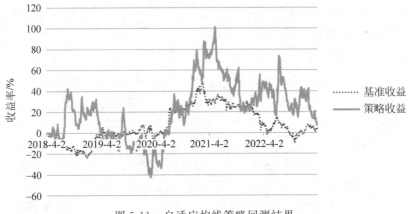

图 5-11 自适应均线策略回测结果

5.3 市场情绪择时策略

在第 3 章多因子模型的理论部分,我们已经介绍了多个主要的传统金融学理论,这些理论都有着严格的假设条件,均普遍都会假定投资者是理性的,并基于该假设进行理论研究。然而,投资者是理性的假设在现实生活中很难成立。行为金融学将心理学的相关理论融入金融学,并且得到了快速的发展,这也为量化投资的发展提供了新的方向。

投资者的情绪能够对投资决策产生重要的影响,而对于投资者情绪的度量也是金融学领域研究的重要方向。近些年来,学术界和业界构建了许多的情绪度量指标,并且得到了广泛的应用。本部分将对根据投资者情绪所构建的量化投资策略进行介绍。

【5-1】 行为金融学的发展历史

早在半个世纪以前,爱德华就将决策的制定引入心理学的研究领域,并勾画出了未来研究的蓝图。但认知心理学的理论研究直到卡内曼和图夫斯基发表他们在判断和决策课题上的研究成果才取得巨大的突破。

然而,20世纪80年代对金融市场的大量实证研究发现了许多现代金融学无法解释的异象,为了解释这些异象,一些金融学家将认知心理学的研究成果应用于对投资者行为的分析当中,到了20世纪90年代,这个领域形成了最具活力的行为金融学派。1999年,克拉克奖得主马修(Matthew)、2002年的诺贝尔奖得主丹尼尔·卡尼曼(Daniel·Kahneman)和弗农·史密斯(Vernon·Smith)都是这个领域的代表人物,为这个领域的基础理论作出了重要贡献。将这些奖项授予这个领域的专家也说明了主流经济学对这个蓬勃发展的领域的肯定,更促进了这个学科的进一步发展。国外将这一领域称为 Behavioral Finance,国内大多数的文献和专著将其称之为"行为金融学"。

5.3.1 GSISI 择时模型[①]

GSISI 模型主要指的是国信投资者情绪指数择时模型。该模型的产生源于 A. D. Persaud 所提出的风险偏好指数(risk appetite index),该指数主要是在度量资产的风险与收益之间的相关系数的基础上设计的,是较好的衡量投资者风险偏好的方法。GSISI 择时模型则是在风险偏好指数的基础上,进行了一定程度的完善并最终构建了 GSISI (GuoSen investor sentiment index)。

1. 模型主要思路

GSISI 模型的主要思路是首先计算每个行业的周收益率,以及相对于沪深300指数的周 Beta 系数;其次计算行业的周收益率与周 Beta 系数之间的 Spearman 秩相关系数;最后根据 Spearman 相关系数构建 GSISI 择时模型。

2. 行业指数的选择

GSISI 模型在计算每个行业的周收益率时所选用的行业指数为28个申万一级行业指数。申万行业指数是在实践投资中较为著名且常用的行业分类方法,该指数主要的优点在于发布较早,因此数据相比于其他行业指数更为充分,此外,该指数对于行业的划分也较为充分,更符合中国市场的特点。具体的行业划分如表5-1所示。选择了28个申万

---

① 本部分参考国信证券2014年研究报告《国信投资者情绪指数择时模型》。

一级行业指数后,便可以计算这些一级行业的周收益率。

表 5-1 申万一级行业分类表

农林牧渔	采掘	化工	钢铁	有色金属	电子	家用电器
食品饮料	纺织服装	轻工制造	医药生物	公用事业	交通运输	房地产
商业贸易	休闲服务	综合	建筑材料	建筑装饰	电气设备	国防军工
计算机	传媒	通信	银行	非银金融	汽车	机械设备

3. Beta 系数的计算

GSISI 择时模型选择沪深 300 指数来代表市场的走势,因此,Beta 系数就是 28 个申万一级行业的周收益率相对于沪深 300 指数的周 Beta 系数。Beta 系数的主要计算方法参考的是资本资产定价模型为

$$r_i - r_f = \beta_i (r_m - r_f) \tag{5.20}$$

通过该公式可以逐步计算每个申万一级行业的 Beta 系数,最终得到 28 个行业的 Beta 系数的时间序列。

4. 相关性分析

GSISI 择时模型的关键步骤就是计算上述 28 个申万一级行业的周收益率和其相对于沪深 300 指数的周 Beta 系数之间的相关性。相关系数主要有两种,分别为 Pearson 相关系数和 Spearman 秩相关系数。在第 3 章多因子模型中已经对两种相关系数的计算方法,以及二者的优劣性进行了详细的介绍,在此不再赘述。在这里,计算相关性的方式建议选用为 Spearman 秩相关系数。Spearman 秩相关系数衡量的是行业 Beta 系数按照从大到小排序后,收益率由大到小的排序能保持与 Beta 系数排序一致性的程度与方向。并且,通过前面步骤中得到了 28 个行业的周收益率和 Beta 系数,可以计算 Spearman 秩相关系数。

5. 投资者情绪指数的设计

Spearman 秩相关系数所计算出来的相关性体现的是周收益率与周 Beta 之间的一致性,因此,当一致性上升时,也就是相关系数大于 0 时,则表示此时投资者情绪较高,即对于市场较为乐观;当一致性下降时,也就是相关系数小于 0 时,则表示此时投资者情绪较差,即对于市场较为恐慌。

计算出 Spearman 秩相关系数后,还需要对得到的结果进行统计检验,保留通过统计检验的结果,并据此构建国信投资者情绪指数 GSISI 为

$$GSISI = 100 \times \rho_s^\alpha \tag{5.21}$$

式中,ρ_s^α 表示经过统计检验结果显著的 Spearman 秩相关系数。此时,当设定 GSISI ≥ 31.7 时,则表示此时投资者情绪较高,即对于市场较为乐观;当 GSISI ≤ -31.7 时,则表示此时投资者情绪较差,即对于市场较为恐慌。

6. GSISI 择时模型的构建

1) 模型构建的基本思路

通过前文的步骤计算出衡量投资者情绪的 GSISI,根据 GSISI 的大小得到对于市场走势的判断。判断方法如下:

(1) 当 GSISI 连续两次出现投资者情绪较为乐观的信号时,则此时看多沪深 300 指数。

(2) 当 GSISI 连续两次出现投资者情绪较为悲观的信号时,则此时看空沪深 300 指数。

(3) 如果出现了乐观和悲观两种信号交叉互现的情况,以最新的信号为起始点,并按照第一和第二两种方式进行判断。

2) 模型具体的实施方式

具体而言,计算出 GSISI 后,模型的实施方式如下。

(1) 当 GSISI$\geqslant$31.7 时,则出现了一次看多沪深 300 指数的信号,如果下次依旧是 GSISI$\geqslant$31.7,则意味着第二次看多信号出现,确定看多沪深 300 指数,并保持看多直至相反的信号出现;而如果紧接着第一次看多信号出现的是 GSISI$\leqslant$-31.7,则第一次信号作废,重新按照该次信号为起点,进行判断。

(2) 当 GSISI$\leqslant$-31.7 时,则出现了一次看空沪深 300 指数的信号,如果下次依旧是 GSISI$\leqslant$-31.7,则意味着第二次看空信号出现,确定看空沪深 300 指数,并保持看空直至相反的信号出现;而如果紧接着第一次看空信号出现的是 GSISI$\geqslant$31.7,则第一次信号作废,重新按照该次信号为起点,进行判断。

(3) 通过前两个步骤的判断,可以得到对于沪深 300 指数一系列不同的多空判断。

7. GSISI 择时模型的效果展示

我们根据上述思路构建择时策略,以沪深 300 指数为参考,回测区间为 2019 年 3 月 1 日—2023 年 4 月 28 日,GSISI 择时策略的回测结果如图 5-12 所示。可以看到该策略在回测区间内能够获得可观的收益,且较为稳定,策略的最大回撤为 22.72%,收益率没有出现大幅下跌的情况。通过图 5-12 的两条收益曲线可以看出,GSISI 择时策略的收益率与沪深 300 呈明显的正相关关系,两条曲线的运动趋势较高的相似性,无论市场处于上升、下跌或者震荡行情,该策略都基本上可以取得高于基准水平的收益,是一个既能把握趋势市又能适应震荡市的择时模型。

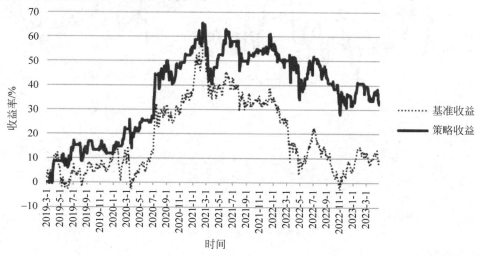

图 5-12 GSISI 模型的回测结果

数据来源:CSMAR 数据库。

8. 对于 GSISI 择时模型应用的思考

上文对于 GSISI 择时模型的详细介绍是为了给读者提供一个关于投资者情绪指数择时的案例，投资者可以以 GSISI 择时模型为例子，通过自己对于市场的经验理解与逻辑，构建自己的投资者情绪指数。GSISI 择时模型从 2021 年 5 月至今效果较好，并且这是一个长期趋势的择时模型。然而，历史永远不能代表未来，未来的 GSISI 择时模型的预测准确率如何还需要得到进一步的考证。作为一个投资者情绪指数择时的模型，GSISI 给出了较为详细的构建过程，并且有着较好的效果，是一个非常好的学习的例子。

5.3.2 基于主成分分析法的投资者情绪指数构建

1. 常见的投资者情绪指标

投资者情绪指数的度量与构建一直是金融学领域研究的热点问题，这也是研究投资者行为特征的一个基础性的工作。本部分总结了国内外研究和实践中较为常用的 15 个投资者情绪指标。

（1）投资者调查。通过向投资者发放问卷等形式对投资者的情绪进行调查就能够得到投资者情绪的衡量结果。过往的研究也表明了投资者信心的变化对于股票价格的波动存在着显著的影响。我国就有基于对投资者调查所构建的投资者信心指数，名为中国证券市场投资者信心指数。图 5-13～图 5-16 即为中国证券市场投资者信心指数在 2010 年 1 月—2023 年 4 月的走势图。从图 5-13～图 5-15 中可以看出这些年投资者信心的变化情况，而图 5-16 则展示了投资者信心指数走势与上证综指走势的对比图，从该图中可以明显发现，中国证券市场投资者信心指数的走势与上证综指的走势有着很强的相关性，从中可直观地观察到投资者情绪对于市场的影响。

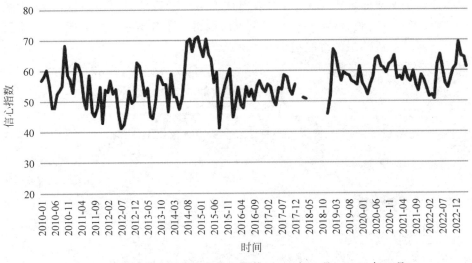

图 5-13　中国证券市场投资者信心指数（2010 年 1 月—2023 年 4 月）

数据来源：CSMAR 数据库。

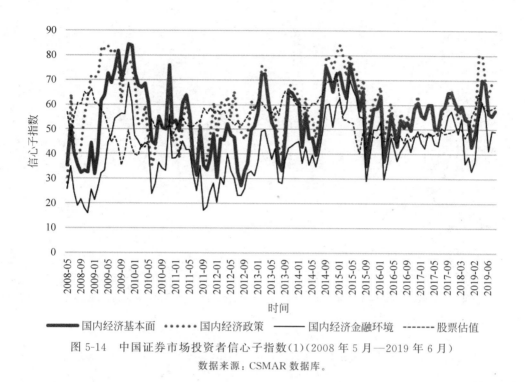

图 5-14　中国证券市场投资者信心子指数（1）（2008 年 5 月—2019 年 6 月）

数据来源：CSMAR 数据库。

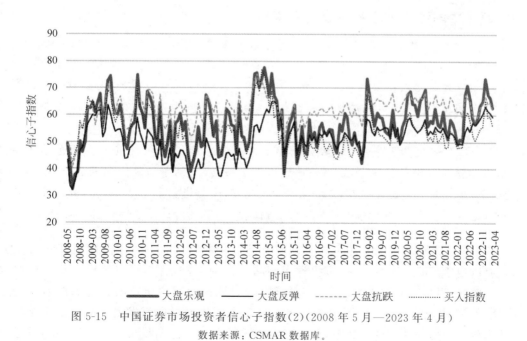

图 5-15　中国证券市场投资者信心子指数（2）（2008 年 5 月—2023 年 4 月）

数据来源：CSMAR 数据库。

图 5-16　投资者信心指数与上证综指走势对比(2010 年 1 月—2023 年 1 月)

数据来源：CSMAR 数据库。

【5-2】 中国证券市场投资者信心指数

　　为了解我国证券市场投资者在当前经济和市场环境下的投资心理和预期变化，2008 年 4 月，投保基金公司在借鉴国内外投资者信心理论研究和调查工作实践的基础上，自主编制中国证券市场投资者信心指数。该指数以月度为单位，从国内经济基本面、国内经济政策、国际经济和金融环境、股票估值指标、大盘乐观指标、大盘反弹指标、大盘抗跌指标、买入指标八个指标进行描述。

　　中国证券市场投资者信心指数数值介于 0～100，50 为中性值。当指数大于 50 时，表示投资者中持乐观、积极看法的比例大于持悲观、消极看法的比例，投资者信心整体偏向乐观。指数值越高，表示投资者信心越强。当指数小于 50 时，表示投资者中持乐观、积极看法的比例小于持悲观、消极看法的比例，投资者信心整体偏向悲观。

---

　　(2) 投资者情绪状态。许多研究也调查了投资者情绪状态与资产回报率之间的关系。通过构建情绪状态变量，研究投资者情绪状态的影响，许多研究发现了较为有趣的结论。例如，当足球队在大型国际比赛中输球时，该国的股票市场的收益率在第二天会相对较差，尤其对于小盘股而言更是如此。还有学者也通过研究发现秋天和冬天市场的收益率相对于另外两个季节较差，分析其中的原因主要是这两个季节投资者的心情更为沮丧，因此也影响到了市场的收益率。

(3) 散户交易。散户交易是一个较为常见的衡量情绪的指标。因为散户相对于机构投资者来说,更容易受到情绪的影响,尤其对于像中国 A 股市场这种散户占比较高的市场来说,散户的交易对于市场的走势会有着较强的影响。

(4) 共同基金现金流。国外的学者更倾向于研究共同基金现金流与股票收益率之间的关系,并且也拿该指标来代表投资者的情绪。共同基金现金流的变化一定程度上可以反映投资者对于市场的看法。

(5) 成交量。成交量是投资者进行投资实践活动的重要指标,同时它也是一个较为常见的用来衡量投资者情绪的指标。成交量的变化也在很大程度上反映了投资者情绪的变化。

(6) 股息溢价。股息溢价定义为派息股票和非派息股票的平均市价与账面值比率之间的差异,股息的支付在很多时候代表的是一种安全的特征,因此股息溢价能够反映出投资者是否更乐意投资于更为安全的股票,该指标在国外也是一种常用的研究投资者情绪的指标。

(7) 封闭式基金的折价率。封闭式基金的折价率能够反映投资者对于资产未来价格的预期,折价率升高意味着投资者情绪趋于悲观,而折价率下降则意味着投资者情绪趋于乐观,因此该指标也是衡量投资者情绪的一种常用的方式。

(8) 期权隐含波动率。期权的波动率指数(volatility index)是一种非常常见的表示投资者对于市场预期的指数,又被称为"恐惧指数"。期权隐含波动率是一种较为流行的衡量投资者情绪的指标,并且也是当前学术研究的一个热点问题。当波动率增大时,投资者预期后市的波动更为频繁,反之如果当预期后市的更加稳定时,波动率指数也会减小。

(9) IPO 首日收益率。IPO 首日的股票收益率反映了投资者的热情,因此可以通过该指标来衡量投资者的情绪。

(10) IPO 数量。在研究中通常认为对于 IPO 的需求能够反映出投资者的情绪。但是在我国新股发行受到了较为严格的控制,因此本书并不建议将该指标作为衡量投资者情绪的指标。

(11) 股票的相对发行量。它主要指的是公司所有股票和债券发行量之和中股票发行量所占的比重。在国外这是一种常见的衡量投资者情绪的指标。但是,正如上一段所述,由于我国的严格的发行制度,本书并不建议用该指标来衡量投资者情绪。

(12) 内部交易。公司股票的错误定价更容易被公司的内部人员发现,而外部人员对于公司真实情况了解更少,存在信息不对称。许多研究者认为,公司的内部人士可以通过内部交易行为来影响投资者的情绪。

(13) 新增开户数量。新增开户数量是一种较为常见和直观的衡量投资者情绪的指标。新增开户数量越多,说明投资者对于市场的预期越好,越愿意加入到投资的队伍当中;反之,则说明市场氛围较为冷淡,投资者情绪相对较为低落。

(14) 换手率。换手率通常用来反映股票流动性的强弱,同时也被用来衡量投资者的情绪,换手率的高低能够反映出市场交易的活跃程度。

(15) 消费者信心指数。消费者信心指数是反映消费者信心强弱的指标,是综合反映并量化消费者对当前经济形势评价和对经济前景、收入水平、收入预期及消费心理状态的主观感受,预测经济走势和消费趋向的一个先行指标。消费者信心指数在一定程度上也能够体现出投资者的信心情况,因此也被作为衡量投资者情绪指标的一种。

2. 情绪指标的分类

根据情绪指标的性质和构建方法可以将投资者情绪指标分为以下三种。

(1) 直接情绪指标。直接情绪指标就是可以直接获取的情绪指标,该类指标通常较为直观,因此也是国内外较为常用的情绪指标。例如,上文中提到的中国证券市场投资者信心指数等。

(2) 间接情绪指标。间接情绪指标主要是指那些通过与投资者情绪相关的信息和数据所构建的指标,相比于直接情绪指标而言,这种指标的主要特点是较为客观。

(3) 综合情绪指标。直接情绪指标和间接情绪指标都是单一的指标,因此一般只能够衡量投资者情绪的部分特征,而综合情绪指标则是通过主成分分析法将多个情绪代理变量合成,因而能够更为全面地代表投资者的情绪变化。

3. 主成分分析法

国内外对于投资者情绪的研究已经持续了许多年,同时也产生了许多能够衡量投资者情绪的指标,然而,虽然众多的度量投资者情绪的指标的出现为投资者进行投资决策提供了多种参考,但每个情绪衡量指标都或多或少存在着代表性不足的问题,如基于调查问卷所得到的信心指数就会存在着被调查人说与做不一致的问题。因此,如何选择出具有代表性的情绪指数成为一个新的难题。为了合理解决这个问题,学术研究者和投资者都尝试着用主成分分析法来解决这一难题。主成分分析法能够过滤出和情绪无关的特质噪声成分,并捕捉其中的共同成分,从而能够得到更为准确的投资者情绪,因此该方法已经成为对于投资者情绪研究的主流方法。

一般选择了作为衡量投资者情绪的代理变量后,就可以通过主成分分析法来构建综合情绪指标。主成分方法的主要思路就是将多维的数据进行降维处理,并提取出主要的成分,从而保留数据的主要信息。如果变量 $X_1, X_2, \cdots, X_n$ 之间的共同成分较大,则可以通过主成分分析的方法提取出少数的几个主成分,代表变量中的大部分的信息,从而实现降维并提取主要信息。现假设共有 n 个情绪指标,记为 $X_1, X_2, \cdots, X_n$,由这 n 个情绪指标的随机变量所构成的向量为 $\boldsymbol{X} = (X_1, X_2, \cdots, X_n)'$,设 $\boldsymbol{X}$ 的均值向量为 $\boldsymbol{\mu}$,协方差矩阵为 $\boldsymbol{\Sigma}$。设 $\boldsymbol{Y} = (Y_1, Y_2, \cdots, Y_n)'$ 为对 $\boldsymbol{X}$ 进行线性变换所得到的合成随机向量,即

$$\begin{bmatrix} Y_1 \\ Y_2 \\ \vdots \\ Y_n \end{bmatrix} = \begin{bmatrix} a_{11} & a_{12} & \cdots & a_{1n} \\ a_{21} & a_{22} & \cdots & a_{2n} \\ \vdots & \vdots & \ddots & \vdots \\ a_{n1} & a_{n2} & \cdots & a_{nn} \end{bmatrix} \begin{bmatrix} X_1 \\ X_2 \\ \vdots \\ X_n \end{bmatrix} \tag{5.22}$$

设 $\boldsymbol{a}_i = (a_{i1}, a_{i2}, \cdots, a_{in})'$,$\boldsymbol{A} = (\boldsymbol{a}_1, \boldsymbol{a}_2, \cdots, \boldsymbol{a}_n)'$,则有

$$Y = AX, \quad i = 1, 2, \cdots, n \tag{5.23}$$

且有

$$\mathrm{var}(Y_i) = \boldsymbol{a}_i' \boldsymbol{\Sigma} \boldsymbol{a}_i, \quad i = 1, 2, \cdots, n \tag{5.24}$$

$$\text{cov}(Y_i, Y_j) = a_i' \Sigma a_j, \quad i = 1, 2, \cdots, n \tag{5.25}$$

根据前两个式子可以看出，可以对原始变量进行任意的线性变换，不同线性变换所得到的合成变量 Y 的统计特征也是不同的。每个 Y_i 都尽可能多地反映 n 个原始变量的信息，而"信息"通常可以用方差来度量，Y_i 的方差越大则表示它所包含的信息越多。根据式(5.24)可以看出，将系数 a_i 不断扩大，则 Y_i 的方差也会不断增大，为了规避该问题，需要增加约束条件 $a_i'a_i = 1$。与此同时，为了能够更好地体现原始变量的信息 Y 的不同分量包含的信息不应该出现重叠的这一原则，故第一个式子的线性变换应该满足如下的约束条件。

(1) $a_i'a_i = 1$，其中 $i = 1, 2, \cdots, n$。

(2) Y_1 在满足约束条件(1)的情况下，方差最大；Y_2 在满足约束条件(1)并且与 Y_1 不相关的情况下，方差达到最大，以此类推。Y_n 在满足约束条件(1)并且与 $Y_1, Y_2, \cdots, Y_{n-1}$ 不相关的条件下，方差最大。

满足以上约束条件的合成变量 $Y_1, Y_2, \cdots, Y_n$ 分别称为原始变量的第 1 主成分、第 2 主成分、……、第 n 主成分，并且各成分方差在总方差中所占的比重依次递减，一般在市场情绪指标的研究中选取方差较大的一个或者几个主成分，从而实现降维和信息提取的目的。

4. 综合情绪指标的构建

首先选取合适的衡量投资者情绪的代理变量，选取变量后需要对每个变量的数据进行标准化的处理，消除数值量纲的差异，标准化的方法在第 3 章多因子模型中已经介绍，在此将不再赘述。

通过主成分分析的方式，执行降维过程，具体的提取主成分的方法读者可以参考相关计量经济学教材，过往的许多研究中直接使用第一主成分来进行情绪指数的构建，最终合成新的更为全面的反映投资者情绪的综合指数。

5.4 经典技术指标择时策略

5.4.1 指数平滑移动平均线

指数平滑移动平均线(moving average convergence and divergence，MACD)是由 Geral Appel 在 1979 年所提出的经典的趋势类指标。MACD 指标主要指的是两条指数平滑线之差，其具体的计算方式和应用如下。

1. MACD 的计算方式

MACD 由正负差(difference，DIF)和 DIF 的移动平均数(difference exponential average，DEA)两个部分组成，其中 DIF 是核心，DEA 是辅助。DIF 表示的是快速指数平滑线与慢速指数平滑线之差，快速和慢速的区别在于进行指数平滑所采用的参数，参数小即为快速，参数大即为慢速。

DIF 计算公式为

$$DIF = EMA(N_1) - EMA(N_2) \tag{5.26}$$

式中，$EMA(N_1)$ 为快速指数平滑线；$EMA(N_2)$ 为慢速指数平滑线。虽然单独用 DIF 也能够进行行情的预测，但是为了使信号更为可靠，可引入另一个指标 DEA。DEA 是连续数日的 DIF 数值的算数平均值。DEA 有自己的参数，即计算 DIF 的算数平均的天数，对 DIF 进行移动平均的处理是为了消除某些因素的影响。

与 MA 相比，MACD 除掉了 MA 信号出现频繁的问题，使发出的信号的限制增加，假信号出现的概率降低，其信号比 MA 更有把握。此外，对于外来价格上升和下降的幅度，MACD 不能够给予有帮助的建议。

2. MACD 的运用

（1）当 DIF 与 DEA 均为正值亦即在中轴线上时，大势属于多头市场，DIF 向上突破 DEA，应作为买入信号。若 DIF 向下跌破 DEA 应只可作回档，暂时获利了结。反之，当 DIF 与 DEA 均为负值时，即在 0 轴以下时，大势属于空头市场，DIF 向下跌破 DEA，可作为卖出信号。若 DIF 向上突破 DEA 则可作买入信号。

（2）背离走势适用在 MACD 的图形上，当 MACD 图形与 K 线图趋势线发生背离时即为反转信号。

（3）MACD 无法预知高价和低价。当盘局时，失误率较高，但如配合 RSI 及 KD 线则可以解决此缺点。

（4）运用柱形图的变化可提早做买或者做卖的决定，免得失去一段行情，但注意有时也会因贪小而失大。

5.4.2 低延迟趋势线择时[①]

1. 传统均线系统的弊端

移动平均线虽然能够很好地描述股票价格的走势，并且追随这个趋势，不轻易发生改变。但是该指标有着一个严重的弊端就在于，其行动往往过于迟缓，掉头速度要落后于大趋势，这种延迟的出现会对投资者的择时产生较大的影响。因此就需要对相关的指标进行完善，实现低延迟的择时方法。

2. 低延迟趋势线的构造

在 5.2.1 节对三重指数平滑移动平均指标的介绍中已经给出了指数平滑线 EMA 的计算公式，相对于 MA 来说，EMA 实际上就是赋予离当前日期更近的价格更高的权重，但是 EMA 与 MA 相类似，都有着较高的延迟的问题。现在我们试着从信号处理理论的角度来研究 EMA 的问题。

首先给出著名的 z 变换的定义，即

$$F(z) = \sum_{k=-\infty}^{\infty} f(k) z^{-k} \tag{5.27}$$

式中，z 定义于复频域；$f(k)$ 为离散的时间序列。实际上，z 变换就是将时域信号变换为

---

① 本部分主要参考广发证券 2013 年研究报告《短线择时策略研究之三：低延迟趋势线与交易型择时》。

复频域的表达式。z 变换在离散时间信号处理中具有非常高的地位,其基本思想来自拉普拉斯。

定义了 z 变换后,下一步就是定义传递函数。传递函数是指零初始条件下线性系统响应(即输出)量的拉普拉斯变换(或 z 变换)与激励(即输入)量的拉普拉斯变换的比值,实际上就是输出与输入强度之间的比值。此时,我们设定 EMA 为输出指标,股票的价格序列为输入指标,EMA 的传递函数可以表示为

$$H(z) = \frac{\text{EMA}(z)}{p(z)} \tag{5.28}$$

式中,p 表示的是股票的价格;$H(z)$ 即为传递函数。此时,将式(5.28)带入到 EMA 的计算公式中,根据 z 变换的线性性质和时位移性质,得

$$a_1 f_1(k) + a_2 f_2(k) \leftrightarrow a_1 F_1(z) + a_2 F_2(z) \tag{5.29}$$

$$f(k-m) \leftrightarrow z^{-m} F(z) \tag{5.30}$$

则可以得到 EMA 的传递函数

$$H_1(z) = \frac{a}{1-(1-a) \times z^{-1}} \tag{5.31}$$

传递函数主要由系统本质特性所决定,与输入信号没有关联。当 $z = e^{i\omega} = e^{i\Omega T} = e^{i2\pi f_s T}$ 时,z 变换的式子就可以转变成傅里叶变换,f_s 表示采样频率;T 为采样的时间间隔,这样便可以更为清晰地看出系统在频域中的性质。当 $z = -1, \omega = \pi$ 时,频率在此时达到最大值;而当 $z = 1, \omega = 0$,系统对应着零频率,即为最小值。

通过对于式(5.31)的分析可看出,当频率为信号可能的最高频率时,$z^{-1} = -1$,传递函数等于 $\frac{a}{2-a}$,高频的成分被最大限度地衰减。而如果时间序列为常序列,则 EMA 会收敛于该常数,$z^{-1} = 1$,传递函数为 1,此时输入信号与输出信号是完全相同的,不会出现增益和衰减。因此,可当传递函数产生 EMA 的信号的时候,对高频的成分具有衰减的作用,EMA 相当于一个一阶低通滤波器。

当传递函数等于 1 时,输出的信号包含了输入信号的全部的分量,那么就可以通过将全部的输入信号中减去低频分量从而构建一个高通滤波器,即为 $1 - H_1(z)$。然而,正如上文所述,$z^{-1} = -1$ 时,传递函数等于 $\frac{a}{2-a}$,此时仍然有高频分量输出。那么根据 $1 - H_1(z)$ 所得到的传递函数无法包括全部的高频分量。因此,需要对 EMA 进行进一步的修正,即

$$\text{EMA}^*(T) = a \times \frac{P(T) + P(T-1)}{2} + (1-a) \times \text{EMA}^*(T-1) \tag{5.32}$$

可以看出,修正的 EMA 在公式中加入了 $P(T-1)$,即前一个交易日的价格,并取前一个交易日的价格与当日的价格的算数平均值。此时,通过 z 变换的线性性质和时位移性质,可以得到修正的 EMA 的传递函数,即

$$H_2(z) = \frac{a \times (1+z^{-1})/2}{1-(1-a) \times z^{-1}} \tag{5.33}$$

当 $z^{-1} = -1$ 时，传递函数等于 0，与修正之前的 EMA 不同，此时高频分量可以被完全过滤，因此可以根据式(5.33)来构建一阶高通滤波器。其传递函数为

$$H_3(z) = 1 - H_2(z) = \frac{\left(1 - \frac{a}{2}\right) \times (1 + z^{-1})}{1 - (1-a) \times z^{-1}} \tag{5.34}$$

但是该一阶高通滤波器效果较差，阶数较低，通带和阻带之间的过渡带过长，而阶数越高，滤波器传递函数在截止频率附近的衰减就越快，与此同时，通带变得不平。因此，需要选择一个较为合理的阶数的滤波器，一般而言，阶数为 2 是更好的选择，其能够保留有用的高频信号。将两个一阶高通滤波器进行串联，就可以实现二阶高通滤波器，则二阶高通滤波器的传递函数为

$$H_4(z) = H_3(z) \times H_3(z) = \frac{\left(1 - \frac{a}{2}\right)^2 \times (1 - 2z^{-1} + z^{-2})}{1 - 2(1-a) \times z^{-1} + (1-a)^2 \times z^{-2}} \tag{5.35}$$

前文中，H_2 对 EMA 进行了修正，H_3 和 H_4 的最高频部分均可完整输出。H_4 相比而言能够对低频和高频的分量做出更好的区分。因此，基于式(5.35)，可以构建低通滤波系统，即

$$H_5(z) = 1 - H_4(z) = \frac{\left(a - \frac{a^2}{4}\right) + \frac{a^2}{2} \times z^{-1} - \left(a - \frac{3a^2}{4}\right) \times z^{-2}}{1 - 2(1-a) \times z^{-1} + (1-a)^2 z^{-2}} \tag{5.36}$$

该低通滤波器就是构建低延迟趋势线的工具，具备两个主要的优势：第一，H_5 与 H_2 相比，其低频分量在截止频率附近有小幅度的增大，但是却没有过分的失真，并且二阶低通滤波后的低频信号更加显著；第二，经过二阶低通滤波后的趋势线能够实现更低的延迟。根据以上内容，可以构建低延迟趋势线指标。

$$\frac{\text{LLT}(z)}{p(z)} = \frac{\left(a - \frac{a^2}{4}\right) + \frac{a^2}{2} \times z^{-1} - \left(a - \frac{3a^2}{4}\right) \times z^{-2}}{1 - 2(1-a) \times z^{-1} + (1-a)^2 z^{-2}} \tag{5.37}$$

通过与 z 变换的时位移性质相结合，可以通过计算得出低延迟趋势线 LLT。通过式(5.37)可以看到，低延迟趋势线的参数只有一个，就是 a，且有 a 越小，延迟越高，平滑性越好的特点。

3. 低延迟趋势线的择时方式

在一定的参数条件下，低延迟趋势线较为平滑，因此可以将低趋势线视作一个处处可微的曲线。通过向前差分的计算，可以得到每个交易日结束后的低延迟趋势线在该点的切线的斜率 k。当 $k > 0$ 时，则看多股票；当 $k < 0$ 时，则看空股票。而当 $k = 0$ 时，则维持之前的多空判断不变。判断的方式如图 5-17 所示。

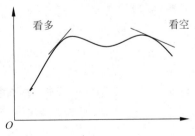

图 5-17 低延迟趋势线多空判断方式

5.4.3 阻力支撑相对强度[①]

1. 阻力位与支撑位

阻力位和支撑位是技术分析中常见的概念,顾名思义,阻力位就是指股票上涨过程中所遇到的阻力,当股票价格上涨到某个价位附近时,股票价格就会停止上涨,甚至出现回落,这个阻止或者暂时阻止股票价格继续上升的价位就叫作阻力位;支撑位就是指股票下跌过程中所遇到的支撑,当股票下跌到某个价位附近时,股票价格就会停止下跌,甚至出现反弹,这个支撑或者暂时阻止股票价格继续下跌的价位就叫作支撑位。

2. 阻力位与支撑位的理论依据

在某一个价位之所以能形成对股价运动的支撑和阻力,主要的原因在于投资者的筹码分布、持有成本及投资者的心理等因素。一个市场中的投资者主要可以分为多头、空头及旁观者。而旁观者又可以分为持股者和持币者。假设股票价格在一个支撑的区域停留了一段时间后开始向上移动,在此支撑区买入股票的多头方将会肯定自己的买入行为,并且懊恼于没有多买。在支撑区卖出股票的空头方此时也意识到自己的错误,并且希望股票价格跌回卖出价格区域,将原来卖出的股票补回。持股者此时的心理状态与多头方类似,而持币者的心理状态与空头方类似。这四种类型的投资者均有意愿买入股票成为多头方。因为这四种类型的投资者都决定要在下一个买入的时机买入股票,因此才会导致股票价格稍微一回落就会受到普遍的关注,从而导致价格未能下降到支撑位置时就被推上去。在该支撑区域发生的交易越多,则说明越多的股票投资者在这个支撑区域有着切身利益,这个支撑区就越发重要。同样,股票价格在一个支撑区域待了一段时间后向下运动就会出现压力的作用。

3. 支撑位与阻力位的使用方式

对于支撑位与阻力位的应用比较容易理解,就是当股票价格向上突破阻力位时做多,当股票价格向下突破支撑位时做空,这是一种典型的突破策略;除了突破策略,还可以通过支撑位和阻力位进行反转策略的构建,就是当股票价格向上接近阻力位时做空回调,当股票价格向下接近支撑位时做多反弹。

因此,对于支撑位和阻力位使用的问题的核心在于对支撑位和阻力位的确定。对于支撑位和阻力位的确定目前也已经出现了许多种方式,形成了许多著名的技术指标。例如,均线 MA 就可以被用来进行突破策略。但是大部分的技术指标对于支撑位和阻力位的使用都是通过一种定值的方式,也就是用其本身的点位作为阈值,这种方式的优点在于能够在大趋势较为明确时获得较高的利润。然而,由于这种定值的使用方式会导致一定程度的滞后性,因此,当市场处于震荡行情时股票就会出现明显的亏损。

4. 阻力支撑相对强度的逻辑

基于上文中所提到的传统技术指标对于支撑位和阻力位使用的缺陷,可以从其他的

[①] 本部分主要参考光大证券 2017 年研究报告《择时系列报告之一:基于阻力支撑相对强度(RSRS)的市场择时》。

角度看待支撑位与阻力位。不去考虑支撑位与阻力位的阈值,而是更多地去考虑支撑位与阻力位之间的相对强度,将支撑位和阻力位视作为一个变量。

当阻力位相对于支撑位的强度更弱时,说明投资者普遍对于支撑位更为认可,因此市场走势更容易向好;而当阻力位相对于支撑位的强度更强的时候,说明投资者普遍对于阻力位更为认可,因此可以预示着市场的走势更容易向坏。当市场处于不同的状态时,阻力支撑相对强度的应用逻辑如下。

1) 市场处于大幅上涨中

如果阻力位相对于支撑位的强度更强,说明上涨的行情即将结束。

如果支撑位相对于阻力位的强度更强,说明上涨行情的持续。

2) 市场处于震荡中

如果阻力位相对于支撑位的强度更强,说明市场预期将会大幅下跌。

如果支撑位相对于阻力位的强度更强,说明市场预期将会大幅上涨。

3) 市场处于大幅下跌中

如果阻力位相对于支撑位的强度更强,说明市场的下跌还没有结束。

如果支撑位相对于阻力位的强度更强,说明市场的下跌即将结束。

5. 阻力支撑相对强度的量化

1) 对于支撑位和阻力位的选择

股票的每日的最高价和最低价实际上就是投资者对于股票价格支撑位和阻力位的体现,当日的最高价和最低价能够迅速地反映出市场对于支撑位和阻力位态度的性质。因此,可以用最高价和最低价分别代表阻力位和支撑位。

2) 相对强度的量化

阻力位和支撑位的相对强度可以用阻力和支撑的相对位置变化程度来表示。较为直观的想法就是通过计算最高价和最低价的变化率的比值来衡量,但是通过该种方法计算所得出的结果噪声较多,因此可以采取通过最近 N 个数据点来得到信噪较高的最低价和最高价的变化程度。那么就可以构建最高价和最低价之间的线性回归模型。

$$P_H = \alpha + \beta P_L + \varepsilon \tag{5.38}$$

式中,P_H 表示最高价;P_L 表示最低价;α 为截距;β 为斜率;ε 为残差项。

对于 N 的选取是方程需要面临的一个问题,如果 N 选择得过大,则会导致过高的滞后性,如果 N 取值过小,则会容易出现更多的噪声。根据式(5.38)的斜率可以很直观地得到阻力位和支撑位的相对强度。当斜率较大时,说明支撑强度要更大,最高价的变动更为迅速;当斜率较小时,说明阻力强度要更大,最低价的变动更为迅速。

以图 5-18 为例,四张图分别代表不同市场状态在不同 β 的时候的走势,更粗的曲线代表着最高价,更细的曲线代表最低价。从图 5-18 中可以明显看出 β 大小的不同所体现的最高价和最低价变动速度的不同。

6. 阻力支撑强度指标的构建

经过前面一系列的步骤之后,现可以对阻力支撑强度(RSRS)指标进行构建,具体的构建步骤如下。

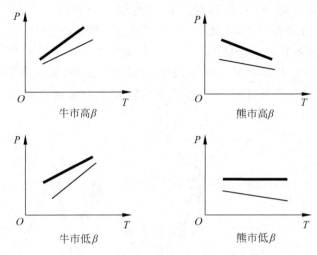

图 5-18　不同 β 所对应的市场走势示例

(1) 获取前 N 日的股票最高价序列和最低价序列。
(2) 将两个序列按照式子构建线性回归方程,求得斜率 β。
(3) 获取前 M 日的斜率 β 的时间序列。
(4) 将获取的斜率 β 的时间序列进行标准化。
(5) 将标准化后的斜率 β 的值作为 RSRS 指标的值。

构建了 RSRS 指标之后,还需要设定一个阈值,当 RSRS 值超过阈值时则看多;当 RSRS 值低于阈值时则看空。在这里,阈值根据标准差的方法选取,即斜率 β 的均值加减一个标准差所得到的两个值即为两个阈值。选取合适的 N、M 及阈值后,可以进行择时的判断。

5.4.4　技术指标择时的回测

本部分将对 5.3 节中所介绍三种技术指标构建量化择时模型,并通过回测展示各策略的效果。

1. 交易的各项规则和事项设定

(1) 交易标的股票:沪深 300 指数,为了演示方便以及数据的可获得性,本部分直接选取沪深 300 指数作为交易标的。
(2) 回测区间:2018 年 4 月 1 日—2023 年 3 月 31 日。
(3) 初始资金:100 万元。
(4) 基准指数:沪深 300 指数。
(5) 交易手续费设定:买入时佣金万分之一,卖出时佣金万分之一加千分之一印花税,每笔交易佣金最低扣 5 元。

2. 回测结果

首先,从图 5-19 中的三个择时策略和基准指数收益的走势图来看,在 2020 年之前,只有 RSRS 择时策略效果较好,LLT 择时策略和 MACD 择时策略的收益均低于基准水平;从 2019 年年末开始,MACD 择时策略收益率开始大幅上升,其走势要明显好于 RSRS 择时策略和 LLT 择时策略;LLT 择时策略在 2022 年之前收益水平略低于基准,从 2021 年年末开始才取得了明显的收益。从收益率曲线的走势上看,MACD 择时策略的波动率明显大于 RSRS 择时策略和 LLT 择时策略。此外,从走势图直观来看,通过三种技术指标构建的量化择时策略都能够获得一定程度的超额收益,要比买入持有沪深 300 指数收益更高。

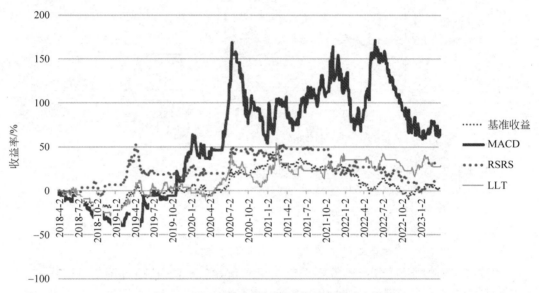

图 5-19 三个技术指标模型收益率的对比图

表 5-2 为三种技术指标所构建的择时策略的主要评价指标的回测结果,从该表格中可以更为清晰地看到三个量化择时策略在回测区间的效果。首先,从策略的收益率和年化收益率来看,MACD 择时策略的收益水平明显高于 RSRS 和 LLT 择时策略,MACD 作为最为经典和常见的择时指标在回测区间内获得了较好的收益效果,而对比最大回撤可以看出,MACD 的风险程度较高,策略回撤明显高于 RSRS 和 LLT 择时策略。其次,对比夏普比率可以看出,只有 RSRS 择时策略的夏普比率为负值,策略收益也低于 MACD 和 LLT 择时策略,说明 RSRS 择时策略在我们选定的回测区间效果不理想。最后,从胜率、盈亏比和盈亏次数这几个指标中可以看出,RSRS 择时策略的交易频率显著高于 MACD 和 LLT 择时策略的情况下,其胜率也显著较高。

表 5-2 三种技术指标择时策略的主要评价指标回测结果

评价指标	MACD	LLT	RSRS
策略收益率/%	69.27	28.99	10.55
年化收益率/%	11.44	5.38	2.09
夏普比率	0.190	0.062	−0.102
最大回撤/%	42.62	34.20	35.67
胜率	0.385	0.283	0.589

续表

评价指标	MACD	LLT	RSRS
盈亏比	1.137	1.249	1.148
盈利次数	77	15	488
亏损次数	123	38	340

3. 对于技术指标构建量化择时策略的思考

通过上面的分析,可以发现 MACD 择时策略的收益优于 RSRS 和 LLT 择时策略,风险也高于后两个策略。RSRS 择时策略在回测区间内虽然收益率较低,但胜率较高,可以经过完善应用到实践中。反观 MACD 和 LLT 择时策略,首先,对于 LLT 择时策略而言,该策略涉及的知识领域较多,从介绍中也可以发现其计算过程较为复杂,虽然收益和择时判断均尚可,但是不如计算更为简单的 MACD 择时策略,因此,这也引起了我们关于策略复杂是否一定更为优秀的思考。其次,作为经典的技术指标,MACD 择时策略虽然在整个回测区间内获得了较好的效果,但在 2019 年 6 月之前,该策略的亏损明显高于 RSRS 和 LLT 择时策略。这也应该引起投资者的思考:在某段区间取得较高收益的策略,在其他时间段是否依然有效。最后,三种技术指标择时策略都有参数的存在,故对于参数选择的不同也会导致策略效果的差异。因此,读者可以以此为基础,继续深入研究策略的完善方式,早日将一个有效的策略应用到投资实践中。

5.5 日内回转策略

5.5.1 日内回转策略的基本介绍

国际上广泛使用的股票交易制度是"T+0"交易制度,"T"表示购入股票的交易日,"+0"表示当日买入的股票,可在当日卖出。20 世纪 90 年代初期,我国在上海和深圳证券交易所相继实行过"T+0"制度,但该制度存在较大的投机性,为了防止过度投机,防范金融风险,保证股票市场稳定运行,我国于 1995 年将"T+0"制度改为"T+1"制度。在"T+1"制度下,当日买入的股票必须等到下个交易日才能卖出,而用于股票交易的资金则仍实行"T+0"制度,当日卖出股票收回的资金在当日即可使用。

在我国实行"T+1"交易制度的背景下,股票的价格更加稳定,市场风险得到有效控制,但投资者可能会面临更大的风险。一方面,投资者要承担股价日内波动的风险,由于当日买入的股票无法进行交易,如果股价大幅下跌,投资者无法及时止损离场,也难以预计产生的亏损;另一方面,投资者要承担隔夜的风险,如果遇到突发事件,例如,对股价产生负面影响的政策、舆情及上市公司基本面等,受到影响的股票有可能在下一个交易日跳空低开,在"T+0"交易制度下,投资者可以及时平仓以规避这部分风险,而在"T+1"交易制度下,投资者必须持有股票直至下一个交易日,从而承担亏损。

通过以上的介绍我们可以看出,对于投资者来说,股票的日内交易相比隔夜交易将会承担较小的风险,因此,在我国股票市场发展的过程中,产生了利用各种工具变相实现

"T+0"交易的策略。进行股票的"T+0"交易也称为"做T"。日内回转策略是投资者广泛采用的做T策略,该策略的核心是建立底仓,在下一个交易日根据行情进行低买高卖,利用股票价格的波动获取收益,而持有的股票数量不发生变化。如果股价按照投资者预期的方向变动,采用该策略的投资者就会获得一定的收益,否则将会产生亏损,这种不确定性即为投资者需要承担的风险。进行日内回转策略有以下注意事项:首先,日内回转策略的交易频率较高,在股票的选择上,日内回转策略主要选取市值较小、价格有一定程度的波动的股票进行交易,大盘股在一个交易日内的波动幅度可能非常小,采用日内回转策略所获得的盈利十分有限,在扣除手续费后,可能会入不敷出;其次,日内回转策略只适用于震荡行情,当股票价格振幅减小时,该策略的收益会出现一定程度的下滑,同时频繁地交易股票会使成本不断增加;最后,日内回转策略要求投资者对其交易的股票较为了解,投资者需要每天进行复盘,把握股票的特性,预测股价未来的走势,从而提高胜率,减少亏损。

5.5.2 股票的日内回转交易

1. 日内回转交易的类别[①]

我国期货交易实行"T+0"制度,因此我们主要探讨股票的日内回转交易。在我国股票的日内回转交易主要通过手工和程序两种交易方式。

手工交易主要是通过交易员手工交易,利用股票日内价格的波动进行低买高卖,获取相应的收益;这部分交易员主要分为两类。一类是以 ETF 瞬时、延时套利为主的管理人。由于 ETF 套利也属于可日内回转的策略,所以在我国开放融资融券之后,部分从事 ETF 交易的交易员将这一策略应用到个股上。另一类是以美股日内交易为主的管理人。本质上,美股 T0 与 A 股 T0 的策略相似,且由于美国实行"T+0"制度,进行美股 T0 交易的灵活性更高,成本更低,但由于监管趋于严格,以及合规性等方面的问题,这部分管理人逐渐从美股市场退出,转而在 A 股市场进行 T0 交易。

从事手工交易的交易员往往会参考流动性、波动率、日内振幅、成本等因素选择证券,出于防范风险的目的,交易员在每日交易的限额、亏损的限额、可交易的证券范围等方面会受到公司的限制。一般情况下,成熟的交易员每日的交易限额可达 2000 万元以上,而初级的交易员每日的交易限额可能会被限制在 500 万元以下。由于交易员的精力有限,每个交易员可监控的股票数量大概在 10~15 只,如果管理人要扩大管理规模,则需要更加优质的交易员团队支持,从而导致运营成本增高,所以一般手工 T0 的产品对业绩报酬会有较高的要求。

程序交易按照交易频率可以大致分为高频程序交易和中低频程序交易。高频的程序交易从期货公司高速柜台获得最新的行情和交易数据,通过盘口和订单簿预测个股从秒钟级别到分钟级别的价格波动。而中低频的程序交易主要预测个股分钟级别到小时级别的价格波动,由于预测的时间更长,所以可以使用更复杂的算法。一般来说,高频的

---

① 本部分主要参考国泰君安期货研究报告《T0 策略配置方法论》。

程序交易换手更高,胜率较高,盈亏比相对较低;而中低频的程序交易换手较低,胜率往往低于高频交易,盈亏比相对较高。程序交易主要通过模型预测股票未来的波动,市场上大部分的股票都可以应用同一套模型进行预测,因此程序交易在股票种类和数量的选择上限制较小,往往可以选择一篮子股票进行交易,增加监控的股票数量几乎不会影响交易的成本。相比于手工交易,程序交易的运营成本较低,规模的扩大相对容易。

手工交易与程序交易都属于较为稳健的策略,业绩曲线较为平滑,从总体来看,手工交易的胜率与收益高于程序交易,但由于程序交易运营成本较低,其收费也低于手工交易,因此从长期来看,二者实际收益相近。程序交易受到股票振幅的影响大于手工交易,在股票振幅较大时,程序交易的收益明显较高,但当股票振幅减小时,程序交易收益则会显著下降。对于手工交易,由于交易员会根据行情的变化主动规避风险,所以手工交易受到股价变动的影响较小,收益较为稳定。此外,对于手工交易来说,不同公司的交易员和股票池不同,选择不同产品时的业绩也会有较大的差别。

2. 日内回转策略的构建思路

本节中我们通过一个例子来阐述股票日内回转策略的交易流程。假设投资者甲在某日购买并计划长期持有 A 公司的股票,总共持有 1000 股,买入价格为 20.00 元/股。在持有 A 公司股票期间,投资者甲希望利用日内回转策略获得一定的短期收益。在下一个交易日,投资者甲预期 A 公司的股票的价格将会上升,并进行以下交易。

(1) 当股票价格为 20.50 元/股时,买入 200 股,并在股价上涨为 20.95 元/股时卖出 200 股,获得盈利为 $(20.95-20.50)\times 200=90$(元)。

(2) 当股票价格为 21.15 元/股时,买入 200 股,并在股价上涨为 21.55 元/股时卖出 200 股,获得盈利为 $(21.55-21.15)\times 200=80$(元)。

(3) 当股票价格为 20.85 元/股时,买入 200 股,并在股价上涨为 21.38 元/股时卖出 200 股,获得盈利为 $(21.38-20.85)\times 200=106$(元)。

(4) 当股票价格为 20.73 元/股时,买入 200 股,并在股价上涨为 21.18 元/股时卖出 200 股,获得盈利为 $(21.18-20.73)\times 200=90$(元)。

(5) 当股票价格为 21.21 元/股时,买入 200 股,并在股价上涨为 21.70 元/股时卖出 200 股,获得盈利为 $(21.70-20.21)\times 200=98$(元)。

投资者甲通过五次交易,总共获得了 $90+80+106+90+98=464$(元)的收益,而其持股数量不变,仍为 1000 股。我们将投资者甲的交易过程整理如表 5-3 所示。

表 5-3 投资者甲股票交易记录

交易次数	买入价格/(元/股)	卖出价格/(元/股)	交易数量/股	盈亏/元
1	20.50	20.95	200	90
2	21.15	21.15	200	80
3	20.85	21.38	200	106
4	20.73	21.18	200	90
5	21.21	21.70	200	98

需要注意的是,在进行了上述的五笔交易后,投资者甲在当前交易日是否可以继续

通过这种交易方式获利？

答案是否定的。从表 5-3 中我们可以看到，甲一共进行了五次交易，每次交易数量为 200 股，故甲在当前交易日共交易了 1000 股 A 公司的股票，在交易结束后，甲仍持有 A 公司股票 1000 股。单从持股数量上看，投资者甲似乎只是进行了五次股票的低买高卖，实际持有的股票数量并没有变化，如果有新的获利机会，甲似乎可以继续进行交易。然而，由于我国实行股票"T+1"交易制度，当日买入的股票不能进行交易，所以投资者甲在当前交易日买入的股票并不能立即卖出，其卖出的股票均为前一个交易日所买入的 1000 股股票，在进行了上述五笔交易后，其持有当日买入的股票 1000 股，而前一个交易日买入的股票已经全部卖出，此时，投资者甲只能买入股票而不能卖出股票。

5.5.3 日内回转交易的应用实例

1. R-Breaker 策略的基本介绍

R-Breaker 策略是一种经典的日内策略，由 Richard Saidenberg 于 1993 年 7 月开发，据资料统计，该策略曾经 14 年在 *Future Trust Magazine* 排名中被列为年度前十大最赚钱的策略，是世界上收益能力较强的策略之一。该策略最主要的投资标的为股票指数，过去也在标准普尔 500 指数上面取得了非常好的收益效果。策略结合了趋势和反转两种交易方式，主要根据前一个交易日的最高价、最低价和收盘价三种类型的数据计算出六个重要的价位，由大到小分别为：突破买入价（bbreak）、观察卖出价（ssetup）、反转卖出价（senter）、反转买入价（benter）、观察买入价（bsetup）、突破卖出价（sbreak）。根据这六个重要的价位，形成当前交易日的日内交易的触发条件；并且可以通过对六个重要价位的计算方式进行调整，拉长或者缩短六个重要价位之间的距离，从而实现触发条件的改变。

2. R-Breaker 策略重要价位的计算方法

设 H、L 和 C 分别代表前一个交易日的最高价、前一个交易日的最低价和前一个交易日的收盘价，则 R-Breaker 策略的六个重要价位的计算方法如下。

(1) 突破买入价：$bbreak = ssetup + 0.25 \times (ssetup - bsetup)$。

(2) 观察卖出价：$ssetup = H + 0.35 \times (C - L)$。

(3) 反转卖出价：$senter = 1.07/2 \times (H + L) - 0.07 \times L$。

(4) 反转买入价：$benter = 1.07/2 \times (H + L) - 0.07 \times H$。

(5) 观察买入价：$bsetup = H + 0.35 \times (C - L)$。

(6) 突破卖出价：$sbreak = bsetup - 0.25 \times (ssetup - bsetup)$。

根据交易日盘中的价格走势，可以实时判断交易触发的条件，可参照图 5-20，则具体的交易触发条件如下。

(1) 在空仓的情况下，当盘中的价格超过了突破买入价，则顺势开仓做多，即采取的是趋势策略。

(2) 在空仓的情况下，当盘中的价格跌破了突破卖出价，则顺势开仓做空，即采取的是趋势策略。

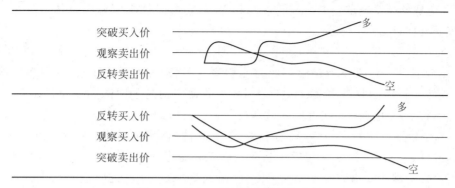

图 5-20　R-Breaker 策略的触发条件

(3) 当交易日日内的价格的最高价超过了观察卖出价后,但没有超过突破买入价,即在盘中价格出现了回落,并且进一步跌破了反转卖出价后,则在该点位反转做空,即采取的是反转策略。

(4) 当交易日日内的价格的最低价跌破了观察买入价后,但没有跌破突破卖出价,即在盘中价格出现了反弹,并且进一步超过了反转买入价后,则在该点位反转做多,即采取的是反转策略。

从具体的触发条件中可以明显看出,该策略的逻辑在于,观察价格是否形成了趋势。如果形成了趋势,则跟踪趋势;而当价格出现波动没有超过或者跌破关键的确定趋势的点位时,则在价格出现回调的时候进行反转策略的交易。

3. 其他注意事项

除了确定策略的实时判断的触发条件以外,策略在实践过程中还需进行以下五个方面的设定。

(1) 止损条件的设定。该类型的策略均需要设定止损条件,当策略的亏损达到一定的数值后,应平仓止损。

(2) 止盈条件的设定。该类型的策略还可以根据具体情况设定止盈条件。当策略的盈利达到一定程度后,平仓获利。但这里需要说明的是,许多该类型的策略加入止盈条件后就会导致策略的失效。

(3) 过滤条件的设定。设定过滤条件以规避不必要的损失。对于该策略而言,当前一个交易日波动幅度过小时,则该交易日不进行交易。

(4) 收盘平仓。在每个交易日收盘之前,需要对所持的合约进行平仓。

(5) 一般采用高频数据进行判断,如 1 分钟、5 分钟或者 10 分钟的数据。

4. R-Breaker 策略的回测结果

1) 交易的各项规则和事项设定

(1) 交易的股票:平安银行(股票代码 000001)。

(2) 回测区间:2018 年 4 月 1 日—2023 年 3 月 31 日。

(3) 初始资金:100 万元。

(4) 基准指数:沪深 300 指数。

(5) 交易手续费设定：买入时佣金万分之一，卖出时佣金万分之一加千分之一印花税，每笔交易佣金最低扣 5 元。

2) 回测结果

图 5-21 为 R-Breaker 策略回测收益走势图。从图中可以明显地看出，在回测区间内，R-Breaker 策略的收益率在绝大部分时段的收益率均高于沪深 300 的收益率，与基准收益相比，该策略明显能够获得更为可观的收益。此外，R-Breaker 策略的收益率曲线与沪深 300 的收益率曲线的走势具有较高的相似性，两者存在明显的正相关关系，且 R-Breaker 策略收益率的变化滞后于基准收益率的变化，例如从 2020 年 3 月下旬—2021 年 2 月中旬，沪深 300 指数收益率大幅上升，而 R-Breaker 策略的收益率也从 2020 年的 5 月下旬—2021 年的 5 月上旬大幅上升。总体来说，无论在长期还是在短期内，R-Breaker 策略都可以提供一定的超额回报，投资者既可以利用该策略进行长线投资，也可以投入短期内闲置的资金，以提高资金的利用效率。

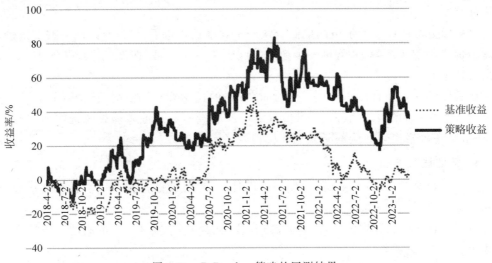

图 5-21　R-Breaker 策略的回测结果

5.6　其他择时交易方法

如今市场上有丰富的择时模型供投资者参考，除上述几种常用的择时策略外，还有多种适用于不同市场情况的其他策略。本节将对部分其他择时策略进行简要列举。

5.6.1　抛物线转向指标[①]

1. 抛物线转向指标的基本概念

抛物线转向指标(stop and reverse, SAR)，也称为止损点转向指标，或者抛物线指

---

① 本部分主要参考广发证券 2014 年研究报告《交易性择时策略研究之六——探寻抛物线逼近下的创业板拐点》。

标,是由美国技术分析大师 Welles Wild 发明的一类寻找市场拐点的技术分析指标。

SAR 指标要求投资者在交易前要事先设定一个止损价位,并且要根据股票价格的波动,对止损价位进行适当的调整,过高或者过低的止损点都有可能导致投资者的收益减少甚至产生亏损。此外,在价格达到止损价位时,投资者不仅应当将先前买入的股票平仓,还可以做反向的交易,以谋求更大的收益,这也是抛物线转向指标中"转向"的含义。

2. 抛物线转向指标的构建

对于周期为 T 的 SAR 指标,其计算方式如下。

$$\text{SAR}(n) = \text{SAR}(n-1) + \text{AF}(n) \times [\text{EP}(n-1) - \text{SAR}(n-1)] \quad (5.39)$$

式中,$\text{SAR}(n)$ 为第 n 日的 SAR 值;AF 称为加速因子或加速系数;$\text{EP}(n)$ 为极点价,即最高价或最低价。

1) 初始值 SAR(0) 的设定

若 SAR(1) 为上涨趋势,则 SAR(0) 为第 0 日的最低价,若 SAR(1) 为下跌趋势,则 SAR(0) 为第 0 日的最高价。

2) 加速因子 AF 的设定

加速因子 AF 的初始值为 0.02,即 $\text{AF}(0) = 0.02$。如果 T 周期和 $T-1$ 周期都为上涨趋势,且 T 周期的最高价 $> T-1$ 周期的最高价,则 $\text{AF}(T) = \text{AF}(T-1) + 0.02$;而当 T 周期的最高价 $\leqslant T-1$ 周期的最高价时,$\text{AF}(T) = \text{AF}(T-1)$;如果 $T-1$ 周期和 T 周期都为下跌趋势,且 Tn 周期的最低价 $< Tn-1$ 周期的最低价,则 $\text{AF}(Tn) = \text{AF}(Tn-1) + 0.02$,而当 Tn 周期的最低价 $\geqslant Tn-1$ 周最低价时,$\text{AF}(Tn) = \text{AF}(Tn-1)$。AF 值的最大值为 0.2,例如在上涨趋势中,$\text{AF}(T-1) = 0.2$,且 T 周期的最高价高于 $T-1$ 周期的最高价,则 $\text{AF}(T) = 0.2$。此外,无论是上涨行情还是下跌行情,只要行情发生变化,加速因子 AF 都必须重新设定为 0.02。

3) 极点价 EP 的设定

若第 n 日为上涨趋势,则 $\text{EP}(n-1)$ 为第 $n-1$ 日的最高价,若第 n 日为下跌趋势,$\text{EP}(n-1)$ 为第 $n-1$ 日的最低价。

3. 抛物线转向指标的运用

图 5-22 为上涨指数的 SAR 指标示例。根据该指标的特点可以进行以下策略。

(1) 当股票价格从 SAR 曲线下方开始向上突破 SAR 曲线时,预示着股价即将上涨,为买入信号。

(2) 当股票价格从 SAR 曲线上方开始向下突破 SAR 曲线时,预示着股价即将下跌,为卖出信号。

(3) SAR 指标更加适合进行中短线交易,在上涨和下跌行情中均有较好的效果,但在股价处于盘整阶段时,SAR 指标可能会频繁地发出买卖信号从而失效。

(4) SAR 指标更适用于成交量较大的个股。

4. 抛物线逼近模型

1) 抛物线逼近模型的构建思路

抛物线逼近模型是在 SAR 指标的基础上构建出来的。SAR 之所以被称为抛物线转

图 5-22　上证指数 SAR 指标示例

向模型,是因为其形态类似于抛物线,一条抛物线的表达式为

$$y = ax^2 + bx + c \quad (a \neq 0) \tag{5.40}$$

抛物线开口的方向由 a 决定。当 $a>0$ 时,抛物线向上开口,存在最小值;当 $a<0$ 时,抛物线向下开口,存在最大值。对于任何一条抛物线,其一阶导数的符号在抛物线顶点处都会发生变化。股票的运动趋势时常也会类似于一条抛物线,如果我们将一定周期内的股价拟合为一条抛物线,则可以运用抛物线的性质来预期股价的变动。

在式(5.40)中,令 $y = \{p_1, p_2, \cdots, p_n\}$,其中 p_n 为第 n 日的收盘价,或者(开盘价+收盘价)/2;$x = \{1, 2, \cdots, n\}$。这样,我们就将 n 日的 K 线拟合为一条抛物线。

2) 抛物线逼近模型的运用

抛物线逼近模型主要通过以下步骤向投资者发出信号。

(1) 在每个交易日结束之后,将该交易日的股价进行拟合,随着 x 的逐渐增大,抛物线会出现拐点,即出现一条水平的切线。当拐点出现时,就进入了预警状态,代表股票价格变动趋势可能会出现反转,当然,股价也有可能会经过一段时间的震荡行情后继续沿之前的趋势变动,因此需要确认拐点。

(2) 拐点的确认需要比较抛物线的二阶导数,在拐点出现后的某一交易日,如果拟合的二次曲线的二阶导数与拐点出现时的二阶导数符号相同,即确认拐点的出现,发出买入或卖出信号;如果符号相反,则需要继续对 K 线进行拟合,在下一个拐点出现时,再次确认拐点,直到二阶导数符号相同为止。

(3) 在确认拐点后,将拐点出现的位置作为新的起点,并继续按照第一个步骤的方式,在每个交易日对 K 线进行拟合,直至新的拐点出现,然后按照第二个步骤的方式对拐点进行确认。

5.6.2 基于 Tsharp 值的择时策略[①]

1. 时变夏普比率模型的构建

时变夏普比率,简称 Tsharp 值(time-varying Sharpe ratio),由 Robert F. Whitelaw 首次提出,该指标在夏普比率的基础上,通过回归方法得到收益率与方差来表示单位风险的超额收益,因此其呈现随时间改变的特性。Tsharp 值通常与经济周期反方向运动,即商业周期位于高峰时夏普比率较小,商业周期位于低谷时夏普比率较大。反映在股市里,Tsharp 值则作为择时指标指导市场与投资决策。

实证研究表明,股息收益率、BAA-Aaa 息差、票据-国库券息差和一年期国债利率对标普指数的股票回报有显著的预测能力,且这种预测能力在不同时期存在着显著的区别,其模型设定为

$$R_{t+1} - R_f = \boldsymbol{X}_t \times \boldsymbol{\beta} + \varepsilon_{1,t+1} \tag{5.41}$$

$$\sqrt{\pi/2} \times |\varepsilon_{1,t+1}| = \boldsymbol{X}_t \times \boldsymbol{\gamma} + \varepsilon_{2,t+1} \tag{5.42}$$

式中,R_{t+1} 表示指数在 $t+1$ 期的收益率;R_f 表示无风险利率;$\varepsilon_{1,t+1}$ 和 $\varepsilon_{2,t+1}$ 分别为式(5.41)和式(5.42)的残差项;$\boldsymbol{X}_t$ 表示由股息收益率、BAA-Aaa 息差、票据-国库券息差和一年期国债利率组成的解释变量矩阵;$\boldsymbol{\beta}$ 和 $\boldsymbol{\gamma}$ 是模型回归系数。

通过式(5.41)和式(5.42),可以计算时变夏普比率,即

$$S_{t+1} = \frac{\boldsymbol{X}_t \times \hat{\boldsymbol{\beta}}}{\boldsymbol{X}_t \times \hat{\boldsymbol{\gamma}}} \tag{5.43}$$

式中,$\hat{\boldsymbol{\beta}}$ 和 $\hat{\boldsymbol{\gamma}}$ 为模型中 $\boldsymbol{\beta}$ 和 $\boldsymbol{\gamma}$ 的模型参数估计结果;S_{t+1} 为 1 时刻的 Tsharp 值。

2. 基于 Tsharp 值的交易策略

通过上述模型,我们可以在 t 时刻计算出 $t+1$ 时刻的 Tsharp 值,且 Tsharp 值与指数呈负相关,因此我们可以利用 Tsharp 值作为择时指标,获取优于长期持有指数的超额收益。投资者可以选择不同频率进行交易,常用的频率为月度 Tsharp 值和季度 Tsharp 值。

计算 Tsharp 值之前首先要确定预测期 n,以及回归模型需要的数据 $R_t, R_{t-1}, R_{t-2}, \cdots, R_{t-n+1}$ 和 $\boldsymbol{X}_{t-1}, \boldsymbol{X}_{t-2}, \cdots, \boldsymbol{X}_{t-n}$,其中 $\boldsymbol{X}_{t-1}$ 为 $t-1$ 时刻的解释变量矩阵,R_t 为 t 时刻指数的收益率。利用上述数据回归得到 $\hat{\boldsymbol{\beta}}$ 和 $\hat{\boldsymbol{\gamma}}$。通过式(5.43)及 $\boldsymbol{X}_t$ 就可得到 $t+1$ 期预测 Tsharp 值。

接下来需要选取最优阈值。当 Tsharp 值较大时,代表当前指数处于低位,未来上涨的可能性较大;当 Tsharp 值较小时,代表当前指数处于高位,未来下跌的可能性较大。因此我们要给定一组阈值 (a,b),其中 $a>b$,当 Tsharp 值高于 a 时,买入指数,故称 a 为买入阈值;当 Tsharp 值低于 b 时,卖出指数,故称 b 为卖出阈值。在设定阈值时需要有一定的标准,设定的 a 过小或者 b 过大可能导致成本的增加,a 过大或者 b 过小则可能导

[①] 本部分主要参考国海证券 2010 年研究报告《新量化择时指标之二——Tsharp:时变夏普比率》。

致错过盈利的机会。为了使收益最大化,我们以最大买入卖出胜率或者最大累积收益为目标,选取最优阈值。假设采取月度数据进行交易,经过测算,使交易策略累积收益最大组阈值为(0.50,0.20),若预测的下个月的 Tsharp 值为 0.05,小于卖出阈值,则下个月应该卖出指数。

3. Tsharp 策略的注意事项

(1) 要选择合适的预测期 n,过小的预测期可能会导致预测结果与实际存在一定的偏差,过大的预测期则可能导致预测过于注重早期的历史数据,与当前市场情况可能并不相符。

(2) 每当 Tsharp 跳跃时,大盘都有较大的概率发生反转。由此 Tsharp 值跳跃可以视为判断大盘的趋势与反转的重要信号。

(3) 预测的 Tsharp 值与指数超额收益存在正相关关系,因此当预测的夏普比率越大时,对市场的看多程度也就越大;反之亦然。

(4) 时变夏普比率依靠宏观变量进行预测,反映的是整个市场的运行状况,因此只适用于指数,不适用个股。

5.6.3 牛熊指标[①]

1. 波动率与换手率

1) 波动率的定义和特点

波动率是衡量资产价格波动水平,度量资产收益不确定性和资产风险水平的常用指标。广义来讲,波动率可以分为实际波动率、历史波动率、隐含波动率和预测波动率等。本节使用的波动率为历史波动率。历史波动率指标的计算主要基于股票指数的收益率,是过去历史 n 个交易日收益率的标准差。采用历史波动率的特点是波动率的变化特征会受到参数 n 的影响。与移动平均线类似,n 越小,波动率对短期的变化越敏感,其变化速度就会越快;n 越大,波动率的变化就会越平滑,更能反映长期的趋势。

市场波动率与上证综指走势的关系图如图 5-23 所示。总体上,在市场上升期间,波动率下降,在市场下跌期间,波动率上升。例如,如图 5-23 所示,在 2015 年年末到 2017 年年末这段时间内,市场总体呈上涨趋势,对应期间的市场波动率处于较低水平;而随后市场下跌,波动率也随之升高。此外,对于 A 股来说,波动率的上升并非单单来源于市场的下跌,市场的快速上涨也可能会使得波动率整体走高;例如,2015 年市场大幅上涨,进而带动波动率上升,而市场上涨带来的波动率上升不会因为上涨的停止而停止,上涨之后的下跌将使得波动率进一步上升。总的来看,在一轮完整的上涨和下跌行情中,市场下跌时期的波动率大概率高于上涨的情形。

2) 换手率的定义与特点

换手率也称周转率,是指在一定时间内市场中股票转手买卖的频率,是反映股票流通性强弱的指标之一。成交量和换手率都是反映股票交易规模的指标,前者是一个绝对

---

① 本部分主要参考华泰证券 2019 年研究报告《华泰金工量化择时系列——波动率与换手率构造牛熊指标》。

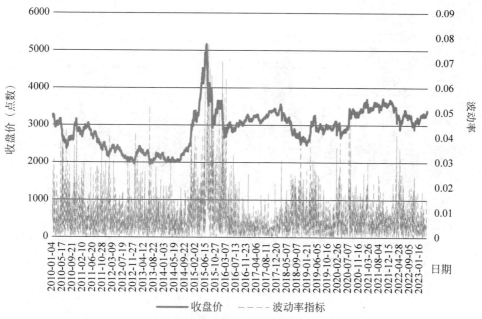

图 5-23　上证综指与股票市场历史波动率走势图

数值概念,随着市场总股本的增加自然增长;后者是相对数值型指标,以百分比形式呈现出来,能够更好地在不同时间跨度上进行比较。股票每日换手率等于当天成交量占流通股本的比例。流通股本有两种算法,对应两种不同的换手率:一种是基于流通总股本计算的换手率,另一种是基于自由流通股本计算的换手率。从数值上看,基于自由流通股本的换手率数值整体高于基于总流通股本的换手率,因为计算换手率的时候两者分子相同,而基于总流通股本的换手率分母更大,但两者的走势是一致的,都能够反映市场局部的流动性、活跃度的变化。实际上,在后续划分市场状态和构建牛熊指标开发择时策略的研究中,两种换手率的差异很小。我们采用自由流通股本计算的换手率进行后续研究。在本节中,除特殊说明外,之后的换手率都指代的是采用自由流通股本计算的换手率。

换手率与上证综指走势的关系如图 5-24 所示。从该图中可以看出,换手率与指数走势呈现明显的正相关性。在技术分析中,价量是常被一起提及的指标,换手率本质上属于量的概念,而牛市的出现需要成交量来推动,因此在市场明显的上涨行情中,量也是明显上升的。

3)波动率与换手率的变化对市场的影响

我们借助于波动率与换手率两个维度来对市场进行观察,将市场分为四种状态:波动率换手率同时上行、波动率换手率同时下行、波动率上行换手率下行、波动率下行换手率上行。这四种状态对应的市场走势有较强的规律性。在波动率上行、换手率下行的状态下,市场是典型的熊市特征,市场的下跌一方面会使得波动率上行,另一方面会使成交量萎缩,导致换手率下行;在波动率和换手率同时上行时,市场是典型的牛市特征,市场快速上涨使得波动率上行,投资者的对市场持有乐观预期,交易量上涨,使得换手率上

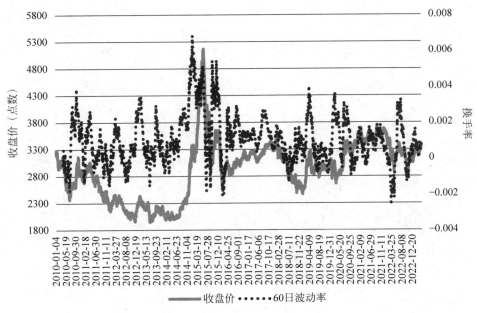

图 5-24　上证综指与换手率走势的关系

行;在波动率下行、换手率上行时,市场往往处于上涨阶段,这个阶段经常是牛市的初期或者熊市之后的反弹;在波动率和换手率同时下行时,市场往往处于震荡行情,走势难以判断。

2. 牛熊指标的构建

上文展示了利用波动率与换手率对市场状态进行定位的过程,基于波动率和换手率与市场走势的关系,我们构建牛熊指标,其构建方式非常简单,为波动率与换手率的比值。如此构造出来的牛熊指标与指数本身的走势呈现明显的负相关性。当牛熊指标上升时,市场往往处于下跌状态,牛熊指标下降时,市场往往处于上涨状态。

前文中我们利用波动率和换手率将市场状态划分成了四类,如图 5-25 所示,其中熊市特征(波动率上行、换手率下行)在牛熊指标上表现为上升;牛市特征(波动率上升、换手率上升)在牛熊指标中表现为下降;上升市特征(波动率下行、换手率上行)在牛熊指标上表现为下降;震荡市特征(波动率下行、换手率下行)在牛熊指标上的表现则不尽相同,部分出现上涨部分出现下跌,此时牛熊指标刚好弥补了震荡市无法判断市场方向的问题。当波动率和换手率都出现下行时,就需要比较两者的下行速度,若波动率的下行速度大于换手率的下行速度,说明市场趋于稳定的速度要大于交易热情衰退的速度,此时牛熊指标下行,市场表现为上涨,典型如 2017 年的上涨。当波动率的下行速度小于换手率的下行速度,说明市场交易热情衰减的速度更快,牛熊指标表现为上升,市场发生下跌,典型的例子,如 2011 年、2012 年的震荡下跌。因此牛熊指标很好地弥补了单一使用波动率、换手率对震荡市涨跌方向不好判断的情况,能够对市场择时起到关键的作用。

在构建牛熊指标时,投资者也可以将波动率和换手率都进行移动平均处理。选取的参数 n 相对较长时,得到的牛熊指标对中长期趋势的识别效果较好,且具有较高的平稳

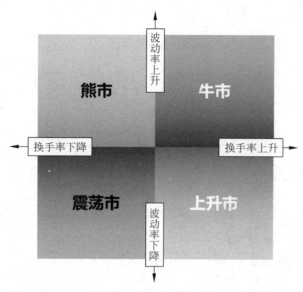

图 5-25 市场状态的划分

性,不会因为市场短期的变化就发生改变。长周期的牛熊指标对中长期趋势的把握较好,更适合中长线投资。不管是主动投资者还是运用量化方法的投资者,都可以借助于牛熊指标对市场进行择时判断。

3. 牛熊指标的应用

图 5-26 为上涨综指与牛熊指标走势图,可以明显看出两者的负向关系。牛熊指标可以在许多经典择时策略中加以应用。利用牛熊指标构建投资策略的思路也非常简单:首先计算对应指数的牛熊指标,然后利用择时策略判断牛熊指标趋势,若牛熊指标趋势向上则对指数看空,若牛熊指标向下则对指数看多。我们以双均线策略和布林带策略为例,简要地展示利用牛熊指标构建择时策略的过程。

(1) 双均线策略:计算牛熊指标的 20 日均线和 60 日均线,若 20 日均线自下而上穿过 60 日均线,则对标的看多,若 20 日均线自上而下穿过 60 日均线,则对标的看空。

(2) 布林带策略:计算牛熊指标的 20 日均线及其价格过去 20 日的标准差,以均线加上两个标准差作为布林带上轨,以均线减去两个标准差作为布林带下轨。当标的突破上轨时,对标的看多,当标的突破下轨时,对标的看空。

5.6.4 趋势震荡恒温器择时[①]

1. 布林带策略

布林带(Bollinger Band),又称布林通道、布林线,是常用的技术指标之一。布林带由约翰·布林创造,其利用统计学原理,求出股价的标准差及其置信区间,从而确定股价的波动范围及未来走势。

---

① 本部分主要参考申万宏源证券 2018 年研究报告《技术择时系列报告之三——趋势震荡恒温器择时研究》。

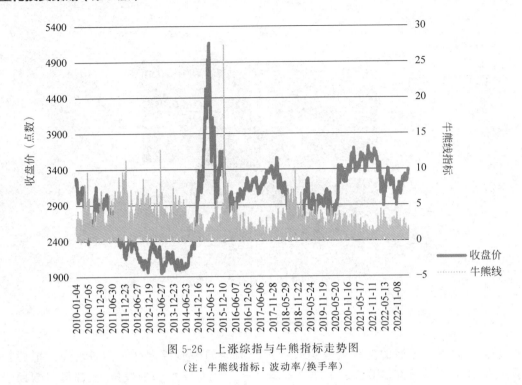

图 5-26　上涨综指与牛熊指标走势图

（注：牛熊线指标：波动率/换手率）

图 5-27 为上证指数布林带示例。由图可知，布林带由三条轨道组成，轨道的位置随价格的变化而自动调整，以波带的形式显示股价的安全高低价位。其中，布林带中轨为收盘价的移动平均值，布林带上轨（阻力线）为布林带中轨加上收盘价在移动窗口内的标准差的一定倍数。布林带下轨（支撑线）为布林带中轨减去收盘价在移动窗口内的标准差的一定倍数。

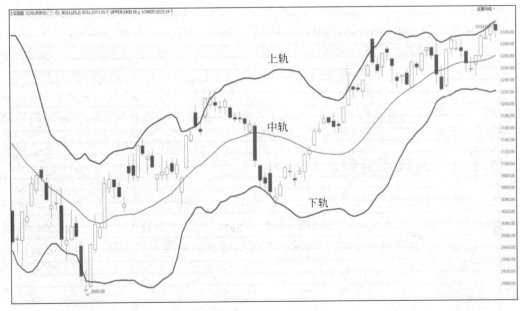

图 5-27　上证指数布林带示例

布林带的宽度随着股价波动幅度的大小而变化。股票价格波动越小,布林带越窄,股票价格波动越剧烈,布林带越宽。布林带策略通常用于捕捉中期趋势,价格触及支撑线后,可能反弹再触及阻力线,反之亦然;当股价突破布林带上轨时,预示着股价可能会向上波动,此时应买入股票;当股价跌破布林带下轨时,预示着股价可能会向下波动,此时应对持有的多头仓位进行平仓,持币观望。

2. 基于平均真实波幅的开盘区间突破策略

在牛市或熊市出现时,布林带可以带来可观的超额回报,而在股价波动较大的市场行情下,布林带指示的压力位和支撑位的有效性将会降低,布林带策略所做的更多的是空仓等待,效果不理想。为了更及时地反映市场的短期波动,我们引入平均真实波幅指标,构建基于平均真实波幅的开盘区间突破策略。

首先对真实波幅(true range)进行定义,即

$$TR_t = \max\{High_t - Low_t, |High_t - Close_{t-1}|, |Low_t - Close_{t-1}|\} \quad (5.44)$$

式中,TR_t 为 t 日的真实波幅;$High_t$ 为 t 日的最高价;Low_t 为 t 日的最低价;$Close_{t-1}$ 为 $t-1$ 日的收盘价;平均真实波幅指标(average true range,ATR)为真实波幅的移动平均。

基于平均真实波幅的开盘区间突破策略的交易方式非常简单,与布林带的构建方式类似,其上轨为开盘价加一定比例的前一日的振幅,下轨为开盘价减一定比例的前一日的振幅。投资者在日内价格突破上轨时进场,突破下轨时离场。

基于平均真实波幅的开盘区间突破策略在没有明显趋势的市场行情中,波动越大,表现越好,总体上指数走势较为接近。而在指数持续上涨或持续下跌时效果较差,主要是由于策略基于近期价格波动以及开盘价调整支撑位和压力位,平均持仓时间较短,换仓频繁,跟不上指数大涨的趋势,收益较差。

3. 潮汐指数

通过以上的介绍我们可以发现,布林带策略持仓时间较长,且在牛市和熊市效果较好,而基于平均真实波幅的开盘区间突破策略持仓时间较短,在震荡市中效果较好。可见,如果可以根据不同的市场状态采用不同的策略,就可以取长补短,获得更高的收益。

潮汐指数(choppy market index,CMI)是用来预测短期内市场类型的一种指标,通过潮汐指数的大小可以判断当前市场为趋势市还是震荡市,其计算方式如下。

$$CMI = \frac{|Close_{30} - Close_1|}{\max\{High_1, High_2, \cdots, High_{30}\} - \min\{Low_1, Low_2, \cdots, Low_{30}\}} \times 100$$

(5.45)

式中,$Close_1$ 为移动窗口中第一个交易日的收盘价;$Close_{30}$ 为最后一个交易日的收盘价;$High_t$ 为第 t 个交易日的最高价;Low_t 为第 t 个交易日的最低价。潮汐指数的取值范围为(0,100)。

计算潮汐指数需要近 30 个交易日的数据,组成 30 日的移动窗口。

CMI 的值越大,趋势越强。一般认为,当 CMI<20 时,表示市场为震荡市;当 CMI≥20 时,表示当前市场为趋势市。利用潮汐指数对市场状态进行划分,我们可以在不同的市场状态下采用不同的策略,进而可以得到更为优秀的复合策略。

4. 趋势震荡恒温器策略

根据潮汐指数所判断的市场类型,我们可以构建趋势震荡恒温器策略,即在趋势市时采用布林带策略,在震荡市时采用开盘区间突破策略。

在市场处于上涨或下跌阶段时,采用布林带策略进行交易。移动窗口为 N 个交易日,布林带中轨=收盘价的移动均值;布林带上轨=布林带中轨+收盘价移动标准差×n_1,布林带下轨=布林带中轨−收盘价移动标准差×n_1,通常取 $n_1=2$。趋势市中,当价格向上突破布林带上轨时买入,当价格向下突破布林带下轨时卖出。趋势市买入的多头,当价格向下突破 N 个交易日的价格均线时卖出。一般来说,我们将 CMI 的移动窗口设置为 $W=30$,将 ATR 的移动窗口参数设置为 $T=10$,且 $N=T\times 5$。

在市场处于震荡行情时,采用开盘区间突破策略。在交易日 t,若 $\text{Close}_{t-1} \geq (\text{Close}_{t-1}+\text{High}_{t-1}+\text{Low}_{t-1})/3$,则认为当前是宜买市;向上突破的触发价为:max(前 M 个交易日的平均最高价,$\text{Open}_t+P_1\times \text{ATR}_{t-1}$),其中,通常取 $M=3$,Open_t 为交易日 t 的开盘价,当价格向上突破买入触发价时买入。向下突破的触发价为:min(前 M 个交易日的平均最低价,$\text{Open}_t-P_2\times \text{ATR}_{t-1}$),当价格向下突破卖出触发价时卖出。通常我们取 $P_1=0.5, P_2=P_1\times 1.5$;若 $\text{Close}_{t-1} < (\text{Close}_{t-1}+\text{High}_{t-1}+\text{Low}_{t-1})/3$,则认为当前是宜卖市,计算突破触发价时交换 P_1 和 P_2 的值,其余规则类似。震荡市买入的多头,当价格跌破(进场价格−$\text{ATR}_{t-1}\times n_2$)时卖出,通常取 $n_2=3$。

在实际应用过程中,投资者可以根据自身风险偏好和当前市场情况对参数进行调整,从表 5-4 中可以看出,需要调整的参数主要包括平均真实波幅的移动窗口长度 T 和宜买市与宜卖市的调节参数 P_1。一般来说,T 的范围设定在 $[5,15]$,P_1 的范围设定在 $[0.2,0.8]$。投资者需要参考一定的指标对参数进行优化。例如,选定对应夏普率较高,且附近参数组合对应夏普率较稳定的参数组合作为最优解,以获得较稳定的策略表现。

表 5-4　趋势震荡恒温器策略参数设置说

参数名	参数含义	参数关联
T	平均真实波幅(ATR)的移动窗口长度	默认值为 10
N	布林带的移动窗口长度	$N=T\times 5$
M	震荡市进出场最高价、最低价移动均线的窗口长度	默认值为 3
W	潮汐指数的窗口长度	默认值为 30
P_1	宜买市与宜卖市的调节参数	默认值为 0.5
P_2	宜买市与宜卖市的调节参数	$P_2=P_1\times 1.5$
n_1	布林带宽参数	默认值为 2
n_2	ATR 的倍数参数	默认值为 3

5.6.5　均线交叉结合通道突破择时[①]

1. 单一指标在应用过程中存在限制

移动平均线、布林带等传统指标的理论基础浅显易懂,应用方式简便快捷,是许多投

[①] 本部分主要参考申万宏源证券 2018 年研究报告《技术择时系列报告之二——均线交叉结合通道突破择时研究》。

资者最先接触到的一类指标。毫无疑问,这些传统指标在技术分析领域中占有重要地位。然而面对变化莫测的市场,这些指标在预测市场未来走势时往往存在一定的限制,利用单一指标构建的择时策略的收益也可能不尽如人意。例如,在 5.2.1 节中介绍的利用移动平均线构建的经典策略之一——黄金交叉与死亡交叉,这类策略在市场趋势明显时往往可以获得不错的收益,而当市场剧烈震荡,没有明显趋势时,均线反复交叉将频繁产生信号,而其中的假信号将导致反复亏损。

由此可见,仅仅依靠单一的传统指标可能难以在复杂的市场形式中获得收益。相对地,为了能够对市场未来走势进行准确的判断,许多更为复杂的指标体系逐渐被开发出来,但并非所有投资者都具备相应的知识储备,这类指标背后的理论基础对于部分投资者来说可能难以理解,也难以进行灵活的运用。针对这种情况,我们可以将自己所熟知的指标进行结合,对市场进行综合判断。在本节中,我们将介绍一种结合移动平均线和布林带的策略:均线交叉结合通道突破择时策略。

2. 均线交叉结合通道突破择时策略的构建

1) 均线交叉结合通道突破策略的整体思路

前文提到,均线交叉策略在股价横盘整理时可能会错误地判定趋势,投资者根据错误的信号进行交易会导致亏损。我们在均线交叉的基础上,设置一个通道,结合通道突破对均线交叉的信号进一步过滤,当突破了近期高点或低点形成的通道时才确定对趋势的判定。具体的交易策略如下。

当黄金交叉出现时,预示股价在未来有可能上涨,设置买入触发价为最近 T 个交易日内的价格的最高点,该价格即为阻力位,在黄金交叉出现后的 T 个交易日内,若价格突破阻力位,则发出买入信号。同理,当死亡交叉出现时,预示股价在未来有可能下跌,设置卖出触发价为最近 T 个交易日内价格的最低点,该价格即为支撑位,在死亡交叉出现后的 T 个交易日内,若价格跌破支撑位,则发出卖出信号。如果在交叉信号出现后的 T 个交易日内股价没有突破阻力位或支撑位,则视为该交叉信号失效,不进行任何交易,等待下一个交叉信号的出现。

在持仓时,设置跟踪止损触发价为 TW 个交易日的最低价,若价格跌破触发价则进行止损,暂时出场。在出场后,设置阻力线为最近 RW 个交易日内的最高价。若在出场后的 RW 个交易日内价格向上突破此阻力线,判定原趋势继续,再度进场。出场 RW 个交易日之后此信号失效。

2) 均线交叉结合通道突破策略的参数设定

均线交叉结合通道突破择时策略涉及多个指标,进行交易前首先要对其参数进行设定(我们设定的参数仅供参考,在实际应用中,投资者可以根据现实情况自行对参数进行设定和调整)。

(1) 首先设定快速均线周期 N 和快速均线周期 M,且 $M=2N$。

(2) 设定通道突破周期 $T=N+3$ 表示识别趋势后 T 根 K 线内突破通道才发出交易指令,否则取消交易。

(3) 设定通道突破幅度 EX,买入突破价=出现金叉信号时的价格×(1+EX)。卖出突破价=出现死叉信号时的价格×(1−EX)。

（4）设定跟踪止损长度 TW=N-1，持多头仓时，将最近 TW 根 K 线的最低价作为跟踪止损价；在持空头仓时，将最近 TW 根 K 线的最高价作为跟踪止损价。

（5）再进场通道突破周期 RT=N+1，多头出场时记录最近 RT 根 K 线的高点并将其作为再进场突破价；空头出场时记录最近 RT 根 K 线的低点并将其作为再进场突破价。

（6）再进场最大间隔 RW=2N-3，再进场指令仅在出场后的 RW 根 K 线内有效。

常用的参数为 $N=9, EX=3.0$，其他参数取值均根据这两个参数的取值求出。

在本章的最后，我们再次强调：没有哪个指标能够长久地为投资者提供可观的收益，当市场发生变化时，原本效果较好的指标很可能会失效。投资者在利用择时策略进行交易的过程中，要时刻了解市场的情况，对自己选用的指标进行及时的调整或更换。投资者需要灵活运用各种指标，了解指标自身的特点和限制，以此为基础将具有不同特性的指标结合起来，进而对市场未来的走势进行更为准确的判断。灵活地运用各种指标构建投资策略需要大量知识和经验积累，因此广大投资者要积极学习相关专业知识并不断进行实践，有了足够的积累，才能取得长期的胜利。

附录：隐马尔可夫模型的相关算法

概率计算的算法

本部分介绍的算法是用来解决正文部分介绍的隐马尔可夫模型的第一个问题，概率计算的算法主要有三种，分别为直接计算法、前向算法和后向算法。

1. 直接计算法

当给定模型的参数 $\boldsymbol{\lambda}=(\boldsymbol{A}, \boldsymbol{B}, \boldsymbol{\pi})$，以及可观测序列 $\boldsymbol{O}=(o_1, o_2, \cdots, o_T)$ 后，为了求概率 $P(\boldsymbol{O}|\boldsymbol{\lambda})$，最为直接的概率计算的方法就是根据概率公式，列举所有可能的长度为 T 的状态序列 $\boldsymbol{I}=(i_1, i_2, \cdots, i_T)$，求每个状态序列 $\boldsymbol{I}$ 与可观测序列 $\boldsymbol{O}$ 的联合概率 $P(\boldsymbol{O}, \boldsymbol{I}|\boldsymbol{\lambda})$，而后对所有可能的状态序列进行求和，得到 $P(\boldsymbol{O}|\boldsymbol{\lambda})$。

状态序列 $\boldsymbol{I}=(i_1, i_2, \cdots, i_T)$ 的概率为

$$P(\boldsymbol{I}|\boldsymbol{\lambda}) = \pi_{i_1} a_{i_1 i_2} a_{i_2 i_3} \cdots a_{i_{T-1} i_T} \tag{1}$$

对于固定的状态序列 $\boldsymbol{I}=(i_1, i_2, \cdots, i_T)$，可观测序列 $\boldsymbol{O}=(o_1, o_2, \cdots, o_T)$ 的概率为

$$P(\boldsymbol{O}|\boldsymbol{I}, \boldsymbol{\lambda}) = b_{i_1}(o_1) b_{i_2}(o_2) \cdots b_{i_T}(o_T) \tag{2}$$

因此，状态序列 $\boldsymbol{I}=(i_1, i_2, \cdots, i_T)$ 和可观测序列 $\boldsymbol{O}=(o_1, o_2, \cdots, o_T)$ 的联合概率为

$$P(\boldsymbol{O}, \boldsymbol{I}|\boldsymbol{\lambda}) = P(\boldsymbol{O}|\boldsymbol{I}, \boldsymbol{\lambda}) P(\boldsymbol{I}|\boldsymbol{\lambda}) \tag{3}$$

对所有可能的状态序列 $\boldsymbol{I}$ 求和，就可以得到可观测序率 $P(\boldsymbol{O}|\boldsymbol{\lambda})$，即

$$\begin{aligned} P(\boldsymbol{O}|\boldsymbol{\lambda}) &= \sum_{\boldsymbol{I}} P(\boldsymbol{O}|\boldsymbol{I}, \boldsymbol{\lambda}) P(\boldsymbol{I}|\boldsymbol{\lambda}) \\ &= \sum_{i_1, i_2, \cdots, i_T} \pi_{i_1} b_{i_1}(o_1) a_{i_1 i_2} b_{i_2}(o_2) \cdots a_{i_{T-1} i_T} b_{i_T}(o_T) \end{aligned} \tag{4}$$

直接计算法虽然在概念上是可行的，但是实际上公式(4)所需要的计算量非常大，在实际中是不可行的，因此需要找到更为有效的算法来对概率进行计算。

2. 前向算法

首先，对于给定的隐马尔可夫模型的参数 $\boldsymbol{\lambda}$，定义到时刻 t 部分可观测序列为 $o_1, o_2, \cdots, o_t$ 且状态为 q_i 的概率为前向概率，记作

$$\alpha_t(i) = P(o_1, o_2, \cdots, o_t, i_t = q_i \mid \boldsymbol{\lambda}) \tag{5}$$

因此，可以通过递推求前向概率 $\alpha_t(i)$ 和可观测序列的概率 $P(\boldsymbol{O}|\boldsymbol{\lambda})$。

其算法为

输入：隐马尔可夫模型 $\boldsymbol{\lambda}$，可观测序列 $\boldsymbol{O}$。

输出：可观测序列的概率 $P(\boldsymbol{O}|\boldsymbol{\lambda})$。

① 初始值

$$\alpha_1(i) = \pi_i b_i(o_1), \quad i = 1, 2, \cdots, N \tag{6}$$

② 递推

$$\alpha_{t+1}(j) = \left[\sum_{i=1}^{N} \alpha_t(i) a_{ij}\right] b_j(o_{t+1}), \quad 1 \leqslant t \leqslant T-1, \quad 1 \leqslant j \leqslant N \tag{7}$$

③ 终止

$$P(\boldsymbol{O} \mid \boldsymbol{\lambda}) = \sum_{i=1}^{N} \alpha_T(i) \tag{8}$$

步骤①初始化了前向概率，为初始的可观测值 o_1 和初始的状态 q_i 的联合概率；步骤②为前向概率的递推公式，计算到时刻 $t+1$ 部分可观测序列为 $o_1, o_2, \cdots, o_t, o_{t+1}$ 且在时刻 $t+1$ 处于状态 q_i 的前向概率，如图 5-28 所示。在式(7)中，既然 $\alpha_t(i)$ 表示到时刻 t 观测到 $o_1, o_2, \cdots, o_t$ 并在时刻 t 状态 q_i 的前向概率，那么式子中的 $\alpha_t(i) a_{ij}$ 就是到时刻 t 观测到 $o_1, o_2, \cdots, o_t$ 并在时刻 t 处于状态 q_i 而在时刻 $t+1$ 到达状态 q_j 的联合概率。对于这个乘积在时刻 t 的所有可能的 N 个状态 q_i 求和，所得到的结果就是到时刻 t 观测为 $o_1, o_2, \cdots, o_t$ 并在时刻 $t+1$ 处于状态 q_j 的联合概率。

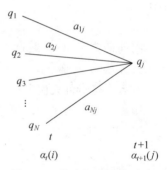

图 5-28 前向概率递推公式

$\left[\sum_{i=1}^{N} \alpha_t(i) a_{ij}\right] b_j(o_{t+1})$ 到时刻 $t+1$ 观测到 $o_1, o_2, \cdots, o_t$ 并在时刻 $t+1$ 处于状态 q_j 的前向概率 $\alpha_{t+1}(j)$。步骤③给出了 $P(\boldsymbol{O}|\boldsymbol{\lambda})$ 的计算公式。由于

$$\alpha_T(i) = P(o_1, o_2, \cdots, o_T, i_T = q_i \mid \boldsymbol{\lambda})$$

则

$$P(\boldsymbol{O} \mid \boldsymbol{\lambda}) = \sum_{i=1}^{N} \alpha_T(i)$$

如图 5-29 所示，前向算法实际上就是基于"状态序列的路径结构"递推计算 $P(\boldsymbol{O}|\boldsymbol{\lambda})$ 的算法。前向算法高效的关键是其局部计算前向概率，然后利用路径结构将前

向概率"递推"到全局,得到 $P(\boldsymbol{O}|\boldsymbol{\lambda})$。具体地,在时刻 $t=1$,计算 $\alpha_1(i)$ 的 N 个值($i=1$, $2,\cdots,N$);在各个时刻 $t=1,2,\cdots,T-1$,计算 $\alpha_{t+1}(j)N$ 个值($i=1,2,\cdots,N$),而且每个 $\alpha_{t+1}(j)$ 的计算通过前一时刻 N 个 $\alpha_t(i)$ 得到。减少计算量的原因在于每一次计算都可以直接引用前一个时刻的计算结果,避免了重复计算。因此,利用前向概率计算 $P(\boldsymbol{O}|\boldsymbol{\lambda})$ 的计算量是 $O(N^2T)$ 阶的,而不是直接计算的 $O(TN^T)$ 阶。

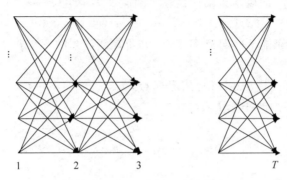

图 5-29 可观测序列的路径结构

3. 后向算法

与前向算法类似,首先给出后向概率的定义。给定隐马尔可夫模型 $\boldsymbol{\lambda}$,定义在时刻 t 状态为 q_i 的条件下,从 $t+1$ 到 T 的部分可观测序列为 $o_{t+1},o_{t+2},\cdots,o_T$ 的后向概率,记作

$$\beta_t(i)=P(o_{t+1},o_{t+2},\cdots,o_T\mid i_t=q_i,\boldsymbol{\lambda}) \tag{9}$$

同前向算法,可以通过递推求后向概率 $\beta_t(i)$ 和可观测序列的概率 $P(\boldsymbol{O}|\boldsymbol{\lambda})$。

其算法为

输入:马尔可夫模型 $\boldsymbol{\lambda}$,可观测序列 $\boldsymbol{O}$。

输出:可观测序列的概率 $P(\boldsymbol{O}|\boldsymbol{\lambda})$。

① 初始化

$$\beta_T(i)=1,\quad 1\leqslant i\leqslant N \tag{10}$$

② 递推

$$\beta_t(i)=\sum_{j=1}^N a_{ij}b_j(o_{t+1})\beta_{t+1}(j),\quad t=T-1,T-2,\cdots,1,\quad 1\leqslant i\leqslant N \tag{11}$$

③ 终止

$$P(\boldsymbol{O}\mid\boldsymbol{\lambda})=\sum_{i=1}^N \pi_i b_i(o_1)\beta_1(i) \tag{12}$$

步骤①初始化了后向概率,对于最终时刻的所有状态规定 $\beta_T(i)=1$。步骤②为后向概率的递推公式。具体如图 5-30 所示,为计算在时刻 t 状态为 q_i 条件下时刻 $t+1$ 之后的可观测序列为 $o_{t+1},o_{t+2},\cdots,o_T$ 的后向概率 $\beta_t(i)$,只需要考虑在时刻 $t+1$ 所有可能的 N 个状态 q_j 的转移概率,也就是 a_{ij},还有在此状态下的可观测的 o_{t+1} 的观测概率,也就是 $b_j(o_{t+1})$,进而考虑状态 q_j 以后的可观测序列的后向概率,也就是 $\beta_{t+1}(j)$。步骤③的求观测序率的思想与步骤②是一致的,只是把转移概率 a_{ij} 替换成了 π_i。

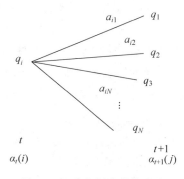

图 5-30　后向概率递推公式

预测算法

预测算法所针对的就是本章正文部分介绍的隐马尔可夫模型的第二个问题，本书将介绍两种预测算法，分别为近似算法和 Viterbi 算法。预测算法的主要目的就是寻找与给定的可观测序列相关的最优的状态序列，为了达到此目的，近似算法和 Viterbi 算法都采用了较为相似的方式，但是却有着本质的差别。近似算法是从所有路径的概率角度出发，计算每个时刻最优可能的状态，这样便不能考虑全局的最优性；而 Viterbi 算法是寻找到一条最优的路径，并输出该路径上的每一个状态。

1. 近似算法

近似算法实际上即是通过找到每个时刻 t 最优可能出现的状态 i_t^*，从而得到一个状态序列 $\boldsymbol{I}^* = (i_1^*, i_2^*, \cdots, i_T^*)$，并将其作为预测的结果。

给定了可观测序列 $\boldsymbol{O}$ 和隐马尔可夫模型 $\boldsymbol{\lambda}$，在时刻 t 处于状态 q_i 的概率 $\gamma_t(i)$ 为

$$\gamma_t(i) = \frac{\alpha_t(i)\beta_t(i)}{P(\boldsymbol{O} \mid \boldsymbol{\lambda})} = \frac{\alpha_t(i)\beta_t(i)}{\sum_{i=1}^{N} \alpha_t(i)\beta_t(i)} \tag{13}$$

在每个时刻 t 最有可能的状态 i_t^* 为

$$i_t^* = \arg\max_{1 \leqslant i \leqslant N} [\gamma_t(i)], \quad t = 1, 2, \cdots, T \tag{14}$$

进而可以得到预测的结果，状态序列 $\boldsymbol{I}^* = (i_1^*, i_2^*, \cdots, i_T^*)$。该种算法又被称为 gamma 算法。

从上面的内容可以明显地看出，近似算法比较简单，但是正如前文所述，近似算法不能考虑全局的最优性，也就是说所预测的状态序列整体上不一定是最有可能的状态序列。所预测的状态序列存在着实际部分不发生的可能性，也就是说，近似算法得到的预测结果可能存在着转移概率为 0 的相邻状态，即对某些 i 和 j，$a_{ij} = 0$。虽然存在着上述的问题，但近似算法仍然不失为一种有用的算法。

2. Viterbi 算法

Viterbi 算法即是用动态规划（dynamic programming）来求概率的最大路径，也就是

最优路径,而一条路径就对应着一个状态序列。实际上,该算法就是用动态规划来解决隐马尔可夫模型的预测问题。

根据动态规划的原理,最优路径有着如下的特性:对于从 至 i_T^* 的所有可能的部分路径来说,如果最优路径在时刻 t 通过结点 i_t^*,则这一路径从结点 i_t^* 到终点 i_T^* 的部分路径都必须是最优的。因为如果不是这样,那么从 i_1^* 到 i_T^* 就存在着另一条更好的路径,如果把它和从 i_1^* 到达 i_t^* 的部分连接起来,那么就会形成一条比原来路径更优的路径,此时便出现了矛盾。因此,根据该原理,则需要从时刻 $t=1$ 开始,递推地计算在时刻 t 状态为 i 的各条路径的最大概率,直到得到时刻 $t=T$ 状态为 i 的每条路径的最大概率。则时刻 $t=T$ 的最大概率即为最优路径的概率 P^*,最优路径的终结点 i_T^* 也同时得到。然后,为了找到最优路径的各个节点,从终结点 i_T^* 开始,由后向前逐步求得结点 $i_{T-1}^*, i_{T-2}^*, \cdots, i_1^*$,从而得到了最优路径 $\boldsymbol{I}^* = (i_1^*, i_2^*, \cdots, i_T^*)$。以上即为 Viterbi 算法。

具体过程如下:首先对两个变量 δ 和 ψ 进行定义。在时刻 t 状态为 i 的所有单个路径 $(i_1, i_2, \cdots, i_t)$ 中概率的最大值为

$$\delta_t(i) = \max_{i_1, i_2, \cdots, i_{t-1}} P(i_t = i, i_{t-1}, \cdots, i_1, o_t, \cdots, o_1 \mid \boldsymbol{\lambda}), \quad i = 1, 2, \cdots, N \tag{15}$$

根据定义,则变量 δ 的递推公式为

$$\delta_{t+1}(i) = \max_{i_1, i_2, \cdots, i_t} P(j_{t+1} = j, j_t, \cdots, j_1, o_{t+1}, \cdots, o_1 \mid \boldsymbol{\lambda})$$
$$= \left[\max_{1 \leqslant i \leqslant N} \delta_t(i) a_{ij} \right] \cdot b_j(o_{t+1}) \tag{16}$$

定义在时刻 t 状态为 i 的所有单个路径 $(i_1, i_2, \cdots, i_{t-1}, i)$ 中概率最大的路径的第 $t-1$ 个节点为

$$\psi_{t+1}(j) = \arg\max_{1 \leqslant i \leqslant N} \left[\delta_t(i) a_{ij} \right] \tag{17}$$

则 Viterbi 算法为

输入:马尔可夫模型 $\boldsymbol{\lambda}$,可观测序列 $\boldsymbol{O}$。

输出:最优路径 $\boldsymbol{I}^* = (i_1^*, i_2^*, \cdots, i_T^*)$。

① 初始化

$$\delta_1(i) = \pi_i b_i(o_1), \quad i = 1, 2, \cdots, N \tag{18}$$

$$\psi_1(i) = 0, \quad i = 1, 2, \cdots, N \tag{19}$$

② 递推

$$\delta_t(j) = \max_{1 \leqslant i \leqslant N} \left[\delta_{t-1}(i) a_{ij} \right] b_j(o_t) \tag{20}$$

$$\psi_t(j) = \arg\max_{1 \leqslant i \leqslant N} \left[\delta_{t-1}(i) a_{ij} \right] \tag{21}$$

③ 终止

$$P^* = \max_{1 \leqslant i \leqslant N} \delta_T(i) \tag{22}$$

$$i_T^* = \arg\max_{1 \leqslant i \leqslant N} \delta_T(i) \tag{23}$$

④ 优路径回溯

对 $t=T-1,T-2,\cdots,1$

$$i_t^* = \psi_{t+1}(i_{t+1}^*) \tag{24}$$

求得最优路径 $\boldsymbol{I}^* = (i_1^*, i_2^*, \cdots, i_T^*)$。

学习算法

学习算法针对的就是本章正文部分介绍的隐马尔可夫模型的第三个问题,根据训练数据只包括可观测序列还是包括了可观测序列和对应的状态序列的不同,可以将学习分为非监督学习和监督学习,其中非监督学习算法也就是著名的 Baum-Welch 算法。下文将对二者进行介绍。

1. 监督学习方法

监督学习方法假设训练数据包括了可观测序列和对应的状态序列,因此,给定 S 个长度相同的观测序列和对应的状态序列 $\{(\boldsymbol{O}_1,\boldsymbol{I}_1),(\boldsymbol{O}_2,\boldsymbol{I}_2),\cdots,(\boldsymbol{O}_S,\boldsymbol{I}_S)\}$,则可以通过极大似然估计法来估计隐马尔可夫模型的参数。

1) 转换概率 a_{ij} 的估计方法

设样本中时刻 t 处于状态 i 时刻 $t+1$ 转移到状态 j 的频数为 A_{ij},则状态转换概率 a_{ij} 的估计为

$$\hat{a}_{ij} = \frac{A_{ij}}{\sum_{j=1}^{N} A_{ij}}, \quad i=1,2,\cdots,N; j=1,2,\cdots,N \tag{25}$$

2) 观测概率 $b_j(k)$ 的估计方法

设样本中状态为 j 并观测为 k 的频数为 B_{jk},那么状态为 j 观测为 k 的概率 $b_j(k)$ 的估计为

$$\hat{b}_j(k) = \frac{B_{jk}}{\sum_{k=1}^{M} B_{jk}}, \quad j=1,2,\cdots,N; k=1,2,\cdots,M \tag{26}$$

3) 初始状态概率 π_i 的估计方法

初态概率 π_i 的估计值 $\hat{\pi}_i$ 为 S 个样本中初始状态的频率。

由于监督学习需要使用训练数据,而人工标注训练数据存在着代价较高的问题,因此通常会利用非监督学习的方法。

2. Baum-Welch 算法(非监督学习算法)

Baum-Welch 算法针对的是前文提到的隐马尔可夫模型的第三个问题,即学习问题。假设目前可观测序列已知,为 S 个长度为 T 的观测序列 $\{\boldsymbol{O}_1,\boldsymbol{O}_2,\cdots,\boldsymbol{O}_S\}$,隐藏状态序列是未知的,我们要解决的问题是估计隐马尔可夫模型的参数 $\boldsymbol{\lambda}=(\boldsymbol{A},\boldsymbol{B},\boldsymbol{\pi})$。此时,可以将观测序列数据记作观测数据 $\boldsymbol{O}$,状态序列数据记作不可观测的隐藏数据 $\boldsymbol{I}$,因此,实际上隐马尔可夫模型就是一个含有隐变量的概率模型。

$$P(\boldsymbol{O}|\boldsymbol{\lambda}) = \sum_{\boldsymbol{I}} P(\boldsymbol{O}|\boldsymbol{I},\boldsymbol{\lambda}) P(\boldsymbol{I}|\boldsymbol{\lambda}) \tag{27}$$

其参数学习可以通过 EM 算法来实现。

1) 确定完全数据的对数似然函数

将观测数据写成 $O=(o_1,o_2,\cdots,o_T)$，隐数据写成 $I=(i_1,i_2,\cdots,i_T)$，则完全数据可以写成为 $(O,I)=(o_1,o_2,\cdots,o_T,i_1,i_2,\cdots,i_T)$。并且完全数据的对数似然函数为 $\log P(O,I|\lambda)$。

2) EM 算法的 E 步

求 Q 函数 $Q(\lambda,\bar{\lambda})$：

$$Q(\lambda,\bar{\lambda})=\sum_I \log P(O,I|\lambda)P(O,I|\bar{\lambda}) \tag{28}$$

式中，$\bar{\lambda}$ 为隐马尔可夫模型参数的当前估计值，λ 要极大化隐马尔可夫模型的参数。

$$P(O,I|\lambda)=\pi_{i_1}b_{i_1}(o_1)a_{i_1 i_2}b_{i_2}(o_2)\cdots a_{i_{T-1} i_T}b_{i_T}(o_T) \tag{29}$$

则 Q 函数 $Q(\lambda,\bar{\lambda})$ 可写成

$$Q(\lambda,\bar{\lambda})=\sum_I \log \pi_{i_1} P(O,I|\bar{\lambda})+\sum_I \left(\sum_{t=1}^{T-1}\log a_{i_t i_{t+1}}\right)P(O,I|\bar{\lambda}) \tag{30}$$

式子中的求和都是对所有训练数据的序列总长度 T 进行的。

3) EM 算法的 M 步

该步骤即为极大化 Q 函数 $Q(\lambda,\bar{\lambda})$，求模型参数 A,B,π。因为要极大化的参数在式(30)中单独出现在 3 个项中，因此，可以对各项分别极大化。

(1) 式(30)的第一项可以写成

$$\sum_I \log \pi_{i_1} P(O,I|\bar{\lambda})=\sum_{i=1}^N \log \pi_i P(O,i_1=i|\bar{\lambda}) \tag{31}$$

注意到 π_i 满足约束条件 $\pi_1+\pi_2+\cdots+\pi_N=1$，采用拉格朗日乘子法，写出拉格朗日函数，即

$$\sum_{i=1}^N \log \pi_i P(O,i_1=i|\bar{\lambda})+\gamma\left(\sum_{i=1}^N \pi_i-1\right) \tag{32}$$

对数求偏导数，并且令结果等于 0，得

$$\frac{\partial}{\partial \pi_i}\left(\sum_{i=1}^N \log \pi_i P(O,i_1=i|\bar{\lambda})+\gamma\left(\sum_{i=1}^N \pi_i-1\right)\right)=0 \tag{33}$$

得到

$$P(O,i_1=i|\bar{\lambda})+\gamma \pi_i=0 \tag{34}$$

对 i 求和可以得到 γ

$$\gamma=-P(O|\bar{\lambda}) \tag{35}$$

代入式(35)可以得到

$$\pi_i=\frac{P(O,i_1=i|\bar{\lambda})}{-P(O|\bar{\lambda})} \tag{36}$$

(2) 式(30)的第二项可以写成

$$\sum_I \left(\sum_{t=1}^{T-1}\log a_{i_t i_{t+1}}\right)P(O,I|\bar{\lambda})=\sum_{i=1}^N \sum_{j=1}^N \sum_{t=1}^{T-1}\log a_{ij} P(O,i_t=i,i_{t+1}=j|\bar{\lambda}) \tag{37}$$

与第一项的方法相类似,通过具有约束条件 $a_{1j}+a_{2j}+\cdots+a_{Nj}=1$ 的拉格朗日乘子法可以求出

$$a_{ij}=\frac{\sum_{t=1}^{T-1}P(\boldsymbol{O},i_t=i,i_{t+1}=j\mid\bar{\boldsymbol{\lambda}})}{\sum_{t=1}^{T-1}P(\boldsymbol{O},i_t=i\mid\bar{\boldsymbol{\lambda}})} \tag{38}$$

(3) 式(30)的第三项可改写成

$$\sum_{I}\left(\sum_{t=1}^{T}\log b_{i_t}(o_t)\right)P(\boldsymbol{O},\boldsymbol{I}\mid\bar{\boldsymbol{\lambda}})=\sum_{j=1}^{N}\sum_{t=1}^{T}\log b_j(o_t)P(\boldsymbol{O},i_t=j\mid\bar{\boldsymbol{\lambda}}) \tag{39}$$

也同样采取拉格朗日乘子法,约束条件为 $\sum_{k=1}^{M}b_j(k)=1$,此处需要注意的一点是只有在 $o_t=v_k$ 时 $b_j(o_t)$ 对 $b_j(k)$ 的偏导数才不为 0,$I(o_t=v_k)$ 表示。求出

$$b_j(k)=\frac{P(\boldsymbol{O},i_t=j\mid\bar{\boldsymbol{\lambda}})I(o_t=v_k)}{P(\boldsymbol{O},i_t=j\mid\bar{\boldsymbol{\lambda}})} \tag{40}$$

4) Baum-Welch 模型参数估计公式

将式(36)、式(38)式(40)中的各概率分别用 $\gamma_t(i),\xi_t(i,j)$ 表示,则可以将这三个公式改写成

$$\pi_i=\gamma_1(i) \tag{41}$$

$$a_{ij}=\frac{\sum_{t=1}^{T-1}\xi_t(i,j)}{\sum_{t=1}^{T-1}\gamma_t(i)} \tag{42}$$

$$b_j(k)=\frac{\sum_{t=1,o_t=v_k}^{T}\gamma_t(j)}{\sum_{t=1}^{T}\gamma_t(j)} \tag{43}$$

式中,$\gamma_t(i),\xi_t(i,j)$ 分别由式(50)、式(54)给出,则上面的三个式子就是由 Baum 和 Welch 提出的 Baum-Welch 算法,该算法是 EM 算法在隐马尔可夫模型学习中的具体体现。这里需要注意的一点是,根据上面的方法得到的参数为局部最优参数,并不是全局最优参数,因此,对于参数的估计依赖于迭代的初始值的选取。

综上所述,则有 Baum-Welch 算法为

输入:可观测数据 $\boldsymbol{O}=(o_1,o_2,\cdots,o_T)$。

输出:隐马尔可夫模型的参数。

① 初始化

$n=0$,选取 $a_{ij}^{(0)},b_j(k)^{(0)},\pi_i^{(0)}$,得到模型 $\boldsymbol{\lambda}^{(0)}=(\boldsymbol{A}^{(0)},\boldsymbol{B}^{(0)},\boldsymbol{\pi}^{(0)})$。

② 递推

对于 $n=1,2\cdots$

$$a_{ij}^{(n+1)} = \frac{\sum_{t=1}^{T-1} \xi_t(i,j)}{\sum_{t=1}^{T-1} \gamma_t(i)} \tag{44}$$

$$b_j(k)^{(n+1)} = \frac{\sum_{t=1, o_t=v_k}^{T} \gamma_t(j)}{\sum_{t=1}^{T} \gamma_t(j)} \tag{45}$$

$$\pi^{(n+1)} = \gamma_1(i) \tag{46}$$

右端各值按可观测数据 $\boldsymbol{O} = (o_1, o_2, \cdots, o_T)$ 和模型 $\boldsymbol{\lambda}^n = (\boldsymbol{A}^n, \boldsymbol{B}^n, \boldsymbol{\pi}^n)$ 来计算。$\gamma_t(i), \xi_t(i,j)$ 分别为由式(50)、式(54)给出。

③ 终止

给定误差 ε,当 $Q^{(n+1)} - Q^n < \varepsilon$ 时停止,即为 Q 函数收敛,得到模型的参数 $\boldsymbol{\lambda}^{(n+1)} = (\boldsymbol{A}^{(n+1)}, \boldsymbol{B}^{(n+1)}, \boldsymbol{\pi}^{(n+1)})$。

一些概率与期望值的计算

利用前向概率和后向概率,可以得到关于单个状态和两个状态概率的计算公式。

(1) 给定模型 $\boldsymbol{\lambda}$ 和可观测序列 $\boldsymbol{O}$,在时刻 t 处于状态 q_i 的概率。记作

$$\gamma_t(i) = P(i_t = q_i \mid \boldsymbol{O}, \boldsymbol{\lambda}) \tag{47}$$

可以通过前向后向概率计算。事实上

$$\gamma_t(i) = P(i_t = q_i \mid \boldsymbol{O}, \boldsymbol{\lambda}) = \frac{P(i_t = q_i, \boldsymbol{O} \mid \boldsymbol{\lambda})}{P(\boldsymbol{O} \mid \boldsymbol{\lambda})} \tag{48}$$

由前向概率 $\alpha_t(i)$ 和后向概率 $\beta_t(i)$ 定义可知

$$\alpha_t(i) \beta_t(i) = P(i_t = q_i, \boldsymbol{O} \mid \boldsymbol{\lambda}) \tag{49}$$

于是得到

$$\gamma_t(i) = \frac{\alpha_t(i)\beta_t(i)}{P(\boldsymbol{O} \mid \boldsymbol{\lambda})} = \frac{\alpha_t(i)\beta_t(i)}{\sum_{j=1}^{N} \alpha_t(j)\beta_t(j)} \tag{50}$$

(2) 给定模型 $\boldsymbol{\lambda}$ 和可观测序列 $\boldsymbol{O}$,在时刻 t 处于状态 q_i 且在时刻 $t+1$ 处于状态 q_j 的概率。记作

$$\xi_t(i,j) = P(i_t = q_i, i_{t+1} = q_j \mid \boldsymbol{O}, \boldsymbol{\lambda}) \tag{51}$$

可以通过前向后向概率进行计算,即

$$\xi_t(i,j) = \frac{P(i_t = q_i, i_{t+1} = q_j, \boldsymbol{O} \mid \boldsymbol{\lambda})}{P(\boldsymbol{O} \mid \boldsymbol{\lambda})} = \frac{P(i_t = q_i, i_{t+1} = q_j, \boldsymbol{O} \mid \boldsymbol{\lambda})}{\sum_{i=1}^{N} \sum_{j=1}^{N} P(i_t = q_i, i_{t+1} = q_j, \boldsymbol{O} \mid \boldsymbol{\lambda})} \tag{52}$$

而

$$P(i_t = q_i, i_{t+1} = q_j, \boldsymbol{O} \mid \boldsymbol{\lambda}) = \alpha_t(i) a_{ij} b_j(o_{t+1}) \beta_{t+1}(j) \tag{53}$$

所以

$$\xi_t(i,j) = \frac{\alpha_t(i)a_{ij}b_j(o_{t+1})\beta_{t+1}(j)}{\sum_{i=1}^{N}\sum_{j=1}^{N}\alpha_t(i)a_{ij}b_j(o_{t+1})\beta_{t+1}(j)} \tag{54}$$

(3) 将 $\gamma_t(i)$ 和 $\xi_t(i,j)$ 对各个时刻 t 求和,可以得到一些有用的期望值。

① 在可观测序列 O 下状态 i 出现的期望值为

$$\sum_{t=1}^{T}\gamma_t(i) \tag{55}$$

② 在可观测序列 O 下状态 i 转移的期望值为

$$\sum_{t=1}^{T-1}\gamma_t(i) \tag{56}$$

③ 在可观测序列 O 下状态 i 转移到状态 j 的期望值为

$$\sum_{t=1}^{T-1}\zeta_t(i,j) \tag{57}$$

第6章

商品期货CTA量化投资策略

对于商品期货的投资是量化投资的重要内容,近年来,随着我国商品期货市场的发展,CTA基金的数量也开始快速增加,CTA策略也从过去的非主流的策略类型逐步向主流靠拢。本章将对CTA进行详细的介绍,主要包括各种CTA策略,并针对经典的海龟交易法则进行策略的展示,具体如下。

6.1节:CTA的介绍。将对CTA进行介绍,包括CTA的概念、CTA策略的主要分类,以及CTA基金的优势等。

6.2节:日内CTA策略。将对经典的日内CTA策略进行介绍,并主要介绍四种世界知名的趋势跟踪策略。

6.3节:日间CTA策略。将对经典的日间CTA策略进行介绍,主要介绍三种世界知名的中低频的趋势跟踪策略。

6.4节:海龟交易法则。将对著名的海龟交易法则进行介绍,并利用我国商品期货市场的三种商品期货对海龟交易法则进行展示。

6.5节:网格交易法则。就网格交易进行介绍,并给出网格设计和网格交易法策略的思路。

6.1 CTA的介绍

6.1.1 CTA的概念

CTA是commodity trading advisor的缩写,一般称之为商品交易顾问。该称呼最早起源于美国,最开始指代的是美国农产品期货交易顾问,后来随着美国的期货交易所上市的商品期货的增多,CTA 的业务范围也在不断地扩大。作为商品交易顾问,CTA 既可以指代个人也可以指代机构,随着期货市场的快速发展,越来越多的投资者开始通过 CTA 来进行期货的投资活动。在实践中,人们所提到的 CTA 有着多种含义,首先它可以指代其最为标准的定义即商品交易顾问;其次,CTA 还一般指代着 CTA 基金,也就是进行期货管理的基金,所以人们常说的管理期货基金就是 CTA 基金;再次,CTA 在一些时候指代着机构或者个人所使用的策略;最后,还有一种是用 CTA 来指代投资于期货的资产管理产品。

CTA 的发展主要可以分为三个阶段。第一个阶段是 20 世纪 60 年代—20 世纪 70 年代,CTA 刚刚出现,当时的交易品种主要局限于商品期货,主要采用的策略方式为简单的趋势跟踪策略,更为关注日内交易策略;第二阶段是 20 世纪 70 年代—21 世纪初期,CTA 经过了一段时间的发展,交易品种已经不局限于商品期货,开始关注金融期货,并且也开始根据市场情况采取不同的策略,如趋势反转等,并且由仅关注日内交易转变为日内和日间交易策略均有关注;第三阶段就是 21 世纪初期至今,随着金融市场的高速发展,CTA 的投资标的局限性更小,大型的 CTA 基金的投资范围包括了利率、股票指数、汇率等多种期货期权产品,采用的策略方式也更为多元,参与多个市场的交易,使用多种模型,并且大部分已经实现了系统化交易。

根据基金的投资方式的不同,可以将 CTA 分为主观 CTA 和量化 CTA[①]。主观 CTA 就是其投资策略的构建主要通过基本面分析等方式,并对其所掌握的信息应用了大量的主观判断的投资方式;而量化 CTA 就是通过量化投资的手段,构建量化投资策略模型,依托于程序化交易模型,由程序实现交易的全过程,从而尽可能规避了人的主观的干预。目前在国外,量化 CTA 占比较高,并且还在不断增长。CTA 基金有着风险相对较小、收益相对较高的特点,因而受到投资者的青睐,目前在国外诸如养老金和大学的基金一般都会配置一部分的 CTA 产品。

CTA 目前在我国发展仍然还比较初级,规模普遍较小。但是随着这几年期货和期权种类的不断增多,以及股票市场收益情况的不稳定,CTA 基金的数量也在逐年增加,并且 CTA 基金在我国大部分仍以私募基金的形式存在。

6.1.2 CTA 策略的主要分类

目前各大 CTA 基金所使用的投资策略类型比较集中,可以分为趋势跟踪策略和套利策略两个大类。

1. 趋势跟踪策略

市场的状态通常可以分为两种类型,一种为趋势,另一种为盘整。趋势表示市场会朝着一个方向持续的运动一段时间;盘整表示的是市场在一定区间范围内波动,没有明显的方向性。市场处于趋势状态时还可以分为上涨趋势和下跌趋势。而趋势跟踪策略就是要跟踪趋势,从而获得收益。趋势跟踪策略是 CTA 的主要策略,许多时候提及 CTA 策略就指代趋势跟踪策略。该种类型的策略也是本章所要介绍的主要内容。

---

① 另一种说法为主观交易商(discretionary traders)和程序化交易商(systematic traders)。

趋势跟踪策略的主要盈利手段在于跟踪市场的趋势,由于期货市场是双边市场,因此无论涨跌,只要有趋势都可以通过趋势跟踪获利。然而,当市场趋势突然发生转变或者没有明显的趋势的时候,该策略将较难盈利。因而,趋势跟踪的这个特性也导致了该类型的策略有着低胜率高盈亏比的特点。

趋势跟踪策略的投资逻辑和基础在于,价格会按照一定的趋势运动,并且历史会重演。该策略的目的并不是预测市场的变化,而是发现市场的趋势,并跟踪趋势持续获得盈利,当趋势发生变化的时候清仓获利。

多年来对于金融资产的研究都已经证明了金融资产收益率的分布并不是正态的,由于金融市场"黑天鹅"事件的存在,因此金融资产收益率的分布普遍存在着一种"尖峰厚尾性",而趋势跟踪策略的重要的利润来源就在于"厚尾性"。

2. 套利策略

除了趋势跟踪策略以外,另一种主要的 CTA 策略类型即为套利策略。趋势跟踪追踪的是价格的趋势,而套利策略普遍追踪的是价格的回归,因此这里的套利策略实际上是价值回归策略。不同资产在基本面等因素相同的情况下,应该有着一种稳定的价格关系,当这种价格关系出现了偏离后,价格会在一段时间回归到稳定的水平,因此可以根据这种均值回归的现象套利。套利策略的投资逻辑性较强,并且能够在市场整体趋势不明显的时候获得一定程度的盈利,在一定程度上可以补充趋势跟踪策略的短板。套利策略的种类有许多,如跨期套利、跨市场套利和跨品种套利等。在本书的后面章节将会对经典的套利策略进行介绍,本章主要介绍的为 CTA 策略中最主要的策略类型:趋势跟踪策略。

6.1.3　CTA 基金的优势

CTA 基金虽然在国内发展较慢,但是在国外确实是非常流行的基金种类,受到了投资者的广泛欢迎,CTA 基金主要有以下几个方面的优势。

1. 与其他产品的低相关性

一般认为,CTA 基金的最大的优势就是与其他产品的低相关性。CTA 基金所投资的资产品种集中于商品期货和期权等衍生品,与传统的投资于股票市场的基金的关联度较小。因此,当股票市场等传统的市场收益不佳的时候可以通过配置 CTA 基金来实现投资组合的多样化,从而能够降低投资的风险。

2. 收益相对更高更稳定

CTA 基金主要特点是收益相对较高,并且回撤较小。这种特点与期货的特性有着一定的关联,期货的杠杆特性和做空机制能够帮助提高收益的同时降低投资组合的风险程度。因此无论市场处于上涨趋势还是处于下跌趋势,CTA 基金都可以通过趋势的跟踪获得收益。根据调查,国外 CTA 在过去的几十年中策略的收益明显高于债券收益,且波动率要小于股票投资。

3. 收益的非线性

收益的非线性也是 CTA 基金的一个主要的优势和特点。由于 CTA 基金的投资策略使然,使其普遍呈现出低胜率,高盈亏比的特点,也就是俗话所说的"亏小钱,赚大钱"。

因此，当出现明显的趋势时，CTA策略将会在短期内获得较高的收益，而在市场没有趋势的时候，则处于回撤的状态。

4. 全球资产配置

目前在全世界的许多国家都建立了期货市场，并且通过不断完善与发展，吸引了更多的海外投资者。而CTA基金通过全球化的投资手段，能够在全世界范围内寻找有效的投资机会，从而为投资者提供了全球化的资产配置手段，帮助投资者规避各种潜在的投资风险。

5. 跨市场的资产配置

除了全球的资产配置以外，跨市场配置也是CTA基金的一个显著特点。商品期货、利率期货、国债期货、期权产品等各种衍生品都可以成为CTA基金的投资对象，这样，投资范围更加广泛，增加了投资组合的种类，在很大程度上也能够提高收益和控制风险，实现跨市场的资产配置。

【6-1】 元盛资产管理公司

元盛资产管理公司（Winton Capital Management）是全球著名的资产管理公司，由大卫·哈丁（David Harding）在1997年成立。据《阿尔法》杂志公布的全球对冲基金管理公司名单，其中元盛资本以338亿美元位居2016年全球对冲基金第6位，在全球25个国家拥有员工超过400人，成为全球最大的期货投资基金公司。目前，元盛在全球有八个办事处，分别为：伦敦、香港、纽约、上海、悉尼、旧金山、东京和苏黎世。

根据CTA基金的交易策略是否实现程序化和自动化，可以将CTA基金分为主观CTA和程序化CTA。而元盛就是典型的程序化CTA基金，元盛致力于通过复杂的计算机交易系统，对期货的历史价格的变动进行统计，从而找出其中的规律，建立基于每日价格信息来预测收益与风险的算法，并且在预测的基础上由系统决定在某个期货市场上的交易品种、数量、方向和价位。目前，元盛拥有超过50个专利算法，这些算法是元盛投资活动的核心，从而帮助计算交易信号、有效执行策略和管理风险。

由于商品期货的多样性，对于不同商品价格变动的影响因素也有着较大的不同，因此，元盛构建了强大的数据库。例如，元盛资本拥有世界上最为齐全的各地天气数据库，公司在全球近200个地点收集天气资料，每半小时收集一次，包括温度、湿度等36个数据。

元盛期货基金是公司运行时间最长的基金，主要采用程序化交易策略，在全球100多个期货市场进行交易，并通过在不同期货市场分散化投资来降低风险，从而实现长期收益。1997年10月成立以来，元盛期货基金的总收益高达800%，年化收益大约为17%，基金规模超过百亿美元。元盛的投资策略主要为系统化的趋势跟踪策略，目前全球主要的CTA也均在使用该类型的策略，并以其为基础不断创新和发展。

【6-2】 我国主要商品交易所

1. 上海期货交易所

上海期货交易所是在中国证监会集中统一监督管理下,依法依规组织期货交易并实行自律管理的法人,根本宗旨是促进社会主义市场经济的发展。上海期货交易所目前挂牌交易黄金、白银、铜、铝、锌、铅、螺纹钢、线材、燃料油、天然橡胶、石油沥青、热轧卷板、镍、锡等 14 种期货合约。上海上期商务服务有限公司、上海期货信息技术有限公司、上海期货与衍生品研究院有限公司和上海国际能源交易中心股份有限公司是上海期货交易所的下属子公司。

2. 郑州商品交易所

郑州商品交易所成立于 1990 年 10 月 12 日,是经国务院批准成立的我国首家期货市场试点单位。郑商所隶属中国证券监督管理委员会管理。郑商所目前上市交易普通小麦、优质强筋小麦、早籼稻、晚籼稻、粳稻、棉花、棉纱、油菜籽、菜籽油、菜籽粕、白糖、苹果、动力煤、甲醇、精对苯二甲酸(PTA)、玻璃、硅铁和锰硅等 18 个期货品种和白糖期权,范围覆盖粮、棉、油、糖、林果和能源、化工、纺织、冶金、建材等多个国民经济重要领域。

3. 大连商品交易所

大连商品交易所成立于 1993 年 2 月 28 日,是经国务院批准的四家期货交易所之一,也是中国东北地区唯一一家期货交易所。经中国证监会批准,目前已上市的品种有玉米、玉米淀粉、黄大豆 1 号、黄大豆 2 号、豆粕、豆油、棕榈油、鸡蛋、纤维板、胶合板、线型低密度聚乙烯、聚氯乙烯、聚丙烯、焦炭、焦煤、铁矿石共计 16 个期货品种,并推出了棕榈油、豆粕、豆油、黄大豆 1 号、黄大豆 2 号、焦炭、焦煤和铁矿石等 8 个期货品种的夜盘交易。2017 年 3 月 31 日,大商所上市了豆粕期权,同时推出了豆粕期权的夜盘交易。

4. 上海国际能源交易中心

上海国际能源交易中心(Shanghai International Energy Exchange,INE)成立于 2015 年,是中国首个也是目前唯一一个专门从事原油期货交易的国际性交易平台。INE 的主要交易品种是原油期货,采用人民币计价、以实物交割为主的交易模式。交易品种包括上海原油期货、布伦特原油期货、迪拜原油期货等。INE 的交易时间为北京时间周一至周五的 9:00—11:30 和 13:30—15:00。INE 的设立旨在加强中国在全球能源市场的影响力,推动国际化进程,提高人民币在能源交易中的使用率,同时也为全球投资者提供一个更为便利、透明和规范的交易平台。

5. 广州期货交易所

广州期货交易所(Guangzhou Futures Exchange,GZCE)是中国大陆的一家国有期货交易所,总部位于广州市,于 2021 年 1 月 22 日经国务院同意由证监会批准设立。该交易所旨在为投资者提供多样化的期货合约,包括碳排放、工业硅等各类期货合约。

6. 中国金融期货交易所

中国金融期货交易所（China Financial Futures Exchange，CFFEX）是中国大陆唯一专门负责金融期货交易的交易所，其主要任务是推动金融市场改革和风险管理，在中国金融市场的发展和国际化进程中发挥着关键作用。它为各类投资者提供了投资和风险管理工具，同时也有助于中国金融市场的发展和创新。

6.2 日内 CTA 策略

日内 CTA 策略是重要的量化 CTA 策略的类型，本部分将对几种经典的日内 CTA 的趋势跟踪策略进行介绍。

6.2.1 Dual Thrust 策略

1. Dual Thrust 策略的基本介绍

Dual Thrust 是一种经典的 CTA 策略，该策略开发于 20 世纪 80 年代，其创始人为 Michael Chalek，与 R-Breaker 类似，都是 Future Trust Magazine 评选出的较为赚钱的策略之一。该策略是一种典型的趋势跟踪策略，该策略的一个显著的优点就是策略逻辑简单，参数较少，在参数的调整，以及有效的仓位管理和止盈止损的基础上，可以在长期获得较高并且较为稳定的收益水平。该策略的应用范围非常广泛，除了应用在商品期货上，还经常应用于股票、债券及股指期货等资产的投资中。

2. Dual Thrust 策略的参数计算方法

Dual Thrust 策略的核心就在于震荡区间（range）的确定。在震荡区间的设置上，Dual Thrust 策略引入了前 N 日的四个价位，分别为 N 日的最高价中的最高价（HH）、N 日收盘价中的最低价（LC）、N 日收盘价中的最高价（HC）和 N 日最低价中的最低价（LL）。设上轨为 BuyLine，下轨为 SellLine，当日的开盘价为 Open，则具体的参数的计算方法如下。

(1) 震荡区间：$Range = Max(HH - LC, HC - LL)$。

(2) 上轨的确定：$BuyLine = Open + K_1 \times Range$。

(3) 下轨的确定：$SellLine = Open + K_2 \times Range$。

从形式上来看，Dual Thrust 策略与 R-Breaker 策略类似，但差异主要体现在以下两个方面：一方面，从浮动区间的设置上来看，Dual Thrust 策略采用了前 N 日的四个价位，从而使得在一定时期内，浮动区间相对稳定，因此能够用于日内的趋势跟踪。另一方面，在对做多和做空的触发条件方面，Dual Thrust 策略考虑了非对称的幅度，做多和做空所参考的区间可以选择不同的周期数，也可以通过参数 K_1 和 K_2 来决定。

3. 交易的触发条件

计算出上述几种重要的参数后，就可以确定交易的触发条件了，从图 6-1 中可以直观地看出 Dual Thrust 策略的基本思路：

（1）当价格向上穿过上轨时，如果当时无仓位，则直接进行做多；如果当时持有空头，则先进行平仓操作，然后做多。

（2）当价格向下突跌破下轨时，如果当时无仓位，则直接进行做空；如果当时持有多头，则先进行平仓操作，然后做空。

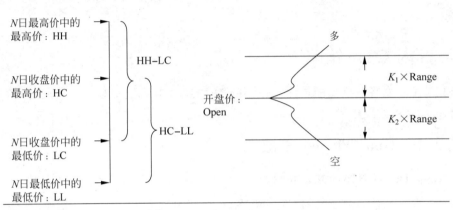

图 6-1 Dual Thrust 策略

4. 参数选择问题

Dual Thrust 策略应用的一个重要的问题就在于其对 K_1 和 K_2 的选择上，当这两个参数增大的时候，那么上轨和下轨与开盘价的距离就会进一步拉大，交易信号会大幅度减少，因而设置过大将会导致难以进行交易；而当这两个参数减小时，那么上轨和下轨与开盘价的距离就会进一步缩小，交易信号会大幅度增加，但是设置过小也容易导致交易过于频繁，从而提高了交易的成本，这样也不利于策略收益的。

此外，当 $K_1 > K_2$ 时，做空的交易更容易被触发；当 $K_1 < K_2$ 时，做多的交易更容易被触发。投资者可以通过历史数据来寻找最优的参数，但是这种方式要注意过拟合等问题，此外，投资者还可以根据经验判断来确定参数，并不断对参数进行调整。

6.2.2 ATR 策略

1. ATR 策略的基本介绍

ATR(average true range)通道策略是由著名的技术分析大师 J. Welles Wilder 发明的，又称为平均真实波动幅度。ATR 是一个能够衡量市场波动程度的指标，主要通过价格波动的幅度来表现价格的波动性，但却并不能指出价格波动的方向及趋势的稳定性。尽管如此，通过该指标也依旧可以发现价格的趋势性，该指标的值越大，说明趋势改变的可能性就越大，该指标的值越小，说明趋势改变的可能性就越小。根据 ATR 指标所构建的策略是一种非常有效的日内趋势跟踪策略。

> **【6-3】 人物介绍：威尔斯·威尔德**
>
> 威尔斯·威尔德（Welles Wilder）是现代技术分析大师，计算机量化技术分析的鼻祖。威尔斯·威尔德在1978年发表划时代的文章《技术分析新观念》，掀起了全球交易界客观分析的新浪潮，奠定了计量交易领域的先驱地位。威尔斯·威尔德被公认为是交易界天才级的"发明家"，他为交易界奉献了相对强弱指标RSI、动向指标DMI、平均趋向指标ADX、平均真实波动幅度ATR、抛物线指标SAR等经典技术分析指标，这些指标已经成为今天全球所有交易系统的标配。威尔斯·威尔德是美国趋势研究有限公司（Trend Research）、三角洲科学研究公司（Delta Science）、阿麦科姆公司（Americom Corporation）、韦利科斯有限公司（Wellex）和威尔德经典著作协会（Wilder Classics）的创立者兼总裁，因其在技术分析上开创性的成就和引进了一种概念——所有市场都遵循一种可以被预测的特殊秩序而享誉全球。在全球范围内，只要进行过证券交易，就用过威尔德所创立的系统和指标。他的主要著作包括《技术交易系统新概念》《亚当理论》《三角洲理论》等。

2. ATR的计算方法

在计算ATR之前，首先要计算出真实波动幅度TR（true range），需进行如下计算。

（1）当前交易日的最高价减去当前交易日的最低价，即为当前交易日的波动幅度。

（2）当前交易日的最高价减去前一个交易日的收盘价的绝对值，即为当前交易日的最高价与昨日收盘价的差价。

（3）当前交易日的最低价减去前一个交易日的收盘价的绝对值，即为当前交易日的最低价与昨日收盘价的差价。

Wilder给出了真实波动幅度的定义，真实波动幅度等于上述三者的最大值。在得到了真实波动幅度以后，便可以通过计算N日的TR的平均值得到ATR指标的值，实际上ATR即为TR的N日的移动平均。

3. ATR策略的设计

ATR指标可以作为出色的入场工具使用，虽然ATR指标并不能告诉投资者价格波动的方向，但是通过该指标投资者可以获得市场的波动水平，这样就可以根据该指标确定市场的横盘整理区间。当价格开始突破横盘整理区间后，就说明市场开始出现一定的趋势，则可以入场进行趋势交易。因此，通过ATR指标的使用，可以构建通道突破策略。一个ATR的日内通道突破策略可以进行如下设计。

（1）设定通道的上轨：$BuyLine = Open + ATR(N) \times K$。

（2）设定通道的下轨：$SellLine = Open - ATR(N) \times K$。

（3）当日内的价格突破了上轨，则做多。

（4）当日内的价格突破了下轨，则做空。

（5）由于是日内的交易策略，因此在收盘时平仓。

其中，$ATR(N)$为过去N个周期的ATR；K为通道带宽的参数。从上述五个条件中可以明显看出该通道突破策略的思路：根据 ATR 指标设定通道的上轨和下轨，并根据价格是否突破上轨和跌破下轨进行做多和做空的交易，该策略较为简单，理解起来也较为容易。

4. ATR 的其他应用

第 3 部分介绍的是基于日内交易所构建的 ATR 策略，除了该种类型的策略，应用 ATR 还可以构建日间的交易策略，只需要对通道的上轨和下轨稍做调整，并且根据实际情况进行进一步的完善。

此外，由于 ATR 能够衡量真实的波动幅度，因此也被广泛应用在策略的止盈、止损和过滤优化等过程中。例如，前文提到的 Dual Thrust 策略和 R-Breaker 策略都可以通过 ATR 指标来过滤掉波动较小的交易日，从而提升策略的收益水平。

6.2.3 菲阿里四价策略

1. 菲阿里四价策略的基本介绍

菲阿里四价策略是一种经典的并且较为简单的趋势型日内交易策略。菲阿里四价主要指的四个价格分别为：前一个交易日的最高价、前一个交易日的最低价、前一个交易日的收盘价，以及当前交易日的开盘价。该策略是由日本的期货冠军菲阿里所提出的，在 CTA 基金中有着非常广泛的应用。从本质上来讲，菲阿里四价是一种通道突破的策略，但是与前面介绍的几种确定通道上下轨的方式相比，菲阿里四价策略的上下轨的设定更为简单。

2. 菲阿里四价策略的设计

菲阿里四价策略是根据上段提到的四个价格设定了上下轨和交易策略，上下轨计算和策略交易判断的方式如下。

（1）上轨：BuyLine＝上一个交易日的最高价。

（2）下轨：SellLine＝上一个交易日的最低价。

（3）当日内的价格突破上轨时，如果无持仓，则做多，如果持有空头头寸，则平仓做多。

（4）当日内的价格跌破下轨时，如果无持仓，则做空，如果持有多头头寸，则平仓做空。

（5）由于是日内的交易策略，因此在收盘时平仓。

通过以上五点就可以设计出一个简单的菲阿里四价策略，该策略核心思路仍旧是通过确定上下轨，当价格上穿或者跌破边界的时候进行做多或做空的交易。

3. 其他注意问题

菲阿里四价策略虽然思路较为清晰，但是该策略对于上下轨的确定过于简单，仅通过前一个交易日的最高价和最低价就能确定潜在的市场趋势是很难让人信服的，因此该策略目前的有效性受到了一定程度的质疑。一般在应用该策略时，需要结合其他的指标和策略共同进行判断，感兴趣的读者可以动手尝试构建菲阿里四价策略，并用多种类型的期货合约进行回测，观察该策略是否有效。

6.2.4 空中花园策略

1. 空中花园策略的基本介绍

空中花园策略也是一种经典的趋势跟踪策略,在过去的很长一段时间,在 CTA 中也得到了广泛的使用。与前面介绍的策略类似,空中花园策略也是一种典型的日内突破的策略,但是与前几种策略相比,空中花园策略更加关注于开盘的突破。该策略的主要逻辑认为:当开盘出现了高开或者低开的情况时,则可以说明市场存在着重大的利好或者利空从而导致了开盘价格偏离了前一个交易日的收盘价。该策略由于看中开盘的突破,因此较为容易出现判断失误。根据该缺陷,策略设定了条件要求开盘要出现大幅度的高开或者低开的情况,然后再根据确定的上下轨进行交易的判断。但这样就形成了一个空窗,正因如此,该策略才被称为"空中花园"。

2. 空中花园策略的设计

空中花园主要仍旧通过设定上轨与下轨来确定交易的执行,具体而言,该策略的设计可以总结为以下六个方面。

(1) 上轨的确定:BuyLine＝第一根 K 线的最高价。

(2) 下轨的确定:SellLine＝第一根 K 线的最低价。

(3) 当前交易日的开盘价相对于上一个交易日的收盘价的涨跌幅在 1% 以内则当天不进行交易。

(4) 当日内的价格向上突破上轨时做多。

(5) 当日内的价格向下跌破下轨时做空。

(6) 由于是日内的交易策略,因此在收盘时平仓。

第(3)项中所表述的条件实际上就是空中花园策略与其他策略的最主要的区别。通过加入该条件,可以将策略的胜率提高,但是也因为加入了该条件,策略的交易次数与其他同类型策略相比要更低。

3. 策略的其他事项

空中花园策略实际上已经在执行过程中加入了过滤的条件,也就是上文中的(3)项,从而使该策略仅关注于当天开盘是否出现了高开或者低开。然而,该种方式过多地关注了收盘后和开盘前的信息对市场的冲击。但是在许多时候,信息对市场的冲击并不确定,仅根据开盘的第一根 K 线来确定上下轨从而进行突破的策略仍旧存在很大的问题。在这种情况下,价格突破了上下轨也未必就代表着市场形成一定的趋势,在趋势不一定形成的情况下,就容易导致亏损的出现。

虽然该策略存在着上述的问题,但是并不影响其作为经典的日内交易策略的地位,许多著名的投资大师也曾使用该策略获得较好的收益。因此,投资者了解到该策略的设计方法后,应该进行不断地优化和完善,通过全面的检验和改进,最终获得一个可以真正用来投资的策略。

综上,本部分介绍了五种日内高频的 CTA 趋势跟踪策略。对于日内策略而言,频繁的仓位变换必然会带来大量的交易成本,因此,交易成本是策略使用者需要考虑的一个重要的问题。日内策略主要是通道突破策略,各策略的区别主要在于上下轨的确定方式。投资者可以参考以上交易策略,进行完善,并添加适当的过滤条件,最终设计出自己的投资策略。

6.3 日间 CTA 策略

除了 6.2 节所介绍的常用的日内的高频交易策略以外,CTA 策略还有许多进行的是相对低频的日间策略,经典的日间策略主要有均线突破策略、MACD 策略、布林通道策略和日间 ATR 通道策略等。其中均线突破策略、MACD 策略在第 5 章和第 6 章已经分别介绍,在此不再进行讲解。

6.3.1 ATR 通道策略

1. ATR 通道策略的基本介绍

6.2 节中已经介绍了有关 ATR 的日内交易策略的内容,除了将 ATR 应用在日内交易以外,许多时候还可以将 ATR 应用在日间的交易中。在设计日间交易策略的时候,实际上就是将日内交易的一些细节进行调整,大部分的内容仍旧与前文介绍的 ATR 日内策略相同。

2. ATR 通道策略的设计

确定真实波动幅度 TR 和计算平均真实波动幅度 ATR 的方法在此不再赘述。一个日间的 ATR 通道策略可以做如下设计。

(1) 设定通道的上轨:BuyLine=AVE(N)+ATR(N)×K。
(2) 设定通道的下轨:SellLine=AVE(N)+ATR(N)×K。
(3) 当日内的价格突破了上轨,则做多。
(4) 当日内的价格突破了下轨,则做空。

其中,这里的 ATR(N) 表示的是 N 日的 ATR;AVE(N) 则表示的是 N 日的均价;K 依旧表示的是通道的带宽参数。

6.3.2 Aberration 策略

1. Aberration 策略的基本介绍

Aberration 策略是世界著名的 CTA 策略,产生于 1986 年,其创始人为 Keith Fitschen,1993 年 Keith Fitschen 将该策略发布于 *Future Truth Magazine*,自发布后,该策略的成绩一直非常出色,并四次被评为"前十大程序化交易系统"之一。Keith Fitschen 并非交易员出身,他拥有电气工程硕士学位,曾在美国空军部队服役多年,主要研究武器的导航系统,因而对时间序列的处理有着丰富的经验,这也促使其在期货市场取得了成功。

Aberration 策略是一种典型的中长期的趋势跟踪策略,其同时在多个不同的市场上交易,通过长期的交易信号,平均每年在一个市场上交易 3~4 次,交易频率较低。由于该策略选择市场之间的相关度较低,因此,只要在某个市场上获取趋势跟踪所带来的高额收益,就可以弥补其他市场的亏损。该策略60%的时间都持仓,并且平均每笔交易持仓为60天。

2. Aberration策略的设计

Aberration策略与前面介绍的趋势跟踪策略类似,均需要设定上轨与下轨,但除此之外,该策略还加入了中轨。该策略仍旧为一个通道突破的策略,并且上下轨是由波动率来确定。具体而言:

(1) 中轨的确定:$MidLine = MA(Close, N)$;
(2) 标准差的计算:$Std = STD(Close, N)$;
(3) 上轨的确定:$BuyLine = MidLine + K \times Std$;
(4) 下轨的确定:$SellLine = MidLine - K \times Std$;
(5) 当收盘价突破上轨时做多,跌破中轨时平仓离场;
(6) 当收盘价跌破下轨时做空,突破中轨时平仓离场。

其中,$MA(Close, N)$表示的是N个交易日的收盘价的算数平均值,中轨的确定就是根据收盘价的均线来确定;$STD(Close, N)$表示的是N日收盘价的标准差;K为上下轨的参数。可见,上下轨的确定主要根据的是多日收盘价的波动情况。

该策略的投资思路非常清晰简单,根据移动平均线和标准差来确定上轨、中轨和下轨,价格突破了上轨或者下轨则说明了趋势的形成。而当趋势减弱时,设定了中轨来确定趋势的结束。可见,设定了中轨后该策略已经带有了止盈和止损的条件。

3. 其他策略事项

Aberration策略由于同时投资于多个市场,对资金进行组合管理,因此能够接受较大的资金量,过去该策略主要的投资市场品种包括:谷物、肉类、金属、能源、外汇、金融及股指期货等,通过这种组合管理的方式在期货市场获取利润是一种较好的思路。虽然该策略目前在期货市场尤其是我国商品期货市场的有效性还不确定,但是策略的思路与方法可以被投资者反复思考和学习。

6.3.3 金肯特纳策略

1. 金肯特纳策略的基本介绍

金肯特纳策略是Chester Keltner所构建的交易策略。早在20世纪60年代,Chester Keltner便提出了均线的应用,并设计了肯特纳交易系统。肯特纳交易系统在很长的一段时间内都取得了出色的成绩,而金肯特纳策略沿用了肯特纳通道的基本思想,就是根据最高价、最低价和收盘价来确定通道,构成了一个中长期的通道突破策略。

2. 金肯特纳策略的设计

金肯特纳策略主要是根据最高价、最低价和收盘价的平均值,以及真实波动幅度TR来确定通道的上下轨和交易触发条件,具体而言:

(1) 计算三价均线:$Ma = MA[(P_H + P_L + P_C)/3, N]$;
(2) 计算真实波动幅度的均线:$Tr = MA(TR, N)$;
(3) 上轨的确定:$BuyLine = Ma + Tr$;

(4) 下轨的确定：SellLine＝Ma－Tr；

(5) 如果当日的 Ma 大于前一日的 Ma，并且 P_C 向上突破了上轨，则做多；

(6) 如果当日的 Ma 小于前一日的 Ma，并且 P_C 向下跌破了下轨，则做空；

(7) 当持有多头的时候，P_C 跌破 Ma 时，则平仓；

(8) 当持有空头的时候，P_C 上穿 Ma 时，则平仓。

其中，P_H、P_L 和 P_C 分别代表最高价、最低价和收盘价；Ma 表示的是三个价格的平均值的 N 日的移动平均线；Tr 表示的是 TR 的 N 日的移动平均线。可见，该策略构建的思路就是依据三价均线和真实波动幅度构建的上下轨，并加入了止损防止假突破的出现。

3. 其他策略事项

该策略的主要特点是引入了三价均线，并且加入了真实波动幅度用来计算上下轨。由于这是一个中长期的趋势跟踪策略，因此当构建了量化投资策略并实行程序化交易以后，并不需要每日都进行盯盘，交易信号一般会在收盘后进行判定，并在第二天开始进行交易操作。肯特纳系在被设计出后的很长一段时间都是非常出色的 CTA 策略，虽然目前无法复制当年的辉煌，但该策略构建的思想对于投资者仍旧具有很高的价值。

综上，本部分介绍了三种经典的日间 CTA 趋势跟踪策略，相比于日内的交易策略，该类型的策略更加看重中长期的趋势跟踪。每个策略各有优劣，并且也都被市场证明过，中低频的期货投资者可以参考上述策略，对每种策略进行验证和完善，适当增加过滤条件，从而使策略的效果得到进一步的提升。

6.4 海龟交易法则

海龟交易法则是量化投资中无法回避的内容，它也是量化投资的早期雏形，是量化投资较经典的策略之一。法则对交易的各个部分都进行了详细的规定，规避了人的主观因素对交易的影响。本部分将对海龟交易法则进行详细的介绍，并选择部分期货对法则进行回测检验，通过回测，可以帮助读者理解包括前文所介绍的日内和日间策略在内的大部分趋势跟踪策略的特点。

6.4.1 海龟交易法则的起源

提到海龟交易法则首先需要介绍其创始人，著名的期货交易商理查德·丹尼斯（Richard Dennis）。丹尼斯是美国期货投资领域的传奇人物，在其多年期货投资生涯中，丹尼斯取得了出色的成绩。1983 年，丹尼斯和其好友威廉·埃克哈特在一个问题上产生了分歧，即优秀的期货交易者究竟是天生的还是后天培养的？丹尼斯相信优秀的期货交易者是后天培养的而非天生的，而埃克哈特与其观点则相反。针对这个问题，两人进行了一场打赌，并通过一场实验来寻找问题的答案。当年，丹尼斯和埃克哈特从 1000 人中招募了 13 个人[1]，在两周的时间内教授给这些人期货交易的基本概念，以及他自己的

---

[1] 也有个别资料中介绍为 23 个人，在此不作深究。

交易方法和原则,这13个学员就被称为"海龟"。培训完成后,每位学员得到100万美元的初始资金用于期货的投资。经过了4年的交易,13名"海龟"年均复利收益率达到了80%,因此,该实验也被认为是交易史上最为著名的实验。

丹尼斯通过这个实验证明了通过一套简单的系统和法则,就可以让那些几乎没有交易经验的人成为一名优秀的交易员。而海龟交易系统也成为期货投资中的经典的交易系统,目前国内也仍然有许多期货投资者采用海龟交易系统进行交易。海龟交易法则就是一个完整的交易系统,覆盖了交易的各个方面,对于交易中所涉及的各项决策都会得到系统给出的答案,从而该系统不会给交易员任何主观判断和决策的机会。因此,海龟交易法则也被视为量化投资的经典策略,虽然当年的许多交易未必实现程序化,但是该系统的思路与执行方式完全符合于量化投资的特征。

在当年进行实验的时候,"海龟们"认为应该对丹尼斯负责,并商定在他们议定的10年保密协定过后,即1993年终止后,也不会泄露海龟交易法则。然而,一些个别学员却在网站上出售法则还获取利益,导致了该交易系统的泄露。后来,两个当年"海龟"成员柯蒂斯·费思和阿瑟·马多克为了阻止那些通过泄露法则来牟利的行为,他们决定在网站上将海龟交易法则免费公之于众。我们如今所了解到的海龟交易法则就是由此而来的。

【6-4】 人物介绍:理查德·丹尼斯

理查德·丹尼斯(Richard Dennis),1949年出生于美国芝加哥,是著名的期货交易商,著名的海龟交易法则的创始人。丹尼斯是一个具有传奇色彩的人物,在多年的投机生涯中,丹尼斯出尽风头,给人的感觉是常常可以在最低点买进,然后在最高峰反手卖空。他落单入场经常可以带动市势。他的成绩继续提高,平均每年都从市场赚取5000万美元以上的利润。实际上丹尼斯认为此类买卖得益不多,他积聚的巨额利润,并非依赖准确地测中大市顶点或底部。据他估计,他本人95%的利润来自5%的交易,他深信让利润充分发展的道理。他曾把自己神奇的做单方法通过培训期货交易员传授出去。

20世纪60年代末,未满20岁的理查德·丹尼斯在交易所担任场内跑手(runner),每星期赚40美元,两三年后,他觉得时机成熟,准备亲自投入期货市场一试身手。他从亲朋好友处借来1600美元,但因资金不足,只能在合约量较小的芝加哥买了一个"美中交易所"的席位,花去1200美元,剩下的交易本金只有400美元。对绝大多数人来说,400美元从事期货交易,赚钱的可能性根本是微乎其微的,但是在理查德·丹尼斯追随趋势的交易原则下,就是这400美元,最终被丹尼斯像变魔术奇迹般地变成了2亿多美元。用他父亲的话说:"理查德这400块钱滚得不错。"

在1973年大豆期货大涨的行情中,大豆价格突然冲破4美元大关,大部分盲目相信历史的市场人士认为机不可失,大豆将像1972年以前一样在50美分之间起落,

> 故在近年的最高位 410 美分附近齐齐放空,但理查德·丹尼斯按照追随趋势的交易原则,顺势买入,大豆升势一如升空火箭,曾连续十天涨停板,价格暴升三倍,在四五个月的时间内,攀上 1297 美分的高峰,理查德·丹尼斯赚取了足够的钱,并迁移到更大的舞台——CBOT,芝加哥商品期货交易所。
>
> 　　1987 年股灾中,丹尼斯遭受重挫。旗下基金损失近半,个人账户也遭同样败绩。他的投入主要放在卖空债券上。股灾后利率下调,债券冲高,虽有风险控制,但一时难以止住,所以损失惨重。对此他淡然处之。1988 年,理查德·丹尼斯淡出交易场,留下一座传奇丰碑。
>
> ——整理自百度百科

6.4.2 原版海龟交易法则

　　成功的投资者都会有着自己的交易系统,并严格按照交易系统的规定进行交易。海龟交易法则是一个完整的交易系统,通过一系列的法则,对交易的每个细节都进行了确定和量化,因此在执行交易系统时只需要机械化地执行,无须在交易中加入交易者的主观判断。海龟交易法则所包括的交易步骤和细节主要有市场、头寸规模、入市、止损四个方面,这四个方面涵盖了交易所涉及的所有内容,下面将逐一介绍海龟交易法则对于各方面的规定。

1. 市场:买卖什么

　　交易系统或者交易策略首先需要确定的就是所投资的标的,也就是需要买卖的产品,这是一个选择市场的过程。海龟交易法则中主要选取的是美国所有的高流行性的期货市场,除了谷物[①]和肉类[②]。原版的海龟所交易的期货市场可参考表 6-1。

表 6-1　原版海龟所交易的期货市场

交 易 所	品　　种
芝加哥期货交易所	30 年期美国长期国债、10 年期美国中期国债
纽约咖啡、糖和可可交易所	咖啡、可可、糖、棉花
芝加哥商业交易所	瑞士法郎、德国马克、英镑、法国法郎、日元、加拿大元、标准普尔 500 指数、欧元、90 天美国短期国债
纽约商品交易所	黄金、白银、铜
纽约商品期货交易所	原油、民用燃料油、无铅汽油

2. 头寸规模:买卖多少

　　买卖头寸的设定是交易中不可缺少的一部分,恰当的头寸规模能够提高策略的收益水平,并控制策略的风险,尤其是对于期货这种具有杠杆特性的市场来说,设定合适的头

[①] 排除谷物市场的原因是丹尼斯的账户在谷物的交易头寸已经达到了上限。
[②] 排除肉类市场的原因在于该市场存在着腐败问题。

寸规模更显重要。头寸规模是海龟交易法则较重要的部分之一。海龟交易法则对于头寸规模进行了量化，其主要的原理就是：对那些合约价值波动性较强的市场而言，在该市场的合约持有量应该更少；而对那些合约价值波动性较弱的市场而言，在该市场的合约持有量应该更多。具体的头寸规模确定过程如下。

1）确定波动性

对于一个市场的波动性，海龟交易法则用 N 来表示。N 代表的是真实波动幅度的 20 日的指数移动平均值。真实波动幅度我们在前文已经介绍，表示为 TR，而 N 实际上就是前文我们所介绍的平均真实波动幅度 ATR 指标的 20 日的值。TR 和 ATR 的计算方式可参考前文的介绍。

2）确定绝对波动幅度

根据不同合约的合约乘数，可以得到不同标的的绝对波动幅度。用 CN 表示合约乘数，则有

$$绝对波动幅度 = ATR \times CN \tag{6.1}$$

3）确定波动幅度调整后的头寸规模单位

一个市场或者期货产品的头寸规模单位的计算方式为

$$头寸规模单位 = 账户的\ 1\% / 市场的绝对波动幅度$$

头寸规模单位就是每次买卖的量，等式右面相除后需要进行取整。其意义在于，如果买入 1 头寸规模单位的资产，当天的波动幅度所导致的总资产变化不会超过 1%。从公式中可以看出，ATR 越大，则头寸规模单位越小。而 N 会在每周更新一次用来重新计算头寸规模单位。

4）对于头寸单位上限的限制

海龟交易法则从 4 个不同的层面限制了交易量，其目的是控制总的风险水平。具体的限制如下。

对于单个市场，每个市场的头寸单位不可超过 4 个。

对于高度相关的多个市场，在某一个方向上的头寸单位不可超过 6 个。

对于低度相关的多个市场，在某一个方向上的头寸单位不可超过 10 个。

对于单个方向，在任何一个方向上的总头寸单位不可超过 12 个。

从该处可知，满仓就意味着到达某个层面的规模的上限。

3．入市：什么时候买卖

海龟交易法则采用的入市系统是以唐奇安通道为基础构建的。唐奇安通道与前面介绍的通道类似，设定上下轨，价格向上突破上轨则做多，价格向下突破下轨则做空。而海龟交易法则设定了两种不同的入市系统，"海龟"可以自由决定在每个系统中所配置的资金量。这两个系统分别为以 20 日突破为基础的偏短线的系统和以 50 日突破为基础的偏中长线的系统。不同系统的入市与退出的规则如下。

1）系统 1：以 20 日突破为基础的偏短线的系统

当空仓时，如果价格向上突破了前 20 日的最高价，则做多，买入 1 头寸单位；当空仓时，如果价格向下突破了前 20 日的最低价，则做空，卖出 1 头寸单位。

当持有多头时,如果价格向下突破了前 10 日的最低价,则卖出平仓;当持有空头时,如果价格向上突破了前 10 日的最高价,则买入平仓。

2)系统 2:以 50 日突破为基础的偏中长线的系统

当空仓时,如果价格向上突破了前 50 日的最高价,则做多,买入 1 头寸单位;当空仓时,如果价格向下突破了前 50 日的最低价,则做空,卖出 1 头寸单位。

当持有多头时,如果价格向下突破了前 20 日的最低价,则卖出平仓;当持有空头时,如果价格向上突破了前 20 日的最高价,则买入平仓。

除了两个不同的入市系统以外,海龟交易法则还设置了逐步建仓的规定。即为:交易员首先在突破点建立一单位的头寸,之后按照 0.5ATR 的价格间隔加仓。例如,突破点为 1,假设 ATR=0.2,则第二个加仓价位为 $1+0.5\times0.2=1.1$。则在 1.1 元时加仓一单位头寸。在价格突破后持续按照原有趋势运行情况下,加仓行为会直至达到头寸规模的上限后停止。

4. 止损:什么时候平掉亏损的头寸

在许多的投资策略中,止损条件的设定都至关重要。尤其在期货交易中,许多没有设定止损条件的交易者最后都导致了破产。海龟交易法则中对止损条件进行了明确的规定,主要根据的是头寸的风险来设定止损的标准,每一笔交易的风险程度都不应该超过 2%。具体而言:当持有多头时,如果价格下跌大于等于 2ATR,则平仓止损;当持有空头时,如果价格上涨大于等于 2ATR,则平仓止损。

海龟交易法则的止损机制是以 ATR 为基础的,这样可以将止损与价格的波动情况联系起来,波动性更强的市场止损的范围也同时增大。但与此同时,由于头寸单位的设定,波动性更强的市场,每个头寸单位所包含的合约的个数也更少。

6.4.3 海龟交易法则的应用实例

根据上文所介绍的原版海龟交易法则的具体内容,本部分对法则进行了一定程度上的简化,并进行了回测,从而对策略进行一个直观的展示。与原海龟交易法则相比,本演示主要的改变在于每个回测只进行一种期货合约的投资,并不采取买入多种期货的方式;此外,本演示只选用系统 1 进行交易信号的判断和执行。

1. 回测相关设定

(1) 期货品种:焦炭期货、螺纹钢期货、聚氯乙烯期货。

(2) 基准收益:基准收益选择的是各期货当月连续合约的收益率。

(3) 回测区间:2023 年 1 月 1 日—2023 年 5 月 31 日。

2. 回测结果

图 6-2~图 6-4 分别为三种期货合约的策略收益率趋势图,从这三张图中可以直观地看出,利用海龟交易法则对这三种期货进行投资,在该回测区间下均能够获得相对较好的收益水平。在三种期货中,螺纹钢期货的收益效果最好。三种期货在策略回测的前期收益都没有明显的提高。

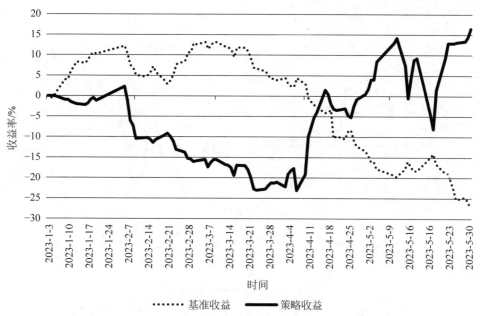

图 6-2　焦炭期货合约的海龟交易法则收益率曲线回测结果

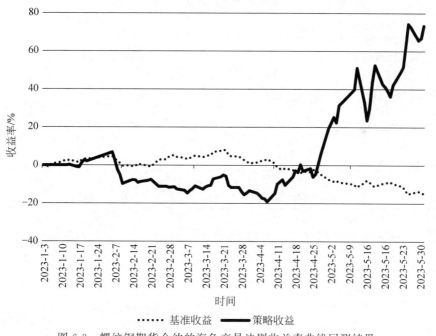

图 6-3　螺纹钢期货合约的海龟交易法则收益率曲线回测结果

从表 6-2～表 6-4 中可以更为明显地看出各个策略的效果。如表 6-2 所示，通过海龟交易法则对焦炭期货进行投资，在五个月间可以获得 16.51% 的收益，并且策略的年化收益率也能够达到 47.66%。策略的最大回撤为 24.84%，夏普比率为 0.922，说明用海龟交易法则投资焦炭期货的风险较大。策略的胜率为 0.459，盈亏比为 1.519，可见，策略的盈亏比相对较高，胜率相对较低。

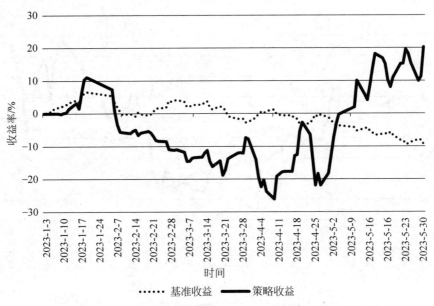

图 6-4 聚氯乙烯期货合约的海龟交易法则收益率曲线回测结果

表 6-2 焦炭期货合约回测效果主要评价指标一览

策略收益率	16.51%
策略年化收益率	47.66%
基准收益率	−27.24%
夏普比率	0.922
最大回撤	24.84%
盈利次数	2
亏损次数	5
胜率	0.459
盈亏比	1.519

表 6-3 螺纹钢期货合约回测效果主要评价指标一览

策略收益率	73.35%
策略年化收益率	306.94%
基准收益率	−14.74%
夏普比率	5.153
最大回撤	24.39%
盈利次数	2
亏损次数	2
胜率	0.500
盈亏比	0.021

表 6-4 聚氯乙烯期货合约回测效果主要评价指标一览

策略收益率	20.20%
策略年化收益率	59.89%
基准收益率	−9.50%

续表

夏普比率	1.000
最大回撤	33.50%
盈利次数	1
亏损次数	6
胜率	0.510
盈亏比	0.000

从表 6-3 中可以看出,通过海龟交易法则对螺纹钢期货进行投资,在五个月间可获得 73.35% 的收益率,并且策略的年化收益率为 306.94%。此外,策略的最大回撤为 24.39%,夏普比率为 5.153,说明用海龟交易法则投资天然橡胶期货的风险较大。策略的胜率为 0.490,盈亏比为 0.021,可见,策略胜率不高的同时盈亏比很低,虽然收益率看起来十分可观,但是海龟交易法则应用于该品种期货的效果仍较为一般。

从表 6-4 中可看出,通过海龟交易法则对聚氯乙烯期货进行投资,在五个月间的收益率能够达到 20.20%,并且策略的年化收益率也达到了 59.89%。此外,策略的最大回撤为 33.50%,夏普比率为 1.000,策略的风险较大。策略的胜率为 0.510,盈亏比为 0.000(说明极低,超出测量精度),可见策略胜率一般而且盈亏比是最低,海龟交易法则在这段时间应用在聚氯乙烯期货上只能认为风险较高且效果并不理想。

3. 对于海龟交易法则的思考

上文回测结果中可以看到将海龟交易法则应用于我国商品期货市场的效果。然而,虽然上述三种期货能够获得较好的收益,但是并不代表海龟交易法则在我国市场就是绝对有效的。读者应该通过思考清晰地认识到,当策略出现较高的收益时,其主要原因在于该品种的期货在这段时间内出现了明显的趋势,通过策略的识别,对趋势进行跟踪便可以获得收益。而对于这段时间没有明显趋势的期货合约,通过海龟交易法则将并不能获得很好的收益水平。此外,对于这四种合约而言,当趋势结束时,策略的效果如何也是需要考量的问题。

上文的策略的演示是对原版海龟交易法则进行了一定程度的简化和改动,这也会对策略的效果产生一定的偏差。但是通过该策略的构建,可以了解到趋势跟踪策略的构建流程和特点,前文介绍的各种趋势跟踪策略与该策略大同小异。但是不管哪一种经典策略,引入中国市场后都需要经过细致完善的检验和改进,通过了解经典策略的目的在于学习策略的构建时思路和方法,并为自己构建策略提供参考和依据。

6.5 网格交易法则

6.5.1 网格交易法则的基本介绍

网格交易法则是一种被广泛使用的交易策略,通常被用于外汇交易市场。其基本思想是在特定的价格水平建立一系列买入和卖出单,以便在市场价格波动时利用价格波动来获得利润。

网格交易法则有两个假设。第一,在短期内,大部分金融市场处于震荡状态,短期价格的变化基本上是不可预测的。第二,从长期来看,金融市场受经济周期的影响,其效应也具有周期性波动的特点。证券分析之父格雷厄姆曾说:"如果说我在华尔街60多年经验中发现过什么,那就是从来没有人能够成功地预测股市波动。"支持上述假设的理论主要有市场有效理论、随机漫步理论和均值回归理论。根据市场效率理论,所有的信息都反映在市场价格中,市场价格不会发生系统性的变化。随机游动理论把股票价格的变化看成是化学中分子的"布朗运动",具有随机游动的特点。当信息完全开放时,股票长期曲线近似为一维不规则扩散。此外,均值回归理论认为股票价格的趋势是随着时间的推移,沿着平均值移动。如果价格上涨过快,就会跌至平均值;相反,如果下跌太多,太急,它也会上升到平均水平。

美国数学家、信息论创始人克劳德·埃尔伍德·香农(Claude Elwood Shannon)首先提出了网格交易(grid trading application)的概念,网格交易是指始终持有一半的头寸进行交易。假设以50%的资金用于购买资产作为起始头寸,当价格上涨一定幅度时,部分股票会被卖出套利;当价格下跌一定幅度时,买入一些股票进行补充,持仓与现金的比例应始终为50%:50%。香农假设的目的是从价格波动中获利,这就提出了网格交易方法的发展。

网格交易法则的基本原则是,当价格向上或向下波动时,交易者将建立一系列交易单,以便在不同的价格水平上买入或卖出。这些订单通常会形成一个网格结构,其中每个订单都被称为一个"网格"。

例如,假设一个交易者在1.10的水平建立了一个卖出网格,并在该水平上设置了一组订单,每个订单的价格间隔为10个点。在这个例子中,如果市场价格下跌到1.09,则第一个订单将被触发并执行,同时下一个订单将自动被设置在1.08的价格水平上。如果市场价格再次下跌到1.08,则第二个订单将被触发并执行,同时下一个订单将被设置在1.07的价格水平上。这个过程将继续下去,直到市场价格回升并触发最后一个订单为止。

网格交易方法的优点是:①简单明了,不需要计算和分析各种指标或因素来确定买入或卖出点;②可以用来实现自动交易,它可以消除心理因素,不需要基金经理过多干预,因此,其管理成本相对较低;③不需要预测短期价格趋势,相反,市场波动越大,其收益越高。

显然,网格交易方式也存在一些缺点。它只有在市场波动时才有效。如果市场价格继续上涨或下跌,就会造成巨大的损失。另外,它是一种稳健保守的交易方式,收益率不是很高。因此,投资者在具体应用中需要根据不同的市场情况和基金产品,以及自身的资金和风险承受能力来调整网格交易参数。

6.5.2　网格交易法则的设计

网格交易法则的设计可以根据交易者的需求和市场情况来确定,但通常需要考虑以下四个方面。

1. 网格间距

这是指相邻网格的价格间隔。通常,网格间距应该根据市场波动幅度和交易者的风险承受能力来确定。较小的网格间距可以增加交易次数和利润,但也增加了亏损的风险。

2. 网格大小

这是指每个网格的交易量。交易者应该考虑市场流动性和账户资金管理来确定网格大小。较小的网格大小可以降低交易风险,但也可能限制了交易利润。

3. 网格数量

这是指交易者在特定价格水平上设置的买入和卖出网格数量。网格数量通常应该根据市场波动和交易者的预期利润来确定。

4. 停止损失设置

交易者应该设置好适当的止损点来限制亏损。通常,止损点应该设置在交易者风险承受能力所允许的最大亏损范围内。

总之,设计网格应该考虑市场情况和交易者自身的风险偏好,同时应该谨慎考虑风险控制措施。交易者也可以通过反复实践和总结,逐步完善自己的网格交易策略。

6.5.3 网格交易法策略思路

网格交易法是一种在价格波动期间获利的交易策略,其基本思路是建立一系列买入和卖出订单,形成网格结构,以期望在市场价格波动时获利。以下是网格交易法的一般策略思路。

(1) 确定开盘时间和中间价格。一般来说,当市场价格处于历史平均水平时,交易以前一个交易日的收盘价作为中间价开始。同时,需要确定初始头寸的比例,即首次买入的资金数额。

(2) 确定网格交易的范围(R),用百分比表示,确定网格交易模型的顶部,顶部价格(T)=中间价格/($1-R$),而网格交易模型的底部,底部价格(B)=中间价格×($1-R$)。交易者通常通过估计未来价格范围的变化来确定这个参数值。

(3) 确定网格高度(H),以百分数表示,预设第一个卖单,sell_1(s1)=中间价格/($1-H$),第一个买单,buy_1(b1)=中间价格×($1-H$),范围(R)应大于网格高度(H),理论上,市场波动越大,网格高度越大。衡量市场价格波动的常用指标是价格的标准差,但交易者通常根据自己的经验来设定这个参数的值。

(4) 确定网格空间(S),用百分比表示,确定每层卖出订单与每层买入订单的间隔时间。这个值应该尽可能小,以增加网格密度和提高盈利交易的可能性。

(5) 计算网格层数(N),即估算卖出订单和买入订单的整数。层数越多,网格密度越高。计算网格层数(N)的通用方法是计算可以放置在第一个买入订单(b1)和最低价格(B)之间的买入订单(N),以及可以放置在第一个卖出订单(s1)和最高价格(B)之间的卖出订单数量。

(6) 订单数量(Q),即在每个网格上下订单时预先设定的交易量。网格中每一层的订单数量可以设置为相同或不同。可以采用金字塔形式设定订单数量(Q),即离中间价格越远,盈利的概率越大。

第7章

统计套利

前文所介绍的策略多依照于明确的投资逻辑来构建量化投资策略,而还有一些策略是完全依赖于统计方法来发现投资机会,最为著名的便是统计套利。统计套利是一种模型的投资过程,这是在不考虑经济含义情况下,直接使用数量进行资金组合,再根据价格和模型预测价格比对之后建成组合的多空头,从而规避市场风险,获得稳定的收益。统计套利有着多年的历史,曾经是许多著名对冲基金的主要投资策略。第7章将介绍统计套利这一经典的量化投资策略。本章共分为六节:具体每节的内容如下。

7.1节:相关理论基础。本节介绍统计套利有关的理论基础,包括均值回归理论、市场中性策略,是有效理解统计套利的前提。

7.2节:统计套利概述。本节介绍统计套利的具体内容,包括其准确的定义、起源、特点等。从本节可得到对于统计套利准确的理解。

7.3节:配对交易。本节介绍最为经典的统计套利方法——配对交易。讲解配对交易的具体方法和步骤。

7.4节:配对交易案例展示。本节通过选取A股市场的两只股票作为案例,来展示配对交易的具体效果,通过展示可以看到配对交易在国内股票市场的适用性,经过完善可以应用于投资实践当中。

7.5节:融券对冲。本节介绍经典的统计套利方法——融券对冲。通过几种常用的融资套利方式展示融资对冲如何在实践中应用。

7.6节:外汇对冲交易。本节介绍又一经典的统计套利方法——外汇对冲交易。主要以案例方式讲解外汇相关性对冲交易的具体方法。

7.1 相关理论基础

7.1.1 均值回归理论

均值回归是一种非常普遍的现象,其实早在我国古代就有关于均值回归现象的说法,如盛极必衰,否极泰来。我们所熟知的体育运动中也能够发现均值回归的例子。比如,在篮球比赛中,一个球星某个时期内平均每场得分在 25 分,当他状态火爆时,可以在某几场比赛中得到 50 分甚至是 60 分,但是随着比赛的增多,他的单场的分数还是会回归到 25 分左右,这是依靠他的能力所应该取得的得分;相反,如果某几场比赛仅得到十几分,那么未来这名球星也会出现状态反弹的现象。在金融学理论的研究中,均值回归是一个重要的理论概念,均值回归是指股票价格、房产价格等社会现象、自然现象(气温、降水),无论高于或低于价值中枢(或均值)都会以很高的概率向价值中枢回归的趋势。其主要理论思想就是资产价格会向其均值回归收敛。

均值回归现象最早来自对于股票价格的研究,而对于股票价格的研究一直是学术上研究的重点。20 世纪初期,路易斯·巴施里耶对于股票价格问题进行了研究,并且提出了随机漫步理论,学者们普遍都认为,股票价格是随机游走的,也就是说股票价格是无法被预测的,包括萨缪尔森、法玛等著名的经济学家和金融学家都对该观点表示赞同。但是也有一些学者,如道氏理论的代表性人物汉密尔顿,在自己的文章中对美国股市行情做出了精准的预测,正是这种预测也使一些研究人员对于股票价格的不可预测性提出了质疑,而对于随机游走理论的坚持者认为股票价格的预测成功多半是运气使然。到了 20 世纪中后期,许多学者在对股票价格进行深入研究时不断发现与随机游走相悖的现象。Poterba 和 Summers[1] 在 1986 年对多个股票市场的研究中发现了这些市场的股票收益率在短期内有着明显的正相关,而在长期却有着明显的负相关的现象。Fama 和 French(1986)[2] 研究了美国股票市场的股价自相关的问题,通过研究发现了在样本期内,股票价格的自相关系数随着持有期的变化呈现出"U"形的特点,同时他们也发现了那些在过去表现较好的股票在未来的表现会变差,而那些在过去表现较差的股票在未来的表现会变好。同时期还有其他学者也发现了这种股票价格长期出现的均值回归现象,并且在近些年的研究中,国内外学者也在多个市场中发现了均值回归的现象。并且,针对均值回归的现象,许多投资者也构建了多种交易策略,后文介绍的配对交易就是以均值回归为理论基础的。学术上对于均值理论的研究近些年也产生了多个成果,感兴趣的读者可以自行查找。

---

[1] Poterba J M,Summers L H. Mean reversion in stock prices:evidence and implications[J]. Social Science Electronic Publishing,1988,22(1):27-59.

[2] Fama E F, French K R. Permanent and temporary components of stock prices[J]. Journal of Political Economy,1988,96(2):246-273.

> **【7-1】 道氏理论简介**
>
> 　　道氏理论是技术分析的鼻祖,在道氏理论之前的技术分析是不成体系的。道氏理论的创始人是美国人查尔斯·道(Charles Dow),为了反映市场总体的趋势,创立了著名的道·琼斯平均指数,他在《华尔街日报》上发表的有关股票市场的文章经过后人整理成为今天我们所看到的道氏理论。后来的道氏理论的主要代表人物也包括汉密尔顿(Hamilton)和罗伯特·雷亚(Robert Rhea)等。
> 　　道氏理论的主要原理有以下四点。
> 　　(1) 市场平均价格指数可以解释和反映市场的大部分行为。
> 　　(2) 市场主要有三种波动趋势。分别为:基本趋势、次要趋势及短暂趋势。
> 　　(3) 成交量在确定趋势中起到了重要的作用。
> 　　(4) 收盘价是最重要的价格。

　　我们在价值规律中谈到,商品的价格总是围绕其价值进行波动。如果我们将股票价格的均值理解为价值的话,那么对于均值回归就更好理解。当股票当前价格高于其平均价格时,在未来股价会倾向于下跌,回归至均值附近;当股票当前价格低于其平均价格时,在未来股价会倾向于上涨,回归至均值附近。其实通过对于股票市场的观察我们可以发现,一只股票的价格不会永远处于高位,也不会永远处于低位(在基本面不出现严重问题的情况下),只要时间足够长,就可以发现股票向其内在价值回归。此外,均值回归有着明显的非对称性,即股价高于平均值回归和低于平均值回归的速度存在着显著的差异。

　　根据均值回归理论很容易构建一个投资策略,即在股票价格低于均值时买入,高于均值时卖出。显而易见,如果用这种策略进行实盘交易的话,则很容易出现亏损的现象。这个策略存在的一个最为明显的问题是虽然我们可以发现某只股票的价格是否偏离了其均值,但是,我们并不知道其价格何时会被修正。此外,我们对于价格偏离什么程度才执行策略也存在着疑问,这也是均值回归策略较为明显的缺陷。

　　根据有效市场理论,如果市场是有效的,那么股票价格应该反映了所有的信息。因此,如果没有新的信息出现,那么股票价格是不应该明显偏离其价值的,并且在这个市场上,投资者是理性的。但这只是一种理想情况,在现实情况中,投资者普遍是有限理性的。其归因于投资者不同的知识背景、对信息的获取能力的差异等因素,并且不同投资者对于信息冲击的反应也存在着不同,正是由于对股票价格判断的不同,导致了股价偏离其价值。随着时间的推移,投资者对于股票价值的判断不断得到修正,股票价格也就不断回归至其价值或者均值。这就是均值回归现象产生的一个主要原因。

7.1.2　市场中性策略

　　市场中性策略就是投资者同时从下跌和上涨的资产中寻求收益,并且试图规避市场风险的策略。通常市场中性策略的方法就是做多一种资产的同时做空另一种资产,而收益与否的关键一点在于是否能够选择正确的待交易的两种资产,进而通过同时做多和做空来规避系统性风险。该类型策略的主要依据就是两种资产之间存在着一个合理的相对估值,即使相对估值在某段时间内出现了偏离,在不久之后也会回归到合理的区间。对于股票市场中性策略而言,其中心思想就是买入被低估的股票,同时卖出被高估的股票,通过对"股票对"的适当选择,进而消除系统性风险的影响,这种策略主要追求的是绝对收益,而非相对收益。市场中性策略依靠选取资产能力赚钱,其核心是投资者的选取资产能力。整体目标是不论市场走势如何,投资组合多头的表现始终强于空头。具体讲,市场中性策略的收益来源有三个:投资组合的多头、投资组合的空头和卖空资产产生的现金流。市场中性策略是对冲基金公司经常使用的一种投资策略。与传统的策略相比,市场中性策略由于很好地规避了系统性风险的影响,故无须对市场做出精确的判断,因此,收益情况完全取决于策略使用者的投资能力,承担的风险主要是个股的风险。

市场中性策略可以分为统计套利和基本面套利两个方面,这二者的区别主要在于选股方法的不同,统计套利主要是通过统计方法等量化分析手段对于股票组合的相对价值进行研究,从而构建市场中性策略;而基本面套利的方法主要是通过基本面分析的方法选取股票组合进而构建市场中性策略。

股票市场中性策略从 20 世纪 90 年代在美国兴起,历经三十余年的发展,经历了两轮扩展收缩的发展历程。1989 年 1 月 31 日,由 Merger 基金管理公司发行了美国市场上第一只真正意义上的股票市场中性策略基金——Merger Investor,由此拉开股票市场中性策略的序幕。2000—2007 年,以股票市场中性策略为主的基金规模大幅上涨,股票市场中性策略进入了爆发期。经过从出现到第一次规模扩张的十余年间,该类基金规模达到了 410 亿美元。2008—2012 年,由于金融危机的影响与投资者风险偏好的降低,股票市场中性策略规模出现趋势性收缩,此下跌阶段后期,基金规模降至约 163 亿美元,相比前峰值缩水约 60%。2013—2018 年,伴随着美国股市的持续上行,股票市场中性策略的数量和其基金规模也在持续攀升。截至 2015 年 8 月 19 日,美国市场上的股票市场中性策略基金共有 270 只,总规模达 1253 亿美元,是上阶段基金规模的 7 倍之多,占美国开放式基金总规模的 1%。然而 2019 年至今,美国股票市场中性策略规模再次进入下跌阶段,陷入了瓶颈期。2018 年美国股票市场中性策略整体为负收益,基金规模也随之快速下跌。截至 2020 年底,其规模从 2018 年三季度的 986 亿美元缩水至 578 亿美元左右,下降幅度达 41.3%。

相比国外市场,国内的股票市场中性策略起步较晚,相关产品仍处于逐步发展阶段。2010 年开始,随着国内资本市场融资融券和股指期货业务的不断放开,市场为卖空操作提供了基本工具。各大机构不断开发新金融产品,并开始将股指期货加入投资组合中。此时股票市场中性策略逐渐被更多的机构投资者所关注。2013 年 12 月市场第一只股票市场中性策略公募基金"嘉实绝对收益策略定开混合"发行,随后两年该类基金在数量和规模上均大幅增长。截至 2015 年 8 月,中国公募市场中以市场中性策略为核心的基金数量达到了 12 只。股票市场中性策略基金管理规模达到首个历史高位,为 273.37 亿元,环比增速达 270%。但随着 2015 年股市急速下行,核心对冲标的股指期货交易受到严格限制,此类量化对冲产品的发行和运作均受到一定程度的影响,导致管理规模出现缩水。直到 2018 年二季度触底,为 31.41 亿元,此时距离基金规模首个历史高位缩水了近 90% 的份额。2019 年底,基金审批重新开始,此类基金规模再次扩张。2020 年一季度超过 2015 年的顶峰水平,于 2020 年三季度达到历史最高水平,为 669.57 亿元。

市场中性策略的一个主要优点就是对于风险的控制,通过构建投资组合能够规避市场风险,尤其是在市场处于波动较大的振荡期或者熊市时,该策略更能够体现其优越性。此外,由于是双边交易,因此市场中性策略还可以从不被看好的股票中获利,可以充分利用投资者对于股票走势的判断。因此可以说,市场中性策略是一种收益更稳定并且风险更小的策略。

当然,市场中性策略规避市场风险的特点也导致了该策略普遍无法在牛市中获得更高的利润。此外,统计套利等策略对于计算机技术和数理模型的要求较高。因此,对于策略使用者的要求也较高,如果模型或者策略开发者对于股票的判断有误,就会导致策略的失败。

7.2 统计套利概述

7.2.1 统计套利的简介

统计套利主要指的是依据统计学、金融数学等理论知识所构建的挖掘套利机会的策略模型,由于涉及数理方法,因此也应用了计算机技术并将其作为支撑。统计套利并不是一个单一的策略,从被设计出到现在,已经发展成了一系列涵盖范围广泛的量化投资策略。通常来讲,统计套利通过使用复杂的统计和数学模型来分析证券之间的价格差异和走势等问题,并力图获得更高的超额收益。统计套利涉及的相关理论知识主要包括时间序列分析、主成分分析、协整理论、神经网络甚至是一些物理学理论等多学科。早期的统计套利主要是指与配对交易相关的投资策略,后来随着统计学等学科领域的发展,许多应用到统计知识的策略也均被称为统计套利。因此,广义来讲,前面六章所介绍的许多策略都可以算作统计套利。本章主要介绍狭义上的统计套利策略,也即配对交易,融券对冲及外汇对冲交易等。

7.2.2 统计套利的数学定义[①]

现假设一个自融资交易策略[②]$\{x(t): t \geq 0\}$,其初始成本为 0,t 时刻经无风险利率折现后的价值为 $v(t)$,如果满足下列条件:

(1) $v(0)=0$;

(2) $\lim_{t \to \infty} E^P[v(t)] > 0$;

(3) $\lim_{t \to \infty} P[v(t) < 0] = 0$;

---

① Hogan S, Jarrow R, Teo M, et al. Testing market efficiency using statistical arbitrage with applications to momentum and value strategies[J]. Journal of Financial Economics, 2004, 73(3): 525-565.

② 自融资交易策略就是策略所产生的资产组合的价值变化完全是由于交易的盈亏引起的,而不是另外增加现金投入或现金取出。一个简单的例子就是购买并持有(buy and hold)策略。

(4) 若 $P[v(t)<0]>0, \forall t<\infty$,则 $\lim\limits_{t\to\infty}\dfrac{\mathrm{Var}^P[v(t)]}{t}=0$。

则可以称其为统计套利。从上述数学定义中,可以看出,统计套利必须要符合四个条件:

(1) 0 初始成本的自融资策略;

(2) 正的期望折现收益;

(3) 策略亏损概率在时间趋近于无穷的情况下趋近于 0;

(4) 在有限时间内,如果损失概率没有趋近于 0,则经时间平均后的方差趋近于 0。

条件(4)适用于存在亏损风险的情况下。而对于 $T<\infty$,当 $P[v(T)<0]=0$,则为无风险套利。此外,从条件(4)可以看出,随着时间的推移,统计套利最终会产生无风险收益。

7.2.3　统计套利的起源

统计套利最早可以追溯到 20 世纪初期,著名的投资大师利弗莫尔发明的"姐妹股交易法"就应用到了统计套利的思想。该方法主要的思想就是在行业中选取两个走势一致的股票,做空近一段时间较为强势的股票,并且做多最近较为弱势的股票,等到两只股票价格回归均衡时平仓。值得一提的是,最为著名的统计套利策略——配对交易兴起于 20 世纪中后期,并且直到现在也是统计套利的核心策略。该策略的核心思想主要是通过证券之间的价格差异和相关性来获得盈利。配对交易的概念已经存在了许多年,但对于其创始人依旧存在着争议。一种说法是,1985 年,摩根士丹利(Morgan Stanley)成立了一支由出色的交易员 Nunzio Tartaglia 为领导的数量分析团队,该团队成员主要包括数学家、物理学家、计算机学家等高尖端人才,著名的华尔街对冲经理人大卫·肖(David Shaw)也是团队的一员。团队主要通过数量化的方法来发现证券市场的投资机会,配对交易也是该团队提出的主要交易策略,并且团队通过配对交易取得了巨大的成功。还有一种说法是格里·班伯格(Gerry Bamberger)在 20 世纪 80 年代早期在摩根士丹利工作期间提出的配对交易。总而言之,配对交易在 20 世纪 80 年代被提出,并且得到了广泛的应用,也取得了较好的效果。由于配对交易主要应用了统计方法等手段,并且获利手段也较符合套利的特征,因此也被称为统计套利。除了摩根士丹利,许多投资银行和对冲基金公司都将配对交易作为其重要的策略组成。

7.2.4　统计套利的特点

统计套利是经典的量化投资策略之一,在对冲基金公司中应用广泛。该类型的策略主要有以下四个特点。

(1) 主要的方法为统计方法。这是统计套利主要的特点之一。该种套利方法主要依赖于资产价格中的统计规律,对于投资资产的经济含义并不关注。

(2) 统计套利一般都是程序化交易。统计套利由于应用了大量统计计算等数量化知识,故需要借助计算机技术的帮助。因此,程序化交易是统计套利的一个普遍的特点。还有一些统计套利是半自动交易的,也就是交易行为可以通过人为操作进行,但是仍旧有着严格的投资纪律和程序。

(3)追求市场中性。统计套利是一种典型的市场中性策略。因此,该类型的策略普遍通过多边交易进而对冲掉市场风险。虽然市场风险能够通过市场中性有效规避,但是统计套利仍旧是一种风险套利,而非无风险套利,只是其收益更为稳定、风险相对较小。

(4)交易频率较高。统计套利由于涉及的股票组合较多,并且需要抓住套利机会进行交易,进而获得盈利或者止损,因此交易频率较高。国外许多对冲基金公司都开展了高频的统计套利交易。

【7-2】 利弗莫尔简介

杰西·利弗莫尔(Jesse Livermore,1877—1940),是华尔街的具有传奇色彩的投资交易大师。利弗莫尔出生于马萨诸塞州,在14岁初中毕业后就进入到了股票市场,人生中经历了4次大起大落,是历史上伟大的交易员之一,其生平也饱受争议。

年轻的利弗莫尔最早是在波士顿的一家名为潘恩·韦伯的证券交易公司接触到证券,他在该公司谋得了一份周薪5美元的交易员的工作。利弗莫尔对数字过目不忘,熟记各种股市数据,研读行情。通过对于交易数字的研究,利弗莫尔发现了交易数字中的规律,并用他的薪水投入到市场中交易,收益颇丰。在20岁前,他凭精湛的预测股价走势的技巧,在赌博股票价格波动的赌场里赚钱,许多庄家因而损失惨重而把他拒于门外,他曾多次假手于朋友助他买卖交易,但最后多次都失败而被发现;利弗莫尔遂前往纽约,操作纽约证券交易所(New York Stock Exchange)的股票,但一开始投资并不顺利,半年内输光家产。最后他只得向经纪公司借500美元,重回波士顿,再赚回10 000美元。

1901年,美国股市大涨,利弗莫尔在纽约买入北太平洋公司(Northern Pacific)的股票大赚,财产暴增至5万美元。但不久,利弗莫尔再次输光。1907年10月24日大赚300万美元,并引发华尔街股市大崩盘,银行家J. P. 摩根(J. P. Morgan,摩根公司创办人)曾致电利弗莫尔请求他停止沽空,并告诉利弗莫尔恐怕整个股票市场即将被摧毁。随后华尔街股市因利弗莫尔大手平仓而止跌,他感觉自己"那一刻就像皇帝"。利弗莫尔成了华尔街的知名人物。利弗莫尔曾有句名言:华尔街不曾变过。口袋变了,股票变了,华尔街却从来没变,因为人性没变。并且认为投资人必须提防很多东西,尤其是自己。他随时自省,因为"市场永远不会错,只有人性会犯错"。1908年,他听从棉花大王珀西·汤玛士(Percy Thomas)建议,做多棉花期货,结果惨遭套牢。短短几周内,他宣布破产,还负债100万美元,此时罹患忧郁症。

第一次世界大战爆发,利弗莫尔积欠100万美元以上。1917年4月,利弗莫尔在市场上开始告捷,偿还所有债务。1929年,华尔街股灾前,利弗莫尔占尽先机,预先大手沽空所有股票。在后来的大崩盘期间,累计赚取超过1亿美元。

人生中经历了大起大落的利弗莫尔没有在证券交易中始终占领高地。1934年3月5日第四次破产,患有深度抑郁症。1940年3月,利弗莫尔出版《股票作手操盘术》(How to Trade in Stocks),但书卖得不好。同年11月,利弗莫尔自杀身亡。利弗莫尔撰写的《股票作手回忆录》和《股票作手操盘术》被业界视为必读投资著作。

——整理自维基百科

【7-3】 大卫·肖

大卫·肖(David Shaw),1953年出生于美国,是著名的计算机科学家、对冲基金经理。1980年,大卫·肖获得斯坦福大学计算机博士学位,后成为哥伦比亚大学计算生物与生物技术中心高级研究员。1986年,大卫·肖加入摩根大卫·士丹利的团队,之后离职创立了著名的对冲基金公司德劲集团(D. E. Shaw & Co. LP.)。大卫·肖率先应用计算机来收集价格有变化的股票,并借助复杂的计算模型探索金融市场的无效性。在他的领导下,德劲集团以利用定量分析作为主要交易策略。由于在定量交易方面的专业性,财富杂志将大卫·肖称为"定量分析之王",并称该公司为"华尔街最富魅力和神秘感的一股力量"。

德劲集团有一支由数学天才和科学家组成的精英团队,在1700名员工中,有1/10的人获得了博士学位。浓厚的科学研究"气场"令大卫·肖的公司的运作较其他华尔街金融机构更为神秘。该公司的大部分投资都基于复杂的数学模型,旨在找出隐藏的市场趋势或定价异常,并从细微差异和瞬间变化中寻求丰厚的投资回报。截至2018年1月1日,其投资资金超过470亿美元,在北美、欧洲和亚洲均设有办事处。

7.3 配对交易

7.3.1 配对交易的介绍

配对交易是统计套利的发展起源,也是非常流行的量化投资策略。本书将对配对交易的理论方法进行详细介绍,并辅以案例展示,使读者能够更加清晰地了解配对交易。配对交易是一种典型的市场中性策略,基本的配对交易策略的主要策略方法就是选择两种走势非常相近的股票,在两只股票价差出现明显增大时,做空相对价格高的股票,并同时做多相对价格低的股票,当价格相对高的股票价格下跌、价格相对低的股票价格升高时该策略获利。配对交易策略主要依据的思想就是均值回归理论,两只股票的价格应该有着长期的均衡关系,因此,当两只股票的价差出现偏移后,随着时间的推移,应该回到其历史的均值。

假设A、B为两只具有相似性质或者同行业的股票的价格,我们关注这两只股票的收益率之间的关系,现构建以下模型。

$$\ln\left(\frac{A_t}{A_{t_0}}\right) = \alpha(t-t_0) + \beta\ln\left(\frac{B_t}{B_{t_0}}\right) + X_t \qquad (7.1)$$

式中，X_t 表示一个均值回归过程，序列 X_t 如果没有均值回归的性质，就无法进行配对交易。截距项 α 与 X_t 相比，其波动长度较小，因此通常被忽略。因此，这也就意味着当我们控制了 β 后，策略主要在一个统计上的均衡状态附近波动。根据式(7.1)，如果 X_t 较小，则可以做多单位 B 股票；如果 X_t 较大，则可以做空一单位 A 股票，做多 β 单位 B 股票。这里的均值回归现象的原因主要与市场的过度反应有关，即资产价格暂时与某个或某几个资产的价格之间的关系出现了偏离。

对于配对交易中均值回归的原因，塔尔塔利亚（Tartaglia）也给出了他的解释：本性促使人们在进行交易时，乐于追涨杀跌，尤其是对于散户较多的市场而言，这种情形更为明显。该种情形导致了一些股票的价格受此种非理性的驱动，出现了上涨的惯性。然而，这种上涨并没有实际的业绩等基本面信息的支撑，因此，当市场逐渐回归理性时，股价最终会跌落回其价值附近。此外，该种情形也会导致一些股票的价格出现下跌的惯性，同样，该种下跌过程也并不是受到基本面等因素的影响。当市场逐渐回归理性时，股价会上涨回价值附近。综上所述，当投资者进行配对交易时，通过同时反向交易两种匹配资产，可以获得两个资产的收益。

7.3.2 配对交易的基本步骤

一个基本的配对交易的步骤比较简单，总体上主要分为两个步骤。第一个步骤就是寻找到两个能够进行配对交易的资产，即两种资产的价格的历史走势有着较强的相关性；第二个步骤是追踪两种资产的价差，当两种资产的价格走势出现了偏离，价差出现了变化时，做空价格相对强势的资产，做多价格相对弱势的资产。由于两种资产的价格存在着一种均衡的关系，因此价差随着时间的推移逐渐回归到其均值水平，则可以平仓获利。

从配对交易的主要步骤中容易发现，该种策略的关键和难点主要有两个部分：第一个部分就是对于资产对的确定，也就是通过什么方法可以选择出具有相似走势的资产组合；第二个部分就是对于进场时机和离场时机的选择，也就是交易规则的设置，下面的几节将对当今学术界和业界所采用的主要方法进行介绍。

7.3.3 协整关系配对方法

1. 平稳时间序列与非平稳时间序列

在对协整理论进行介绍之前，首先介绍平稳时间序列和非平稳时间序列的相关概念，并将其作为后续内容的基础。时间序列根据其随机过程的特点，可以分为平稳时间序列和非平稳时间序列。时间序列的平稳性是对序列进行建模之前需要考虑的一个重要问题，不同类型的时间序列需要使用不同的计量方法构建模型。例如，许多计量模型只能够在序列平稳的情况下进行建模。

如果时间序列 Y_t 的均值、方差和自协方差都不依赖于时间 t，则可以称时间序列 Y_t 是弱平稳或者协方差平稳的。即对于所有的时间 t 和 s，有

$$E(Y_t) = \mu \tag{7.2}$$

$$\text{Var}(Y_t) = \sigma^2 \tag{7.3}$$

$$\text{Cov}(Y_t, Y_{t-s}) = \gamma_s \tag{7.4}$$

根据上式,如果时间序列 Y_t 是协方差平稳的,则 Y_t 和 Y_{t-s} 之间的协方差只取决于 s,只与两个观测值之间的间隔长度有关。而对于任意值 $s_1, s_2, \cdots, s_n, Y_{t+s_1}, Y_{t+s_2}, \cdots, Y_{t+s_n}$ 的联合分布只取决于时间间隔 $(s_1, s_2, \cdots, s_n)$,与时间 t 无关,则称时间序列 Y_t 是严格平稳的。显而易见,一个序列如果是严格平稳的,那么它也是协方差平稳的。

如果一个时间序列不符合上述特点,则称其为非平稳的时间序列。非平稳的时间序列的数字特征是随着时间的变化而变化的,因此序列在各个时点上的随机规律也是不同的,这就给建模预测增加了难度。现实中的金融经济时间序列通常是非平稳的。非平稳序列主要出现在以下几种情况中。

1) 确定性的时间趋势

如果一个时间序列有着"确定性的趋势",则该序列为非平稳序列。假设

$$Y_t = \beta_0 + \beta_1 t + u_t \tag{7.5}$$

式中,Y_t 为时间序列,t 为时间,可以发现,Y_t 随着 t 的改变而改变,因此 Y_t 为非平稳序列。$\beta_0 + \beta_1 t$ 可以称之为线性趋势函数,当式(7.5)中减去线性趋势时,则结果变为一个平稳的过程,因此,Y_t 通常也被称为趋势平稳。

2) 结构变动

结构变动是经济时间序列数据的一种较为常见的现象。例如,我国许多经济数据在 20 世纪到 21 世纪就发生过显著的结构性变化,这种数据也是非平稳的时间序列。

3) 随机趋势

设一个随机游走模型为

$$Y_t = Y_{t-1} + u_t \tag{7.6}$$

式中,u_t 为白噪声序列,因为 $\Delta Y_t = u_t$,因此,来自 u_t 的任何扰动都会对 Y_t 产生永久性的冲击,因此称 u_t 为该模型的随机趋势。如果在式(7.6)中加入常数项,即

$$Y_t = \beta_0 + Y_{t-1} + u_t \tag{7.7}$$

则可称 β_0 为每个时期的平均漂移。因此,Y_t 也为非平稳时间序列。而由于其差分为 u_t,是平稳过程,因此又可将这种序列称为差分平稳序列。

2. 单整与单位根检验

如果一个时间序列通过差分运算就可以得到平稳时间序列,则可称其为单整序列。对于平稳的时间序列,可以称其为零阶单整序列,记为 $I(0)$。而类似上文中提到的进行一次差分就变为平稳过程的时间序列,可称之为一阶单整序列,记为 $I(1)$。综上,对于序列 Y,如果通过 d 次差分可以成为一个平稳序列,并且其差分 $d-1$ 次序列仍旧不平稳,则可称序列 Y 为 d 阶单整序列,记为 $Y \sim I(d)$。

1) DF 检验

考虑以下模型,即

$$Y_t = \beta_0 + \beta_1 Y_{t-1} + \beta_2 t + u_t \tag{7.8}$$

式中,$\beta_2 t$ 为时间趋势,当不存在时间趋势时,$\beta_2 = 0$;β_0 为漂移项;$u_t \sim i.i.d. N(0, \sigma^2)$。理论上来讲,$|\beta_1| < 1$,如果大于 1,那么序列将是发散的。因此,对于序列的平稳性的判断,可以通过检验 β_1 是否小于 1,如果小于 1,则序列平稳或者趋势平稳;如果等于 1,则序列是一阶单整的非平稳序列。故可以考虑以下单边检验,即

$$H_0 : \beta_1 = 1$$
$$H_1 : \beta_1 < 1$$

将式(7.8)两边同时减去 Y_{t-1},可以得到

$$\Delta Y_t = \beta_0 + \delta Y_{t-1} + \beta_2 t + u_t \tag{7.9}$$

式中,$\delta = \beta_1 - 1$。则上文中的假设变为

$$H_0 : \delta = 0$$
$$H_1 : \delta < 0$$

通过最小二乘法可以得到 δ 的估计值 $\hat{\delta}$ 和相应的 t 统计量,并且这时 t 统计量被称之为 Dickey-Fuller 统计量。因此,可以通过 t 统计量来确定是否拒绝原假设,该种检验方法被称为 Dickey-Fuller 检验(DF 检验)。

2) ADF 检验

DF 检验方法使用的是一阶自回归来检验单位根,但如果序列存在着高阶的相关,那么扰动项的独立同分布假设就会被违背。因此,为了检验含有高阶序列相关的序列单位根的情况,Dickey-Fuller 提出了 ADF 检验方法(Augmented Dickey-Fuller test)。现考虑序列 Y 存在着 p 阶序列相关,则构建模型为

$$Y_t = \beta_0 + \beta_1 Y_{t-1} + \beta_2 Y_{t-2} + \cdots + \beta_p Y_{t-p} + \gamma t + u_t \tag{7.10}$$

将方程两边同时减去 Y_{t-1},则上述模型变成

$$\Delta Y_t = \beta_0 + \rho Y_{t-1} + \sum_{i=1}^{p-1} \eta_i \Delta Y_{t-i} + \gamma t + u_t \tag{7.11}$$

式中,$\rho = \sum_{i=1}^{p} \beta_i - 1$;$\eta_i = -\sum_{j=i+1}^{p} \beta_j$。此时,检验的假设为

$$H_0 : \rho = 0$$
$$H_1 : \rho < 0$$

则,当 $\rho = 0$ 时,说明时间序列至少存在一个单位根;当 $\rho < 0$ 时,说明不存在单位根。

3) KPSS 检验[①]

Kwiatkowski(1992)等人从待检验的时间序列中剔除了漂移项和时间趋势项的序列 $\hat{u}_t$,构建了 LM 统计量。设 Y 为待检验的时间序列,x_t 为外生变量向量序列,并且,该序列中包含着 Y 中可能有的漂移项和时间趋势项,或者只含有漂移项。则建立方程为

$$Y_t = x_t' \delta + u_t, \quad t = 1, 2, \cdots, T \tag{7.12}$$

式中,当 $x_t = (1)$ 时 Y 中只含有漂移项;当 $x_t = (1, t)'$ 时 Y 中含有漂移项和时间趋势项。

[①] Kwiatkowski D, Phillips P C B, Schmidt P, et al. Testing the null hypothesis of stationarity against the alternative of a unit root [J]. Journal of Economics, 1992, 54(1-3): 159-178.

利用最小二乘法估计上述方程,则有 $\hat{u}_t = Y_t - x_t'\hat{\delta}$。此时已经剔除了漂移项和时间趋势项。因此可以通过对 $\hat{u}_t$ 检验是否存在单位根,从而判断原序列是否存在单位根。设

$$S(t) = \sum_{r=1}^{t} \hat{u}_r \tag{7.13}$$

则 KPSS 检验的 LM 统计量为

$$\text{LM} = \sum_t S(t)^2 / (T^2 f_0) \tag{7.14}$$

上式汇总,f_0 为频率为 0 时的残差谱密度[①],KPSS 检验的原假设是 Y 为平稳序列,备择假设为 Y 是非平稳序列。检验的临界值由 Kwiatkowski 等(1992)给出。

3. 协整理论

金融时间序列的一个显著的特点就是其序列通常不平稳,许多时候建模时通常采取差分的方式消除这种非平稳的趋势。但是,这种方法限制了许多经济金融问题的探讨,消除了序列中的一些特性。针对非平稳时间序列的建模问题,Engle 和 Granger[②] 在 20 世纪 80 年代提出并阐述了协整理论,创新地建立了非平稳序列模型的方法。该理论认为,一些非平稳时间序列的变量通过线性组合可能形成平稳的时间序列,这种线性组合而成的表达式即为协整方程,并且可以说明几个变量之间存在着长期稳定的均衡关系。举例而言,在配对交易中,股票价格通常是非平稳序列,如果两种股票的价格进行线性组合后,变为平稳的序列,那么就可以说明这两种股票有着协整关系,也就说明了这两个股票有着明显的长期稳定的关系,可以将它们作为配对交易的股票对。

协整概念的提出为构建多个时间序列的平稳关系提供了方法。对于单个序列来讲,其方差、均值等都随着时间变化,但是将几个序列构建成线性组合却可能存在着一种稳定的不随时间改变的关系。短期,受到多种因素的干扰,序列可能偏离均衡值,但是随着时间的推移,偏离会逐渐消失,回到均衡状态。协整的定义如下。

现假设两个 $I(1)$ 过程 $\{y_t\}$ 和 $\{x_t\}$,过程 $\{y_t\}$ 和 $\{x_t\}$ 可以分别表示为

$$\begin{cases} y_t = \alpha + \beta \omega_t + \varepsilon_t \\ x_t = \gamma + \delta \omega_t + u_t \end{cases} \tag{7.15}$$

式中,ω_t 为随机游走,$\omega_t = \omega_{t-1} + v_t$;$\varepsilon_t$、$u_t$ 和 v_t 均为白噪声。因为两个序列 $\{y_t\}$ 和 $\{x_t\}$ 拥有着共同的随机趋势 ω_t,故将二者线性组合为

$$\delta y_t - \beta x_t = (\alpha \delta - \beta \gamma) + (\delta \varepsilon_t - \beta u_t) \tag{7.16}$$

上述的线性组合为平稳的过程,在此情况下,可以将序列 $\{y_t\}$ 和 $\{x_t\}$ 称为有协整关系的,或协整的。而向量 $(\delta, -\beta)$ 可以成为协整向量或者协整系数,协整向量也可以标准化为 $(1, -\beta/\delta)$。需要注意的是:首先,协整向量作为对非平稳变量之间关系的描述,并不是唯一的;其次,协整变量必须有着相同的单整阶数,例如,上述的两个 $I(1)$ 过程 $\{y_t\}$ 和 $\{x_t\}$;最后,对于 n 个 $I(1)$ 变量,最多可能存在 $(n-1)$ 个协整关系。

[①] 有关 KPSS 检验的更具体的介绍可以参考 Kwiatkowski 等(1992)。
[②] Engle R F, Granger C W J. Co-integration and error correction: representation, estimation, and testing[J]. Econometrica, 1987, 55(2): 251-276.

4. 协整关系的检验方法

判断变量之间是否存在着协整关系的检验方法有多种,但是首先要确定的一定就是变量之间是否存在着理论上的联系,在理论上可能存在着长期的均衡关系。具备了理论支撑之后,才可以应用多种方法对协整关系进行检验。按照检验对象划分,可以将协整检验方法分为两类:第一类是基于回归的残差的协整检验方法,具有代表性的有 EG 检验、AEG 检验、PO 检验等;第二类是基于回归系数的检验方法,如著名的 Johansen 协整检验等。

1) EG 检验和 AEG 检验[①]

EG 检验是 Engle 和 Granger 在 1987 年提出的协整检验方法。该种方法主要是通过对变量线性组合后的回归方程的残差进行单位根检验来检验变量之间的协整关系。当变量之间存在着协整关系时,线性组合的回归方程能够解释二者之间的关系,对于被解释变量其存在的不能被解释变量所解释的部分就构成了残差序列,该序列应该是平稳的。因此,检验变量之间的协整关系就可以变成检验该残差序列是否是平稳序列。EG 检验或者 AEG 检验主要有以下两个步骤。

(1) 如果 $n+1$ 个序列 y 和 $x_1, x_2, \cdots, x_n$ 均为一阶单整序列,则可以建立回归方程,即

$$y_t = \boldsymbol{x}_t \boldsymbol{\beta} + u_t, \quad t = 1, 2, \cdots, T \tag{7.17}$$

式中,y_t 为被解释变量;$\boldsymbol{x}_t = (x_{1,t}, x_{2,t}, \cdots, x_{n,t})$ 为解释变量向量;$\boldsymbol{\beta}$ 为 n 维系数向量;u_t 为扰动项。上述模型的残差的估计值则为

$$\hat{u}_t = y_t - \hat{\beta}_1 x_{1t} - \hat{\beta}_2 x_{2t} - \hat{\beta}_3 x_{3t} - \cdots - \hat{\beta}_n x_{nt}, \quad t = 1, 2, \cdots, T \tag{7.18}$$

(2) 对残差序列进行 EG 或者 AEG 检验,根据残差序列的平稳性,确定变量之间的协整关系。EG 和 AEG 的回归方程为

$$\Delta \hat{u}_t = (\rho - 1) \hat{u}_{t-1} + \varepsilon_t, \quad t = 1, 2, \cdots, T \tag{7.19}$$

$$\Delta \hat{u}_t = (\rho - 1) \hat{u}_{t-1} + \sum_{i=1}^{p} \theta_i \Delta \hat{u}_{t-i} + \varepsilon_t, \quad t = 1, 2, \cdots, T \tag{7.20}$$

根据 DF 和 ADF 检验,式(7.19)和式(7.20)也可以包括截距项和趋势项。此外,协整检验的统计量 EG 与 AEG 也与 t 统计量等价,即

$$\tau = (\hat{\rho} - 1) / \hat{\sigma}_{\hat{\rho}} \tag{7.21}$$

在进行协整检验时需要注意,该处进行检验所利用的临界值与 DF 和 ADF 检验不同。其主要原因就是通过最小二乘法(OLS)进行估计会使残差序列的 τ 统计量的渐进分布与 DF 检验的 t 统计量的渐进分布不同,处在 DF 统计量分布的左侧。此处,可运用 Mackinnon(1996)[②] 给出的临界值进行检验。

[①] Engle R F, Granger C W J. Co-integration and error correction: representation, estimation, and testing[J]. Econometrica, 1987, 55(2): 251-276.

[②] Mackinnon J G. Numerical distribution functions for unit root and cointegration tests[J]. Journal of Applied Econometrics, 1996, 11(6): 601-618.

2) PO 检验[1]

PO(Phillips-Ouliaris)检验是 Phillips 和 Ouliaris 针对 EG 检验进行改进和完善,在前文的基础上,计算了长期方差 λ_ε 及单边长期方差 ω_ε 的检验方法,具体通过式(7.19)的残差项来计算,即

$$\hat{\lambda}_\varepsilon = \sum_{j=-\infty}^{+\infty} E(\hat{\varepsilon}_t \hat{\varepsilon}_{t-1}) \tag{7.22}$$

$$\hat{\omega}_\varepsilon = \sum_{j=0}^{+\infty} E(\hat{\varepsilon}_t \hat{\varepsilon}_{t-1}) \tag{7.23}$$

修正式(7.21)中的 $\hat{\rho}$ 和 $\hat{\sigma}_{\hat{\rho}}$,即

$$(\hat{\rho}^* - 1) = (\hat{\rho} - 1) - T\hat{\lambda}_\varepsilon \left(\sum_t \hat{u}_{t-1}^{1/2}\right)^{-1} \tag{7.24}$$

$$\hat{\sigma}_{\hat{\rho}}^* = \hat{\omega}_\varepsilon^{1/2} \left(\sum_t \hat{u}_{t-1}^{1/2}\right)^{-1/2} \tag{7.25}$$

此时,式(7.21)中的 τ 统计量变为 τ^* 统计量,即

$$\tau = (\hat{\rho}^* - 1)/\hat{\sigma}_{\hat{\rho}}^* \tag{7.26}$$

此处,PO 检验也需要参考 Mackinnon(1996)[2]给出的临界值。

3) Johansen 协整检验

前文提到的协整检验方法主要是针对单个方程而言,而当检验的资产数超过两个后,就需要运用到 Johansen 协整检验方法。该种检验方法以向量自回归模型(Var 模型)为基础,对回归系数进行检验,主要用来检验多个变量的协整关系。现构建 Var(p)模型,即

$$\boldsymbol{y}_t = \beta_1 y_{t-1} + \beta_2 y_{t-2} + \cdots + \beta_p y_{p-1} + Hx_t + \varepsilon_t, \quad t = 1, 2, \cdots, T \tag{7.27}$$

式中,向量 $\boldsymbol{y}_t$ 的每个分量都是非平稳的 $I(1)$ 变量;x_t 表示了漂移项、时间趋势项等确定性项,是一个 d 维的外生变量;ε_t 是 k 维扰动向量。将式(7.27)的两边同时减去 y_{t-1},方程变为

$$\Delta y_t = \varphi y_{t-1} + \sum_{i=1}^{p-1} \delta_i \Delta y_{t-i} + Hx_t + \varepsilon_t \tag{7.28}$$

其中

$$\varphi = \sum_{i=1}^p \beta_i - I, \quad \delta_i = -\sum_{j=i+1}^p \beta_j \tag{7.29}$$

因为前文设定向量 $\boldsymbol{y}_t$ 的每个分量都是非平稳的 $I(1)$ 变量,因此,$\Delta \boldsymbol{y}_t$ 等都是 $I(0)$ 变量所构成的向量。从而当 φy_{t-1} 为 $I(0)$ 的向量,也就是说 y_{t-1} 的每个分量之间有着协整关系,那么则可以保证 $\Delta \boldsymbol{y}_t$ 平稳。最终,y_{t-1} 的各个分量之间的协整关系的判断主要

---

[1] Phillips P C B, Ouliaris S. Asymptotic properties of residual based tests for cointegration[J]. Econometrica, 1990, 58(1): 165-193.

[2] Mackinnon J G. Numerical distribution functions for unit root and cointegration tests[J]. Journal of Applied Econometrics, 1996, 11(6): 601-618.

取决于矩阵φ的秩。我们设φ的秩等于r,则主要需要考虑三种情况:$r=0$、$r=k$及$0<r<k$。当$r=0$时,$\varphi=0$,则式(7.27)变为了差分方程,每项都是一阶单整的向量,此时无需研究分量之间的协整关系;当$r=k$时,如果想要保证φy_{t-1}为$I(0)$变量所组成的向量,则需要限定y_{t-1}的每个分量都是$I(0)$变量,这与已知条件向量y_t的每个分量都是非平稳的$I(1)$变量相冲突,因此,对于矩阵φ的秩主要讨论$0<r<k$的情况。

当$0<r<k$时,说明存在着r个线性无关的协整组合,并且有$k-r$个关系可以被其线性表示。因此,可以将φ分解为两个$(k\times r)$阶矩阵的乘积,即

$$\varphi = ab' \tag{7.30}$$

式中,$r(a)=r$,$r(b)=r$,将式(7.30)代入式(7.28),则式(7.28)变为

$$\Delta y_t = ab'y_{t-1} + \sum_{i=1}^{p-1}\delta_i \Delta y_{t-i} + Hx_t + \varepsilon_t \tag{7.31}$$

式中,$b'y_{t-1}$应为一个$I(0)$向量,并且每一行都是$I(0)$的组合变量,换句话说,矩阵b的每一列所代表的y_{t-1}每个分量的线性组合都为协整形式。从而y_{t-1}每个分量之间的协整向量的个数和形式都由矩阵b所决定。在这里,矩阵b被称为协整向量矩阵,r为协整向量的个数。矩阵a称为调整参数矩阵,其每一行的a_i为第i个方程中r个协整组合的一组权重。此外,a和b并不是唯一的。

Johansen协整检验就是将对于y_t的协整检验转换成了对矩阵φ的检验。主要检验的方式就是对其非零特征根的个数进行检验,从而检验其协整关系和协整向量的秩。设矩阵φ的特征根为$\lambda_1>\lambda_2>\cdots>\lambda_k$,因为$r$个最大特征根应得到$r$个协整向量,剩余的$k-r$个非协整组合的特征根$\lambda_{r+1},\lambda_{r+2},\cdots,\lambda_k$应等于0。因此可以得到如下的假设,即

$$H_{r0}:\lambda_{r+1}=0$$
$$H_{r1}:\lambda_{r+1}>0$$

式中,$r=0,1,\cdots,k-1$,则相应的检验统计量为η_r,即

$$\eta_r = -T\sum_{i=r+1}^{k}\ln(1-\lambda_i),\quad r=0,1,\cdots,k-1 \tag{7.32}$$

检验统计量的显著性,当η_0不显著时,则接受原假设H_{00},意味着有k个单位根,0个协整向量,因此不存在协整关系;当η_0显著时,拒绝原假设H_{00},意味着至少有1个协整向量,因此需要对η_1进行检验。依此类推,当η_r不显著时,接受原假设H_{r0},意味着只有r个协整向量;当η_r显著时,拒绝原假设H_{r0},意味着至少有$r+1$个协整向量。上述过程叫作特征根迹检验。

5. 误差修正模型

首先引入自回归分布滞后模型(autoregressive distributed lag model,ADL model)的概念,经济模型一般可以用来描述变量之间的长期均衡的关系,但是由于经济数据的非均衡性,我们在对数据进行建模时需要采取数据的动态非均衡过程来靠近长期均衡的过程。ADL模型就是常用的用来描述经济变量长期关系的模型。如果一个内生变量y_t不仅受同一时间点的外生变量x_t所影响,还受到外生变量的滞后值的影响,那么为了描述这种长期的影响,可以构建ADL模型,则一个一阶的自回归分布滞后模型为

$$y_t = \beta_0 + \beta_1 y_{t-1} + \beta_2 x_t + \beta_3 x_{t-1} + u_t, \quad t = 1, 2, \cdots, T \tag{7.33}$$

式(7.33)可以被记为 ADL(1,1),$u_t \sim i.i.d.(0, \sigma^2)$。设 $\bar{y} = E(y_t), \bar{x} = E(x_t)$,并且 $E(u_t) = 0$,将式(7.33)的等式两边取期望,即

$$\bar{y} = \beta_0 + \beta_1 \bar{y} + \beta_2 \bar{x} + \beta_3 \bar{x} \tag{7.34}$$

通过对式(7.34)进行调整,可以得到

$$\bar{y} = \frac{\beta_0 + (\beta_2 + \beta_3)\bar{x}}{1 - \beta_1} = \frac{\beta_0}{1 - \beta_1} + \frac{\beta_2 + \beta_3}{1 - \beta_1}\bar{x} \tag{7.35}$$

设 $b_0 = \frac{\beta_0}{1 - \beta_1}, b_1 = \frac{\beta_2 + \beta_3}{1 - \beta_1}$,则式(7.35)可以变成

$$\bar{y} = b_0 + b_1 \bar{x} \tag{7.36}$$

式中,系数 b_1 可以度量内生变量 y_t 和外生变量 x_t 之间的长期均衡关系。我们对式(7.33)做进一步的调整,首先在等式两边同时减去 y_{t-1},然后在等式右边减去 $\beta_2 x_{t-1}$ 再加上 $\beta_2 x_{t-1}$,则式(7.33)变为

$$\Delta y_t = \beta_0 + (\beta_1 - 1) y_{t-1} + \beta_2 \Delta x_t + (\beta_2 + \beta_3) x_{t-1} + u_t \tag{7.37}$$

因为,$\beta_0 = b_0 (1 - \beta_1), (\beta_2 + \beta_3) = b_1 (1 - \beta_1)$,同时设 $\alpha = (1 - \beta_1)$,可以将式(7.37)变为

$$\Delta y_t = \alpha (y_{t-1} - b_0 - b_1 x_{t-1}) + \beta_2 \Delta x_t + u_t \tag{7.38}$$

此时,该模型就被称为误差修正模型,$(y_{t-1} - b_0 - b_1 x_{t-1})$ 为误差修正项,表示 y_t 关于 x_t 在第 t 时点的短期偏离。其系数 α 称之为调整系数,表示的是在 $t-1$ 期 y_{t-1} 关于 $b_0 + b_1 x_{t-1}$ 之间的偏差调整速度。

在配对交易中,通常需要构建误差修正模型,在业界和学术界对于误差修正模型的估计法主要可采取 Engle 和 Granger 在 1981 年提出的"EG 两步法"。主要的方法如下。

第一步,构建 y_t 与 x_t 的线性回归模型,即

$$y_t = b_0 + b_1 x_t + u_t, \quad t = 1, 2, \cdots, T \tag{7.39}$$

对式(7.39)进行 OLS 估计,得到 b_0 和 b_1 的估计值,同时也得到了残差序列,此时采用 AEG 检验方法检验残差序列是否平稳,如果平稳则说明了两个变量之间存在着长期均衡的关系。残差序列 $\hat{u}_t$ 为

$$\hat{u}_t = y_t - \hat{b}_0 - \hat{b}_1 x_t, \quad t = 1, 2, \cdots, T \tag{7.40}$$

第二步,采用 AEG 检验方法检验得到残差序列平稳后,将 $\hat{u}_t$ 引入式(7.38),得到误差修正模型,即

$$\Delta y_t = \beta_0 + \alpha \hat{u}_{t-1} + \beta_2 \Delta x_t + \varepsilon_t \tag{7.41}$$

之后可以继续通过 OLS 估计法对式(7.41)进行参数估计。从模型的公式中可以看到,被解释变量的变化同时受到短期的波动和长期的稳定趋势所影响,并且短期偏离增加,于是导致波动的幅度增大。

6. 股票对的选择方法

应用协整理论方法选择股票主要可以分为以下三步。

(1) 寻找潜在的多个股票对,以便后续对这些股票对进行协整检验。

(2) 对每个股票对的价格数据进行单位根检验,以确定股票对的价格数据是否均为一阶单整序列,单位根检验方法可以应用 ADF 检验。

(3) 通过了单位根检验后,可以对每个股票对进行协整检验,从而判定是否在股票对之间存在着长期均衡的关系。可采用的方法,如 EG 两步法等。通过协整检验的股票对方可进行配对交易。

7.3.4 最小距离法配对

最小距离法(the distance approach)也被称为距离法或者最小偏差平方和法,包括 Gatev(2006)[①]等学者都将该方法应用到配对交易中。设 P_{it} 和 P_{jt} 分别代表股票 i 和股票 j 的标准化的价格时间序列,如果将这两只股票组成配对,则该配对的价差方差可以表示为

$$\mathrm{Var}(P_{it}-P_{jt}) = \frac{1}{T}\sum_{t=1}^{T}(P_{it}-P_{jt})^2 - \left[\frac{1}{T}\sum_{t=1}^{T}(P_{it}-P_{jt})\right]^2 \qquad (7.42)$$

Var( )表示价差的方差,则两只股票的平均最小偏差平方和为

$$\overline{\mathrm{SSD}_{sjt}} = \frac{1}{T}\sum_{t=1}^{T}(P_{it}-P_{jt})^2 = \mathrm{Var}(P_{it}-P_{jt}) + \left[\frac{1}{T}\sum_{t=1}^{T}(P_{it}-P_{jt})\right]^2 \qquad (7.43)$$

通过最小距离法进行股票筛选的途径主要是对所有待筛选股票进行两两配对,并计算每对的最小偏差平方和,并对最小偏差平方和进行排序,选择最小偏差平方和最小的几组进行配对交易。该种方法的一个主要特点就是配对股票的选择完全依赖于统计信息,与经济或者金融特征无关,并且也没有依赖于经济模型,因此避免了许多经济模型存在着的误差。

然而,该种方法也存在着一些问题。一个理性的配对交易者其目的就是能够将其股票对的超额收益最大化,为了尽可能获得更大的超额收益,配对交易者期望股票对的价差出现尽可能大的偏离并且随后回归到均衡水平。因此,如果价差的方差较大,也就在一定程度上说明了价差倾向于出现较大的偏离。那么根据式(7.43),最小距离法要求偏差平方和尽可能小,则要求 $\mathrm{Var}(P_{it}-P_{jt})$ 和 $\left[\frac{1}{T}\sum_{t=1}^{T}(P_{it}-P_{jt})\right]^2$ 的值尽可能小。因此,该种选取配对股票的方法限制了价差方差的大小,从而限制了潜在的收益。此外,该种方法并没有通过协整检验来判断股票对之间是否存在着显著的协整关系。因此,对于通过最小距离法筛选出的股票对之间的相关程度便存在着疑问,如果选择出的股票对虽然偏差平方和较小,但是没有长期的均衡关系存在,那么均值回归现象就不容易出现,这也导致了价差出现更大偏离的风险。因此,可以对最小距离法进行完善,综合考虑价差的方差和协整关系。

一个行之有效的方法是:通过最小距离法筛选出偏差平方和最小的 10 组股票对,在这 10 对股票中按照价差的方差的由大到小进行排序,选取方差最大的股票对进行协整

---

① Gatev E, Goetzmann W B, Rouwenhorst K G. Pairs trading: Performance of a relative-value arbitrage rule[J]. Review of Financial Studies,2006,19(3):797-827.

检验,如果存在协整关系,则将其作为配对交易的股票对;如果没有协整关系,则按照价差的方差由大到小的顺序对它们依次进行检验,直到发现具有协整关系的股票对为止。这种方法有两个主要的优势:一方面,通过对股票对进行协整检验,可以确定股票对间是否存在着显著的长期均衡关系,这样可以减小策略的风险;另一方面,通过将价差的方差按照由大到小排序进行协整检验,这种方法可以尽可能地选择价差方差更大的配对,从而增加了潜在的收益。

7.3.5 随机价差法

1. 随机价差法介绍

Elliott 等(2005)[①]通过对配对交易的深入研究,提出了随机价差法。先考虑一个状态方程,假设变量 x_k 服从一个均值回归过程,即

$$x_{k+1} - x_k = (a - bx_k)\tau + \sigma\sqrt{\tau}\varepsilon_{k+1} \tag{7.44}$$

式中,$\sigma \geqslant 0$;$b > 0$;$a \in R_0^+$;$\varepsilon_k \sim i.i.d. N(0,1)$。

对于 $k = 0, 1, 2, \cdots, t_k = k\tau$。我们假设 ε_{k+1} 与 $x_0, x_1, x_2, \cdots, x_k$ 相对独立,该过程均值回归于 $\mu = a/b$,b 为均值回归的强度。式(7.44)还可以写成如下形式,即

$$x_{k+1} = A + Bx_k + C\varepsilon_{k+1} \tag{7.45}$$

式中,$A = a\tau$;$B = 1 - b\tau$;$C = \sqrt{\tau}$。

在连续时间下,可以用 Ornstein-Uhlenbeck 过程来描述该状态过程,即

$$dx_t = \rho(\mu - x_t)dt + \sigma dW_t \tag{7.46}$$

式中,W_t 为标准的布朗运动;$\mu = a/b$ 表示均值;$\rho = b$ 表示均值回归的速度。

状态空间模型的第二个部分为量测方程(measurement equation),将可观测的价差定义为状态变量 x_k 和高斯白噪声 $\omega_t \sim i.i.d. N(0,1)$ 的和,即

$$y_k = x_t + D\omega_k, \quad D > 0 \tag{7.47}$$

配对交易者可以根据该模型来判断股票对的情况,Elliott 也在自己的研究中给出了进场和离场的时点,具体的方式为:当 $y_k \geqslant \mu + c(\sigma/\sqrt{2\rho})$ 或者 $y_k \leqslant \mu - c(\sigma/\sqrt{2\rho})$ 时进场交易。c 为一个固定的参数。

该种方法有以下三个优点:第一,该模型的参数可以通过卡尔曼滤波和状态空间模型进行估计,而参数估计量为极大似然估计量,因此在最小均方误差下最优。具体模型的估计算法,如 EM 算法等,还可参考 Elliott 等(2005)。第二,该模型是一个连续时间模型,因此可以被用来实现预测的目的。假定价差严格服从该模型,则配对交易的投资者可以计算价差回归到长期均值的期望时间,则期望持有期和期望收益等都更容易得出。第三,该模型依据均值回归理论,这是配对交易的理论基础。

该模型也存在着一定的缺点和问题。即该模型严格限制了配对股票的长期均衡关系,要求两只股票在长期的均衡收益是相同的。在投资实践过程中,我们很难找到两个收益相同的公司。所以该模型更加适合于那种在两个市场上市的双重上市公司。例如,

---

[①] Euiott R J., Hoek J V D, Malcolm W P. Pairs trading[J]. Quantitative Finance, 2005, 5(3): 271-276.

在 A 股市场和港股市场同时上市的公司。

2. 随机残差价差模型

针对该模型存在着的问题,许多学者也提出了完善的方法,较为著名的是 Do 等[①] (2006)提出的随机残差价差模型(the stochastic residual spread)。Do 从收益水平的层面对错误定价现象进行建模,这与 Elliott 从价格水平层面考虑角度不同。Do 所提出的状态空间模型可简要总结为如下的方程,即

$$x_{k+1} = A + Bx_k + C\varepsilon_{k+1} \tag{7.48}$$

$$dx_t = k(\theta - x_t)dt + \sigma dB_t \tag{7.49}$$

$$y_k = x_k + \Gamma U_k + H\omega_k \tag{7.50}$$

在式(7.48)和式(7.49)中,变量 x_k 服从一个均值回归过程,这与 Elliott 的模型相同,在此不再赘述。式(7.50)的变化较大,一个主要区别是价差序列 y_k 为股票对收益的差值,并不是股票对价格的差值,故可以采取对数收益率的形式;另一个与式(7.47)的主要区别就是多出了参考 APT 模型的外生变量 U_k。而当 $\Gamma = 0$ 时,模型就与随机价差模型基本相同。Do 等人结合了 APT 模型来对其配对交易框架进行了完善和分析,具体应用 APT 模型的方法如下。

首先引入一个多因子模型,即

$$R = r_f + \boldsymbol{\beta}' \boldsymbol{r} + \eta \tag{7.51}$$

式中,R 表示一个资产的收益;r_f 表示无风险收益率;$\boldsymbol{r} = (r_1, r_2, \cdots, r_n)' = [(R_1 - r_f), (R_2 - r_f), \cdots, (R_n - r_f)]'$ 是一个 $n \times 1$ 向量,其中,R_n 表示第 n 个因子的收益;$\boldsymbol{\beta} = [\beta_1, \beta_2, \cdots, \beta_n]'$ 是一个 $n \times 1$ 向量;η 为零均值的残差项。本质上 CAPM 模型是一种简化的多因子模型,只考虑了市场溢价,因此只有一个因子,而随机残差价差模型主要考虑的也是市场溢价,并且参考 APT 模型和 CAPM 模型,构建了一个关于两只股票的"相对的"资产定价模型。首先,设两只股票分别为 A 和 B,则两只股票分别的 CAPM 模型为

$$R_{At} = r_f + \beta_A r_{mt} + \eta_{At} \tag{7.52}$$

$$R_{Bt} = r_f + \beta_B r_{mt} + \eta_{Bt} \tag{7.53}$$

式中,$r_m = R_m - r_f$,表示的是市场超额收益。根据上述两个模型,可以构建"相对的"资产定价模型,即

$$R_{At} = (R_{Bt} - \beta_B r_{mt} - \eta_{Bt}) + \beta_A r_{mt} + \eta_{At} \tag{7.54}$$

对式(7.54)继续进行调整,可得

$$R_{At} = (\beta_A - \beta_B) r_{mt} + R_{Bt} + (\eta_{At} - \eta_{Bt}) \tag{7.55}$$

设 $\Gamma = (\beta_A - \beta_B)$,$e_t = (\eta_{At} - \eta_{Bt})$,则式(7.55)变为

$$R_{At} = R_{Bt} + \Gamma r_{mt} + e_t \tag{7.56}$$

因此,残差价差模型 G 可以表示为

[①] Do B, Faff R, Hamza K. A new approach to modeling and estimation for Pairs trading[A]. In Proceedings of 2006 Financial Management Association European Conference. 2006.

$$G_t = G(p_{At}, p_{Bt}, U_t) = R_{At} - R_{Bt} - \Gamma r_{mt} \tag{7.57}$$

则目前残差价差模型 G 所面对的是对 Γ 的估计问题,较为直接的方法就是按照上面的资产定价模型的流程构建关于价差的线性回归模型得到 Γ。但是一个更好的方法就是,重新定义 $y = (R_A - R_B)$,得到类似于式(7.50)的方程,即

$$y_k = x_k + \Gamma r_{mk} + H\omega_k \tag{7.58}$$

通过对状态空间模型的估计,可以得到 Γ 的估计值。通过对状态空间模型各个参数的估计,可以得到股票对价差是否符合均值回归过程、均值回归的速度等结果,从而完成对配对股票的选择,以及配对交易的执行。

本方法在交易规则的设置上与传统的基于价差偏离长期均衡值的大小进行建仓平仓的方法有所不同。该种方法要求配对交易在累计残差利差超过一定阈值后开仓,当累计残差利差回归到长期水平后平仓。例如,假设配对股票为 A 和 B,现在已知在相同测试区间内,A 的收益率为 7%,B 的收益率为 5%,两只股票在此区间的收益率的差值为 2%,当错误定价开始被修正时,下一个阶段的差值应该变为 −2%,最终使累计残差利差为 0。因此,当累计差值 $\delta_k = \sum_{i=k-l}^{k} E[(x_i \mid Y_i)]$ 超出 θ 一定限度时开仓交易,其中,k 为当前时点,且有 $l \leqslant k$。其他具体的内容读者可以参考 Do 等(2006)提供的资料。

7.4 配对交易案例展示

7.4.1 股票对的选取

为了演示一个基本的配对交易的流程,本文对配对交易流程进行了简化,在筛选股票对时,首选在一个行业的股票,并且在行业都属于领先地位的两家公司,综合考虑,本案例首先选取美的集团(000333)和格力电器(000651)两家公司因其同属于家电行业,并且也是该行业的领军人物。案例选取了 2013 年 9 月 18 日—2022 年 12 月 7 日的两只股票的复权收盘价数据,并对数据进行了对数化处理,之后计算价差得到价差序列,图 7-1 和图 7-2 分别为美的集团和格力电器的对数价格走势和二者的对数价差走势。

从图 7-1 可以看出,两只股票的价格走势非常相近,作为家电行业的领军企业,两家公司的股票价格近些年来并没有出现明显的大幅偏离,是潜在的配对交易的对象。从图 7-2 可以看出,价差并不是一直增大或者减小的,可以看到一定的均值回归现象,价差围绕着均值进行波动。从图形上看也较为符合可用于配对交易的股票的特征。因此,继续对两只股票进行协整检验。

7.4.2 协整检验

1. 单位根检验

首先对两只股票的对数价格序列进行单位根检验,设美的集团的股票对数价格序列为 MD_t,格力电器的股票对数价格序列为 GL_t,则两只股票的价格序列的单位根检验如

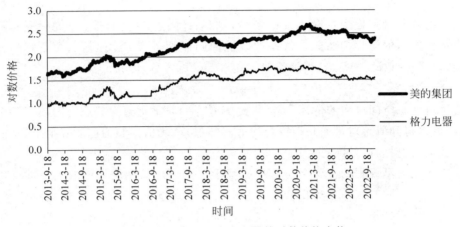

图 7-1 美的集团和格力电器的对数价格走势

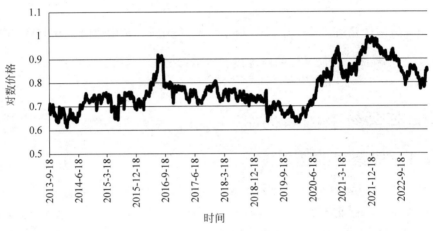

图 7-2 美的集团和格力电器的对数价差走势

表 7-1 所示。

表 7-1 美的集团与格力电器股票价格的单位根检验

时间序列	MD_t	GL_t	ΔMD	ΔGL
ADF 值	−0.6605	−0.9662	−31.5896***	−29.6241***

注：***、**、* 分别表示统计量在 1%、5%、10% 的显著性水平下显著。

如表 7-1 所示，从 MD_t 和 GL_t 的单位根检验的结果可以看出，两只股票的对数价格序列都是非平稳的序列；进而将两个序列进行差分，得到 ΔMD 和 ΔGL，差分后的序列的单位根检验结果表明，两只股票的对数一阶差分序列为平稳序列。因此，可以得出两只股票的价格序列都为一阶单整序列。

2. 构建线性回归方程

为了检验两只股票价格的协整关系，首先要构建线性回归方程，即

$$\mathrm{MD}_t = k_0 + k_1 \mathrm{GL}_t + u_t \tag{7.59}$$

对式(7.59)进行估计,得到的结果如表7-2所示。

表 7-2 方程(7.59)的估计结果

系数	估计值	标准差	t 值	P 值
k_0	0.8192	0.0051	152.3609	0.0000
k_1	0.8939	0.0041	216.6196	0.0000

$R^2 = 0.9800$; Adjusted $R^2 = 0.9800$

从式(7.59)的估计结果中可以看到方程的系数均显著,并且 R^2 接近1,模型拟合的效果较好。则式(7.59)变为

$$\mathrm{MD}_t = 0.8192 + 0.8939_1 \mathrm{GL}_t + u_t \tag{7.60}$$

此外,上述方程也可以得到残差序列,即

$$\hat{u}_t = \mathrm{MD}_t - 0.8192 - 0.8939_1 \mathrm{GL}_t \tag{7.61}$$

3. AEG 检验

对残差序列进行 AEG 检验,得到 t 统计量为 4.5996,通过查表得出其小于置信度 1% 的临界值,说明残差序列为平稳序列。因此,可以得出美的集团和格力电器的股票价格之间存在着长期均衡的协整关系,价差在短期出现偏离后随着时间的推移,将最终回归于其均衡值。综上所述,可以确定选取美的集团和格力电器作为股票对是合理的。

7.4.3 交易规则的制定及说明

通过前两个步骤,确定了美的集团和格力电器两只股票作为配对交易股票后,下一步的工作就是确定交易规则,即开仓的时机和平仓的时机。本策略选择的交易规则为:当价差高于1倍标准差时开仓,价差回归于均衡值时平仓。此外,本策略还设置了止损机制,当价差高于2倍标准差时平仓止损。

本文将检测该配对交易策略在不同市场环境下的执行情况,在该策略中有以下五点需要说明。

(1) 策略回测区间:本部分将回测区间分为了五个部分。第一个部分为:2013年9月18日—2015年6月18日,此时市场主要的趋势特征是大幅上涨;第二个部分为:2015年6月19日—2016年10月28日,此时市场主要的趋势特征是大幅下跌;第三部分为:2016年10月29日—2018年1月3日,此时市场的主要特征为震荡时期;第四部分为:2018年1月4日—2019年12月11日,此时市场主要特征为先抑后扬;第五部分为:2019年12月12日—2022年12月7日,此时市场主要特征为缓慢复苏。

(2) 交易成本:本部分为了方便展示策略原理,在该部分未设置交易的佣金等成本开销。

(3) 股票停牌:在五段回测的区间,本文选择的股票对出现了停牌的现象,因为本部分的主要目的是展示策略原理,因此在下文的图表中,对于停牌区间的数据进行了剔除,仅保留可正常交易时的数据。

(4) 做空机制：因为我国股票市场为单边市场，对股票进行做空的途径为融券卖出，而本文所选的股票对无法进行融券，但本策略假设了股票可以做空，这就导致了下文策略的效果与实际有一定差距，读者应注意该问题。

(5) 图表问题：为了更直观地观察策略的效果，本文直接在股票对的价差图中加入了均值线、上开仓线、上平仓线、下开仓线以及下平仓线。当价差线上穿上开仓线后，意味着执行做多格力电器的股票、做空美的集团的股票，当价差线向下回归至均值线时，清仓获利；当价差线下穿下开仓线后，意味着执行做多美的集团的股票、做空格力电器的股票，当价差线向上回归至均值线时，清仓获利；当价差线上穿上平仓线或者下穿下平仓线时，清空所有头寸止损。

7.4.4 策略执行情况

1. 区间：2013 年 9 月 18 日—2015 年 6 月 18 日

在本段区间，市场的主要特征是大幅上涨。2014 年开始我国 A 股市场开启一波"牛市"行情，并在 2015 年年中达到了顶峰，2015 年 6 月 12 日，上证指数达到了 5178.19 点。选取本段区间是为了展示配对交易策略在"牛市"行情中的效果。综合图 7-3 和表 7-3，代表市场情况的沪深 300 指数和上证指数的收益率分别为 103.13% 和 118.95%，市场行情较好。然而，在这一段时间内，配对交易策略的收益仅为 25.36%，远低于市场整体收益。此外，通过表 7-3 可以看出，425 次交易日内共发生了 5 次交易，虽然有 4 次是盈利的，但是收益率并不高，在这 5 次交易中，有 1 次做空交易是亏损的。这说明了在"牛市"期间，规避掉系统性风险的市场中性类型的策略，并不能获得较好的收益，在市场行情较好时，做空股票会使配对交易的收益减少。

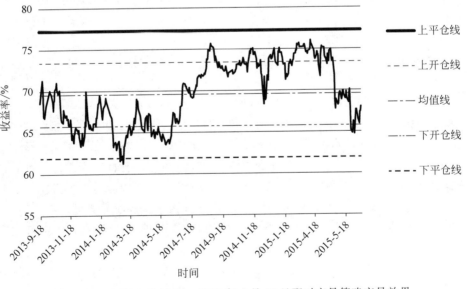

图 7-3　2013 年 9 月 18 日—2015 年 6 月 18 日配对交易策略交易效果

表 7-3　2013 年 9 月 18 日—2015 年 6 月 18 日配对交易策略交易效果

交易次数	交易开仓日期	交易平仓日期	交易天数/天	多头收益率/%	空头收益率/%	策略收益率/%
1	2013-11-20	2013-12-20	23	10.30	−0.56	4.87
2	2013-12-25	2014-02-26	40	−22.10	14.29	−3.91
3	2014-03-18	2014-07-02	73	19.33	−2.00	8.54
4	2014-08-19	2014-12-08	74	27.83	−12.79	7.52
5	2014-12-18	2015-04-28	86	50.61	−33.94	8.34

总交易日：425　　　　　　　　　　　　　盈利次数：4
沪深 300 指数收益：103.13%　　　　　　亏损次数：1
上证指数收益：118.95%　　　　　　　　策略收益率：25.36%

2. 区间：2015 年 6 月 19 日—2016 年 10 月 28 日

在本段区间，市场的主要特征是大幅下跌，2015 年 6 月中旬，A 股市场达到顶峰后开始出现大幅下跌，选取本段区间是为了展示配对交易策略在"熊市"行情中的效果。综合图 7-4 和表 7-4，代表市场情况的沪深 300 指数和上证指数的收益率分别为 −32.26% 和 −35.13%，市场行情较差。然而，在这一段时间内，配对交易策略的收益却能够达到 5.11%，远高于市场整体收益，在市场整体环境较差的情况下，也能够获得相对可观的收益。此外，通过表 7-4 可以看出，331 次交易日内共发生了 3 次交易，2 次交易是盈利的，有 1 次做空交易是亏损的。持仓时间最长为 71 天，其余两次交易持仓在半个月至两个月之间。在做多交易中有 1 次获得了正的收益，在做空的交易中有两次获得了正的收益。说明运用市场中性策略效果尚可。因此，从本策略的效果展示中可以看出，在"熊市"中，配对交易效果要明显好于"牛市"，因为规避了系统性风险，所以在不断下跌的市场仍旧能够为投资者带来稳定的收益。

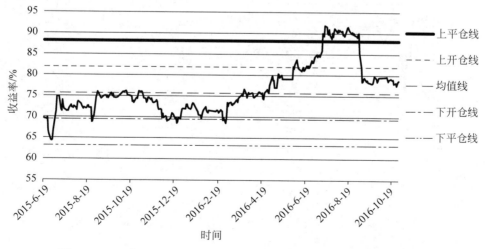

图 7-4　2015 年 6 月 19 日—2016 年 10 月 28 日配对交易策略交易效果

表 7-4　2015 年 6 月 19 日—2016 年 10 月 28 日配对交易策略交易效果

交易次数	交易开仓日期	交易平仓日期	交易天数/天	多头收益率/%	空头收益率/%	策略收益率/%
1	2015-06-23	2015-09-02	52	−24.34	38.28	6.97
2	2015-12-09	2016-03-24	71	8.28	7.6	7.94
3	2016-06-20	2016-07-12	17	−19.6	0.00	−9.80

总交易日：331　　　　　　　　　　　盈利次数：2
沪深 300 指数收益：−32.26%　　　　亏损次数：1
上证指数收益：−35.13%　　　　　　策略收益率：5.11%

3. 区间：2016 年 10 月 29 日—2018 年 1 月 3 日

在本段区间,市场的主要特征为不断震荡,市场的行情较少,并且在这一段时间,A 股市场的大盘股的走势要明显好于小盘股,这与过去常提及的小盘股效应相悖。选取本段区间是为了展示配对交易策略在"震荡市"中的策略效果。综合图 7-5 和表 7-5,代表市场情况的沪深 300 指数和上证指数的收益率分别为 23.09% 和 8.53%,沪深 300 指数的成分股票中大盘股居多,从二者收益的差异也可以看出,大盘股在这段时间的收益整体上要更好。在这一段时间,配对交易策略的收益率约为 13.42%,要好于上证指数,但是差于沪深 300 指数。此外,通过表 7-5 可以看出,在 291 个交易日中,发生了 5 次交易,4 次交易的策略收益均为正,1 次交易的策略收益为负,其主要原因为在这段时间,格力电器涨势较好,此时对其做空产生了负收益。因此,从本策略的效果展示中可以看出,在"震荡市"中,配对交易策略仍旧能够获得较好的收益。

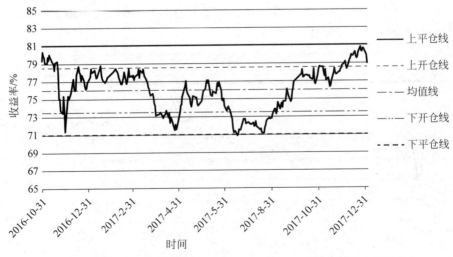

图 7-5　2016 年 10 月 29 日—2018 年 1 月 3 日配对交易策略交易效果

表 7-5　2016 年 10 月 29 日—2018 年 1 月 3 日配对交易策略交易效果

交易次数	交易开仓日期	交易平仓日期	交易天数/天	多头收益率/%	空头收益率/%	策略收益率/%
1	2016-11-28	2016-12-12	11	−2.76	10.99	4.12
2	2016-12-19	2017-03-23	63	−20.45	29.14	4.35
3	2017-03-31	2017-05-09	25	6.01	1.70	3.86
4	2017-07-10	2017-07-17	6	0.70	−5.12	−2.21
5	2017-09-06	2017-09-20	11	5.66	0.94	3.30

总交易日：291　　　　　　　　　　　　　盈利次数：4
沪深 300 指数收益：23.09%　　　　　　　亏损次数：1
上证指数收益：8.53%　　　　　　　　　　策略收益率：13.42%

4. 区间：2018 年 1 月 4 日—2019 年 12 月 11 日

在本段区间，市场的主要特征为震荡筑底，市场的行情先抑后扬，并且在这一段时间，A 股市场的大盘股的下跌幅度明显小于小盘股。选取本段区间是为了展示配对交易策略在震荡筑底期间的策略效果。综合图 7-6 和表 7-6，代表市场情况的沪深 300 指数和上证指数的收益率分别为−5.48%和−13.62%，沪深 300 指数的成分股票中大盘股居多，从二者跌幅的差异也可以看出，大盘股在这段时间的亏损整体上要小很多。在这一段时间，配对交易策略的收益率约为 9.61%，要远远好于沪深 300 指数和上证指数。此外，通过表 7-6 可以看出，在 470 个交易日中，发生了 7 次交易，4 次交易的策略收益为正，3 次交易的策略收益为负，其主要原因为这段时间，美的集团走势相对平稳，对其做多收益不大，而格力电器涨势较好，对其做空产生了较大负收益。相对于沪深 300 指数和上证指数，配对交易策略明显要好得多。这说明在震荡筑底行情中配对交易策略不仅可以规避系统性风险，还可以获得较稳定的收益。

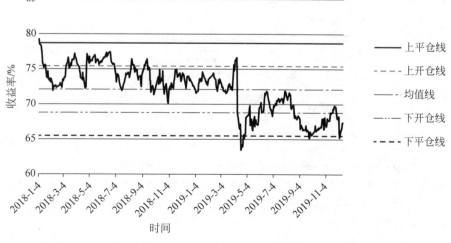

图 7-6　2018 年 1 月 4 日—2019 年 12 月 11 日配对交易策略交易效果

表 7-6　2018 年 1 月 4 日—2019 年 12 月 11 日配对交易策略交易效果

交易次数	交易开仓日期	交易平仓日期	交易天数/天	多头收益率/%	空头收益率/%	策略收益率/%
1	2018-01-17	2018-02-06	15	2.65	5.53	4.09
2	2018-03-09	2018-07-17	88	−13.76	22.43	4.34
3	2018-08-07	2018-09-21	34	−1.36	9.76	4.20
4	2019-04-04	2019-04-10	4	20.99	−1.99	9.50
5	2019-04-11	2019-04-19	7	5.03	−17.75	−6.36
6	2019-05-10	2019-09-25	96	3.21	−7.37	−2.08
7	2019-11-27	2019-12-04	6	0.42	−8.57	−4.08

总交易日：470　　　　　　　　　　　盈利次数：4
沪深 300 指数收益：−5.48%　　　　　亏损次数：3
上证指数收益：−13.62%　　　　　　　策略收益率：9.61%

5. 区间：2019 年 12 月 12 日—2022 年 12 月 7 日

在本段区间,市场受疫情影响,其主要特征表现为缓慢复苏。并且在这一段时间,A 股市场的大盘股整体的上涨幅度明显小于小盘股。选取本段区间是为了展示配对交易策略在出现重大社会事件时的策略效果。这一采样区间内 A 股受新冠疫情暴发影响曾大幅下跌,综合图 7-7 和表 7-7,代表市场情况的沪深 300 指数和上证指数的收益率分别为 1.73% 和 9.74%,沪深 300 指数慢于上证指数上涨,从二者涨幅的差异也可以看出,大盘股在这段时间的收益整体上远小于小盘股。在这一段时间,配对交易策略的收益率约为 30.46%,要远高于沪深 300 指数和上证指数。此外,通过表 7-7 可以看出,在 725 个交易日中,发生了 3 次交易,3 次交易的策略收益均为正。交易次数下降是因为受疫情影响,市场行情走势相对平稳,减少了交易机会。相对于沪深 300 指数和上证指数,配对交易策略明显要更优。这说明虽然受疫情影响,但市场行情整体相对平稳,在缓慢复苏行情中配对交易策略是可以获得较好收益的。

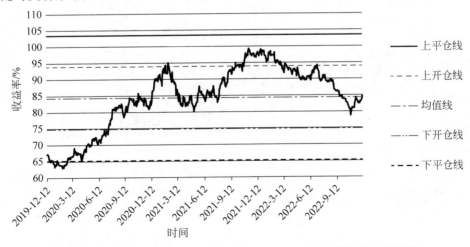

图 7-7　2019 年 12 月 12 日—2022 年 12 月 7 日配对交易策略交易效果

表 7-7 2019 年 12 月 12 日—2022 年 12 月 7 日配对交易策略交易效果

交易次数	交易开仓日期	交易平仓日期	交易天数/天	多头收益率/%	空头收益率/%	策略收益率/%
1	2020-07-16	2020-09-29	54	18.50	5.23	11.87
2	2021-02-01	2021-03-16	27	6.33	15.91	11.12
3	2021-09-28	2022-09-30	246	−14.90	29.83	7.47

总交易日：725 盈利次数：3
沪深 300 指数收益：1.73% 亏损次数：0
上证指数收益：9.74% 策略收益率：30.46%

综上所述,从本部分对于一个简化的配对交易策略的展示中可以看出,配对交易更加适合于市场行情较差的"熊市"或者市场没有明显行情的"震荡市""震荡筑底市""缓慢复苏市",这是因为配对交易因其做空机制规避了整个市场的系统性风险,能够使策略收益更加稳定。而在市场行情较好的"牛市"中,做空交易的存在减少了策略的收益,并且很难获得超额收益,因此,配对交易并不适合于行情较好的市场环境。

7.4.5 对于策略的进一步完善

上文中,通过策略交易效果简表和简图的展示,可以了解一个配对交易的基本流程。然而,正如上文策略说明中指出的问题,我国市场为单边市场,做空机制并不完善,融资融券业务也有着很大的局限性,因此针对 A 股市场,本部分对于策略进行了一定的调整,并进行了回测,从而可以更加直观详细地了解该配对交易策略的效果。策略的主要思想和设定如下。

(1) 策略的主要思想：策略所依据的理论依旧是均值回归理论和市场中性,为了简化策略流程,本部分依旧采用前文所做的协整检验结果,从而确定了待交易的股票为美的集团和格力电器两只股票。由于做空的限制,因此,本部分将策略调整为：当价差高于上开仓线时,全仓买入格力电器股票,在价差回归至均值后,卖出所有格力电器股票；当价差高于上平仓线时,清空所有仓位；当价差低于下开仓线时,全仓买入美的集团股票,在价差回归至均值后,卖出所有美的集团股票；当价差低于下平仓线时,清空所有仓位。

(2) 阈值的设定：本部分对前文策略的交易规则进行了一定的调整和优化。设前 120 日的价差的均值为 μ,标准差为 σ,则上开仓线为 $(\mu+0.5\times\sigma)$,上平仓线为 $(\mu+\sigma)$,下开仓线为 $(\mu-0.5\times\sigma)$,下平仓线为 $(\mu-\sigma)$。

(3) 交易手续费的设定：买入时佣金万分之三,卖出时佣金万分之三加上千分之一印花税,每笔交易佣金最低为 5 元。

(4) 初始资金设定：本策略将初始资金设定为 10 万元。

定：本策略将初始资金设定为 10 万元。

(5) 回测区间的设定：分六段进行回测,区间 1 为 2013 年 9 月 18 日—2015 年 6 月 18 日；区间 2 为 2015 年 6 月 19 日—2016 年 10 月 28 日；区间 3 为 2016 年 10 月 29 日—2018 年 1 月 3 日；区间 4 为 2018 年 1 月 4 日—2019 年 12 月 11 日；区间 5 为 2019 年 12 月 12 日—2022 年 12 月 7 日；区间 6 为 2013 年 9 月 18 日—2022 年 12 月 7 日,区

间 6 是前五个区间的汇总,可以看到在长期该策略的收益情况。

7.4.6 策略回测结果

图 7-8～图 7-13 分别为六个回测区间的收益率趋势图,从六幅图中可以直观地看出调整后的配对交易策略。除区间 3 外,调整后的配对交易策略在每个区间的收益都较好。

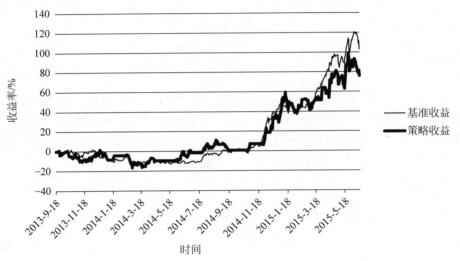

图 7-8　配对交易策略优化回测结果(2013 年 9 月 18 日—2015 年 6 月 18 日)

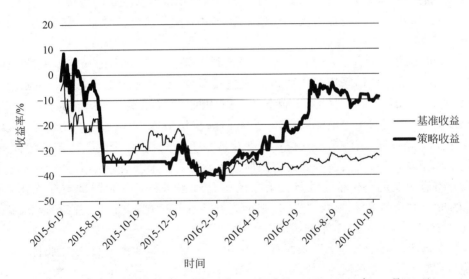

图 7-9　配对交易策略优化回测结果(2015 年 6 月 19 日—2016 年 10 月 28 日)

表 7-8 为评价策略效果的主要指标,从收益率来看,市场行情在区间 1 最好,配对交易策略在区间 1 收益率也要更好,但超额收益为负,而将五个区间结合在一起的区间 6 的收益率体现了本策略长期来看收益较好,超额收益较大。

从夏普比率来看,风险调整后的收益在区间 1 最高,一方面是因为配对交易策略在市场上涨的情况下普遍有着较好的效果,另一方面是因为在此期间大盘股的收益率较高。

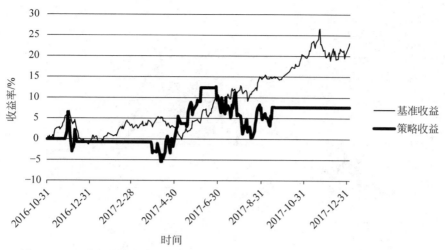

图 7-10　配对交易策略优化回测结果（2016 年 10 月 29 日—2018 年 1 月 3 日）

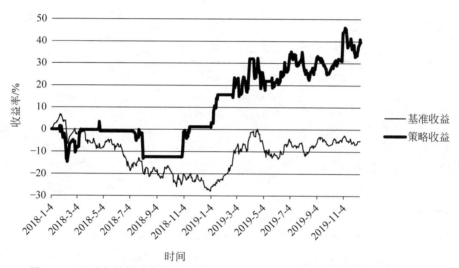

图 7-11　配对交易策略优化回测结果（2018 年 1 月 4 日—2019 年 12 月 11 日）

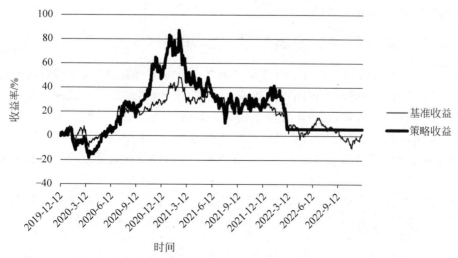

图 7-12　配对交易策略优化回测结果（2019 年 12 月 12 日—2022 年 12 月 7 日）

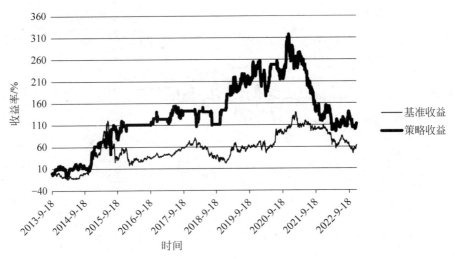

图 7-13 配对交易策略优化回测结果（2013 年 9 月 18 日—2022 年 12 月 7 日）

表 7-8 回测效果主要评价指标一览

	区间 1	区间 2	区间 3	区间 4	区间 5	区间 6
策略收益率/%	73.04	26.58	7.61	39.54	5.51	113.05
策略年化收益率/%	38.07	19.48	6.50	19.34	1.87	8.80
沪深 300 指数收益率/%	103.13	-32.26	23.09	-5.07	1.43	63.08
夏普比率	1.225	0.569	0.143	0.642	-0.072	0.186
最大回撤/%	22.36	20.15	11.14	16.03	43.63	53.31
胜率	0.706	0.857	0.500	0.500	1.000	0.667
盈亏比	6.101	4.002	2.596	3.770	67.990	1.639

从最大回撤可以看出，在代表着市场复苏的区间 5，策略的回撤最大，达到了 43.63%，由于调整后的策略是单边交易，无法做空股票，因此也加大了策略的风险，导致了在市场行情不好的时候无法实现市场中性。最后，根据胜率和盈亏比，策略在五个区间及整体上都有着较好的效果，值得进一步优化和深入研究。

7.4.7 关于配对交易策略的几点思考

（1）从本文给出的配对交易策略的案例中可以较容易地发现，与市场行情较好的环境相比，配对交易更加适合于市场行情较差或者没有行情时的情况。这主要是因为配对交易是一种市场中性策略，在很大程度上规避了市场风险。

（2）我国对于个股的做空只能通过融券业务进行，并且并不是所有的股票都能够融券，因此，在我国股票市场进行配对交易存在着很大的局限性，这是策略开发者需要思考的一个问题。

（3）案例中实现的配对交易策略的流程经过了简化，5 段时间都要检验股票对的协整关系，这样是否就能够更好地减小策略的风险？感兴趣的读者可以深入思考这些问题。

7.5 融券对冲

7.5.1 融券对冲原理

融券又称出借证券,是指投资者以资金或证券作为质押,向证券公司借入证券卖出,在约定的期限内,买入相同数量和品种的证券归还券商并支付相应的融券费用;投资者向证券公司融券卖出称为"卖空"。对冲是一个金融学术语,指同时进行两笔行情相关、方向相反、数量相当、盈亏相抵的交易。融券对冲则是使用融券做空交易的同时,对买入现货做多,从而规避系统性风险获得稳定收益的一种交易方式。融券对冲是统计套利的又一典型方法,本质上是一种风险对冲的均衡配置,是市场中性策略中的一种,如股票配对型融券对冲、权证交易型融券对冲、可转债型融券对冲及股指期货型融券对冲等。股票配对型融券对冲是通过多周期预测、基本面预测、其他另类因子预测等手段选择个股,做多一篮子股票的同时通过融券做空一篮子个股,抵消市场波动的风险,从而获得超额收益。上节中已有详细介绍,这里不再赘述。权证交易型融券对冲是通过买入权证、卖空标的股票来锁定权证的负溢价获得融券套利。在2019年南航权证退出后,国内权证交易已正式退出历史舞台。可转债型融券对冲是指当转股溢价为负时,投资者通过融券卖出股票,同时买入可转债并及时将可转债转换成股票的手段获得融券套利。股指期货型融券对冲是券商通过股指期货的套期保值功能做空股指期货来规避所融出证券价格下跌带来的风险。本节主要以案例方式讲解可转债型融券对冲、股指期货型融券对冲。

学习融券对冲首先要弄清金融杠杆。金融杠杆是按照特定比例放大投资效果的工具。例如,预计未来一段时间某融券标的股票将上涨,可是手里的资金只有100元,为了获得更高的收益,通过向券商交纳保证金借入400元,这样就可以买入500元相应股票,这借来的400元钱就是杠杆。假定该股票从10元涨至12元,未加杠杆前,其获利为 $100×(12-10)÷10=20(元)$,收益回报为 $20÷100×100\%=20\%$。加杠杆后,其获利为 $500×(12-10)÷10=100(元)$,收益回报为 $100÷100×100\%=100\%$,投资收益扩大了5倍。这里未考虑融资买入股票到期返本付息因素及交易费用等。向券商借入股票来卖就是一个融券的行为,到了规定时间将股票返还并支付一定的利息金额。

从理论上讲,一个高效的市场,所有的市场信息都应该是公开透明并第一时间反映在价格上,任何资产价格都不应偏离其价值,利用价差进行融券对冲套利应该是不存在的。但大量研究和实践经验证明,由于现实市场不是完全有效市场,不同资产价格之间存在短时间内失衡,这就使得融券对冲套利成为可能。国际市场的成熟度较高,套利机会和套利空间都较为有限,但新兴市场由于其成熟度还不够,套利机会仍然大量存在。随着参与套利的投资者增多,以及自动化交易系统的成熟,新兴市场的套利机会和套利空间也将不断减小,套利机会主要来自较低的交易费用和较高的下单速度。

7.5.2 可转债型融券对冲

当可转债的市场价格低于转股价值时,即当转股溢价为负时,则存在着套利机会,融资融券推出前,交易规则限制使得套利策略存在障碍,隐藏较大风险,导致套利收益难以顺利实现,但融券交易使得这些问题迎刃而解。投资者在买入可转债的同时卖出相应数量的标的股票,构建可转债多头与股票空头的组合,等到可转债进入转股期后进行转股,将转股获得的标的股票归还券商并支付利息,获取转股价格高于市场价格的差额;或者在可转债市场价格再次高于转股价值,套利空间消失时,买券归还券商,同时卖出可转债,提前实现套利。下面我们用具体案例来展示可转债型融券对冲是如何进行套利的。

2022年4月13日,北部港债收盘价为128.480元,转股价格为8.17元,标的股票北部湾港收盘价格为11.85元,开始转股日期为2022年1月5日,暂不考虑融券成本和其他费用,转股溢价率为-11.42%。

投资者如果不进行融券对冲交易,而贪图转股负溢价买入北部港债并转股套利,可能存在很大风险。正股北部湾港第二天一字跌停,以9.60元收盘,根本跑不掉,第三天继续大幅下跌,不但无法套利,反而大幅亏损,掉入陷阱。

投资者采用可转债多头与股票空头组合策略,就可以有效规避正股跌停风险,锁定利润。仍以北部港债为例,2022年4月13日,假定投资者以收盘价格128.480元买入北部港债0.78万张,合计投入资金100.21万元,同时,以11.85元融券卖出北部湾港9.55万股,获得113.17万元资金,产生了9.55万股北部湾港的融券负债。然后,投资者将0.78万张北部港债转换成9.5471万股北部湾港,并在股市购买融券负债差额,于下一个交易日归还9.55万股的融券负债。其通过可转债多头与股票空头套利组合的套利收益为:$113.17-100.21=12.96$(万元),投资收益率为$12.96/100.21\times100\%=12.93\%$。

在可转债型融券对冲套利的实际操作中,会受到一些因素影响,须满足一定条件要求。首先是标的股票应为符合条件的融资融券标的股。例如:在沪深交易所上市满三个月;融资买入标的股票的流通股本不少于1亿股或流通市值不低于5亿元,融券卖出标的股票的流通股本不少于2亿股或流通市值不低于8亿元;上市公司股东人数不得少于4000人等。其次是交易规则限制,投资者买入的可转债存在锁定期,在此期间不能转股;可转债转换的股票在转股后的下一个交易日才能够卖出等。最后是实际投资收益应考虑交易费用和融券成本,包括股票交易印花税、经纪佣金等,以及从券商获得的融券成本,目前大多数券商提供的融券成本利率一般在$8.35\%\sim10\%$。

7.5.3 股指期货型融券对冲

股指期货型融券对冲主要有两种类型:第一种类型是选择与股指期货走势基本趋同的股票,在股指期货走势与股票价格走势偏离出现明显增大的时候,做空相对价格高的股票,并同时做多相对低股指期货,当价格相对高的股票价格下跌、相对低股指期货升高时进行套利。其理论基础就是均值回归理论,所选择的股指期货与股票价格应该有着长期的均衡关系,因此,当两者价差出现偏移后,随着时间的推移,应该回到其历史的均值。

具体做法是:获取所研究股指期货与股票收盘价时间序列,将对数化处理后的时间序列记为X和Y;计算时间序列X和Y的相关系数,如果相关系数绝对值较高,则对X和Y进行协整关系检验,先对X和Y的平稳性进行单位根检验,观察时间序列的平稳性,它们之间的关系是否具有稳定性,如果存在协整关系,则两者之间存在套利机会,可以作为股指期货型融券对冲套利交易对象。具体操作类似于配对交易,这里不再重复讲述。

第二种类型主要适用于券商。在融券交易中,券商如果以自营的股票作为融券标的,可能存在融出证券下跌的亏损风险。在借给融资者卖出后,如果将来证券价格如期下跌,融券者融券交易后的收益将转嫁为券商的损失,如果这个损失不能覆盖融券利息,则券商就会出现净损失,这个损失需要证券公司承担。证券公司为了控制风险,造成很多融券股票到了高位基本无券可融或者可融数量很少,抑或对融券的比例进行调整,尽量降低融券交易的比例。一般能融券的,它们的股票成本都非常低,是用来融券赚利息用的。而股指期货的出现,券商就可以利用股指期货对冲系统风险,进而实现低风险套利交易。具体做法是:券商向投资者融券后,通过做空股指期货来规避所融出证券股价下行的风险,当所融出股价下跌时,由此产生的损失可以通过做空股指期货的获利得到一定的弥补,通过股指期货的套期保值交易,能够有效对冲融券交易带来的风险。下面我们以五粮液为例来展示股指期货型融券对冲是如何进行套利的。

假定 2022 年 7 月 27 日,某投资者向证关公司融券卖出五粮液 1 万股,合计总值为 190.05 万元(7 月 27 日五粮液开盘价为 190.05 元,190.05 元/股×1 万股=190.05 万元),约定期限 3 个月,2022 年 10 月 27 日归还,融券利息为 2.5%。

2022 年 10 月 27 日,五粮液的价格如期下跌,从 7 月 27 日的 190.05 元跌到 137.10 元。如果券商没有利用股指期货对冲,做空相应市值的股指期货,则融券利息收益 $190.05 \times 2.5\% = 4.7513$(万元),五粮液收益$(137.10-190.05) \times 1$万$=-52.95$(万元),总收益 $4.7513 - 52.95 = -48.1987$(万元)。收益率$-48.1987$万$/190.05$万$\times 100\% = -25.36\%$。该融券利息不足以覆盖股价下跌损失,券商出现大幅亏损。

如果券商以 2022 年 7 月 27 日当天以沪深 300 开盘价 4236.15 做空相应市值的股指期货二手,到了 2022 年 10 月 27 日,沪深 300 指数 2022 年 7 月 27 日的从 4236.15 点跌到 3631.14 点,股指期货收益$(4236.15-3631.14) \times 300 \times 2 = 36.3006$ 万元,盈利 36.3006 万元。这笔交易的收益 36.3006 万元-48.1987 万元$=-11.8981$ 万元。收益率$=-11.8981$ 万$/190.05$ 万$\times 100\% = -6.26\%$。券商亏损从 48.1987 万元减少到 11.8981 万元,亏损额大幅减少。

从以上案例可以看出,利用股指期货可以有效对冲系统风险,如果运用得当甚至可能获得正收益。在实际操作中,证券公司经营定位不同,可能造成证券公司融券套保业务开拓意愿不足,出于风控目的,公司更愿意减少融券供应或降低融券比例而不愿意采用股指期货融券对冲交易进行套利。

7.6 外汇对冲交易

7.6.1 外汇对冲交易简介

外汇按照不同的标准划分得到的结论类型也不同。我国规定,外汇是指下列以外币表示的可以用作国际清偿的支付手段和资产包括：①外国货币，②外币支付凭证，③外币有价证券，④特别提款权，⑤其他外汇资产。外汇是以货币对形式交易，如欧元/美元（EUR/USD）或美元/日元（USD/JPY）。外汇交易就是一国货币与另一国货币进行交换，指买入一对货币组合中的一种货币的同时卖出另外一种货币。货币对的两个组成币种相互关联、不可分割，在交易中互相兑换。它们之间兑换的比率称为汇率，汇率受货币的供求关系影响。与其他金融市场不同，外汇市场没有具体地点，也没有中央交易所，而是通过银行、企业和个人间的电子网络进行交易。

现代外汇交易的起源最早可以追溯到 19 世纪 50 年代的美国，一家名为 Alexander Brown & Sons 的公司开始交易外汇，它被视为领先的市场参与者。美国历史上的外汇交易先锋，还包括 80 年代获得允许而进行外汇交易的 J. M. Do Espirito Santo de Silva。1880 年，以黄金为本位币的货币制度形成。也因此，很多学者认为这一年是现代外汇的起始年。在 20 世纪 90 年代中期之前，外汇市场主要参与者是银行和企业。直到网络出现，以及电子技术的发展，在线平台及外汇交易才开始向更广大的零售交易者客户开放。目前，世界上大约有 30 多个主要的外汇市场，它们遍布于世界各大洲的不同国家和地区。根据传统的地域划分，可分为亚洲、欧洲、北美洲等三大部分，其中，最重要的城市有欧洲的伦敦、法兰克福、苏黎世和巴黎，美洲的纽约和洛杉矶，大洋洲的悉尼，亚洲的东京、新加坡和香港等。

我国的外汇市场，是伴随着改革开放，从无到有、从小到大、从封闭到开放发展起来的。其间，我国的外汇市场大致经历了四个阶段。第一阶段：1979 年外汇分配制度改革，开启了外汇市场的初创化发展。第二阶段：1994 年人民币汇率制度并轨，形成统一规范的外汇市场。第三阶段：2005 年重启汇率市场化改革，推进外汇市场的市场化发展。第四阶段：2010 年人民币国际使用的扩大，提升了外汇市场的对外开放水平。2021 年中国外汇交易额达到峰值为 36.87 万亿美元，同比增长 23.2%。图 7-14 为 2015—2022 年中国外汇交易额及增长速度。

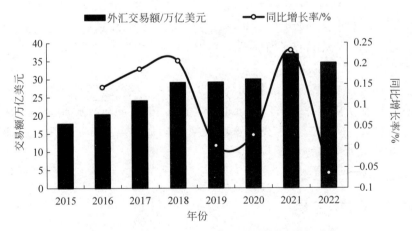

图 7-14　2015—2022 年中国外汇交易额及增长速度

数据来源：国家外汇管理局。

随着外汇交易市场的发展,外汇对冲交易策略日益多样化,其中最常见的策略有外汇直接对冲策略、外汇相关性对冲策略、期权对冲外汇策略等。外汇直接对冲策略,即在已有货币对头寸的基础上开立与之相反的头寸,直接对冲的结果是交易单子完全冲抵,因此很多交易平台并不支持直接对冲;外汇相关性对冲策略,是寻找货币对之间的关联性,可能包括选择两个通常具有正相关联系(同向波动)的货币对,然后对两个货币对建立相反的头寸;期权对冲外汇策略,期权是流行的对冲工具,限定买入时的风险。如果市场行情没有按照对冲的方向前进,投资者可以在期权到期时不履约,只需要付出在开仓时的权利金的代价。

7.6.2 外汇相关性对冲交易

外汇相关性对冲交易是寻找货币对之间的关联性,可能是选择两个通常具有正相关联系(同向波动)的货币对,然后对两个货币对建立相反的头寸。比如,英镑和欧元是两个最常被提及并具有正相关联系的货币对,原因在于英国和欧盟之间无论是在地缘政治上还是经济相似度上都高度契合。

下面以英镑/欧元为例,介绍该货币对进行对冲交易的方法。由于欧洲经济一体化的加速,英国和欧元区经济有非常强的关联性,因此英镑和欧元这两个货币的关联性也非常强,如图 7-15 所示,总的来说,英镑和欧元的比价在 1.10~1.18 之间震荡,如果向上突破 1.18,则可以做多欧元,做空英镑,如果向下突破 1.10,则可以通过做空欧元,做多英镑的方式进行对冲交易。

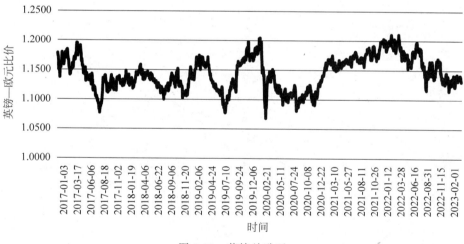

图 7-15　英镑兑欧元

数据来源:Wind。

2019 年 12 月 16 日,我们发现英镑对欧元的比价突破区间上限 1.18,达到 1.20,均值应向下回归,符合外汇相关性对冲交易特征。比价将在未来一段时间进行修复,此时可以做空英镑,同时做多欧元。2019 年 12 月 16 日,英镑/美元点数为 1.3338,欧元/美元点数为 1.1144(数据来源:Wind)。假设在货币对上分别投资 10 000 美元,保证金比例为 1%。则在建仓时英镑/美元空头仓位为(10 000/1%)/1.3338=749 738(份);欧元/美元多头仓位为(10 000/1%)/1.1144＝897 344(份)。

到了 2020 年 3 月 16 日,两者的比价已恢复到了 1.10,已经到达历史上比价的上限区间,则进行平仓操作。此时英镑/美元点数为 1.2271,欧元/美元点数为 1.1184(数据来源：Wind)。

英镑/美元空头盈亏＝(1.3338－1.2271)×749 738＝79 997。

欧元/美元多头盈亏＝(1.1184－1.1144)×897 344＝3589。

总盈亏＝79 997＋3589＝83 586。

盈利率＝(83 586/10 000－2)/2×100%＝317.93%。

在使用外汇相关性对冲策略时,重要的是要记住风险敞口现在涵盖多个货币。当两者的经济同步发展时正相关起作用,而当两者背离时,可能影响每个货币对的波动方向,继而作用于对冲策略。在开始对冲之前,至关重要的是要拥有充足的经验和外汇市场及其如何波动的知识。

第8章

经典价值投资策略

价值投资是经典的投资理念和方式,在世界上流行多年,巴菲特、格雷厄姆等均是价值投资的推崇者。近年来,A股市场快速发展,国内也涌现出了许多遵循价值投资的出色投资人士。价值投资通常被视为主观投资的重要组成部分,但是经过量化手段仍旧可以实现,并且能够提高投资的效率,许多价值投资策略也被改造成了量化投资策略应用于市场当中。本章主要对经典的价值投资策略构建量化投资策略,力图为投资者的投资策略的组成提供一种新的角度和方案。本章共分为11节,具体每节的内容如下。

8.1节:伯顿·G.马尔基尔的投资漫步原则。本节对著名经济学家和投资专家马尔基尔的投资理念和逻辑进行介绍,并通过将其进行量化的表达,来帮助读者深入理解该策略效果。

8.2节:惠特尼·乔治的小型价值股投资法。本节主要介绍经典的小型价值股投资法,小盘股效果一直是学术和实践领域的研究重点对象,本章讲解该投资策略,并简单应用到A股市场,为读者提供参考。

8.3节:查尔斯·布兰德斯价值投资法。本节将介绍布兰德斯的价值型选股法则。查尔斯·布兰德斯是证券投资之父本杰明·格雷厄姆的传人之一,其投资哲学同样以价值投资为主轴。

8.4节:史蒂夫·路佛价值投资法则。史蒂夫·路佛,华尔街著名投资人,创立路佛威登资产管理公司,并担任路佛核心投资基金的基金经理人。路佛价值选股法则是由路佛集团给投资者的投资建议所提炼而成,本节将进行此策略在中国A股的适应性研究,为价值投资选股提供新思路。

8.5节:詹姆斯·奥肖内西价值投资法。本节将介绍奥肖内西的价值投资法则,通过对其进行数量化的改造,帮助读者了解该策略的逻辑和基本效果,为投资者进行价值投资提供参考和借鉴。

8.6节:三一投资管理公司价值选股法。本节介绍著名的三一投资管理公司所研究得出的价值选股法,更为全面和立体地为投资者展现价值投资理念在A股的实战表现。

8.7节:费雪的选股十五原则。本节讲授经典的费雪的十五个选股原则,并将可量化的原则构建成量化投资策略,通过在A股市场的检验,帮助读者直观理解该策略的思路。

8.8 节：彼得·林奇的选股原则。本节介绍著名投资大师彼得·林奇的选股原则，并将其改造成量化投资策略，进行分析和解释，使读者可以参考相关内容构建自己的投资策略。

8.9 节：格雷厄姆的防御型投资者股票选择策略。本节介绍格雷厄姆为防御型投资者推荐的股票选择策略，并将其进行深入分析和解释，通过阅读能够更为深刻了解该策略。

8.10 节：格雷厄姆的积极型投资者股票选择策略。与 8.9 节类似，本节介绍的是格雷厄姆为积极型投资者推荐的股票选择策略，本书将其进行修改成量化投资策略，提供一种新的策略思想。

8.11 节：经典价值投资策略总结。本节对前文进行回测的五种价值投资策略结果进行了对比，并对前文介绍的十种策略进行了简要总结和评价。

8.1 伯顿·G.马尔基尔的投资漫步原则

8.1.1 伯顿·G.马尔基尔简介

伯顿·G.马尔基尔（Burton G. Malkiel），1932 年出生，是美国著名的经济学家和专业的投资者，普林斯顿大学汉华银行经济学讲座教授。1955 年，马尔基尔在哈佛大学相继获得学士和工商管理硕士学位后，就职于史密斯·巴尼（Smith Barney）的投资银行部门，开始了其投资实践生涯。由于对学术研究的兴趣，马尔基尔赴普林斯顿大学攻读博士学位，并在 1964 年获得博士学位并留校任教。曾任普林斯顿大学金融研究中心主任、经济系主任，耶鲁大学商学院院长，在此期间也曾担任美国总统经济顾问委员会成员、美国金融协会主席等职位。

马尔基尔在学术领域和投资领域都有着较高的造诣，在高校的任职并没有让他远离实践领域，多年来，马尔基尔教授一直活跃在金融投资领域，在多家金融机构均有任职，如先锋集团（Vanguard Group）、保德信金融集团（Prudential Financial）等。马尔基尔著有多本金融投资书籍，其中最为著名的就是《漫步华尔街》（A Random Walk Down Wall Street），该本著作内容翔实，用简单通俗的语言讲解了作者多年来的经验和成果，是金融投资领域的经典之作，本部分选择的价值投资策略便是参考该书所写。

8.1.2 伯顿·G.马尔基尔的投资手段

马尔基尔在撰写《漫步华尔街》第一版的时候，就详细阐述了自己的投资观点：于买卖个股或者主动管理型的基金而言，投资者买入并持有指数基金是更为明智的选择，因为作为被动投资方法的购买指数基金能够获得比专业的主动投资者更高的收益。马尔基尔提出了三种购买股票或者漫步华尔街的手段[1]，分别为"毫不费力的手段""自己动手

---

[1] 在《漫步华尔街》中作者将三种手段称为 three giant steps down wall street，因此翻译为漫步华尔街，实际上可以理解为进行投资的三种手段。

的手段""替补队员的手段"[①]。

1. 毫不费力的手段：投资于指数基金

作为被动投资手段的投资指数基金方法一直是马尔基尔最为推崇的投资手段。根据有效市场假说的理论，当市场有效时，是无法通过各种信息获得超额收益的，因此，投资于指数才是最为有效的投资方式。并且，即使市场是无效的，投资于指数基金仍然是一种有效的投资手段。指数基金与主动管理型基金相比，其投资的成本更为低廉、风险相对更低，并且因为指数基金追踪指数，所以投资较为充分。目前市场上指数基金种类繁多，可以通过购买不同的指数基金达到追踪不同类型的股票的效果。同时，马尔基尔也提出了在构建投资组合时应该配置新兴市场的指数基金。

2. 自己动手的手段：潜在有用的选股规则

虽然马尔基尔更加赞成被动投资，但是，他也为乐于进行主动投资的人提供一些选股的规则和建议。马尔基尔将其选股的思想总结为四个规则。

（1）所选股票应为那些至少连续五年盈利增长高于平均水平的公司。这是因为那些盈利持续增长的公司通常能够有着更好的发展前景，持有高盈利增长的公司的投资者获得了盈利和市盈率均增长的潜在可能性。

（2）永远不要购买那些高于其合理真实价值的股票。马尔基尔认为，虽然投资者很难判断一只股票的内在价值，但是可以利用选择那些市盈率不高于整个市场市盈率的股票来找到价格更为合理的股票。但马尔基尔也并不赞成单纯的低市盈率策略，如果公司未来的盈利增长能够远远高于市场平均水平，那么购买市盈率稍高于市场水平的股票也是正确的。也就是说，应该买入那些相对于盈利增长水平而言，市盈率较低的股票。

（3）选取那些具有吸引力的题材的股票。应该选择那些具有预期盈利增长"故事"的股票，不同题材类型的股票对于投资者的吸引力是不同的。许多热门题材股票能够吸引到更多的投资者买入，这样也就能够促进该股票市盈率更快地增长，而那些冷门的题材，市盈率增长就会很慢。投资行为受到心理因素的影响，因此，购买那些好的题材的股票，更能够引起投资者广泛的投资冲动，这样该只股票也更容易出现较大的增长。

（4）尽可能地少交易。马尔基尔并不建议在主动投资时频繁换股，但是对于那些赔钱的股票要及时卖出止损。这是因为频繁的交易增加了交易的成本，本质上还是要通过长期投资来获取收益。

3. 替补队员的手段：雇佣专业的基金经理人

这种投资手段就是选择主动型基金进行投资，将资金交给那些有着丰富经验的主动型基金经理人代为管理。而选择一只好的基金并不是一件容易的事情，那些持续多年都能够取得良好投资业绩的基金经理也并不多。马尔基尔认为，很难有一只基金能够持续多年获得稳定可观的盈利，一个时期收益较好的基金，很可能在下一段时期就变得较差。

---

① 原文中所对应的手段分别称为：No-Brainer Step、Do-It-Yourself Step 和 Substitute-Player Step。

8.1.3 量化投资策略的构建

由于第一种手段和第三种手段并不需要投资者自身进行过多的投资交易行为。因此，本文认为可以选择马尔基尔提出的第二种手段中的四个原则进行量化投资策略的构建实验。其中，第三个原则，选取那些具有吸引力题材的股票更加依赖于投资者的经验和判断，较难量化，因此，在策略构建过程中主要针对剩余的三个原则进行量化。

根据马尔基尔的选股原则，本文认为构建量化投资策略应选取那些有着持续性盈利增长能力，并且股票价格并不过多高于其内在价值的股票进行投资，是一种长期投资策略，调仓频率较低。因此本策略主要按照以下条件选取股票。

(1) 连续 5 年盈利增长率都处于市场平均水平之上。

(2) 市盈率低于市场的平均水平。

本策略的构建，可以为投资者提供一个投资的思路，具有较好的借鉴意义。在长期情况下，应用马尔基尔的选股原则构建量化投资策略存在获得较好收益的可能性，但由于马尔基尔所提出的部分原则较难进行量化，可能会造成了策略在一定程度上的失真，投资者在具体应用时还应结合实际情况进一步完善和优化。

8.2 惠特尼·乔治的小型价值股投资法[①]

8.2.1 惠特尼·乔治简介

惠特尼·乔治(Whitney George)，1958 年出生于美国俄亥俄州，曾在三一学院(Trinity College)就读并获得了学士学位。惠特尼·乔治是美国著名的投资基金经理，拥有极为丰富的投资经验，曾在奥本海默公司(Oppenheimer&Co. Inc.)、多米尼克公司(Dominick, Inc.)等多家大型金融机构任重要职位。

1991 年，乔治加入罗伊斯联合公司(RoeCE & Associates LLC)，并担任高级职务 23 年，并在 2009—2013 年间担任罗伊斯合伙人公司的首席投资官，为该公司的发展做出了重要的贡献，使该公司成为美国领先的小型资产管理公司，管理资产超过 400 亿美元。

乔治所管理的罗伊斯低价股基金(Royce Low-Price Stock Fund)的收益大幅度超过了标准普尔 500 指数和罗素 2000 指数，获得了基金评级机构晨星公司(Morningstar Inc.)的五星最高评价。由于长期偏爱小盘股并且有着突出的业绩，2011 年 1 月，乔治被《财智月刊》评为美国小盘股基金"最佳基金经理"。

2015 年，惠特尼·乔治加入斯普罗特资产管理公司(Sprott Inc.)，并担任公司的首席投资官，以及斯普罗特美国控股公司的董事长，同时也是美国斯普罗特资产管理公司的高级投资组合经理。斯普罗特资产管理公司是一家全球资产管理公司，致力于为投资者提供高度差异化的贵金属和实物资产的投资策略。公司总部位于加拿大多伦多，并在康

---

① 本部分主要参考自申万宏源 2015 年 12 月 22 日研究报告《惠特尼·乔治小型价值股投资法》。

涅狄格州,卡尔斯巴德和温哥华设有办事处。

8.2.2　惠特尼·乔治的投资理念与逻辑

惠特尼·乔治是一名价值投资者,并且擅长于投资小盘股。乔治和他的投资团队将自己称为市场的"清道夫"。他认为股价低于 25 美元的小盘股有着非常大的投资价值,而这些股票总是被投资者所忽视。他的投资风格就是寻找那些财务状况较好、资产负债表情况良好、回报率较高并且没有财务杠杆的公司。乔治坚信小股本的企业的股票会在低收益的环境下更加保险,其主要原因是小股本的企业的股票通常有着更高的灵活性。在 20 世纪 90 年代末,在投资者普遍更加青睐大盘股或者互联网公司,而不看好小盘股及价值投资理念时,惠特尼·乔治仍旧坚持着他的投资理念,并在随后的几年获得了成功。虽然乔治所投资的股票中没有苹果公司等绩优股,但是通过寻找那些其他投资经理较少关注的相对冷门的股票依旧让其获得了较高的超额收益。

惠特尼·乔治的投资理念可以总结为以下几个原则。

(1) 股票的市值要小于 3 亿美元。

(2) 有着良好的资产负债表情况,并且在没有负债的同时持有大量现金。

(3) 公司要有着较高的资产收益率和资本收益率,并且在至少 3~5 年内保持稳定态势。

(4) 当股票市盈率较低时买入该股票。

(5) 选择股价账面市值比较低的股票。

(6) 选择市销率较低的股票。

通过对以上六个原则的分析,可以通过以下八个指标构建惠特尼·乔治的小盘股价值投资法则所对应的量化投资策略。

(1) 股票的总市值。

(2) 产权比率,用来量化乔治提出的良好的资产负债表情况,计算方法为:产权比率=负债总额/所有者权益总额。

(3) 每股期末现金及现金等价物余额,用来量化乔治所说的好股票应没有负债的同时持有大量现金。

(4) 总资产回报率,计算方法为:总资产回报率=报酬总额/总资产。

(5) 资本回报率,计算方法为:资本回报率=(税后利润+财务费用)/(净资产+有息负债)。

(6) 市盈率。

(7) 市销率。

(8) 市净率。

8.2.3　量化投资策略的构建

惠特尼·乔治所提出的六个原则均可以通过量化的手段实现,并且,上文已经给出了可代表每个原则的指标,可以根据这八个指标进行量化投资策略的构建。

根据惠特尼·乔治的投资理念和逻辑,在选股时应该选择小市值股票,并且要求公司资产负债表和现金流的情况要较好、过去 3~5 年的总资产收益率和资本回报率较高并且稳定、有着较低的市盈率、市净率和市销率。因此，可以将八个指标量化如下。

(1) 将股票总市值按照由低到高排序，选取前 40% 的股票。
(2) 计算股票的产权比率并按照由低到高排序，选取前 40% 的股票。
(3) 将股票的期末现金及现金等价物余额按照由高到低排序，选取前 40% 的股票。
(4) 将股票的总资产回报率按照由高到低进行排序，选取前 40% 的股票。
(5) 将股票的资本回报率按照由高到低进行排序，选取前 40% 的股票。
(6) 将股票的市盈率按照由低到高排序，选取前 40% 的股票。
(7) 将股票的市销率按照由低到高排序，选取前 40% 的股票。
(8) 将股票的市净率按照由低到高排序，选取前 40% 的股票。

此外，目前 A 股市场普遍存在大小盘风格轮动，投资者在应用本策略时最好能够预先判断市场风格更符合小盘股还是大盘股，之后再决定是否执行策略。

8.3 查尔斯·布兰德斯价值投资法[1]

8.3.1 查尔斯·布兰德斯简介

查尔斯·布兰德斯，1942 年生，是哥伦比亚大学商学院著名教授、价值投资之父本杰明·格雷厄姆(Benjamin Graham)的门徒，1974 年，他创办了布兰德斯投资合伙公司(Brandes Investment Partners)。布兰德斯非常注重细节，相信通过审慎小心的财务分析，可以找出当前股价较低而内在价值较高的公司。因为其卓越的投资业绩，查尔斯·布兰德斯于 2000 年被尼尔森公司评选为年度最佳基金经理人，大致投资经历如下。

查尔斯·布兰德斯(1970—1973 年)担任本杰明·格雷厄姆的证券营业员，师从本杰明。1974 年创立布兰德斯投资合伙公司，其管理资金规模由初始的 1.3 亿美元成长至 500 亿美元的规模。布兰德斯管理的全球股票基金在截至 2007 年的过去 20 年内平均回报率达到 19.21%，其执掌的美国股票基金过去 10 年平均回报率达 211%，替 AGF 基金管理的 AGF 国际基金 1992—2002 年平均收益亦达 16.62%，在所有国际型基金中排名第一。尼尔森全球基金管理人评选也持续将布兰德斯列为全球前十的国际股权基金管理人[2]。

查尔斯·布兰德斯认为预测性的资料对股票投资没有帮助，喜欢投资被法人忽视的冷门股。对于公司管理阶层的诚信及持股状况非常注意，投资 30%～60% 的资金在高品质的债权及特别股，平均持股时间为 3～5 年。其主要著作为 1989 年出版的 *Value Investing Today: Proven Techniques for Long-term Growth*。

8.3.2 布兰德斯的投资理念与逻辑

布兰德斯在其著作 *Value Investing Today: Proven Techniques for Long-term*

---

[1] 本部分主要参考自申万宏源 2015 年 9 月 17 日研究报告《查尔斯·布兰德斯价值投资法》。
[2] 资料来源：维基百科。

Growth 中阐述了自己的价值投资理念,其投资策略从三个角度对股票提出要求。第一,公司要具备强力的资产负债表;第二,要具备合理的估值;第三,公司经营阶层具备诚信且持股充足。从这三个角度出发选择六个指标,分别是负债净值比、董监事会持股比例、PE、市现率、市净率、市净率(相对全市场),共同构建了选股准则,形成了查尔斯·布兰德斯价值投资法。

通过对以上六个原则的分析,可以通过以下几个指标构建查尔斯·布兰德斯的价值投资法则所对应的量化投资策略:市盈率,用来衡量估值水平;实现率,用来衡量估值水平;市净率,用来衡量估值水平;负债净值比,用来衡量财务杠杆;董监事会持股比例,用来衡量管理层诚信和管理水平。

查尔斯·布兰德斯的投资理念可以总结为以下六个原则。
(1) 股票最近一季度负债净值比小于 40%。
(2) 董监事会持股比例大于市场平均值。
(3) 股票的市盈率小于市场平均值。
(4) 股票的股价/近四季度现金流量(市现率)小于市场平均值。
(5) 股票的市净率小于市场平均值。
(6) 股票的市净率小于 1.0 倍。

这六条准则非常清晰明确,均为可直接量化实现的准则。每条准则具有明确的量化描述和判断条件,除个别部分需要对中国市场调整外,回测可按照这六条准则复制,不存在需要主观判断而不能量化的准则。

8.3.3 量化投资策略的构建

查尔斯·布兰德斯所提出的六个原则均可以通过量化的手段实现,并且,上文已经给出了可代表每个原则的指标,可以根据这六个指标进行量化投资策略的构建。

根据查尔斯·布兰德斯的投资理念和逻辑,在选股时应该选择小市值股票,并且要求公司资产负债表和现金流的情况要较好并且有着较低的市盈率和市净率。因此,本文结合中国投资市场的实际情况,在研究和回测中对部分原始标准进行调整,将六个指标量化如下。
(1) 股票最近一季度负债净值比小于 80%。
(2) 董监事会持股比例不低于市场平均值 50%。
(3) 股票的市盈率不高于市场平均值 1.5 倍。
(4) 股票的股价/近四季度现金流量(市现率)不高于市场平均值的 1.5 倍。
(5) 股票的市净率不高于市场平均值的 1.5 倍。
(6) 股票的市净率小于 2.0 倍。

投资者在应用本策略时应充分吸收查尔斯·布兰德斯价值投资策略中的投资思维,在原有基础上扩展筛选股的考查维度,结合市场情况调整具体的考核指标,进一步优化考察指标的参数。第一,在应用本策略时应该对选股数量和行业分布进行调整,利用分散化投资和行业中性的优势来避免策略的大幅波动,减少策略中明显不足的最大回撤指标;第二,可以考虑额外对金融行业的选股方式和配权方式单独进行研究,并将相应的金融行业股票加入到本策略的投资组合中来完善本策略；第三，将查尔斯·布兰德斯价值投资策略所选出的股票作为股票池，可以利用其他方法进一步筛选和判断入市时机。

8.4　史蒂夫·路佛价值选股法则[①]

8.4.1　史蒂夫·路佛简介

史蒂夫·路佛，生于1938年，华尔街著名投资人，从事投资研究行业四十余年。其创立路佛威登资产管理公司，并担任路佛核心投资基金的基金经理人。本节介绍的史蒂夫·路佛价值选股法则即是路佛集团经给投资者的投资建议所提炼而成。

史蒂夫·路佛于1969—1977年间担任Piper，Jaffray & Hopwood公司的投资策略分析师，并于1977—1981年间担任德州Criterion Investment Management公司的投资组合经理。1981年，史蒂夫·路佛创建路佛集团；1987年，路佛集团开始利用内部的研究成果开展证券投资业务，正式成为资产管理公司；截至2001年3月22日，路佛核心投资基金以5年、3年、1年及3个月报酬率皆打败S&P500指数的优异表现，获得晨星公司(Morningstar Inc.)美国本土混合型基金类(Domestic Hybrid)五颗星的评价；截至2005年，公司管理的资产规模已经达到10亿美元。

在研究成果方面，史蒂夫·路佛独特的见解经常被刊登在美国著名的研究期刊中；在著作方面，其1980年出版的 *The Myths of inflation and Investing* 更是投资史上的经典。

8.4.2　路佛的投资理念与逻辑

路佛集团提供给 *Stock picking-The 11 Best Tactics for beating The Market* 的投资方法集中体现了路佛的价值投资理念，这套选股方法即是本节介绍的史蒂夫·路佛价值选股法则，该投资策略从三个角度对股票提出要求。第一，股票具备合理的估值；第二，股票具备一定的分红收益；第三，公司的财务状况要求健康。

从这三个角度出发选择七个指标，分别是市净率、市盈率、现金及等价物/股价、股息收益率、市现率、长期贷款占总资本比例、流动比率，共同构建了选股准则，形成了史蒂夫·路佛价值选股法则。用市盈率、市净率、市现率、每股现金/股价来衡量股票的估值，要求买入的投资标的足够"便宜"，具有合理的估值；用流动比率、长期借款/总资本来衡量公司的偿债能力和财务结构，保证买入的投资标的具备足够强大的资产负债表；用股息收益率来衡量股票的分红水平，保证价值投资者能够获得一定的分红收益。具体指标如下。

（1）市净率低于全市场平均值的80%且小于1.5倍。

（2）以五年平均盈余计算的市盈率低于全市场平均值的70%且小于12倍。

（3）每股现金至少是股价的15%。

---

① 本部分主要参考自申万宏源2015年10月12日研究报告《史蒂夫·路佛价值选股法则》。

(4) 股息收益率不低于全市场平均值且不低于 3%。
(5) 股价现金流量比低于全市场平均值的 75%。
(6) 长期借款加未提拨退休金负债占总资本比率低于 50%。
(7) 流动比率高于全市场平均值。

这七条准则非常清晰明确，均为可直接量化实现的准则。每条准则具有明确的量化描述和判断条件，除个别部分需要对中国市场调整外，回测可按照这七条准则复制，不存在需要主观判断而不能量化的准则。

8.4.3 量化投资策略的构建

史蒂夫·路佛价值选股法则，从三个角度对投资标的进行要求，分别是合理的估值、健康的财务状况和一定的分红水平。正如上文所述，路佛提出的七个选股标准均是路佛价值投资理念的重要体现。本文结合中国投资市场的实际情况之后，在研究和回测中对部分原始标准进行调整，将选股指标量化如下。

(1) 市净率低于全市场平均值。
(2) 以五年平均盈余计算的市盈率低于全市场平均值。
(3) 每股流动资产至少是股价的 30%。
(4) 股息收益率不低于全市场平均值。
(5) 股价现金流量比低于全市场平均值。
(6) 长期借款占总资本比率低于 50%。

通过对中国 A 股 2003 年以后的回测可以发现，史蒂夫·路佛价值选股法则依然具备很好的投资能力，从选股效果来看，这说明史蒂夫·路佛的思想在中国市场依然有很强的适用性，非常值得我们沿着这六条准则所体现的思路做进一步的优化和探索。

需要说明的是，投资者在应用本策略时应该根据市场情况对选股数量和行业分布进行调整，利用分散化投资和行业中性的优势来避免策略的大幅波动，减小策略中明显不足的最大回撤指标，综合运用多种方法进一步筛选和判断入市时机，避免交易执行问题的发生，降低波动性和隐藏风险。

8.5 詹姆斯·奥肖内西价值投资法[①]

8.5.1 詹姆斯·奥肖内西简介

詹姆斯·奥肖内西是奥肖内西资产管理公司（O'Shaughnessy Asset Management, LLC）的董事长兼首席执行官，该公司位于康涅狄格州斯坦福，是一家著名的投资顾问公司。与格雷厄姆不同，詹姆斯·奥肖内西一直以其对股票强大的数量分析著称，他被《巴伦》（Barron's）杂志称为"击败世界的人"和"统计怪杰"，被公认为美国重要的金融专家和股票数量分析领域的先驱。2009 年 2 月，福布斯网站（Forbes.com）把詹姆斯·奥肖内

---

① 本部分主要参考自申万宏源 2015 年 9 月 15 日研究报告《詹姆斯·奥肖内西价值投资法》。

西与本杰明·格雷厄姆、沃伦·巴菲特和彼得·林奇一起称为"传奇的投资者"。

詹姆斯·奥肖内西是 4 本投资畅销书的作者,分别是 *Invest Like the Best*,*What Works on Wall Street*,*How to Retire Rich* 和 *Predicting the Markets of Tomorrow*。其中,《华尔街股市投资经典》*What Works on Wall Street* 通篇充满了实证的色彩。书中观点精辟且言之有据,结论具有较高的实战应用价值。这本书告诉读者,在大多数情况下,被动、机械化的投资系统会打败由人组成的投资系统,即使是基金经理也不例外,这也是 9/10 的投资者赚不到钱的原因。

8.5.2 奥肖内西的投资理念与逻辑

詹姆斯·奥肖内西在其经典之作《华尔街股市投资经典》中描述了两种不同类型的投资决策方法:一种是经验型的分析方法或称直觉式分析方法,这种方法以知识、经验和常识为基础;另一种则是定量分析方法,这种方法以大量数据为基础,推论出各种关系,相当于一种纯机械化的方法。多数投资者在做出投资决策的过程中,更喜欢采用第一种方法。他们太注重个人经验,而不太在意基础事实。也就是说,他们重直觉而轻事实,并且偏爱复杂程序,而轻视简单程序。但是在一般情况下,采用直觉分析法的投资者却常常做出错误的决定,败给几乎是纯机械化的方法。

詹姆斯·奥肖内西指出,采用纯机械化的股票选择方式,可以胜过 80% 的股票投资行家。这意味着,即使我们对选股一无所知,但只要我们采用纯机械化的、非直觉型的投资分析方式,就可以让那些受过所谓良好训练和教育的投资行家们败下阵来。简单化是投资的最佳原则,这就是说,我们想得越简单,冒的风险就越小,就越是高枕无忧,赚的钱越多。但是多数人不是将投资简单化,而是使投资变得更加复杂。奥肖内西指出:"我们必须明确在投资中策略的优越性和重要性,而不能只关注投资本身。"因此,投资人应该重视对投资策略的研究。奥肖内西明确说:市场根本不是杂乱无章的,它总是给某些策略以高额回报,而同时却在惩罚另一些策略。

本节所考虑的詹姆斯·奥肖内西价值投资法考察了公司的规模水平、盈利能力和派息水平,并结合 A 股特点,逐步筛选出符合条件的股票。

8.5.3 量化投资策略的构建

詹姆斯·奥肖内西在《华尔街股市投资经典》一书中,对不同的股票指标给出了大量的实证结果,并以此给出了一系列的价值投资策略。奥肖内西价值投资策略所使用指标包括总市值、总股本、股价、每股现金流量、每股营收和股息收益率。用总市值来衡量相对规模,用总股本来衡量绝对规模,用股价/每股现金流量、股价/每股营收来衡量公司的盈利能力,用股利收益率来衡量公司派息水平。以下将分别讨论各个指标及其对应的投资逻辑。

(1) 市值规模的重要性。大量的学术文献指出,小盘股的收益是显著大于大盘股的。然而,奥肖内西认为尽管小盘股收益高,但是高出的幅度不大,并且缺乏流动性。与之相对的,规模大、知名度高的"龙头股票"则可以对参考的指数实现超额收益。因此,与其选取缺乏流动性的小盘股,不如考虑大市值的"龙头股票"。

(2)价格对现金流量比率和价格对销售额比率。奥肖内西指出,价值投资的投资者倾向于用公司的现金流和销售额来确定其股票价值,原因在于公司的现金流和销售额能从不同的角度反映公司的盈利能力,并且其数字比盈利更难操纵。因此,利用这两个比率,符合纯机械化选股的客观性要求。

(3)股息率。奥肖内西指出,在股票总收益中,股息占有相当的比例,甚至能超过一半,所以价值选股应该将股票的派息水平作为一个重要考量。此外,一家公司要对股息进行操纵几乎是不可能的,要么当期支付,要么延期支付,要么取消支付,别无选择。

本文结合中国投资市场的实际情况之后,在研究和回测中对部分原始标准进行调整,以所有 A 股为样本,将选股指标量化如下。

(1)剔除公共事业股票和暂停交易的股票。
(2)股票总市值大于平均市值。
(3)每股现金流量大于 0 且股价现金流量比小于平均值。
(4)总股本大于平均值。
(5)每股营收大于 0 且股价营收比小于平均值 2/3。
(6)股利收益率由高到低排序,选取前 30 只股票。

本策略的构建,可以为投资者提供一个投资的思路,具有较好的借鉴意义,投资者在具体应用时还应结合实际情况进一步优化和完善。

8.6 三一投资管理公司价值选股法

8.6.1 三一投资管理公司介绍

三一投资管理公司(Trinity Investment Management)成立于 1974 年,1999 年被奥本海默基金公司(Oppenheimer Funds,Inc)收购,成为该公司的一员。该公司的投资哲学以价值投资为主,并认为如果想要建立成功的价值型投资组合,用单纯且简化的概念和系统性的设计即可达到。截至 2000 年第一季度,三一投资管理公司共为客户管理资产达 42 亿美元[1]。

8.6.2 三一投资管理公司的投资逻辑

该公司主要研究的是三个指标,分别为:市盈率、股价账面市值比和股利收益率。根据三一投资管理公司对过往的研究,在 1980—1994 年的标准普尔指数成分股票中按照这些指标构建投资组合,能够获得较高的超额收益。

研究指出,将股票按照市盈率从小到大排序,选择前 30% 的股票构建投资组合,并在每个季度更新,年平均收益率为 17.5%,同期标准普尔指数收益率为 13.3%;将股票按照账面市值比从小到大排序,选择前 30% 的股票构建投资组合,并在每个季度更新,年平均收益率为 18.1%,也明显超过了同期标准普尔的指数收益率;将股票按照股利收益率

---

[1] 陈杰.投资管理公司价值选股法[R].申万宏源研究,2015.

从大到小进行排序,选择前30%的股票构建投资组合,并在每个季度更新,年平均收益率为18.3%,依旧明显超出了同期标准普尔的指数收益率。

因此,三一投资管理公司的投资逻辑主要是选择市盈率较低、市净率较低以及派息水平较高的股票进行投资。下文将这种投资思想进行量化并进行实现。

【8-1】 奥本海默基金

奥本海默基金(Oppenheimer Funds)成立于1959年,是美国较大的共同基金及投资管理集团之一,集团有着16个专业的投资管理团队从事着主动管理权益、固定收益、多资产组合及ETF等多种策略。本公司及其子公司为包括财务顾问和财富管理者及其客户在内的客户提供产品和服务,此外,机构投资者,如公司、捐赠基金和基金会、主权财富基金及其顾问也是奥本海默公司的重要客户。公司现有超过2000名员工,并且有超过170名投资专家。公司在纽约、达拉斯、西雅图、丹佛和罗切斯特设有办事处。截至2018年4月30日,奥本海默基金管理的资产超过2490亿美元。奥本海默基金被Pensions & Investments评为"2017年最佳资金管理机构"。《财富》杂志将其评为"金融服务和保险领域较好的40家机构之一"。

——根据维基百科整理

8.6.3 量化投资策略的构建

根据三一投资管理公司的研究所体现的投资逻辑,可以构建如下的策略。

1. 策略逻辑

仿照三一投资管理公司的研究,本策略主要按照市盈率越小、市净率越小及股息率越高的三个原则进行股票的选取,因此本策略主要按照以下条件选取股票。

(1) 待选股票为A股市场的所有股票。

(2) 将股票按照市盈率由低到高进行排序,选取前40%的股票。

(3) 将股票按照市净率由低到高进行排序,选取前40%的股票。

(4) 将股票按照股息率由高到低进行排序,选取前40%的股票。

2. 交易规则及回测条件设定

(1) 交易手续费设定。在买入时佣金为万分之一,在卖出时佣金为万分之一加千分之一的印花税,每笔交易佣金最低扣5元。

(2) 止损条件。本文在三一投资管理公司的研究中,进行了一定的完善,加入了止损条件,主要有两个方面:一方面是针对市场行情的止损,当代表大盘情况的上证指数跌破60日均线时,清空所有头寸;另一方面是针对个股的止损,当个股价格跌幅超过15%时,清空该股票头寸止损。

(3) 初始资金为100万元,并且平均配置给每只股票。

(4) 回测区间:2013年1月1日—2023年3月31日。

(5) 调仓周期:每个季度进行一次调仓。

(6) 持仓股票数：持仓股票最多不超过 30 只。

3. 回测结果①

从图 8-1 三一投资管理公司的价值选股法的回测收益率走势来看，整体趋势较好。但是，可以发现，与作为基准的沪深 300 指数相比，该策略在 2013 年上半年无明显的优势，没有产生明显的超额收益。2013 年整个市场出现下跌，沪深 300 指数收益为负，而该策略仍能保持正的收益，其主要原因就是本文在策略交易规则中对于止损条件的设定，由于按照市场的情况进行止损，所以当市场出现大幅下跌时，该策略就会清空持仓股票从而保留剩余收益。2015 年市场出现好转，并且当 2020 年开始出现再一次的大幅上涨时，本策略收益的上涨幅度明显高于沪深 300 指数的上涨幅度，说明本策略在这两次"牛市"中能够获得较高的超额收益，选股是较为成功的。并且，因为止损规则的设定，当 2018 年下半年市场行情急转直下时，策略能够及时止损，避免了收益的过多流失。2017 年下半年—2023 年上半年，该策略与市场行情波动幅度基本一致，但该策略收益率上涨的趋势要明显好于沪深 300 指数，策略的收益能够持续增长一个重要的原因是在许多阶段都进行了止损的操作。此外，策略在市场出现利好行情时，能够借机盈利，表现较好，说明该种选股原则在市场行情较好时能够获得较为可观的超额收益。

图 8-1　三一投资管理公司价值选股法回测收益率走势

图 8-2 为三一投资管理公司价值选股法回测分年度收益率，从图 8-2 可以更加直观地观察到每个年度该策略的收益情况。如图 8-2 所示，策略的高收益主要出现在 2014 年和 2015 年两个年份，与上一段所述类似，在市场行情较好时，本策略通常也能够获得较好的收益。而在市场行情较差的 2018 年，策略的单年度收益达到了负值，并且超过了 −5%。总体来看，策略回测的十年间的大部分年度都能够获得正收益。这也说明了随

---

① 注：本策略回测使用聚宽量化交易平台。

着时间的推移,坚持该种价值投资策略可以获得稳定且可观的收益。

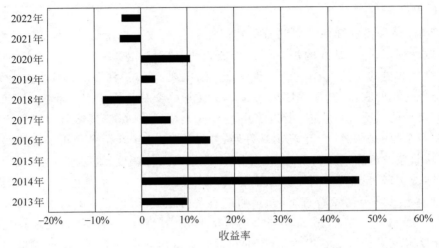

图 8-2　三一投资管理公司价值选股法回测分年度收益率

表 8-1 是本策略回测得到的主要策略业绩评价指标的结果。首先,10 年间,策略收益达到了 180.19%,而同期沪深 300 指数收益为 60.56%,超额收益为 74.51%。此外,策略的年化收益率为 10.90%,从整体来看,收益率较为可观。从夏普比率和最大回撤可以看出风险调整后的收益和策略的风险情况,夏普比率为 0.423,最大回撤为 26.02%,可以看出,策略可能的最大亏损超过 25%,并且夏普比率小于 1,说明策略在收益和风险方面都有着一定的提升空间。策略的胜率为 0.511,而盈亏比为 1.848,说明了策略在保持较好的胜率的情况下能获得可接受的盈亏比,该策略仍需进一步完善。

表 8-1　回测效果主要评价指标一览

策略收益率	180.19%
策略年化收益率	10.90%
沪深 300 指数收益率	60.56%
超额收益率	74.51%
夏普比率	0.423
最大回撤	26.02%
胜率	0.511
盈亏比	1.848

从表 8-2 和图 8-3 可以看到在 2023 年 3 月 30 日时策略的持仓股票情况和持仓股票的行业分布情况。从表 8-2 中可以发现,该时间段的持仓股票除了青岛银行(002948)、张家港行(002839)、平安银行(000001)、青农商行(002958)、江阴银行(002807)和传化智联(002010)以外,持仓股票均为上海证券交易所上市的股票。从图 8-3 可以看出,策略选出的股票主要涵盖在八个行业,并且在银行、房地产和煤炭三个行业的股票较多。从表 8-3 策略前十大持仓股票中观察分析可发现,前十大持仓股票的行业分布相对来说较为分散,交通运输和建筑装饰行业居多。

表 8-2 策略持仓股票情况(2023 年 3 月 30 日)

序号	股票代码	股票名称	所属行业
1	601339	百隆东方	纺织服饰
2	002948	青岛银行	银行
3	601963	重庆银行	银行
4	601155	新城控股	房地产
5	600284	浦东建设	建筑装饰
6	600971	恒源煤电	煤炭采选
7	600508	上海能源	煤炭采选
8	002839	张家港行	银行
9	600177	雅戈尔	纺织服饰
10	600383	金地集团	房地产
11	601328	交通银行	银行
12	600016	民生银行	银行
13	601101	昊华能源	煤炭采选
14	600325	华发股份	房地产
15	000001	平安银行	银行
16	603323	苏农银行	银行
17	002958	青农商行	银行
18	601658	邮储银行	银行
19	002807	江阴银行	银行
20	601678	滨化股份	基础化工
21	600919	江苏银行	银行
22	601988	中国银行	银行
23	002010	传化智联	交通运输
24	601669	中国电建	基础建设

注：行业划分主要参考申万一级行业分类。

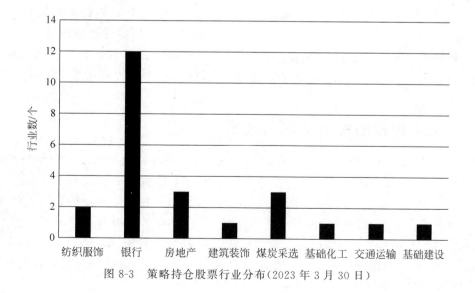

图 8-3 策略持仓股票行业分布(2023 年 3 月 30 日)

表 8-3　策略前十大持仓股票

序号	股票代码	股票名称	最高仓位占比/%	所属行业
1	000591	太阳能	13.43	电力
2	603167	渤海轮渡	12.26	交通运输
3	600757	长江传媒	11.60	传媒
4	600894	广日股份	11.52	专用设备
5	600704	物产中大	10.02	交通运输
6	000065	北方国际	9.06	建筑装饰
7	601339	百隆东方	7.99	纺织服饰
8	601789	宁波建工	7.34	建筑装饰
9	600533	栖霞建设	7.10	房地产
10	600548	深高速	6.99	交通运输

注：行业划分主要参考申万一级行业分类。

综上所述，本策略在长期收益较高，并且所考虑的选股指标也较少，容易理解，对市场有着较好的适应性，是一个简单有效的策略，同时也存在着进一步完善和开发的空间。投资者可以以本策略为基础，进行完善和适当的复杂化，通过不断地完善与修正，最终形成一个可以应用于市场的策略。

8.7　费雪的选股十五原则

8.7.1　菲利普·费雪简介

菲利普·费雪（Philip Fisher，1907—2004），出生于旧金山，是美国著名的投资家，包括巴菲特等著名投资家都受到费雪的投资理念的影响，著有《怎样选择成长股》(*Common Stocks and Uncommon Profits*)一书，是为股票投资实践人士提供指导的经典书籍。

1928 年，费雪从斯坦福大学毕业后进入到旧金山的克罗克-安格罗国家银行工作(Crocker-Anglo National Bank of San Francisco)，开始了自己的证券分析师生涯。从银行工作积累了一定的经验后，在 1931 年 3 月 1 日，费雪成立了费雪投资咨询管理公司(Fisher & Co.)。通过不断进行投资实践，费雪形成了自己的投资哲学，并不断影响着后人。

8.7.2　费雪的投资理念与逻辑

费雪的选股原则不仅是他多年投资经验的总结，更是其投资理念和逻辑的核心体现。在他的著作《怎样选择成长股》中，费雪详细阐述了他所提倡的投资方法，这些方法不仅涵盖了公司的增长潜力、研发能力和市场营销能力，还包括管理层的素质、财务控制以及对投资者的透明度等多个方面。费雪坚信，只有具备长远眼光和稳健管理的公司，才能从激烈的市场竞争中脱颖而出，成为值得长期投资的对象。以下是费雪总结的 15 条选股原则，它们为投资者提供了一个全面且实用的框架，帮助他们在复杂多变的市场中做出明智的投资决策。

原则1：公司拥有具有足够市场潜力的产品或者服务，能够让销售额在几年内保持高速增长。

如果一家公司的销售额在几年内都保持着增长，那么未来该家公司的销售额也倾向于有着一个良好的趋势。然而那些销售额并不能呈现出增长趋势的公司，也有可能获得一次较为可观的利润，从而推动公司股价的上涨，因而许多投机者会寻找这样的机会在较短的时间内获利。然而，费雪认为，作为一个长期的价值投资者，这种短期的投资机会并不是一个较为合适的投资机会。

原则2：当现有的具有吸引力的产品的增长潜力已经在很大程度上被挖掘完，公司的管理层有决心继续开发新的产品，从而进一步增加潜在的销售额。

公司的研发投入是保持公司快速发展的一个重要因素。虽然许多公司目前所生产的产品比较受市场的欢迎，并且获得了较高的利润。但是，随着产品的不断升级换代，以及技术和环境的发展，如果不能进行持续性的创新研发，那么这种高利润只能是暂时的。

原则3：考虑到其规模，公司在研究和开发方面有效果。

公司不仅要在研究和开发中有着较为客观合理的投入，还要让研究和开发有效果，一些公司盲目增加研发的投入，但是却不能够获得较好的产出，费雪认为，为了获得更好的研究和开发的效果，管理层必须有能力协调在技术等方面有专长的研究人员，并形成一个团结的团队，同时高级管理人员也要对研发的投入有良好的判断。

原则4：公司有着高于行业平均水平的销售团队。

营销水平是一个公司的重要能力，公司生产产品的目的就是销售获利，但是许多公司虽然有着非常出色的产品或服务，却不能占据着较大的市场份额，其中一个重要原因就是公司营销水平的不足。

原则5：公司有可观的利润。

销售额无论多少，只有能够促使利润增加才是有价值的。因此一个好公司，要有一个较为可观的利润。尤其是对于一个长期投资者而言，更应该投资于那些有着较好的利润的公司。唯一投资那些利润极低的公司的理由就是，那些公司在未来的经营状况会发生彻底的改变。

原则6：公司通过多种方式维持或提高利润。

公司通过多种方式来维持和提高利润，例如提高产品价格和利用产品的研发与创新来提高利润。这些方法带来的影响各不相同，例如，通过提高价格获取更高的利润很容易受到竞争对手生产的低价替代品的冲击。

原则7：公司拥有出色的劳动人事关系。

一个出色的公司是应该拥有一个良好的劳动人事关系，这样有利于员工工作的忠诚性和积极性等。而公司如果人事政策较差，很容易导致优秀人才的流失，进而导致利润下降。

原则8：公司的高级管理者之间有着良好的关系。

高级管理者对于公司的发展至关重要，而一个团结的高级管理团队能够帮助公司向更积极的一面发展。那些存在着内部斗争的公司通常会产生动荡，不利于投资者进行长期投资。

原则9：公司拥有合适的管理梯队层次。

除了高级管理者之间的关系外，还要有合适的管理梯队层次。高级管理者应该尽职尽责，不能够骄傲自满，并且管理权力的分配要合理，当一家公司规模逐渐变大后，高级管理者如果事必躬亲，那么也会对公司产生不利的影响。

原则10：公司的成本分析和财务控制做得较好。

一个优秀的公司需要能够准确详尽地罗列并了解运营过程中具体的成本情况，才能够更高效地研究提高利润的方法和追加投入的方向。而一个健全的财务控制体系更能够确保公司向更好的一面发展。

原则11：相对于行业内的其他公司，在其他业务方面让投资者认为其具备竞争力。

即使在一个行业内，公司之间的差别都是巨大的。而如果除了产品之外，一个公司还具备在行业内其他方面的很重要的能力，很可能会使公司更加出色。

原则12：公司对利润有着短期或者长期的展望。

一个公司关注短期利润还是长期利润对公司发展的影响是不同的。费雪认为，作为一个长期的投资者，应该投资那些眼光长远的公司，也就是那些更看重长期利润的公司。

原则13：对于一个高速增长的、需要足够股权融资的公司，在其可预见的未来，更多地发行在外的股票，使原股东从预期增长中获利。

该原则是对公司融资的判断。例如，如果公司为了发展继续发行股票，则会导致原股东持股份额的稀释，这会对投资者的收益造成影响，而如果公司进行融资后发展更好，促使股价提高，那么投资者也还是可以获利的。

原则14：管理层在一切顺利时坦率地与投资者谈论公司的事务，在出现麻烦和失望情绪时也并非保持沉默。

一个优秀公司的管理层，在对待困难时也要有一个积极的态度，这样才能更好地解决问题让公司发展重归正轨。此外，如果一家公司设法隐瞒不利消息，也不是长期投资者应该选择的目标。

原则15：公司的管理层正直、诚信。

管理层需要实现的是股东利益的最大化，而一些管理层会为了一己私利，从而使公司的发展陷入被动，这种公司显然也不是长期投资者应该选择的投资对象。

8.7.3　量化投资策略的构建

费雪针对选股提出了15个原则，但是大部分原则都是需要投资者根据基本面的情况去判断的，无法量化，在此本文只挑选几项可量化的原则进行策略的构建，以便于进行策略效果的展示。但是，由于可量化的指标较少，所以会造成量化投资策略与费雪的理念存在一定的差距，这是读者在日后可以逐步完善的地方。

1. 投资逻辑

费雪详细介绍了如何选择一个有成长性的公司，但是在构建量化投资策略时，我们选取的原则主要是原则1、原则2、原则3和原则5。综合这四个原则,本策略的投资逻辑可以变为:选择那些营业收入在几年内都能够保持增长、研发投入较高及利润较高的股票。具体则可以将选股的条件量化如下。

(1) 选取近3年营业收入增长率均为正的股票,并将股票按照最近一年的营业收入增长率由高到低排序,选取前40%的股票。

(2) 将股票按照开发支出项目的由高到低进行排序,选取前40%的股票。

(3) 将股票按照每股收益由高到低进行排序,选取前40%的股票。

2. 交易规则及回测条件设定

(1) 交易手续费设定。在买入时佣金为万分之一,在卖出时佣金为万分之一加千分之一的印花税,每笔交易佣金最低扣5元。

(2) 止损条件。主要有两个方面:一方面是针对市场行情的止损,当代表大盘情况的上证指数跌破60日均线时,清空所有头寸;另一方面是针对个股的止损,当个股价格跌幅超过15%时,清空该股票头寸止损。

(3) 初始资金为100万元,并且平均配置给每只股票。

(4) 回测区间:2015年1月5日—2023年3月31日。

(5) 调仓周期:本文决定设置每个季度进行一次调仓。

(6) 持仓股票数:持仓股票最多不超过30只。

3. 回测结果[①]

从图8-4费雪选股原则策略的回测收益率的走势图来看,2015年上半年,市场行情呈上升趋势,沪深300指数快速上涨,此时策略收益增长迅速,并且增长幅度略高于沪深300指数。到了2015年下半年,市场开始"暴跌",此时该策略走势并没有跟着下跌,而是较为平缓。2016—2018年,沪深300指数先缓慢上升、再明显回落,该策略与沪深300指数变动趋势一致,且收益远高于沪深300指数。2019—2021年上半年,市场行情转好,沪深300指数大幅度上涨,此时策略收益增长迅速,并且增长的幅度要大于沪深300指数,说明这一段时间按照费雪的原则进行选股是可以获得明显的超额收益的。2021年之后,市场开始下跌,该策略走势并没有跟着下跌,先是波动式增长,而后趋于稳定,后期出现了回落,总体趋势较为平缓。

图8-5是费雪选股原则所构建策略的回测分年度收益率的柱形图,根据本图能够更加直观地观察各个年度策略的收益率情况。如图8-5所示,策略的高收益区间主要集中在2015年和2019年两个年份,2015年和2019年是市场行情较好的两个年份,策略也能够获得较好的收益。但是在2020年,市场行情并不稳定,波动较大,但是在这种情况下该策略依旧能够获得接近20%的收益。此外,在市场行情较差的2018年和2021年,策略都出现了负收益,在2017年和2022年,策略年度收益近似为零。可以说,在这回测的八年间,策略大部分时间都能够保持盈利。

---

① 注:本策略回测使用聚宽量化交易平台。

图 8-4 费雪选股原则回测收益率走势

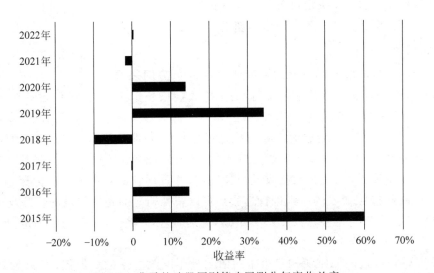

图 8-5 费雪的选股原则策略回测分年度收益率

表 8-4 是费雪的选股原则策略的回测所得到的主要策略业绩评价指标的结果。首先，在回测的八年间，策略的收益率达到了 146.78%，而同期沪深 300 指数收益率为 14.64%，远小于策略的收益。此外，策略的年化收益率为 11.92%，超额收益率为 115.27%，整体来看，策略的收益尚可。而夏普比率为 0.557，经风险调整后的收益并不是很高。八年间的最大回撤为 27.49%，策略的风险控制还有一定的提升空间。此外，策略的胜率为 0.591，盈亏比为 2.999，说明了策略在保持了较高的胜率的情况下仍然能够获得较高的盈亏比。

表 8-4 回测效果主要评价指标一览

指标	数值
策略收益率	146.78%
策略年化收益率	11.92%
沪深 300 指数收益率	14.64%
超额收益率	115.27%
夏普比率	0.557
最大回撤	27.49%
胜率	0.581
盈亏比	2.999

从表 8-5 和图 8-6 可以观察到在 2023 年 3 月 30 日时策略的持仓股票情况和持仓股票的行业分布情况。从表 8-5 中可以得知，策略选出的股票主要涵盖 13 个行业，从中可以发现，医药生物、基础化工、电力设备和汽车行业这四个行业的占比较高。从表 8-6 费雪选股原则策略的前十大持仓股票中可以观察到，策略对于计算机行业股票的持仓较多，合计占比约 40%。

表 8-5 策略持仓股票情况（2023 年 3 月 30 日）

序号	股票代码	股票名称	所属行业
1	603229	奥翔药业	医药生物
2	600089	特变电工	电力设备
3	600104	上汽集团	汽车
4	603299	苏盐井神	基础化工
5	603567	珍宝岛	医药生物
6	600716	凤凰股份	房地产
7	603717	天域生态	建筑装饰
8	600405	动力源	电力设备
9	600617	国新能源	公用事业
10	600549	厦门钨业	有色金属
11	603636	南威软件	计算机
12	601633	长城汽车	汽车
13	601168	西部矿业	有色金属
14	600559	老白干酒	食品饮料
15	603958	哈森股份	纺织服饰
16	600525	长园集团	电力设备
17	601177	杭齿前进	机械设备
18	600172	黄河旋风	机械设备
19	601933	永辉超市	商贸零售
20	600272	开开实业	医药生物
21	603217	元利科技	基础化工
22	600728	佳都科技	计算机
23	600618	氯碱化工	基础化工
24	603896	寿仙谷	医药生物
25	600557	康缘药业	医药生物

续表

序号	股票代码	股票名称	所属行业
26	600739	辽宁成大	医药生物
27	600161	天坛生物	医药生物
28	600396	金山股份	公用事业
29	600063	皖维高新	基础化工
30	603997	继峰股份	汽车

注：行业划分主要参考申万一级行业分类。

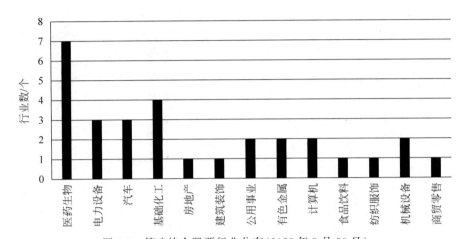

图 8-6 策略持仓股票行业分布（2023 年 3 月 30 日）

表 8-6 策略前十大持仓股票

序号	股票代码	股票名称	最高仓位占比	所属行业
1	601633	长城汽车	15.83%	汽车
2	600827	百联股份	10.25%	商贸零售
3	600410	华胜天成	8.92%	计算机
4	600588	用友网络	8.84%	计算机
5	600587	新华医疗	7.91%	医药生物
6	600571	信雅达	7.77%	计算机
7	600172	黄河旋风	7.22%	机械设备
8	601168	西部矿业	7.15%	有色金属
9	600021	上海电力	7.15%	公用事业
10	600855	航天长峰	7.04%	计算机

注：行业划分主要参考申万一级行业分类。

综上所述，本策略在长期能够获得较高的收益，但是仍然有许多完善的空间。比如，可以继续尝试对费雪提出的其他原则进行量化；但是这种成长股的选股方法的设计需要大量调研和主观判断的内容，量化起来较为困难。此外，本文为了展示案例，对于指标的选取也与费雪所提出的原则有一定的差异，这也会导致原策略在经量化构建后出现失真的现象。

8.8 彼得·林奇的选股原则

8.8.1 彼得·林奇简介

彼得·林奇(Peter Lynch),1944 年出生于波士顿,是世界著名的股票投资专家和证券投资经理。林奇 15 岁开始接触投资实践活动,并为自己赚取学费。1968 年,林奇从宾夕法尼亚大学毕业,并获得 MBA 学位。1969 年,林奇加入富达公司(Fidelity Investments),成为一名研究员。1977—1990 年的 13 年间,林奇担任富达公司旗下的麦哲伦基金(Magellan Fund)的管理人,并取得了骄人的投资业绩。在这 13 年间,麦哲伦基金的管理资产从 2000 万美元成长至 140 亿美元,基金投资人超过 100 万人,年平均复利收益率达到了 29%,堪称世界上最出色的基金。1990 年 5 月,彼得·林奇主动辞去了麦哲伦基金的基金管理人的职务,享受退休生活。林奇将自己在富达公司取得成功的投资理念进行了总结,并出版了多部书籍,被视为投资必读的经典著作。主要包括:《战胜华尔街》(*Beating the Street*),《彼得·林奇教你理财》(*Learn to Earn*),以及彼得·林奇的《成功投资》(*One Up On Wall Street*)等。

8.8.2 彼得·林奇的投资理念与逻辑

彼得·林奇在其多本著作中都对自己的投资理念和逻辑进行了详细的阐述,可以数量化的方面主要有以下五种。

1. 税前利润

税前利润是林奇在分析公司股票的时候常用到的数据。他认为,如果不论一个行业是否景气,都要进行长期投资,那么就要尽量选择税前收益更高的公司。这是因为税前利润越高,公司的经营成本就越低,因此当行业不景气时,公司更可能存活下来。而如果投资者想要在一个行业处在复苏阶段时持有股票,那么要选择那些税前利润相对较低的公司的股票,因为当行业出现复苏的时候,公司状况得到改善,曾经在行业内税前利润较低的公司更容易脱颖而出。此外,林奇还认为,对不同行业进行税前利润的比较意义不大,因为不同行业的利润率水平有着较大的差异。

2. 存货

林奇认为,一个好的公司的存货增长速度要小于销售的增长速度,存货的积压并不是一个好现象,当一个公司的存货增长速度大于销售的增长速度时,这对于该公司来说不是一个好兆头。

3. 现金流

当参考现金流量进行投资时,要关注自由现金流量,自由现金流量就是指企业经营活动所产生的现金流量扣除资本性支出之后剩余的现金,可以用来衡量企业实际持有的能够回报股东的现金。林奇认为,当一只股票的股价与每股自由现金流的比值为 10 时,是正常水平。

4. 负债问题

了解一家公司的财务能力的最简便的办法就是找到这家公司的资产负债表,观察负债和所有者权益的多少。林奇认为,公司的负债水平越低,其财务水平就越强。在一份正常的资产负债表中,所有者权益应该占到75%以上,而负债不应该超过25%。

5. 市盈率与收益增长率

林奇认为,如果一家公司的股票定价较为合理,那么该公司股票的市盈率应该和收益的增长率相等;如果该公司的股票的市盈率仅为收益的增长率的一半,那么买入这家公司的股票能够赚钱的概率较大;如果该公司的股票的市盈率超过收益增长率的两倍,那么买入这家公司的股票亏钱的概率就较大。此外,如果将股息考虑其中,可以计算公司的长期收益增长率加上股息收益率。将这个和与市盈率相比,如果比值小于1,说明这只股票不应进行投资,如果比值大于2,说明该股票值得投资。

8.8.3 量化投资策略的构建

1. 策略逻辑

彼得·林奇对于其投资理念和逻辑的阐述非常清晰,并且有着较强的可操作性,综合上文提到的五个方面,可以按照如下思想构建策略。即选择持有那些税前利润较高、公司存货增长速度要小于销售的增长速度、自由现金流情况较好、负债水平较低并且市盈率和收益增长率的比率较高的股票。

对于上文所提到的税前利润,本部分将对用利润总额衡量的过程进行简化。虽然林奇提出在不同行业间比较税前利润是不可取的,但是本文为了方便展示策略,并且直观地展现出使用该指标的影响,对该条件进行了简化,将全市场的股票的利润总额进行了比较,选取利润总额较高的股票。对于存货的问题,本部分选择了存货增长率和营业收入增长率两个指标。对于现金流,选取了每股自由现金流和股票价格进行衡量。对于负债的问题,本部分选用资产负债率进行衡量。对于市盈率与收益增长率的问题,本部分选用市盈率、净利润增长率两个指标进行衡量。以上选股条件具体可以量化如下。

(1) 将股票按照利润总额由大到小进行排序,选取前40%的股票。

(2) 计算股票的存货增长率和营业收入增长率,选取符合存货增长率小于营业收入增长率的股票。

(3) 计算股票的每股自由现金流,选取符合股票价格/每股自由现金流小于10的股票。

(4) 计算股票的资产负债率,选取符合资产负债率小于25%的股票。

(5) 计算股票的市盈率和净利润同比增长率,选择市盈率与净利润同比增长率的比值小于1的股票。

2. 交易规则及回测条件设定

(1) 交易手续费设定。在买入时佣金为万分之一,在卖出时佣金为万分之一加千分之一的印花税,每笔交易佣金最低扣5元。

（2）止损条件。主要有两个方面：第一个是针对市场行情的止损，当代表大盘情况的上证指数跌破 60 日均线时，清空所有头寸；第二个是针对个股的止损，当个股价格跌幅超过 15% 时，清空该股票头寸止损。

（3）初始资金为 100 万元，并且平均配置给每只股票。

（4）回测区间：2015 年 1 月 5 日—2023 年 3 月 31 日。

（5）调仓周期：本文决定设置每个季度进行一次调仓。

（6）持仓股票数：持仓股票最多不超过 30 只。

3. 回测结果[①]

首先，从图 8-7 彼得·林奇的选股原则策略的回测收益率的走势图来看，2015 年上半年，市场行情较好，沪深 300 指数一直呈上涨趋势，此策略的收益率曲线上升速度很快，几乎是处于垂直上升的态势。到了 2015 年下半年，市场出现下跌，沪深 300 指数收益为负，策略同市场行情趋势一致，但策略收益远高于同期沪深 300 指数收益。2016—2018 年，代表市场行情的沪深 300 指数走势出现一段小幅度上涨而后回落的现象，策略整体变动趋势与市场行情一致，呈现波动式上涨，在 2018 年初，策略收益达到顶峰。此后到 2019 年初，策略收益处于一个快速下跌的趋势。2019—2023 年，市场行情趋于平稳，整体上先增后降，时有增长，时有下跌。同期，策略并没有呈现出一个较好的收益增长趋势，波动较大，期间多次出现一段小幅度上涨又快速回落的现象。总体上看，在回测的八年间，该策略收益远高于代表市场行情的沪深 300 指数收益。

图 8-7 彼得·林奇的选股原则回测收益率走势

图 8-8 是彼得·林奇的选股原则所构建的策略的回测分年度收益率的柱形图，根据本图可以更加直观地观察各个年度策略的收益率情况。如图 8-8 所示，策略的高收益区

---

① 注：本策略回测使用聚宽量化交易平台。

间主要集中在 2015 年,主要是受到了当时的"牛市"行情的带动,因此策略也能够获得较高的收益。但是在市场行情并不稳定的 2017 年和 2019 年,策略也能有超过 10% 的收益。此外,在市场行情较差的 2018 年,策略的亏损接近 40%,当年损失较大。2022 年和 2023 年,市场呈现出缓慢的上升趋势,但是策略的收益较低。在回测的八年间,该策略的收益并不是很稳定。

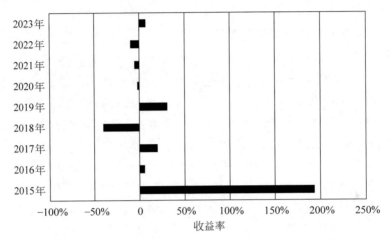

图 8-8　彼得·林奇的选股原则策略回测分年度收益率

表 8-7 是彼得·林奇的选股原则的策略的回测所得到的主要策略业绩评价指标的结果。首先,在回测的八年间,策略的收益率达到了 160.70%,而同期沪深 300 指数收益率为 14.64%,超额收益率为 127.41%,都远远小于策略的收益。此外,策略的年化收益率为 12.68%,整体来看,策略的收益情况并不是特别出众。策略的夏普比率为 0.36,说明经过风险调整后的收益也并不是很高。八年间的回撤为 26.72%,回撤较小,说明策略的承担的风险相对较小。除此之外,策略的胜率为 0.456,盈亏比为 1.210,说明了策略在保持一定的胜率的情况下能获得可接受的盈亏比,该策略仍需进一步完善。

表 8-7　回测效果主要评价指标一览

策略收益率	160.70%
策略年化收益率	12.68%
沪深 300 指数收益率	14.64%
超额收益率	127.41%
夏普比率	0.360
最大回撤	26.72%
胜率	0.456
盈亏比	1.210

从表 8-8 和图 8-9 可以观察在 2023 年 3 月 30 日时策略的持仓股票情况和持仓股票的行业分布情况。从表 8-8 中的内容可以得知,虽然本策略设置了持仓股票最多为 30 只,但是由于策略设定的选股要求较多,因此最终在该日只选择了来自 10 个行业的 15 只股票。从图 8-9 中可以很明显地发现,纺织服饰行业、房地产行业、基础化工行业和医

药生物行业在持仓股票占比较大,其中一个重要原因就是在前文策略构建时,我们选择的是利润总额较高的公司,由于部分行业,如房地产业,利润总额较高,所以被选入策略的概率较大。放入图 8-8 也是为了证明彼得·林奇的观点,为何不要在不同行业之间进行利润的比较。表 8-9 是本策略前十大持仓股票,感兴趣的读者可以深入分析一下,前十大持仓股票的行业是否也是整个市场利润较高的行业。

表 8-8 策略持仓股票情况(2023 年 3 月 30 日)

序号	股票代码	股票名称	所属行业
1	000626	如意集团	纺织服饰
2	600308	华泰股份	轻工制造
3	600685	中船防务	国防军工
4	600648	外高桥	房地产
5	600203	福日电子	电子
6	000822	山东海化	基础化工
7	600133	东湖高新	建筑装饰
8	600141	兴发集团	基础化工
9	600267	海正药业	医药生物
10	600070	浙江富润	纺织服饰
11	000069	华侨城 A	房地产
12	002099	海翔药业	医药生物
13	600236	桂冠电力	公用事业
14	600884	杉杉股份	电力设备
15	000850	华茂股份	纺织服饰

注:行业划分主要参考申万一级行业分类。

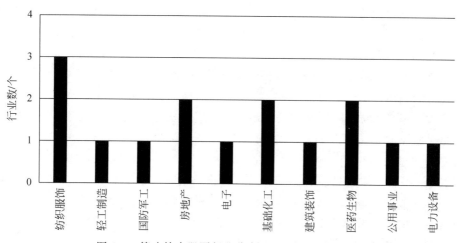

图 8-9 策略持仓股票行业分布(2023 年 3 月 30 日)

表 8-9 策略前十大持仓股票

序号	股票代码	股票名称	最高仓位占比/%	所属行业
1	000626	如意集团	51.79	纺织服饰
2	600308	华泰股份	24.40	轻工制造

续表

序号	股票代码	股票名称	最高仓位占比/%	所属行业
3	600685	中船防务	20.24	国防军工
4	600648	外高桥	19.91	房地产
5	000850	华茂股份	19.85	纺织服饰
6	600325	华发股份	19.67	房地产
7	002099	海翔药业	19.34	医药生物
8	600267	海正药业	19.34	医药生物
9	600203	福日电子	18.98	电子
10	600884	杉杉股份	18.68	电力设备

注：行业划分主要参考申万一级行业分类。

综上所述，根据彼得·林奇选股的原则所构建的量化投资策略可以获得一定的收益，具有进一步优化和完善的价值。本文为了简便演示策略的效果并没有对林奇所提出的指标进行细致化的处理，这也导致了策略与林奇的思想存在着一定的偏差。此外，市盈率与收益增长率的比率是一个目前较为流行的指标，业界又称其为PEG指标，感兴趣的读者可以对PEG指标进行进一步的优化，并结合其他方法构建投资模型，应用于投资实践当中。

8.9 格雷厄姆的防御型投资者股票选择策略

8.9.1 格雷厄姆简介

本杰明·格雷厄姆（Benjamin Graham，1894—1976），出生于英国伦敦，婴儿时期便随父母移居到美国纽约，是美国著名的经济学家，同时也是闻名世界的投资大师和投资思想家。被称为"现代证券分析之父"，价值投资理论的奠基人。1914年，格雷厄姆从哥伦比亚大学毕业，之后进入华尔街，在纽伯格·亨德森·劳伯公司担任信息员，不久之后就成为证券分析师。六年之后，格雷厄姆成为纽伯格·亨德森·劳伯公司的合伙人。随着不断实践经验的增加，格雷厄姆的投资理念和技术日益成熟。1923年，格雷厄姆离开了纽伯格·亨德森·劳伯公司，并成立了格兰赫私人基金，该基金虽然成立时间不长，但是收益率却超过了100%。

1926年，格雷厄姆和其黄金搭档纽曼（Newman）成立了格雷厄姆·纽曼公司（Graham-Newman Corporation），格雷厄姆负责最核心的分析和投资策略，纽曼负责处理与投资有关的各种具体事务。格雷厄姆·纽曼公司在格雷厄姆和纽曼的领导下，其收益率每年都维持在30%以上，远远高于同期道·琼斯工业指数的上涨速度。1929—1933年"大萧条"期间，格雷厄姆的投资生涯遭到重创，亏损近70%，格雷厄姆·纽曼公司几近破产。但当格雷厄姆卷土重来后，仍旧能够获得较好的投资业绩。据可查询的记载，从1936年开始到1956年格雷厄姆退休，格雷厄姆·纽曼公司年收益率不低于14.7%。

格雷厄姆有多本著作，其中最为著名的就是1934年出版的《证券分析》(Security Analysis)和1949年出版的《聪明的投资者》(The Intelligent Investor)。这两本书的出版对于投资实践来说具有里程碑式的意义,至今也仍畅销于世界。巴菲特在就读于哥伦比亚大学经济学院时,曾受到格雷厄姆的指导,并视其为"精神导师",巴菲特称自己的投资理论 80% 都来自他的老师格雷厄姆。除了著名的投资家巴菲特以外,国内外许多的著名投资人都称自己为"格雷厄姆的信徒"。

8.9.2 防御型投资者股票选择策略的投资理念与逻辑

针对防御型的投资者,格雷厄姆认为在选择公司股票时,一方面要确保公司过去的业绩以及当期的财务状况都达到了某个最低的标准;另一方面,公司的利润和资产与股价的比值也达到一个最低的标准。根据这两个方面的标准,格雷厄姆提出了针对防御型投资者的七个选股标准。

1. 合适的企业规模

防御型投资者所持有的股票中应该尽量剔除小公司的股票,虽然小公司的股票很多时候有着较好的投资机会,但是投资的风险也相对较高,并不适合防御型投资者。

2. 足够稳健的财务状况

对于工业企业而言,流动资产至少应该是流动负债的 2 倍,并且长期债务不应该超过流动资产的净额;对于公用事业企业,负债不应该超过股权的 2 倍。

3. 稳定的利润情况

在过去 10 年中,公司每年都有着一定的利润。

4. 股息记录

至少不间断地支付 20 年的股息。

5. 收益增长

在过去的 10 年里,每股收益至少要增长 1/3。

6. 适度的市盈率

当前的股价不应该超过过去 3 年平均收益的 15 倍。

7. 适度的股票价格与资产的比率

作为防御型投资者的选股策略,股票价格与资产的比率不应太高,费雪提出当前股价不应超过最后报告的资产账面值的 1.5 倍。

8.9.3 量化投资策略的构建

1. 策略的投资逻辑

本部分构建防御型投资者的选股策略,主要的理念和逻辑可参考格雷厄姆所给出的 7 个选股标准,即选取那些财务状况较好,多年来都能够获得一定的利润,股票价格合理的大公司进行投资。由于美国股票市场和中国股票市场的情况有所不同,直接按照上述标准筛选股票容易出现难以选出股票的情况,故本文根据中国市场的实际情况对上述 7 个标准进行了一定程度的调整与简化。具体而言,可根据如下几个条件构建量化投资策略。

(1) 将股票按照总市值由大到小进行排列,选取前40%的股票。

(2) 选取"流动资产/流动负债>1"的股票。

(3) 选取近五年净利润均为正值,并且净利润增长率也为正值的股票。

(4) 选取"0<市盈率<15"的股票。

(5) 将股票按照市净率由小到大排序,选取前40%的股票。

2. 交易规则及回测条件设定

(1) 交易手续费设定。在买入时佣金为万分之一,在卖出时佣金为万分之一加千分之一的印花税,每笔交易佣金最低扣5元。

(2) 止损条件。主要有两个方面:一方面是针对市场行情的止损,当代表大盘情况的上证指数跌破60日均线时,清空所有头寸;另一方面是针对个股的止损,当个股价格跌幅超过15%时,清空该股票头寸止损。

(3) 初始资金为100万元,并且平均配置给每只股票。

(4) 回测区间:2010年1月4日—2023年3月31日。

(5) 调仓周期:本文决定设置每个季度进行一次调仓。

(6) 持仓股票数:持仓股票最多不超过30只。

3. 回测结果[①]

从图8-10防御型投资者的选股原则策略的回测收益率的走势图可以看到,从2010年年初至2014年年中,策略收益处于一个较低的状态,而且在2013年开始一度变为负值。在这段时间,代表市场走势的沪深300指数的走势总体上呈现下跌的趋势,本策略并没有出现明显的下跌趋势,但是也没有出现明显的盈利的现象。随着2014年下半年,市场行情转好,沪深300指数开始大幅度上涨,策略的收益率曲线也开始上扬。到了2015年7月市场开始大幅度下跌,策略及时止损,保住了收益。在此之后直到2017年底,策略的收益曲线只出现几次相对较小的上升趋势。从2018年年初至2020年年中,策略在此期间形成一个波峰,2018年全年策略收益受市场行情影响大幅下跌,2019年上半年又快速上涨,2020年全年策略整体又呈下降趋势。2021年之后,策略收益总体呈波浪式上升态势,并在2021年下半年达到回测区间的最大收益。总体来看,策略的收益的增加主要依靠于市场行情的转好,但在没有行情时策略仍旧获得较好的收益,相对于市场来说,波动更加稳定。

图8-11为防御型投资者的选股原则所构建的策略的回测分年度收益率的柱形图,根据本图可以更加直观地观察各个年度策略的收益率情况。如图8-11所示,策略的高收益区间主要集中在2014年和2015年两个年份,主要原因是受到市场整体行情上涨的带动出现的收益的增加。但是在2010—2013年的四年间,市场没有一个明显的行情的情况下,策略的收益很不稳定,尤其是在2013年的亏损较大。四年间,有两年收益为负。2016—2023年,受到大盘股整体趋势上涨的影响,策略整体上收益良好,有五年的收益超

---

① 注:本策略回测使用聚宽量化交易平台。

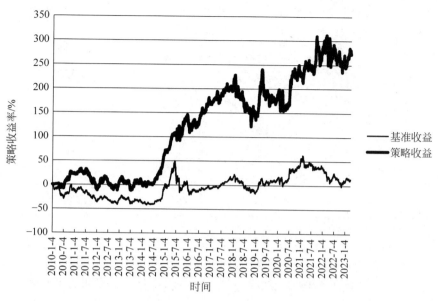

图 8-10　防御型投资者的选股原则回测收益率走势

过 10%，但 2018 年和 2022 年收益为负。总体来看，在回测的 14 年间，仅有四年收益为负，其他年份收益较为可观。

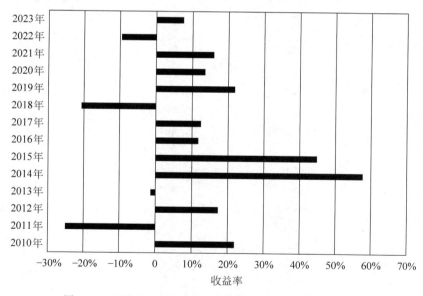

图 8-11　防御型投资者的选股原则策略回测分年度收益率

表 8-10 是防御型投资者的选股原则的策略回测所得到的主要策略业绩评价指标的结果。首先，在回测的 14 年间，策略的收益率为 273.79%，同期沪深 300 指数收益率为 13.29%，超额收益率为 229.93%。其次，策略的年化收益率为 10.79%，作为一个长期的策略并不是特别高。策略的夏普比率为 0.346，经过风险调整后的收益也并不高。14 年间的回撤率为 33.63%，回撤率过高，一定程度上背离了防御型投资者的投资特点。最

后,策略的胜率为 0.561,盈亏比为 1.458,说明了策略在保持了过半的胜率的情况下能够获得较能接受的盈亏比。

表 8-10 回测效果主要评价指标一览

指标	数值
策略收益率	273.79%
策略年化收益率	10.79%
沪深 300 指数收益率	13.29%
超额收益率	229.93%
夏普比率	0.346
最大回撤率	33.63%
胜率	0.561
盈亏比	1.458

从表 8-11 和图 8-12 可以看出 2023 年 3 月 30 日策略的持仓股票情况和持仓股票的行业分布情况。从表中的内容可以得知,本策略在该日选择了 30 只股票,行业较为分散,来自 15 个行业。从图 8-12 中可以很明显地发现,持仓股票有很大的比例是交通运输行业,其次是房地产行业。此外,从表 8-11 中也可以看到,策略所选择的股票全部为主板市场的股票,剔除了风险较高的创业板市场的股票。表 8-12 是本策略前十大持仓股票,可以看出建筑装饰、交通运输和房地产行业股票占有较大的比重。

表 8-11 策略持仓股票情况(2023 年 3 月 30 日)

序号	股票代码	股票名称	所属行业
1	600704	物产中大	交通运输
2	601000	唐山港	交通运输
3	000950	重药控股	医药生物
4	601101	昊华能源	煤炭
5	601326	秦港股份	交通运输
6	600971	恒源煤电	煤炭
7	600104	上汽集团	汽车
8	600373	中文传媒	传媒
9	600177	雅戈尔	纺织服饰
10	000517	荣安地产	房地产
11	601678	滨化股份	基础化工
12	600639	浦东金桥	房地产
13	600012	皖通高速	交通运输
14	000598	兴蓉环境	环保
15	002091	江苏国泰	商贸零售
16	000828	东莞控股	交通运输
17	600741	华域汽车	汽车
18	600496	精工钢构	建筑装饰
19	600008	首创环保	环保

续表

序号	股票代码	股票名称	所属行业
20	002048	宁波华翔	汽车
21	600648	外高桥	房地产
22	000027	深圳能源	公用事业
23	600682	南京新百	医药生物
24	000932	华菱钢铁	钢铁
25	600655	豫园股份	商贸零售
26	600649	城投控股	房地产
27	600585	海螺水泥	建筑材料
28	601117	中国化学	建筑装饰
29	600061	国投资本	非银金融
30	601811	新华文轩	传媒

注：行业划分主要参考申万一级行业分类。

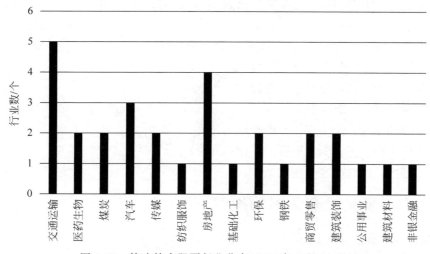

图 8-12　策略持仓股票行业分布（2023 年 3 月 30 日）

表 8-12　策略前十大持仓股票

序号	股票代码	股票名称	最高仓位占比/%	所属行业
1	601390	中国中铁	6.01	建筑装饰
2	600685	中船防务	5.59	国防军工
3	601669	中国电建	5.45	建筑装饰
4	600997	开滦股份	5.33	煤炭
5	600060	海信视像	5.22	家用电器
6	600019	宝钢股份	5.21	钢铁
7	600823	世茂股份	5.10	房地产
8	600350	山东高速	4.90	交通运输
9	600717	天津港	4.87	交通运输
10	600510	黑牡丹	4.84	房地产

注：行业划分主要参考申万一级行业分类。

综上所述,格雷厄姆的防御型投资者量化选股策略经过回测检验收益尚可,但最大回撤较高,风险较大,需要进行进一步优化,方可进行投资实践。本书在构建策略时,对格雷厄姆提出的标准进行了一定的简化和改变,可能会造成一定程度上的失真。此外,防御型投资者的投资策略除了这几个定量的标准外,还有许多需要定性分析的原则,这在策略中均无法体现。总体而言,该策略作为经典价值投资策略,具有极强的示范意义和可操作性,在实际应用过程中应结合现实情况,根据中国市场的特点进行完善和改进。

8.10 格雷厄姆的积极型投资者股票选择策略

8.10.1 积极型投资者股票选择策略的介绍

针对积极型的投资者,格雷厄姆提出了类似于防御型投资者选股标准的建议,与防御型投资者的选股标准相比,积极型投资者的选股标准更为宽松,经过整理主要有以下六个方面。

(1) 财务状况:一方面,流动资产至少为流动负债的 1.5 倍;另一方面,对于工业企业而言,负债不超过净流动资产的 110%。

(2) 收益的稳定性:近五年均有盈利。

(3) 股利记录:当期有股利。

(4) 收益的增长:近一年收益增长率为正。

(5) 股票价格:不高于有形资产净值的 120%。

(6) 市盈率:当期市盈率应较低。

8.10.2 量化投资策略的构建

1. 策略的投资理念与逻辑

根据上文提到的格雷厄姆的积极投资者的股票选择策略,其主要的投资思想就是选择那些财务情况较好,多年来收益稳定,并且能够支付股利,股票价格较低的股票进行投资。根据中国 A 股市场的具体情况,本文对上文提到的六个方面进行了一定程度的调整,对部分指标进行了进一步的放宽,调整后的选股策略具体主要有以下几个方面。

(1) 计算流动资产与流动负债的比值,并按照由大到小进行排序,选取前 40% 的股票。

(2) 筛选近一年净利润为正的股票。

(3) 选取最近一期股利大于 0 的股票。

(4) 将股票的净利润增长率按照从大到小排序,选取前 40% 的股票。

(5) 计算股票的市净率,选取市净率小于 3 的股票。

(6) 计算股票的市盈率,按照由小到大进行排序,剔除负值,选择前 40% 的股票。

2. 交易规则及回测条件设定

(1) 交易手续费设定。在买入时佣金为万分之一,在卖出时佣金为万分之一加千分之一的印花税,每笔交易佣金最低扣 5 元。

(2) 止损条件。主要有两个方面:一方面是针对市场行情的止损,当代表大盘情况的上证指数跌破 60 日均线时,清空所有头寸;另一方面是针对个股的止损,当个股价格跌幅超过 15%时,清空该股票头寸止损。

(3) 初始资金为 100 万元,并且平均配置给每只股票。

(4) 回测区间:2013 年 1 月 4 日—2023 年 3 月 31 日。

(5) 调仓周期:每个季度进行一次调仓。

(6) 持仓股票数:持仓股票最多不超过 30 只。

3. 回测结果[①]

图 8-13 为积极型投资者的选股原则所构建的策略的回测收益率趋势图,从图 8-13 中可以看到,从 2013 年年初至 2014 年年中,市场行情不好,沪深 300 指数收益为负,此时策略并没有表现出良好收益。从 2014 年下半年到 2018 年,市场行情转好,沪深 300 指数在此区间收益不稳定,而策略收益率整体呈现出上升的趋势,策略收益表现较为稳定。从 2018 年至 2019 年,市场行情总体趋势下跌,策略收益率也开始出现了回撤。从 2019 年至 2023 年年初,代表市场行情的沪深 300 指数先上涨再下跌,在市场行情较好时,策略大幅度上涨并在 2021 年末达到区间策略收益最大值;在市场行情下跌时,策略能够及时止损,仍能实现较高收益。

图 8-13 积极型投资者的选股原则回测收益率走势

图 8-14 为积极型投资者的选股原则所构建的策略的回测分年度收益率的柱形图,根据图 8-14 可以更加直观地观察各个年度策略的收益率的情况。如图 8-14 所示,策略的高收益区间主要集中在 2014 年、2015 年、2019 年和 2021 年四个年份。2020 年和 2023 年市场的行情并不稳定,但是策略仍旧能够获得超过 10%的年收益。2014 年和 2015 年

---

① 注:本策略回测使用聚宽量化交易平台。

是市场行情大幅上涨的时间段,策略在此期间的收益率也较高,尤其是2014年,虽然下半年市场行情转差,但是策略依旧能够有超过60%的收益。2017年大盘股行情较好的一段时间,策略收益较低,不足5%。十年间,2013年、2018年和2022年出现负收益,策略在这三年亏损较多,2018年和2022年策略亏损超过20%。总体而言,策略在回测的十年间的大部分时间都能够获得较好的收益。

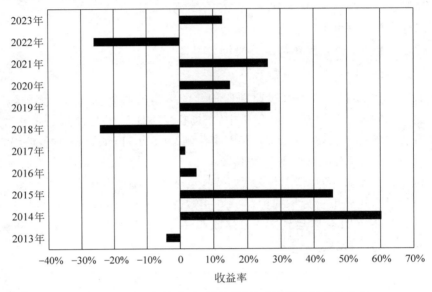

图 8-14　积极型投资者的选股原则策略回测分年度收益率

表 8-13 为积极型投资者的选股原则的策略回测所得到的部分业绩评价指标的结果。首先,在回测的 8 年间,策略的收益率达到了 176.97%,同期沪深 300 指数收益率为 10.56%,超额收益率为 122.50%。其次,策略的年化收益率为 10.77%,总体来看,策略收益情况较为稳健。策略的夏普比率为 0.363,最大回撤为 31.00%,说明策略的风险相对较高。最后,策略的胜率为 0.783,盈亏比为 6.261,说明了策略在保持了过半的胜率的情况下能够获得较高的盈亏比。

表 8-13　回测效果主要评价指标一览

策略收益率	176.97%
策略年化收益率	10.77%
沪深 300 指数收益率	10.56%
超额收益率	122.50%
夏普比率	0.363
最大回撤	31.00%
胜率	0.783
盈亏比	6.261

从表 8-14 和图 8-15 可以观察到在 2023 年 3 月 30 日策略的持仓股票情况和持仓股票的行业分布情况。从表中的内容可以得知,虽然本策略设置了持仓股票最多为 30 只,

并且对于格雷厄姆的选股标准也进行了一定的放宽,在 2023 年 3 月 30 日,持仓股票有 28 只,分属 15 个行业。如图 8-15 所示,持仓股票有很大的比例是医药生物行业,其次是钢铁和电子行业。此外,从表中也可以看到,策略所选择的股票全部为主板市场的股票,剔除了风险较高的创业板市场的股票。表 8-15 是本策略前十大持仓股票,可以看出,钢铁和有色金属行业股票占有较大的比重。

表 8-14 策略持仓股票情况(2023 年 3 月 30 日)

序号	股票代码	股票名称	所属行业
1	601006	大秦铁路	交通运输
2	002110	三钢闽光	钢铁
3	002746	仙坛股份	农林牧渔
4	600668	尖峰集团	建筑材料
5	600387	海越能源	石油石化
6	002582	好想你	食品饮料
7	603776	永安行	汽车
8	002869	金溢科技	电子
9	300552	万集科	计算机
10	002131	利欧股份	传媒
11	603301	振德医疗	医药生物
12	002501	利源精制	有色金属
13	300677	英科医疗	医药生物
14	300981	中红医疗	制造业
15	600512	腾达建设	建筑装饰
16	002382	蓝帆医疗	医药生物
17	002716	金贵银业	有色金属
18	000401	冀东水泥	建筑材料
19	000923	河钢资源	钢铁
20	000825	太钢不锈	钢铁
21	000898	鞍钢股份	钢铁
22	600707	彩虹股份	电子
23	000949	新乡化纤	基础化工
24	002432	九安医疗	医药生物
25	600751	海航科技	电子
26	002932	明德生物	制造业
27	002030	达安基因	医药生物
28	300158	振东制药	医药生物

注:行业划分主要参考申万一级行业分类。

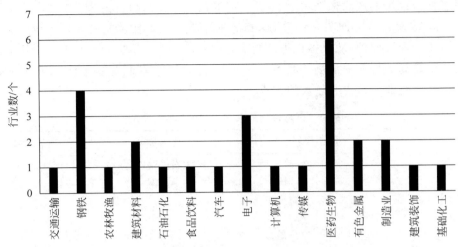

图 8-15 策略持仓股票行业分布(2023 年 3 月 30 日)

表 8-15 策略前十大持仓股票

序号	股票代码	股票名称	最高仓位占比/%	所属行业
1	603776	永安行	16.80	汽车
2	000898	鞍钢股份	13.68	钢铁
3	600707	彩虹股份	11.95	电子
4	002443	金洲管道	11.15	钢铁
5	601677	明泰铝业	9.86	有色金属
6	300677	英科医疗	9.73	医药生物
7	603606	东方电缆	9.24	电力设备
8	600997	开滦股份	9.03	煤炭
9	000751	锌业股份	8.92	有色金属
10	600585	海螺水泥	8.77	建筑材料

注：行业划分主要参考申万一级行业分类。

综上所述,根据格雷厄姆提出的积极型投资者的选股标准所构建的量化策略经过回测检验,收益和风险情况均尚可,可以进行进一步的优化和完善。在策略的构建过程中,由于格雷厄姆的选股标准要求较为严格,并不完全适合于中国股票市场,因此本部分在构建策略时将条件进行了一定程度的调整和放宽,使策略能够更加符合中国股票市场的具体情况。但是正如上文所述,即使放宽条件,能够被选入投资组合的股票仍旧较少,后续感兴趣的读者可以对策略进行进一步的优化,以便最终将其应用于投资实践当中。

8.11 经典价值投资策略总结

本章选取了九位著名投资大师或公司的十种不同的投资策略构建了量化投资策略模型,选取了其中的五个策略进行了回测,目的是展示将大师们的投资策略转化为量化投资策略后在 A 股市场的效果。这五种策略的主要业绩指标对比如表 8-16 所示。

表 8-16 五种投资策略的主要业绩指标对比

投资策略	策略收益率/%	年化收益率/%	夏普比率	最大回撤率/%
三一投资管理公司的价值选股法	180.19	10.90	0.423	26.02
费雪的选股十五原则	146.78	11.92	0.557	27.49
彼得·林奇的选股原则	160.70	12.68	0.360	26.72
防御型投资者的股票选择策略	273.79	10.79	0.346	33.63
积极型投资者的股票选择策略	176.97	10.77	0.363	31.00

表 8-16 只选取了四个业绩指标进行对比，不过通过这几个指标可以很明显看出，根据格雷厄姆的投资理念总结的防御型投资者的股票选择策略收益相对较好，彼得·林奇选股原则的年化收益要比其他四个策略要好，而费雪的选股十五原则所构建的策略收益最低。这五个的策略最大回撤率均在 25% 以上，回撤较高，因此在应用上述投资策略时应注意风险防范，一定程度上避免较大的亏损。

通过本章构建十个典型的价值投资策略并进行回测检验可以发现，国外经典的投资理念是可以应用到我国的投资市场的。但是，本章在进行策略构建时，加入了止损的条件，这也是促使每个策略能够在股市大幅度下跌的时候保住收益的一个重要原因。此外，由于这些策略大多针对美国股票市场，而国内的股票市场与美国股票市场相比，成熟度较低，具体情况有所不同，这也就造成了如果严格按照各位投资大师的思想进行选股很容易出现无股可选的现象，因此读者在参考国外经典的投资策略时，应该注意对其进行本土化的调整，不可照搬挪用。

对于价值投资经典策略所出现的收益较低或者风险较高的现象，其主要的原因是因为每个投资大师的投资策略都是根据其自身多年来的经验所总结，并且在许多方面都是无法量化的。只对能够量化的部分进行选取，这必然会导致策略出现一定程度的失真。并且，本章所构建的策略主要目的是演示策略的基本情况，许多地方仍旧有大量的可优化空间。

参 考 文 献

[1] Alexander C. Market risk analysis. Volume I. Quantitative methods in finance. Wiley,2008.
[2] Avellaneda M,Lee J. Statistical arbitrage in the US equities market. Quantitative Finance,2010,10(7): 761-782.
[3] Banz,Rolf W. The relationship between return and market value of common stocks. Journal of Financial Economics,1981,9(1): 3-18.
[4] Basu,S. The Relationship between Earnings Yield,Market Value and Return for NYSE Common Stocks. Journal of Financial Economics,1983,12: 129-156.
[5] Bhandari,L. C. Debt/Equity Ratio and Expected Common Stock Returns: Empirical Evidence. The Journal of Finance,1988,43: 507-528.
[6] Botha I,Stander Y,Marais D J. Trading Strategies With Copulas. Journal of Economic & Financial Sciences,2013.
[7] Brad M. Barber,John D. Lyon. Detecting long-run abnormal stock returns: The empirical power and specification of test statistics. Journal of Financial Economics,1997,43(3): 341-372.
[8] Caldeira J F,Moura G V. Selection of a Portfolio of Pairs Based on Cointegration: A Statistical Arbitrage Strategy. Revista Brasileira De Finanças,2013,11(1): 49-80.
[9] Chan E P. Algorithmic Trading. Wiley,2013.
[10] Cummins M,Bucca A. Quantitative spread trading on crude oil and refined products markets. Quantitative Finance,2012,12(12): 1857-1875.
[11] Do B,Faff R,Hamza K. A New Approach to Modeling and Estimation for Pairs Trading. 2006.
[12] Do B,Faff R. Does Simple Pairs Trading Still Work?. Financial Analysts Journal,2010,66(4): 83-95.
[13] Fabozzi F J. Trends in Quantitative Finance. Cfa Digest,2006.
[14] Fama E F,French K R. Permanent and Temporary Components of Stock Prices. Journal of Political Economy,1988,96(2): 246-273.
[15] Fama,E. F. Foundations of Finance: Portfolio Decisions and Securities Prices. Basic Books,1976.
[16] Fama,E. F. and French,K. R. The Cross-Section of Expected Stock Returns. The Journal of Finance,1992,47: 427-465.
[17] Fama,E. F. and French,K. R. Size and Book-to-Market Factors in Earnings and Returns. The Journal of Finance,1995,50: 131-155.
[18] Ferson W E,Schadt R W. Measuring Fund Strategy and Performance in Changing Economic Conditions. Journal of Finance,1996,51(2): 425-461.
[19] Gatev E,Goetzmann W N,Rouwenhorst K G. Pairs Trading: Performance of a Relative-Value Arbitrage Rule. Review of Financial Studies,2006,19(3): 797-827.
[20] Goodwin T H. The Information Ratio. Financial Analysts Journal,1998,54(4): 34-43.
[21] Graham,B. The Intelligent Investor Rev. Ed. HarperCollins,1973.
[22] Grinold,R. C. ,Kahn,R. N. Active Portfolio Management: A Quantitative Approach for Providing Superior Returns and Controlling Risk. McGraw-Hill,1995.
[23] Harte D. Mathematical Background Notes for Package Hidden Markov. 2006.
[24] Harvey C R,Liu Y,Zhu H. and the Cross-Section of Expected Returns. Nber Working Papers,2016,29(1): 29-58.

[25] Harvey C R, Liu Y. Evaluating Trading Strategies. Social Science Electronic Publishing, 2014, 40(5).

[26] Huck N. Pairs selection and outranking: An application to the S&P 100 index. European Journal of Operational Research, 2009, 196(2): 819-825.

[27] Huck N. Pairs trading and outranking: The multi-step-ahead forecasting case. European Journal of Operational Research, 2010, 207(3): 1702-1716.

[28] Jaffe, J., Keim, D. B. and Westerfield, R. Earnings Yields, Market Values, and Stock Returns. The Journal of Finance, 1989, 44: 135-148.

[29] Janneke V D B, Ruben V D B, Coumans D, et al. A Random Walk Down Wall Street. Norton, 1990.

[30] Jurek J W, Yang H. Dynamic Portfolio Selection in Arbitrage. Social Science Electronic Publishing, 2006.

[31] Katz J O. The Encyclopedia of Trading Strategies. McGraw-Hill, 2000.

[32] Kestner L N. Quantitative trading strategies: Harnessing the power of quantitative techniques to create a winning trading program. 2003.

[33] Kissell R. The Science of Algorithmic Trading and Portfolio Management. Elsevier LTD, Oxford, 2013.

[34] Krauss C. Statistical Arbitrage Pairs Trading Strategies: Review And Outlook. Journal of Economic Surveys, 2016, 31(2).

[35] Lintner J. The Valuation of Risky Assets and the Selection of Risky Investments in Stock Portfolios and Capital Assets. Stochastic Optimization Models in Finance, 1975, 47(2): 131-155.

[36] Lintner, J. The Valuation of Risk Assets and the Selection of Risky Investments in Stock Portfolios and Capital Budgets. Review of Economics and Statistics, 1965, 47: 13-37.

[37] Liu J, Timmermann A. Optimal Convergence Trade Strategies. Review of Financial Studies, 2013, 26(4): 1048-1086.

[38] Malkiel B G. A Random Walk Down Wall Street. Norton, 2007.

[39] Mossin J. Equilibrium in a Capital Asset Market. Econometrica, 1966, 34(4): 768-783.

[40] Mossin, J. Equilibrium in a Capital Asset Market. Econometrica, 1966, 34: 768-783.

[41] Oppenheimer H R. A Test of Ben Graham's Stock Selection Criteria. Financial Analysts Journal, 2005, 40(5): 68-74.

[42] Pardo R. The Evaluation and Optimization of Trading Strategies, 2nd Edition. Wiley, 2008.

[43] Pedersen L H. Efficiently Inefficient. Princeton University Press, 2015.

[44] Qian E E, Hua R H, Sorensen E H. Quantitative equity portfolio management. Chapman & Hall/CRC, 2007.

[45] Rabiner L R. A tutorial on hidden Markov models and selected applications in speech recognition. Readings in Speech Recognition, 1989, 77(2): 267-296.

[46] Robert J. Elliott, John Van Der Hoek, William P. Malcolm. Pairs trading. Quantitative Finance, 2005, 5(3): 271-276.

[47] Rong Q L, Wu Y. Pairs trading: A copula approach. Journal of Derivatives & Hedge Funds, 2013, 19(1): 12-30.

[48] Ross S A. The arbitrage theory of capital asset pricing. Journal of Economic Theory, 1976, 13(3): 341-360.

[49] Sharpe W F. Capital Asset Prices: A Theory of Market Equilibrium under Conditions of Risk. Journal of Finance, 1964, 19(3): 425-442.

[50] Sharpe, W. F. Capital asset prices: A theory of market equilibrium under conditions of risk. The Journal of Finance, 1964, 19: 425-442.

[51] Stattman, D. Book Values and Stock Returns. The Chicago MBA: A Journal of Selected Papers, 1980, 4: 25-45.

[52] Wheelan, S. A. Quantitative Strategies for Achieving Alpha. Wiley, 2008.

[53] 本杰明·格雷厄姆, 戴维·多德. 证券分析. 北京: 中国人民大学出版社, 2009.

[54] 蔡瑞胸. 金融时间序列分析. 北京: 人民邮电出版社, 2012.

[55] 丁鹏. 量化投资: 策略与技术. 北京: 电子工业出版社, 2012.

[56] 菲利普·A. 费舍. 怎样选择成长股. 北京: 地震出版社, 2007.

[57] 高铁梅. 计量经济分析方法与建模: EVIEWS 应用及实例. 北京: 清华大学出版社, 2009.

[58] 柯蒂斯·费思. 海龟交易法则. 北京: 中信出版社, 2013.

[59] 李航. 统计学习方法. 北京: 清华大学出版社, 2012.

[60] 里什·纳兰. 打开量化投资的黑箱. 北京: 机械工业出版社, 2012.

[61] 吴晓求. 证券投资学(第四版). 北京: 中国人民大学出版社, 2014.

[62] 杨博理、贾芳. 量化炼金术. 北京: 机械工业出版社, 2017.

[63] 中国证券业协会. 中国证券投资基金业年报. 北京: 中国金融出版社, 2015.

[64] 周佰成. 投资学(第二版). 北京: 清华大学出版社, 2017.